宋代研究文萃丛书

包伟民　总主编

知宋
宋代之城市与乡村

包伟民　主编

浙江人民出版社

图书在版编目（CIP）数据

知宋·宋代之城市与乡村 / 包伟民主编. — 杭州 ：
浙江人民出版社，2024.3
　　ISBN 978-7-213-11340-6

Ⅰ．①知… Ⅱ．①包… Ⅲ．①中国历史-研究-宋代
Ⅳ．①K244.07

中国国家版本馆CIP数据核字（2024）第034653号

知宋·宋代之城市与乡村

包伟民　主编

出版发行：浙江人民出版社(杭州市体育场路347号　邮编　310006)
　　　　　市场部电话：(0571)85061682　85176516
丛书策划：王利波　李　信　　　　　营销编辑：陈雯怡　陈芊如　张紫懿
责任编辑：汪　芳　　　　　　　　　责任校对：马　玉
责任印务：程　琳　　　　　　　　　封面设计：毛勇梅　袁家慧
宋代研究文萃印章设计：高　阳
电脑制版：杭州天一图文制作有限公司
印　　刷：杭州钱江彩色印务有限公司
开　　本：710毫米×1000毫米　1/16　　印　　张：24.25
字　　数：322千字　　　　　　　　　插　　页：6
版　　次：2024年3月第1版　　　　　印　　次：2024年3月第1次印刷
书　　号：ISBN 978-7-213-11340-6
定　　价：89.00元

如发现印装质量问题，影响阅读，请与市场部联系调换。

"浙江文化研究工程成果文库"总序

　　有人将文化比作一条来自老祖宗而又流向未来的河，这是说文化的传统，通过纵向传承和横向传递，生生不息地影响和引领着人们的生存与发展；有人说文化是人类的思想、智慧、信仰、情感和生活的载体、方式和方法，这是将文化作为人们代代相传的生活方式的整体。我们说，文化为群体生活提供规范、方式与环境，文化通过传承为社会进步发挥基础作用，文化会促进或制约经济乃至整个社会的发展。文化的力量，已经深深熔铸在民族的生命力、创造力和凝聚力之中。

　　在人类文化演化的进程中，各种文化都在其内部生成众多的元素、层次与类型，由此决定了文化的多样性与复杂性。

　　中国文化的博大精深，来源于其内部生成的多姿多彩；中国文化的历久弥新，取决于其变迁过程中各种元素、层次、类型在内容和结构上通过碰撞、解构、融合而产生的革故鼎新的强大动力。

　　中国土地广袤、疆域辽阔，不同区域间因自然环境、经济环境、社会环境等诸多方面的差异，建构了不同的区域文化。区域文化如同百川归海，共同汇聚成中国文化的大传统，这种大传统如同春风化雨，渗透于各种区域文化之中。在这个过程中，区域文化如同清溪山泉潺潺不息，在中国文化的共同价值取向下，以自己的独特个性支撑着、引领着本地经济社会的发展。

　　从区域文化入手，对一地文化的历史与现状展开全面、系统、扎实、有序的研究，一方面可以借此梳理和弘扬当地的历史传统和文化资源，繁荣和丰富当代的先进文化建设活动，规划和指导未来的文化发展蓝图，增强文化软实力，为全面建设小康社会、加快推进社会主义现代化提供思想保证、精神动力、智力支持和舆论力量；另一方面，这也是深入了解中国文化、研究中国文化、发展中国文化、创新中国文化的重要途径之一。如今，区域文化研究日益受到各地重视，成为我国文化研究走向深入的一个重要标志。我们今天实施浙江文化研究工程，其目的和意义也在于此。

千百年来，浙江人民积淀和传承了一个底蕴深厚的文化传统。这种文化传统的独特性，正在于它令人惊叹的富于创造力的智慧和力量。

浙江文化中富于创造力的基因，早早地出现在其历史的源头。在浙江新石器时代最为著名的跨湖桥、河姆渡、马家浜和良渚的考古文化中，浙江先民们都以不同凡响的作为，在中华民族的文明之源留下了创造和进步的印记。

浙江人民在与时俱进的历史轨迹上一路走来，秉承富于创造力的文化传统，这深深地融汇在一代代浙江人民的血液中，体现在浙江人民的行为上，也在浙江历史上众多杰出人物身上得到充分展示。从大禹的因势利导、敬业治水，到勾践的卧薪尝胆、励精图治；从钱氏的保境安民、纳土归宋，到胡则的为官一任、造福一方；从岳飞、于谦的精忠报国、清白一生，到方孝孺、张苍水的刚正不阿、以身殉国；从沈括的博学多识、精研深究，到竺可桢的科学救国、求是一生；无论是陈亮、叶适的经世致用，还是黄宗羲的工商皆本；无论是王充、王阳明的批判、自觉，还是龚自珍、蔡元培的开明、开放，等等，都展示了浙江深厚的文化底蕴，凝聚了浙江人民求真务实的创造精神。

代代相传的文化创造的作为和精神，从观念、态度、行为方式和价值取向上，孕育、形成和发展了渊源有自的浙江地域文化传统和与时俱进的浙江文化精神，她滋育着浙江的生命力、催生着浙江的凝聚力、激发着浙江的创造力、培植着浙江的竞争力，激励着浙江人民永不自满、永不停息，在各个不同的历史时期不断地超越自我、创业奋进。

悠久深厚、意韵丰富的浙江文化传统，是历史赐予我们的宝贵财富，也是我们开拓未来的丰富资源和不竭动力。党的十六大以来推进浙江新发展的实践，使我们越来越深刻地认识到，与国家实施改革开放大政方针相伴随的浙江经济社会持续快速健康发展的深层原因，就在于浙江深厚的文化底蕴和文化传统与当今时代精神的有机结合，就在于发展先进生产力与发展先进文化的有机结合。今后一个时期浙江能否在全面建设小康社会、加快社会主义现代化建设进程中继续走在前列，很大程度上取决于我们对文化力量的深刻认识、对发展先进文化的高度自觉和对加快建设文化大省的工作力度。我们应该看到，文化的力量最终可以转化为物质的力量，文化的软实力最终可以转化为经济的硬实力。文化要素是综合竞争力的核心要素，文化资源是经济社会发展的重要资源，文化素质是领导者和劳动者的首要素质。因此，研究浙江文化的历史与现状，增强文化软实力，为浙江的现代化建设服务，是浙江人民的共同事业，也是浙江各级党委、政府的重要使命和责任。

2005年7月召开的中共浙江省委十一届八次全会，作出《关于加快建设文化大省的决定》，提出要从增强先进文化凝聚力、解放和发展生产力、增强社会公共服务能力入手，大力实施文明素质工程、文化精品工程、文化研究工程、文化保护工程、文化产业促进工程、文化阵地工程、文化传播工程、文化人才工程等"八项工程"，实施科教兴国和人才强国战略，加快建设教育、科技、卫生、体育等"四个强省"。作为文化建设"八项工程"之一的文化研究工程，其任务就是系统研究浙江文化的历史成就和当代发展，深入挖掘浙江文化底蕴、研究浙江现象、总结浙江经验、指导浙江未来的发展。

浙江文化研究工程将重点研究"今、古、人、文"四个方面，即围绕浙江当代发展问题研究、浙江历史文化专题研究、浙江名人研究、浙江历史文献整理四大板块，开展系统研究，出版系列丛书。在研究内容上，深入挖掘浙江文化底蕴，系统梳理和分析浙江历史文化的内部结构、变化规律和地域特色，坚持和发展浙江精神；研究浙江文化与其他地域文化的异同，厘清浙江文化在中国文化中的地位和相互影响的关系；围绕浙江生动的当代实践，深入解读浙江现象，总结浙江经验，指导浙江发展。在研究力量上，通过课题组织、出版资助、重点研究基地建设、加强省内外大院名校合作、整合各地各部门力量等途径，形成上下联动、学界互动的整体合力。在成果运用上，注重研究成果的学术价值和应用价值，充分发挥其认识世界、传承文明、创新理论、咨政育人、服务社会的重要作用。

我们希望通过实施浙江文化研究工程，努力用浙江历史教育浙江人民、用浙江文化熏陶浙江人民、用浙江精神鼓舞浙江人民、用浙江经验引领浙江人民，进一步激发浙江人民的无穷智慧和伟大创造能力，推动浙江实现又快又好发展。

今天，我们踏着来自历史的河流，受着一方百姓的期许，理应负起使命，至诚奉献，让我们的文化绵延不绝，让我们的创造生生不息。

2006年5月30日于杭州

引言：认识一个时代

我们这一套"知宋"丛书，旨在为有一定文史基础并有兴趣进一步了解两宋历史的读者，提供一个方便学习的门径。

中华民族五千多年文明史的各个发展阶段，都有其独特的历史地位，两宋时期尤其如此。历史的演进，如长河奔流，不舍昼夜，平缓湍急，变化百态，然而必有关键河段，决定着下游走向。如长江之出三峡、黄河之过龙门，终于一泻千里，奔腾入海。由唐入宋，正是这样一个关键节点。不同解释体系，从各自视角出发，截取的起讫时间往往并不一致：陈寅恪先生观察古代文化史流变，以唐代中后期的韩愈为"唐代文化学术史上承先启后转旧为新关捩点之人物"；近数十年来，不少欧美学者从社会阶层演变入手分析，多视两宋之际为转变节点。国内学界更多视唐（五代）宋之际为转折点，除了由于改朝换代具有天然的标识意义外，还因为国家制度大多随着新政权的建立而更新。对这一历史转折的定性，无论视之为"变革"，还是"中国封建社会从前期向后期的演进"，总之可以肯定的是，自南宋以降，我国传统农业社会进入发展后期，从唐末到南宋三四百年间则是它的调整转折时期。前贤曾论今日中国"为宋人之所造就"，就是指自南宋以降奠定了我国传统社会后期基本格局这一点而言的，所以南宋尤其值得重视。

但是，想要全面地认识一个时代，并不容易。人类社会现象之错综复杂，无论怎样强调都不为过。如果说自然界最复杂的事物是宇宙，那么与之相对应的人类社会中最为复杂的事物就是社会本身了。对于我们生于此、长于此的现实世界，且不说域外他国，即便身边的人与事，人们也不免常有孤陋寡闻之叹；更何况对千百年前的历史世界，存世的资料总是那么的零散与片面，想要接近真实就更难了。

具体就10—13世纪的中国历史而言，在传统正史体系中，除《宋史》外，同时有《辽史》《金史》并存。还有其他未能列入正史的民族政权，例如西北的西夏、西南的大理国；更往西或西南，包括青藏高原，都存在众多地方性的族群与统治力量。赵宋政权尽管占据了以黄河与长江两大流域为主的核心经济区，历时也最久，但毕竟不过是几个主要政权中的一个而已。在某些重要方面，例如对西北地域的经略以及国家政治的走向等，赵宋甚至难说代表着一般的发展趋势。

这套文萃选编以两宋为中心，有一定的局限性，并不能等同于10—13世纪全部的中国历史。选编共列出了政治制度、君臣、法律、科举、军事、城市与乡村、货币、交通、科技、儒学、文学、书画艺术、建筑等专题，每题一册，试图尽可能涵盖目前史学研究中关于两宋历史的核心议题，但难免仍有欠缺。出于各种原因，还有其他一些重要议题，例如经济生产、人口性别、社会生活、考古文物等，都暂未能列入。即便是已经列入的这些议题，今人既有的认识——假设它们准确无误，对于极其丰富的真实历史生活而言，恐怕也不过是浮光掠影而已。这既有我们当下的认识能力尚有不足的原因，也因史文有缺，造物主吝于向我们展现先人生活的全貌。总之，我们必须直面历史知识不得不大量留白之憾，切不可为既有的史学成就而沾沾自喜。

但是，人们认识先人生活的努力从未懈怠。自20世纪80年代以来，中国史学成绩蜚然，两宋史领域也不例外。可以说，举凡存世资料相对充分、足以展开讨论的议题，差不多都已经有学者撰写了专书，更不必说数量无法统计的专文了。近半个世纪以来，在两宋史领域，每一个知识点基本上都得到了更新与拓展。在许多议题上，学者们更是相互讨论辩难，意见纷呈，远未取得相对一致的"共识"。那么，在这样先天不足、后天失调的前提之下，以每册区区20余万字的篇幅，来反映目前史学界对宋史领域相关议题的研究成果，又有什么意义呢？或者说，我们将如何坦然面对挂一漏万之讥，以使选编工作对读者，同时也对选编者都能呈现一定的价值呢？

首先必须指出，每一专题对于相关研究文献的择取，都出于选编者自身的理解，具有一定的主观性。也可以说，选编工作本身就体现了对相关专题的某种认识思路，这自然毋庸讳言。

其次，我们请每册主编都撰写了一篇导言，以尽可能客观地总结各不同专题的学术史概况。这既是对每册字数容量有限之憾的弥补，也是对每个专题学术史展开的基本路径的梳理，以供读者参考。也正因此，在尽可能选择最新研究成果的前提之下，选编者还会择取少量发表时间稍早、但在学术史上具有重要地位、迄今仍具有相当影响力的专文。

最后，本套文萃选编的目的不是试图提供关于各个专题的"全面"的知识框架，而是借几篇研究精品，向读者展示本领域研究者如何利用可能获取的历史信息，在大胆假设与小心求证之间驰骋智力，以求重现先人生活某一侧面之点滴的过程与成果。因此，本丛书除了对相关史学领域的初学者在了解两宋历史时提供一些帮助外，相信还能使更广大的资深文史爱好者开卷有益。

以上就是我们出版这一套文萃选编的基本设想，谨此说明。

总主编　包伟民

2023 年 10 月

目录

第五编 文化概况

后 记

导　论

包伟民

城市与乡村是宋史研究中极为重要的领域，在《知宋》中专列"宋代之城市与乡村"一册，是有必要的。

城市与乡村是人类的两大生活场所。原始人类诞生、生活于荒野，随着远古文化的积淀与推进，他们从狩猎、采集进化到从事畜牧生产与农业耕作，集中居住的各类聚落出现，一般意义上的"乡村"于是形成。再经过一定阶段的发展，早期人类自我管理组织慢慢成熟，发生质变，文明产生，国家出现。在一些设置国家管理据点的地方聚居起数量众多的统治阶层人员，构成大型聚落，这些聚落既与一般的乡村聚落在性质和功能上拉开了距离，又常常筑有防御性的外墙即"城"。随着概念的延伸，由这种防御性的外墙围裹起来的地块，后来也被称作"城"。由于人口集中，在"城"的周边常常附丽有作为商品交换的场所，也就是"市"。再经过一定时期的发展演变，"城"与"市"慢慢融合，构成一种完整的聚落形式，一般意义上的"城市"于是产生。在中国，一般认为这是到了春秋战国时期即公元前8世纪至公元前3世纪才出现的历史现象。

帝制确立以后，再经过千余年的发展，乡村与城市的形态也产生了一系列变化。相对而言，受地理环境、人口规模与生产水平等多方面因素的制约，乡村形态略具"惰性"，变化稍慢。从中晚唐经五代至两宋，也就是在公元9世纪后的四五百年间，推动乡村社会变化的一个重要因素，当数北方地区发展相对迟滞，同时东南地区经济快速增长并成为全国重心所带来的地理格局的大调整。南宋叶适描述东南沿海瓯江流域农村景观，

"民聚而多，莫如浙东西。瑞安非大邑，而聚尤多。直杉高竹皆丛产，复厢穹瓦皆赘列。夜行若游其邻，村落若在市廛……"①，反映了当地由于人口增长所带来的聚落密度提高的现象，这无疑在很大程度上重塑了东南沿海地区乡村的景观，同时也必然影响到乡村社会其他许多方面的内容。在各种要素中，影响乡村民生最直接的，当数自"以资产为宗"的两税法推行以来王朝国家赋役制度的演进，因此这也成为学者们最为关心的议题。

唐宋间城市的变化比乡村显著，这是由政治、经济、人口等多方面因素促成的。农业所能提供的余粮总量的增长，为更多人口脱离农业生产、聚居城市提供了可能，城市规模渐次扩大。区域之间商品流通的活跃，使得处于交通网络节点的各级城市的经济功能得到强化。与此同时，在科考等制度的影响下，全社会的政治与文化资源更加向城市集中，其传统的作为政治统治中心的地位更加巩固了。长期以来，王朝国家对于城市的行政管理制度并未与乡村相区别，而是视同一体。到了唐宋之间，为了应对城市的发展，一些有别于乡村的新的城市管理制度应运而生，无论在户籍、财税，还是基层管理组织等方面都是如此。于是，城市作为有别于乡村的人群聚居之所，开始呈现其鲜明的文化特征，新型的市井文化于焉形成。面对"乡下人"，"城里人"开始有了明显的优越感，城市与乡村从此在社会文化领域渐行渐远。

当然，无论城市还是乡村，其内部都存在着巨大的区域差异，不能一概而论。

城市与乡村尽管各具鲜明特点，相互间却存在着许多共性，这就是我们将两宋史中这两个重要的学术领域合并在一起选编研究文萃的基本理由。

例如，城市与乡村都是士夫民庶聚居的场所，经济生活与精神需求本质相同，此其一；两宋时期的城市尽管开始呈现鲜明的新特征，但是它们

---

① 〔宋〕叶适：《水心文集》卷一〇《瑞安县重建厅事记》，《叶适集》第一册，中华书局1961年版，第162页。

作为传统农业经济时代的政治中心与商业中心的性质未改，距离近代工业制造中心时代尚远，农村与农业经济是城市存在的基础，当时不少乡村地主迁居城市，却仍依靠农业经营为生，所以时人称之为"遥佃户"，可为一证，此其二；还有一些议题介于城乡之间，例如城乡之间的人口、物货、文化之流动，以及乡村市镇等，既可以分别被纳入城或乡的研究范畴，实际上又无法严格区分彼此，此其三；王朝国家对城市与乡村的管理制度，除了地方治安之外，都集中在如何有效地从民户头上征取更多的赋役，形式或有差异，目的相同，此其四。所以，可谓城乡既分而犹未分。

正因此，关于宋代城市与乡村的学术研究状况在某些方面也比较相似，尤其凸显的是两者都以社会基层与民众生活为其核心内容，但存世文献在这方面的记载却常常不足，许多理应展开的学术议题的研究积累相对薄弱，以至于与其他方面呈现轻重不均的状态，城乡均如此。

总体说来，举凡经济生产、人群组织、管理结构、内外关系（例如官民关系）、聚落形态、精神世界，以及生活图景等，都应该是乡村史的议题。尽管存在畸轻畸重的现象，长期以来，学界差不多对所有侧面都已经展开不少研究，以使学者得以仅就某些特定的侧面专文综述，对学术史的发展过程提出自己的综合观察意见，例如中村治兵卫《中国聚落史研究回顾与展望——以村落史为中心》①中关于两宋史部分就是。如果仅就中国大陆史学界而言，大致讲，20世纪上半叶是两宋乡村史研究的发轫期，至五六十年代，在经典理论的指导之下，土地制度、农业经济、阶级关系、赋役制度等成为当时的核心议题。自90年代起，在社会环境、中外交流以及学术理路等多方面因素影响之下，社会史、文化史等视角开始受到重视，此前相对被忽略的一些乡村生活层面也得到了更多的关注，学术生态因此呈现出崭新的面貌。不过也正因此，经济生产、国家制度等关于乡村史的一些基础议题受到冷落，已经引起了学者的注

---

① 中村治兵衛：『中国聚落史研究の回顧の展望——とくに村落史を中心として』，唐代史研究会編：『唐代史研究会報告』第Ⅲ集『中国聚落史の研究』，刀水書房1990年版，第5—22页。

意。为了"矫枉过正",近年关于此类议题也已有一些优秀的研究成果推出。

与两宋乡村史演进的理路相似,尽管基于城市显著发展的史实,中外史学界一向比较重视城市史研究,早在1931年,日本学者加藤繁就已经发表了经典论文《宋代都市的发展》[①],甚至可以说是在很长一段时期内奠定了本领域的学术范式。不过总体而言,经过早期的奠基与20世纪五六十年代的拓展,一直到90年代以后,两宋城市史研究才迎来它的全面发展。研究议题明显拓宽,学术观点多样化,一些新的观察取向开始形成。这在很大程度上是由于当时两宋史学术领域受到"唐宋变革论"的全方位影响。唐宋之间城市显著发展的史实,被学者们引为反映唐宋间社会转折的重要侧面而展开研究。

笔者曾撰专文讨论唐宋城市史研究的学术史,归纳了其自20世纪90年代以来学术推进的具体表现:其一,讨论对象的地域视野大为扩宽,从前期聚焦于都城与少数区域中心城市,扩大到一般州县城市,尤其是从行政郡邑延伸到农村地区的草市镇。其二,讨论对象从早先的基本局限于个体城市,局限于城市作为一个聚落的本身,拓展到城市的群体,即拓展到对不同层级、不同区位城市的综合研究。其三,关于个体城市的研究有明显进步。除了开封、临安等都城外,更有意义的是对其他个体郡邑城市的研究成绩斐然,尽管讨论仍然集中在一些区域中心城市。其四,关于城市生活不同侧面,一方面,一些传统的议题讨论趋于深入细化,尤其在城市商业、管理制度等方面,对旧说都有明显的扬弃与深化;另一方面,视野扩大,许多新议题得到拓展,从政治到经济,从人群到文化,举凡城市生活的方方面面,如城区结构、日常生活、行业、防御、治安、宗教、风俗、建筑、绘画、运输、生态等,无不被纳入论者的视野,越来越凸显城

---

① [日]加藤繁:《中国经济史考证》第一卷,吴杰译,商务印书馆1959年版,第239—277页。

市史作为综合性研究议题的特点①。

　　总之，关于两宋城市与乡村，可以说无论哪一个侧面都已经积累了数量庞大的专文与专书，想要以二十来万字的篇幅来展示这一领域的研究成果，即便只收录近年来的主要新作，也无法做到。仅仅选取其中尤其重要者，又难免顾此失彼。

　　有鉴于此，本书的选编拟定了几条基本原则，在此谨作说明如下：

　　其一，选编在坚持内容优先原则的同时，还不得不考虑篇幅适宜、文字平易等因素，以便于阅读。因此对许多在学术史发展中相当重要的论著，仍不得不忍痛割爱，最后才形成目前这个选目。也就是说，目前这个选目只是"举例子"式的文本选择，无暇顾及能否构成关于两宋城市与乡村研究的学术史的完整脉络。有一些重要论著，例如业师邓广铭先生的《唐宋庄园制度质疑》②、梁庚尧的《南宋的市镇》、李孝聪的《公元十至十二世纪华北平原北部亚区交通与城市地理的研究》等，都因为篇幅过长等原因而无法选入。

　　其二，选编理应反映本领域学术研究的最新成果，入选的论著大多也遵循了这一原则。有一些篇目最初发表的时间略早，例如漆侠的《宋代农业生产的发展及其不平衡性——从农业经营方式、单位面积产量方面考察》，徐规、周梦江的《试析陈亮的乡绅生活》，以及梁太济《两宋租佃的基本形式——分种和租种》等文，最初发表距今都已逾30年，但至今仍然反映着相关议题的最高水平，因此选入。

　　与此同时，选编也试图尽可能照顾到学术史的脉络，对其发展过程略作反映。这里主要指周宝珠的《宋代城市行政管理制度初探》。此文比较全面地概括了宋代城市的行政管理制度，篇幅也合适，因此选入。但此文叙述宋代城市管理制度，完全遵循了加藤繁关于从唐到宋城市的坊墙倒

① 参见拙文《唐宋城市研究学术史批判》，《人文杂志》2013年第1期，第78—96页。后收入拙著《宋代城市研究》，中华书局2014年版，第1—41页。
② 《历史研究》1963年第6期，第135—150页。后收入《邓广铭全集》第七卷，河北教育出版社2003年版，第174—198页。

塌、坊市制崩溃之旧说，可以被认为是这一旧说的概括与拓展之作。近年来，笔者的研究已经纠正了加藤氏这一学术范式的不正确之处，指出了坊市制崩溃说将归纳于都城等少数规划城市的历史现象，不加区分地推衍于全国中小城市，过于强调了从唐到宋城市历史的断裂，忽视了前后的延续，因此失实。不过一方面拙文篇幅过长，不宜选入；另一方面，加藤范式至今仍具有一定影响力，不应忽略，所以仍选取了周宝珠此文。有兴趣进一步了解的读者，可以阅读拙文以及其他相关论著①。

其三，城乡两方面学术史的现状，尽管其他方面并非完全难以展开，但终究相对困难一些，因此学者们大多倾向于讨论最具资料可能性的国家相关管理制度等方面的内容。当然这也是因为国家制度是规范人们生活的最为直接的因素，唐宋之间城乡社会变迁的许多内容都是通过制度变革呈现出来的，所以，选编时也比较重视这一方面的内容，选录较多。选入"管理制度"一编中的四篇，固然是研究两宋城乡制度史的专文，其他板块中不少内容实际上也都是立足于制度史的研究成果，例如拙文《意象与现实：宋代城市等级刍议》，讨论时人对都城、区域中心城市和州县城市等不同等级城市人口规模的意象，所揭示的就在于它主要反映了城市的行政等级这个事实而已。

正因为制度研究具有基础意义，而且有一些议题的论著尤其集聚，仅仅依靠两三篇选文难以反映全貌，例如关于推行建中两税新制之后赋役制度领域的情况就是如此，所以选编时特地选录了周曲洋的《概念、过程与文书：宋代两税研究的回顾与展望》一文，以便读者通过这样相对周全的综述性专文，来深入了解这一领域的学术史现状。实际上，另有几篇类似的专文也相当有意义，例如宫泽知之的《宋代地主与农民的诸问题》，归

---

① 参见拙著《宋代城市研究》第二章《管理制度》、第三章《城市市场》，第102—236页；成一农：《"中世纪城市革命"的再思考》，《清华大学学报（哲学社会科学版）》2007年第2期，第77—87页。

纳第二次世界大战后日本学界综述宋代农村社会阶级关系①，以及吴雅婷的《回顾一九八〇年以来宋代的基层社会研究——中文论著的讨论》②，谭景玉关于宋代乡里制度研究的长篇综述③等，只是限于篇幅，我们无法将它们全都收录。

其四，城乡社会生活内容丰富，学术史的现状则呈现出明显的不平衡性，选编时应该兼容并包，板块的设置必须尽可能周全，所以有"阶层人群""文化概况"等板块内容，正是出于这样的考虑。例如在"阶层人群"一编中，选录了魏天安的《宋代东京工商户数比率考》与徐规、周梦江的《试析陈亮的乡绅生活》两文，用以分别反映当时城乡社会中工商户与乡绅这两个最为引人关注的阶层的情况。"文化概况"一编之所以选录的两篇专文集中讨论汴京与临安，当然是因为北宋和南宋的这两个都城存世资料相对丰富、研究集聚之故，具体的篇目则分别讨论城市文化传播、娱乐市场与都市文化的关系，尽可能关注更为广泛的内容。

在宋代城市研究中，超越个体城市，从更为广阔的城市群体的视野入手，讨论其等级、区位、网络，或者从个案分析出发，来归纳当时城市的城区布局之一般规律，已经引起了较多学者的关注，这就是"等级分布"一编中前面三篇选目试图反映的内容。相比较而言，对于乡村聚落的研究则明显不足。原因之一可能在于存世资料的缺乏与不平衡，但认识的不足与分析方法的守旧或许更为关键。因此选录了傅俊《南宋村落分布的整体轮廓》一文，以作弥补。此文的研究或许尚嫌初步，却是迄今在这一领域中最为重要的文献。

以上说明，反映了编者对宋代城市与乡村史研究现状的看法，并在这样的看法之下提出这一选目的几点原因。智者千虑，必有一失，更何况编者本人远非智者，所思所选必有不妥当之处。如果这一文萃能够让

---

① 译文载刘俊文主编：《日本学者研究中国史论著选译》第二卷，高明士、邱添生、夏日新等译，中华书局1993年版，第424—453页。
② 『中國史學』第十二卷，2002年，第65—93页。
③ 谭景玉：《宋代乡村组织研究》，山东大学出版社2010年版，第1—33页。

读者诸君对关于宋代城市与乡村的学术史现状得到初步的了解，并有可能引导大家去阅读本领域更为丰富的研究文献，选编者的目的也就达到了。

2022年11月10日于杭州小和山

第一编

阶层人群

　　城市与乡村，是人类的两大生活场所，除了零星散居者之外，人们一般都在城乡形成相对集中的居住点，这就是城市聚落和乡村聚落。两宋时期当然也是如此。当时社会不同阶层的人群在城乡聚落均有分布，例如，即便在京城与大型的区域中心城市，也往往包含有一定比例的农业人口，更不要说中小型州县城市，以及乡村地区的镇市了。相对而言，农业人口主要居住在乡村，官吏、文士、兵卒以及工商业者等非农业人口则主要居住在城市。在两宋时期，城乡各阶层人群中具有时代意义的新现象，无疑在于：其一，随着工商业的发展，城市工商业人户数量明显增长，其中尤以全国最大城市京师为显例；其二，由于科举制度的全面发展，社会风气尚文，通过科举考试而获得特定社会影响的士绅阶层，开始在乡村社会上层中占据举足轻重的地位。学界对于它们的研究，也多关注这些方面，本编选取魏天安《宋代东京工商户数比率考》以及徐规、周梦江《试析陈亮的乡绅生活》两文，以为范例。

宋代东京工商户数比率考

魏天安

关于宋代东京的人口的数量，周宝珠先生在《宋代东京研究》（河南大学出版社1992年版）第九章《户口构成及各阶层人的生活状况》和《宋代东京城市经济的发展及其在中外经济文化交流中的地位》（《中国史研究》1981年第2期）中进行了总结性的系统研究。他根据有关史料，认为天禧五年（1021）东京开封约有11万户，崇宁二年（1103）约有13.7万户，按户均7口计（开封是北宋都城，官僚、富室多大家庭，其仆役等依附人口无独立户籍，故家庭人口要高于全国每家五口的比率），崇宁年间已达近百万人；如加上驻军（宋中期有20万，一般保持10万以上）和驻军家属（应与驻军人数相当），以及皇室（包括宫女、宦官等依附人口）不下万人，僧尼、道士、女冠二三万人，在官工业和官府衙门应役的工匠、兵匠、胥吏近10万人（其中仅东西作坊就有7900余人），总人口在150万左右。

宋代东京的工商业人数一共有多少，在东京人口构成中占多大比率，历来是宋史研究者注意的难题。周宝珠在1981年的论文中认为从事工商业的有1.5万余户，占开封总户数的1/10。吴涛《北宋都城东京》也持此说。不过，在1992年出版的《宋代东京研究》中，周先生回避了这一问题，只说宋代东京的行会数目不止有160余行，虽未明说工商户数，但实际上否定了宋代工商业者只1.5万余户的说法。

认为东京工商业户数占城市总户数1/10的结论，是从以下史料中推导出来的。为便于研究，兹把有关史料排列如下：

一、《续资治通鉴长编》卷二五一熙宁七年（1074）三月辛酉：前此，（提举市易务吕）嘉问等尽括行人，细碎无所遗。已而有诏详定所更勿遣人体问，自贫下行特减钱一万缗。

二、《续资治通鉴长编》卷二六二熙宁八年（1075）四月癸未：权知开封府司禄参军朱炎言："奉诏在京免行钱贫下户减万缗，已减百六十余行，依旧祗应。近有彩色等十三行原复纳免行，欲听许。"从之。

三、《续资治通鉴长编》卷三〇八元丰三年（1080）（都提举市易司王）居卿又言："……臣窃详元定免行租额钱三万四千八百余，每岁额外常有增羡。今且以杂贩破铁、小贩绳索等贫下行人，共八千六百五十四人，月纳自一百以下至三文二文，计岁纳钱四千三百余缗。其所出至微，犹常不足，故贫者私不足以养，公不足以输。欲乞将额外增羡以补旧额，其贫下户并与除放，庶几小民实免行役，均被朝廷之恩。……"从之。

四、《续资治通鉴长编》卷三五九元丰八年（1085）九月乙未："按在京诸色行户总六千四百有奇，免轮差行户祗应一年共出缗钱四万三千三百有奇。"

认为东京开封工商户数占总户数1/10的主要依据，就是免纳免行钱的8654人（人可看作户数）加上缴纳免行钱的6400户，共15000户有奇。

《宋史·地理志》载开封府崇宁二年（包括东京及郊县）主客总户数为261117户，《元丰九域志》载主客总户数为235599户，以此两数作比率，如以崇宁二年东京城内有13.7万户计算，则元丰年间就是12.36万户。加上军队等坊郭户籍上未予登记的人口，1/10大概不会相差太远。如不计算军队等人口，1.5万户占东京总户数的12.14%。

元祐元年（1086），苏辙根据监在京市易务宋肇的统计说，欠在京市易务钱贯的商户有27155户，共欠钱237万余贯，其中"小姓"（中下等户）有27093户，共欠钱83万余贯；"大姓"（上等户）35户，酒户27户，共欠钱154万余贯。仅欠市易务钱的中下等商户就有2.7万余户，则东京开封的工商业户数不止1.5万户可知。

我认为，把东京开封的工商业户数定作1.5万余户的观点，曲解了第二条史料中"百六十余行"这一关键数字。免行钱法的基本原则，是"约诸行利入厚薄，纳免行钱以禄吏，与免行户祗应"①。周宝珠先生明确地指出："看来并不是每行按上中下三等出钱免的。每行内部出钱等级极多，如贫民月纳钱100文以下的有至3文、2文者，即是明证。"②也就是说，免行钱首先是按行会（行业）收入多寡征收的，利入多者（如茶行、肉行及金银、彩帛等行）缴纳免行钱多，利入少者（如挑水、卸货等行）缴纳免行钱少。这正是"约诸行利入厚薄"和"以其人作业为等纳钱"③的含义。在第一条史料中，诏令免除"贫下行"免行钱一万缗；在第二条史料中，这一工作已经完成，一共减免了160余行。这160余行全是"贫下行"，属于"全员豁免"，与第三条减免"贫下行人"8654人的免行钱完全没有联系。这8654人是160余行以外其他行会的行人，这次减免不是全行减免，而是只减免了各行中月纳免行钱100文以下的最下等行户的免行钱，各行中月纳100文以上的行户仍要缴纳免行钱。所以，1.5万余户再加上第二条史料中160余"贫下行"中的工商业户数，就是东京工商业中参与缴纳免行钱的行户总数。（此外还有不少提瓶卖水等"元不系行之人"。）

按第三条史料，贫下行户8654人一年共纳免行钱4300缗，平均每人年纳近0.5缗即500文。按第二条史料，160行免纳免行钱10000缗，平均每行62.5缗，如按每人0.5缗计算，则160行共有2万人（户）免纳免行钱。这2万人全属"贫下行"的行户，享受政府的优惠政策又在其他各行

① 〔宋〕李焘：《续资治通鉴长编》（以下简称《长编》）卷二四六"熙宁六年八月乙未"。
② 周宝珠：《宋代东京研究》，河南大学出版社1992年版，第336页。
③ 《长编》卷三〇八"元丰三年九月甲子"。

的贫下行户之前，其经济状况不会比8654名贫下行户强，按同等计算应是比较合理的推论。三者相加，共35000户有奇，占当时东京总户数12.36万户的28.32%。

宋代免行钱是由肉行首先提出实行的，肉行中下户共26户，一年纳免行钱600缗，平均每户23缗有奇。肉行上户没有参与缴纳免行钱。按第四条史料，6400余户共纳免行钱43300缗有奇，平均每户一年纳近7缗，远远低于肉行中下户23缗的定额。即使考虑到各行的平均利入大大低于肉行的利入，因而定额较肉行低，每年7缗的免行役税也太低了。我认为，这与上等行户大部分未参与市易法，也未缴纳免行钱有关。

宋东京宫廷、官吏、军兵牛羊肉消费量极大，仅"御厨岁费羊数万口"[1]。为满足肉食供应，宋专门设牛羊司，栈养牛羊，大中祥符三年（1010）栈羊达3.3万口，每年从辽、夏贸易牛羊，是宋牛羊消费的重要来源。除此之外，就向屠户科配。熙宁三年（1070），对牛羊消费问题进行了一些改革。据《宋会要辑稿》职官二一之一二载：

> 制置三司条例司言："诸路科买上供羊，民间劳费不细。河北榷场买契丹羊数万，至牛羊司，则死损及半。屡更不从，止一岁，公私之费共四十余万贯。乞募屠户，官预给，约以时日供羊，人多乐从，得以充足。年许，仍令牛羊司栈羊常满三千口为额，省其实（疑缺一"费"字）十之四。"从之。

无论是诸路科买上供羊，还是河北榷场买契丹羊，在喂养和运输过程中，死、损都相当严重。至于官圈栈喂养，在经济上更是得不偿失。咸平六年（1003），广牧二指挥军兵有1100余人，专职牧羊，所得羊肉难抵军兵俸料之费。因此，宋政府采取召屠户承包供应的方式，官预给本钱，由屠户定时定量供纳。按宋代常例，凡贷款给民户，民户都要以个人资产作抵押，因此，应募为官供羊者，都是肉行中的上户。不过，承包供羊大概

---

[1]〔清〕徐松辑：《宋会要辑稿》（以下简称《宋会要》）职官二一之一〇"真宗咸平五年十一月"。

只能满足宫廷和军队的大宗需求，各官厅衙门的不时之需，仍需向行户科配，而这一负担就落到肉行中下行户身上。这正是肉行徐中正代表中下行户请求缴纳免行役钱的原因。

免行钱法既然是"尽括行人"，理当包括上等行户在内。不过，上等行户一部分成了市易务的勾当官，协助官府推行市易法，以官商身份掌握商品批发权，不必缴纳免行钱。一部分按照市易法"诏罢诸路上供科买"，由在京市易务"计钱数从本务召人承览"①的规定，成了官府消费的承包商。有的大商人原来就是官府的承包商（如前述"约以时日供羊"的肉行大商人）。这些承包商既然成了市易务商人，就不必缴纳免行钱。《宋会要辑稿》食货三七之二二"熙宁七年十月二十五日"载：朝廷拨给市易司缗钱200万缗，"令市易司选能干之人分往四路入中，等请盐引及乘贱计置杂买"。这些被市易司选中的"能干之人"即成为以官钱为本钱的承包商。没有加入市易务的大商人绝大部分暂时退出商品交换领域，既不从事商业活动，也不缴纳免行钱，坐观时变。市易法推行不久，王安石就说："今修市易法，即兼并之家以至自来开店停客之人并牙人又皆失职。"②到熙宁八年（1075），王安石又说："近京师大姓多止开质库，市易摧兼并之效似可见。方当更修法制，驱之使就平理。"③王安石幻想市易法会使大商人"与下户买卖均一"的局面并未出现，因为大商人根本不可能像小商人那样成为市易务的零售商和小伙计。大商人失去了商品批发权，除了同官府合作外，只有停止经营活动，或开质库（当铺），走出放高利贷这条路了。

绝大部分上等行户未缴纳免行钱，因而也不包括在上述3.5万余行户之内。《东京梦华录》说东京资财十万以上的富裕商户"比比皆是"，数量很多。梁涛说，庆历年间，京师有"大姓数百家"准备借钱给政府作军费④。如以上等行户占中下行户的5％计算，则东京上等行户有1750有奇，

① 《长编》卷二四一"熙宁五年十二月乙亥朔"。
② 《长编》卷二三六"熙宁五年闰七月丙辰"。
③ 《长编》卷二六二"熙宁八年四月甲申"。
④ 《长编》卷三九六"元祐二年三月甲子"。

似乎距"比比皆是"的标准还有一定距离。依此数计算，工商行户大约有 36750 户，占城市总户数的 29.7％有奇。尽管军队、皇室主要成员，以及宫女、宦官、僧道等不在坊郭户籍之内，但由于 36750 户不包括东京官营手工业中的近 2 万名军匠及民匠，也不包括为数不少的行外商，所以，即使把不在坊郭户籍的军队等人口计算在内，从事工商业的户数占东京总户数 30％左右的比率也不应有大的变化。

北宋东京开封是当时规模最大、人口最多、工商业最为繁荣的城市，交通便利，商业发达，孟元老《东京梦华录》称开封"八荒争凑，万国咸通"，市内人烟稠密，"车马阗拥，不可驻足"，以至"添十数万众不加多，减之不觉少"[1]。市内从事工商业的人数虽然很多，但从《东京梦华录》的描述可以看出，城内最发达的是酒店业和饮食业（中国古代的都城几乎都是如此）。"《东京梦华录》一书中共提到一百多家店铺中，酒楼和各种饮食店就占半数以上"[2]。北宋东京的酒户分"正店"和"脚店"两类：正店北宋中期有 70 家，北宋末有 72 家，大多是官营酒店，有酿造权，即使是私营酒店，酒曲也必须从官府高价购买，其酿酒量自然也被官府控制；脚店是较小的酒店，从正店批发酒之后零售，无酿造权。东京正店中属一类的大酒店有 15 家，其中官营白矾楼酒店宋仁宗时募私人承包，"出办课利，令于在京脚店酒户内拨定三千户，每日于本店取酒沽卖"[3]。一个正店下属脚店就有 3000 家，以此估计，东京的酒店至少也有 1 万家以上。有的学者认为"三千"可能是"三十"之笔误，即使按每一正店下属脚店平均 20 户计，宋代东京酒店也有 1500 家左右。由于酒属官榷商品，酒的买卖由官府特许的酒户经营，所以，分茶店、食店的数量会大大多于酒店的数量。宋代的妓女有不少人以酒店为基地活动，"诸酒店必有厅院，

① 〔宋〕孟元老：《东京梦华录》卷五《民俗》。
② 姜庆湘、萧国亮：《从〈清明上河图〉和〈东京梦华录〉看北宋汴京的城市经济》，《中国社会科学》1981 年第 4 期。
③ 《宋会要》食货二〇之七"天圣五年八月"。

廊庑掩映，排列小阁子，吊窗花竹，各垂帘幕，命妓歌笑，各得稳便"①。有的酒店一到天晚，就有浓妆妓女数十人随时等待酒客呼唤。宋初东京妓女即有万人，北宋末年，《东京梦华录》的作者竟说举之数万。由此推测，东京从事餐饮业的户数大概要占全体工商业人口的一半。餐饮业及色情行业的服务对象以占城市大多数的非生产性人口为主，其发达程度正反映出东京开封消费性城市的特征。

由于非劳动人口占很大比例，大多数城市成为一个个消费中心，而不是生产中心。消费性城市的基本特点，是商品的大量输入和较少输出。宋代的城市市场是开放型的，但这种开放主要是为了满足城市内部的消费需要，行会的市场垄断也主要表现在通过吸收外来商品（包括各种生活用品和手工业原料）垄断对内的消费市场，而西欧中世纪城市一般是通过排外性手段（如不允许外来商人在本地营业）来垄断市场。

在中国封建地主制度下，城市是封建堡垒式的政治统治中心，残酷地剥削和压迫农村，这种城乡对立同西欧城市与封建庄园的对立有很大不同。西欧的城市大部分是作为地主庄园的对立物出现的，城乡对立造成封建领主制的削弱和瓦解，而中国的城乡对立则造成封建统治的强化和统一。西欧10世纪至十三四世纪的新兴城市一般只有数千人至两三万人，达10万人即是屈指可数的大城市，但工商业者是城市居民的主体，贵族、官僚、教会专职人员只占较小的比例。西欧城市市民经过同封建主的长期斗争，逐步取得人身自由、司法独立、参与选举等平等权利。行会作为工商业者的组织机构，常常积极参与市政管理，并承担组织市民选举、征收税款等义务。尽管行会的封建性行规和反对竞争的保守性对城市的进一步发展不无阻碍作用，但当它完成其历史使命，至15世纪前后成为资本主义发展的羁绊时，就逐渐被自由竞争的资本主义工商业取代了。

在中国，封建皇室、贵族、官僚、胥吏、军队和一部分地主住在城市，加上他们的仆役等依附人口，人数更多，构成城市的主要居民，即使是已成

---

① 《东京梦华录》卷二《饮食果子》。

为工商业中心的少数城市，工商业绝对人数远较西欧城市的工商业人数多，如北宋开封、南宋杭州等等，但工商业人口在全体城市人口构成中仍占少数。这样，无论城市的工商业如何发达，都改变不了其消费性城市的性质。

（原载暨南大学中国文化史籍研究所编，张其凡、陆勇强主编：
《宋代历史文化研究》，人民出版社2000年版）

试析陈亮的乡绅生活

徐　规　周梦江

陈亮（1143—1194）是南宋前期著名的思想家、政论家和爱国词人。关于这方面的事迹，向来为人们所乐道。本文仅就他的另一方面，即作为宋代一个乡绅，试加探索，借以窥知宋代乡绅的有关情况。

一

乡绅是指旧时代在乡间有一定政治地位和经济势力的士大夫，其中大多是长期离职或退休的官员以及有科举功名的士人。

陈亮是乡贡举人，太学上舍生；同时，又是著名的学者。他未做过官，只是晚年中了状元，被任命为签书建康军节度判官厅公事，但未到任就病死了。他生平除了短期在太学读书外，长期居住婺州（今浙江金华）永康县龙窟乡下。在家著书授徒，组织"保社"，结交官员，干预政事，以致在地方派系斗争中两次被人诬告入狱。从这些情况看来，陈亮是个道道地地的乡绅。

作为乡绅，必须在乡里具有一定的权势，才能干预乡里事务。可是乡绅又非现任官员，手中无权，因此乡绅必须结交官府，借以获取政治权力。陈亮虽是一个比较正直的士人，但为了自己的政治活动、经济利益等等的需要，结交了一批上自朝廷下至地方的官员。

南宋高宗绍兴三十一年（1161），陈亮19岁，写成《酌古论》，评论历史人物，深受婺州知州周葵的赏识。孝宗隆兴元年（1163），周葵升任参知政事，陈亮一度前往行都临安，在周家充当门客。陈亮说："朝士白事，必指令揖亮，因得交一时豪俊，尽其议论。"①陈亮从此崭露头角，在士大夫间享有一定的声望。

陈亮平生最知心的师友是吕祖谦（字伯恭），据他自己说："四海相知，惟伯恭一人。"②吕氏一家出身中原望族，南渡后，迁居婺州。吕祖谦不仅门第高，而且本人是著作郎兼国史院编修官，与朱熹、张栻同为当代道学大师。南宋时，道学家门徒多，势力大。吕祖谦一向支持陈亮，他曾面对陈亮背诵春秋末期郑国最有势力的贵族子皮（名虎）对子产所说的话："虎帅（通'率'）以听，孰敢违子。"③陈亮通过吕祖谦的关系，结识了朱熹、张栻等人，这当然有助于提高陈亮在学术界和社会上的地位。

著名的道学大师朱熹于淳熙九年（1182）提举浙东路常平茶盐公事任内，曾先后两次和陈亮会晤论学。其中一次是正月，朱熹趁第一次出巡所部婺州、衢州之便，到武义明招山吊祭吕祖谦之墓，和陈亮相会④。另一次约在二月下旬，朱熹在出巡的归途中，访陈亮于永康龙窟⑤。二人以后还常常通信，他们两人学术思想虽有不同，但友谊尚好。每岁逢朱熹诞辰，陈亮都特地派人不远千里致送寿词和寿礼。

身居封疆大吏的著名词人辛弃疾，与陈亮意气极为相投。淳熙十五年冬天，辛弃疾在江西上饶家居赋闲，陈亮曾前往探视。别后，寄词赠辛弃疾说："只使君，从来与我，话头多合。"⑥陈亮于光宗绍熙元年（1190）十二月第二次入狱，在狱一年多，情况危急，就是靠辛弃疾的朋友、大理少卿郑汝谐"直其冤"而"得免"的⑦。绍熙四年春天，辛弃疾在福建路

① 〔元〕脱脱：《宋史》卷四三六《陈亮传》。
② 〔宋〕陈亮：《陈亮集》卷二一《与吴益恭安抚书》，中华书局1974年版。
③ 《陈亮集》卷二四《祭吕东莱文》。
④ 〔宋〕朱熹：《晦庵先生朱文公文集》卷三六《答陈同甫》（第一书），卷八二《题伯恭所抹荆公日录》；《陈亮集》卷二十《壬寅答朱元晦秘书书》；〔清〕王懋竑：《朱子年谱》卷三上。
⑤ 参见栾保群：《陈朱"王霸义利"之辩始末》，《天津师院学报》1979年第1期；赵贯东：《陈朱交往始末考辨》，《浙江师院金华分校学报》1982年第1期。
⑥ 《陈亮集》卷十七《贺新郎·寄辛幼安和见怀韵》。
⑦ 〔宋〕叶适：《水心文集》卷二四《陈同甫王道甫墓志铭》。

提点刑狱公事任内，奉召赴临安，途经浙东，又与陈亮相会晤①。

此外，陈亮和陈傅良、叶适也是密友。并与温州著名人士郑伯熊、薛季宣、郑伯英、徐谊、王自中、薛叔似、蔡幼学、徐元德、陈谦、戴溪等都有一定的友谊。这些人全是当时有名望的官员，陈亮曾三次到过永嘉（今浙江温州），与他们交往密切②。

总之，陈亮结识的官员很多，上自宰相，下至郎官，多有交情。从他的文集所著录的书信，可见一斑。

陈亮和这些达官名流的交往，既提高了自身的名望和地位，又有条件可以向中央高级官员推荐低级官员。隆兴元年（1163），陈亮曾向参知政事周葵推荐叶衡、胡权、王道、孙伯虎四人③。淳熙十二年（1185）又向宰相王淮推荐叶适、薛叔似、陈谦、施迈四人④。被推荐的人对他当然很感激，如后来官至宰相的叶衡，就曾帮助陈亮父亲脱狱。陈亮死后，叶适也曾请求朝廷，破例为陈亮一个儿子补官⑤。同时，陈亮也有机会可以向高级官员评论地方官员的政绩。如朱熹任浙东提举时，陈亮就曾去信极力称赞婺州通判赵善坚的抗旱救灾功绩⑥。而上述向周葵推荐的官员中，王道是婺州节度推官，孙伯虎是永康县尉⑦。因此，婺州及所属各县的一些地方官，对陈亮也就青眼看待了。

乾道、淳熙年间，先后担任婺州知州的韩彦古（子师）、韩元吉（无咎）、钱佃（仲耕）、丘崇（宗卿）等人，与陈亮都有往来。其中韩彦古是南宋名将韩世忠的幼子，他和陈亮关系非常密切。乾道八年（1172），陈

① 〔宋〕韩淲：《涧泉集》卷十二《送陈同甫丈赴省诗》；邓广铭：《辛稼轩年谱》（增订本）。
② 参见笔者与周梦江同志合写的《陈亮永嘉之行及其与永嘉事功学派的关系》，原载《杭州大学学报》1977年第2期，经本人修正后收入《宋史论集》，中州书画社1983年版；姜书阁笺注：《陈亮龙川词笺注》，人民文学出版社1980年版。
③ 《陈亮集》卷十九《周立义参政书》。
④ 《陈亮集》卷十九《与王季海丞相书》。
⑤ 《宋史》卷四三六《陈亮传》。
⑥ 《陈亮集》卷二十《又壬寅夏书》，《晦庵先生朱文公文集》卷一七《乞留婺州通判赵善坚措置赈济状》。
⑦ 〔清〕张荩：《（康熙）金华府志》卷十一、卷十四。

亮听到韩彦古出任婺州知州的消息后，便马上写信要求他对当地"老奸少猾"的胥吏，"锄其甚者"，对"肆为不法"的县官，"亦移易一二，以动其余"①。韩彦古被参劾离任，陈亮特为之撰文送行②。

陈亮和永康知县林颖秀、县丞刘仲光也非常熟悉。陈亮说："余游二君间，每为曲畅其情。"③先后担任永康县尉的谢达（景安）、吴筜（允成），同陈亮交情颇深。特别是吴筜，"相与往来如旧故"，陈亮在淳熙十一年（1184）第一次入狱时，就曾得到吴筜的"左右扶持"④。

这里还需要提出的是，陈亮多次上书言事。尤其是淳熙五年（1178）的那次上书，孝宗皇帝为之震动，曾打算仿照北宋真宗征召种放的故事，对陈亮加以擢用。后来因左右大臣恶其直言，遂有"都堂审察"之命，即先由执政大臣在政事堂召问，陈亮不愿屈事权贵以猎取官职，便渡江南归。陈亮这次行动，受到朝野注目，他的名望因而更大，社会地位也就更高了。

二

我们再考察陈亮在乡间的生活情况。

陈亮曾长期从事地方教育事业。乾道八年（1172），他因家境困难，"开门受徒"，"欲托于讲授以为资身之策"，永康孙贯和浦江钱廓等人前来跟他学习⑤。淳熙九年（1182）夏天，陈亮给朱熹信中说到自己因"困于诸生点课"，故无法亲往请教⑥。淳熙十二年春天，又说自己"聚二三十小秀才，以教书为行户"⑦。他的学生有时多达一百余人。《宋元学案·龙川学案》中著录的就有三十多人，著名的有厉仲方、喻偘、喻南强等。厉仲

---

① 《陈亮集》卷十九《与韩子师侍郎书》，年代据《（康熙）金华府志》卷十一考定。
② 《陈亮集》卷十五《送韩子师侍郎序》。
③ 《陈亮集》卷二八《谢教授墓志铭》。
④ 《陈亮集》卷十五《送吴允成运干序》。
⑤ 《陈亮集》卷二七《孙贯墓志铭》，卷二八《钱叔因墓碣铭》；〔宋〕吕皓：《云溪稿·与陈龙川先生论学书》。
⑥ 《陈亮集》卷十五《又壬寅夏书》。
⑦ 《陈亮集》卷二十《又乙巳春书之一》。

方官至中郎将，在开禧北伐中有过贡献。喻偁举进士，与喻南强均有文集行世。

　　乾道、淳熙间，陈亮在家乡还组织过"保社"。乾道八年（1172）秋，吕祖谦给陈亮的信，就曾谈起"吾兄保社，今莫已就条理否？后生可畏，就中收拾得一二人，殊非小补"①。直到淳熙九年（1182）夏，朱熹还来信询问"保社"的情况："社中诸友朋坐夏安稳山间，想见虚凉无城市歊烦之气，比所授之次第亦可使闻一二乎"②？这个"保社"的组织情况，由于现存《陈亮集》中没有资料可稽，无法深入了解。但从北宋神宗熙宁九年（1076）陕西蓝田乡绅吕大钧兄弟在家乡实行的"吕氏乡约"（又名"蓝田乡约"）来考察，似可窥知一二。

　　"吕氏乡约"这个社团组织，设"约正"一人或二人，由有名望的乡绅担任，主持整个乡约。设"直月"一人，由同约中的人依年龄大小轮流充当，经办杂务。约内规定"德业相劝，过失相规，礼俗相交，患难相恤"四大条款。其中"德业相劝"条有"能治其家，能事父兄，能教子弟，能御僮仆，……能居官举职。凡有一善为众所推者，皆书于籍，以为善行"。"至于读书、治田……之类，皆可为之。非此之类，皆为无益。""过失相规"条还规定犯过失者，"每犯皆书于籍，三犯则行罚"。③

　　从这个"乡约"的"能治其家""能御僮仆""读书、治田"等内容来看，吕氏兄弟企图通过这个由乡绅主持的社团，来管理家乡事务，巩固封建统治，并培养地主阶级所需要的人才。朱熹对这个"乡约"极为欣赏，曾撰文加以提倡④。陈亮的"保社"可能与吕氏的"乡约"有相似之处，是个地方性的组织，也可能仅是自己学生中的组织。但不管属于何种组织，其性质当是相近，对陈亮的巩固乡绅地位、取得地方势力都大有好处。因为跟陈亮读书的学生，都是本县及邻县的地主豪绅的子弟，有的本

①〔宋〕吕祖谦：《吕东莱文集》卷五《与陈同甫书》（第十书）。
②《晦庵先生朱文公文集》卷三六《答陈同甫》（第二书）。按：歊通熇，音贺，火热的意思。
③〔宋〕吕大钧：《吕氏乡约》，关中丛书本，民国陕西通志馆印行。
④《晦庵先生朱文公文集》卷七四《增损吕氏乡约》。

人就是地主或小乡绅，陈亮用"保社"加以组织，急难相助，在地方上就会形成自己的势力。

乾道年间（1165—1173），陈亮家庭多难。他的母亲以盛年去世，未终丧而父亲又因事入狱，祖父母忧虑成疾，相继亡故。"三丧在殡"，无力营葬。父亲出狱后，家中已"无寸土可耕"①。父死不能举丧，"从人贷钱以葬"，以至"贫不能自食"②，"托于讲授以自衣食"③。可是过了十二年后，陈亮成为乡绅，家境便大大好转。他在淳熙十二年（1185）给朱熹的书信中谈到自己家中的生活情况说："有田二百亩，皆先祖、先人之旧业，尝属他人矣，今尽得之以耕。"④又有园圃四十亩，还建造了许多房屋和亭堂台榭，以为读书、授徒、宴游之所。

陈亮从何处获得财源呢？单靠教书收入是不可能达到如此发家规模的，这就难免招来一些闲议。他于淳熙十一年（1184）五月第一次出狱后给宰相王淮的谢启说："纵居不择乡，岂为恶人之道地；使行或由径，宁通小吏之金钱。"⑤又在给朱熹的信中说：狱司"初欲以杀人残其命，后欲以受赂残其躯，推狱百端，搜寻竟不得一毫之罪"⑥。可见当时就有人怀疑他勾结官吏受贿得钱。

陈亮获取钱财的途径，根据现存资料推测，大约有两条。其一是经商。淳熙五年（1178），陈亮在给石天民的书信中有"亮为士、为农、为商，皆踏地未稳"⑦的话。就在这一年前后，吕祖谦从临安寄信给陈亮说："闻欲为陶朱公调度，此固足少舒逸气，……然治生之意太必，则与俗交涉，败人意处亦多，久当自知之，恃契爱之厚，不敢不尽诚也。"⑧这段时

---

① 《陈亮集》卷二五《祭妹文》，卷二一《与叶丞相第二书》。
② 《陈亮集》卷二三《先考移灵文》，卷二九《徐妇赵氏墓志铭》。
③ 《陈亮集》卷二九《章夫人田氏墓志铭》。
④ 《陈亮集》卷二十《又乙巳春书之一》。
⑤ 《陈亮集》卷十八《谢王丞相启》。
⑥ 《陈亮集》卷二十《又甲辰秋书》。
⑦ 《陈亮集》卷二一《与石天民书》。
⑧ 《吕东莱文集》卷五《与陈同甫书》（第二十书）。

间，从吕祖谦给陈亮的信中，我们知道陈亮曾经多次去过温州的永嘉和台州的临海①，这两地都是东南沿海商业繁盛的城市，宋代官吏和士人从事商业活动的很多，陈亮受当时社会风气影响，有可能去经商谋利。其二，是利用妻财致富。陈亮的岳父何茂宏是义乌县首富，既拥有广大田地，又善于经营商业，"积累至巨万"，因其弟何茂恭赏识陈亮才华出众，极力撮合，所以何茂宏将次女嫁给陈亮②。他的女儿陪奁必然丰富，陈亮有可能利用妻财和自己乡绅地位，陆续赎回祖业。

乡绅和乡官或乡役有所不同，宋朝的乡官或乡役，有衙前、里正、户长、耆长等。他们是受当地官府差遣的，有一定的职掌，如管理仓库、征收赋税、抓捕盗贼等。乡绅则不同，他们是有过官职或科举功名的士大夫，与地方官员平等往来，是不愿屈就这种职役的。可是地方上的大事，如赈济灾荒、防御"寇盗"以及地方吏治等等，他们是过问的。如南宋著名思想家陆九渊兄弟都是江西抚州金溪县乡绅。陆九皋主持过家乡的社仓；陆九龄曾率领家乡民兵防御过茶商赖文政的起义军；陆九渊自己居乡时，亦常常与本地州县官以及江西路长官往来，并通信商讨地方上的社仓救济、赋税征收、胥吏为害等问题③。刘宰既是学者，也是镇江府金坛县乡绅。他辞官闲居家乡，曾进行三次规模很大的赈济活动，并制止了镇江防军的兵变。他在与本地官员的书信或一些文章中，亦时常斥责当地某些不法胥吏，赞美某些官员革除额外征税陋习④。陈亮虽说自己对社仓、义役及赈济等，"皆未尝有分毫干涉"，但承认"只是口唠噪，见人说得不切事情，便喊一响，一似曾干与耳"⑤。上文已经讲到陈亮写信给婺州知州

---

① 《吕东莱文集》卷五《与陈同甫书》（第十六、二四、二五书）；〔宋〕吴子良：《林下偶谈》卷三。

② 《陈亮集》卷二八《何茂宏墓志铭》，卷二二《祭妻叔文》。

③ 〔宋〕陆九渊：《陆九渊集》卷二八《陆修职墓表》，卷二七《全州教授陆先生行状》，卷五《与辛幼安书》，卷八《与张春卿书》；〔宋〕李心传：《建炎以来朝野杂记》甲集卷十四《江茶》；《宋史》卷四三四《陆九渊传》。

④ 佚名：《京口耆旧传》卷九《刘宰传》；〔宋〕刘宰：《漫塘文集》卷二二《扬州拨还泰兴县酒税记》，卷二三《镇江府减秋苗斛面记》。

⑤ 《陈亮集》卷二十《又甲辰秋书》。

韩彦古，要求惩办当地不法胥吏。陈亮这个行动，足够说明他已干预乡里事务了。因为胥吏都是本地人，"吏人者，本乡之人"①，有的还是地方小土豪，或者是大乡绅的走卒。陈亮要求惩办某些胥吏，表明他已介入本地乡绅之间的斗争。后来，陈亮在绍熙元年（1190）给侍郎章森（德茂）的书信中说："门下独提拂奖与，如世间不可少之人，……世既有望而恶之者，则必有望而喜之者，此乃所谓对待法，而亮遭之特分明。乡间岂可复居！"②陈亮在地方上的活动已为一派乡绅所拥护，而为另一派乡绅所反对，这也是很明显的。所以陈傅良寄诗规劝他："但把鸡豚燕同社，莫将鹅鸭恼比邻"③，不要和乡邻闹意见。

陈亮生平曾经两次被捕入狱，就是因地方上乡绅之间的矛盾而引起的。第一次入狱是在淳熙十一年（1184）春天，因陈亮参加乡人宴会，同席卢某归家后暴死，卢某儿子诬告陈亮和另一乡绅吕师愈（陈亮学生吕约之父）药杀其父，陈、吕等人遂被捕入狱。由于宰相王淮的解救，才得以释放④。陈亮出狱不久，"一富盗乘其祸患之余，因亮自妻家回，聚众欲棰杀之"⑤。陈亮要求地方官惩办对方，那时婺州知州丘崇"亦受群儿谤伤之言，半间半界"⑥。丘崇是朱熹、辛弃疾的朋友，与陈亮也有交情，而对方的权势却使他不敢支持陈亮，可见此人身份绝非一般平民，当是有政治地位和经济势力的乡绅。陈亮第二次入狱是在绍熙元年（1190）冬天，原因是"民吕兴、何廿四殴吕天济，且死，恨曰：'陈上舍（陈亮是太学

---

① 《陆九渊集》卷八《与赵推官书》。
② 《陈亮集》卷十九《与章德茂侍郎第四书》，年代据书中"圣上方欲发扬寿皇北向之志"及"君举、象先皆将漕"等句推定。按：陈傅良（字君举）任湖南转运判官在光宗绍熙元年。寿皇指孝宗皇帝。
③ 〔宋〕陈傅良：《止斋文集》卷七《寄陈同甫》。
④ 《云溪稿·上丘宪宗卿书》，《陈亮集》卷十八《谢王丞相启》。
⑤ 《陈亮集》卷二十《又甲辰秋书》。
⑥ 《陈亮集》卷二十《又乙巳春书之一》。"半间半界"即"半间不界"，就是现代汉语中"半尴不尬"的原型。又按《陈亮集》卷十八《谢梁侍郎启》有"重以当涂之切齿，加之群小之凿空"之语（该启写于绍熙三年第二次出狱后），可见"群儿"义同"群小"。

上舍生）使杀我。'县令王恬实其事"①，并宣称陈亮是当地"豪强"②。陈亮又遭捕入狱。出狱后，在写给葛邲的谢启中说："下流而致搢绅之见推，从何自取？穷居而使衣食之粗足，似若无因。……重以当涂之立意，加之众怨之凿空。"③这就明白地说出他的入狱原因，是由于他挤入乡绅行列后引起另一派乡绅的不满，为"衣食粗足"而有龃龉，并进而与地方官发生意见，遂遭他们的诬陷。

三

陈亮成为乡绅后，恢复祖业，占有田园二百四十多亩。这些田产以当时一般乡绅占有田地的情况来看，是为数不多的。《宋史》本传也说他"家仅中产"，并不是富豪。作为乡绅，他们必须占有田地，既可以使家族丰衣足食，巩固自己的乡绅地位；又可以进而在经济上剥削农民，兼并土地，扩大乡绅势力。叶适、陆九渊、刘宰等成为乡绅后，也占有一些土地，不过他们和陈亮一样，本身是有名望的学者，比较清廉自守，占地不多。如叶适诞生于"贫匮三世"的寒儒家庭，晚年辞官退居永嘉附郭的水心村，便买田于瓯江北岸的罗浮地方。从他的《自罗浮行田宿华严寺》诗句"我病不暇耕，行复观我田，……僮客四面集，畦瞳相勾连"④，可以推知他是占有田产的。陆九渊家中过去"无田业，自先世为药肆以养生"。而他于去官居乡里后，也"稍有田亩"⑤。刘宰将原有田地分给兄弟后，在镇江金坛乡间，复"买田百亩，仰以自给"⑥。可见凡是乡绅必须购置田产，用他们自己的话来说："人生不可无田，有则仕宦出处自如，可以行志；不仕则仰事俯育，粗了伏腊，不致丧失气节。"⑦所以乡绅必然是

---

① 《水心文集》卷二四《陈同甫王道甫墓志铭》。
② 《陈亮集》卷十八《谢何正言启》。
③ 《陈亮集》卷十八《谢葛知院启》。按：葛邲于绍熙元年（1190）十二月至四年三月知枢密院事。
④ 《水心文集》卷七《自罗浮行田宿华严寺》。
⑤ 《陆九渊集》卷二八《宋故陆公墓志》。
⑥ 《漫塘文集》卷八《通知镇江傅侍郎伯成札子》。
⑦ 〔宋〕周辉：《清波杂志》卷十一《常产》，知不足斋丛书本。

地主。

陈亮这些乡绅赎回或购置田地后，必须"借佃客耕田纳租，以供赡家计"①。宋代乡村中，佃农一向较多。叶适说："大抵得以税与役自通于官者不能三之一，有田者不自垦，而能垦者非其田。"②所以雇募佃客耕种并非难事。关于宋代佃客的人身依附关系，目前史学界有两种意见：一种是认为宋代佃客的人身依附关系逐渐减轻，另一种意见则认为佃客的人身束缚在南宋比之北宋有加重的趋势。我们从陈亮、叶适的田园很快有人耕种，特别是《陈亮集》中多次提到善待佃客的事，可以得到启发。如陈亮在《何少嘉墓志》中说："（少嘉）视租户（即佃客）如家人，而恤其轻重有无。"陈亮自己逢到灾荒时，极力设法替佃客借贷粮食③。南宋前期曾任乐清知县的袁采也竭力主张必须"存恤佃客"④。他们为什么要善待佃客？北宋后期王岩叟曾经回答过这个问题："富民召客为佃户，每岁未收获间，借贷周给，无所不至，一失抚存，明年必去而之他。"⑤正因为如此，陈亮等人都比较优待佃户。这些情况至少可以反映出南宋时期浙江一带佃户的人身依附关系是相对减轻的。

宋代的土地买卖是相当自由的，人们经济地位的升降，也是通过土地买卖而有所表现。当时辛弃疾就有"千年田换八百主"的感叹⑥。袁采在知乐清县任内所著的《袁氏世范》中说："贫富无定势，田宅无定主，有钱则买，无钱则卖"，"富儿更替做"⑦。从陈亮、叶适等人很快恢复田园和购置土地的事例也可以得到证明。

---

① 《晦庵先生朱文公文集》卷一〇〇《劝农文》。

② 〔宋〕叶适：《水心别集》卷二《民事中》。

③ 《陈亮集》卷十九《与章德茂侍郎第二书》："乡间大旱，家间所收不及二分，岁食米四百石，只有二百石。尚欠其半，逐旋补凑，不胜其苦。"又《陈亮集》卷十八《谢郑侍郎启》有"阖门六十口"之语。按：陈亮家属仅八口，余人当是佃客和僮仆。

④ 〔宋〕袁采：《袁氏世范》卷三《存恤佃客》。

⑤ 《宋会要》食货六五之四八，《长编》卷三九七"元祐二年三月"。

⑥ 邓广铭：《稼轩词编年笺注》卷三《最高楼》，上海古籍出版社1978年版。

⑦ 《袁氏世范》卷三《富家置产当存仁心》《兼并用术非悠久计》。

土地所有权的频繁转移，必然使大批新兴的庶族地主出现。这些新兴的庶族地主（有的是士人因取得功名而占有土地，有的是手工业主、商人因经营致富而投资土地，有的是极少数自耕农因力作而占有土地）获得经济权力后，就迫切要求政治地位和政治权力，因而促使宋代政府扩大科举录取的名额，并订定太学上舍生通过考试直接释褐出仕以及富豪"入资""纳粟"等办法，来满足他们做官的愿望。单以科举录取名额来说，唐代每年一般录取进士三十人，明经五十人；而宋太宗在位二十一年，通过科举得官的近一万人①。这就是造成宋朝官僚机构庞大、官员冗多的重要原因之一。而且这一情况愈演愈烈。北宋中后期，"率一官（指官阙）而三人共之"②，到南宋理宗时，竟是"六七人共守一阙"③。科举名额和官员数量的增多，使出身于庶族地主或贫寒士人家庭的子弟有较多机会获取功名和官职，从而也就使一大批士人成为乡绅。陈亮、叶适、陆九渊、刘宰等人都是如此。陈亮的祖父陈益，有田二百多亩，本人"尝入舍选（太学三舍），从事于科举，皆垂得而失"④。叶适的曾祖公叶济，"游太学无成，资衰，去处州龙泉居于温"⑤。父亲叶光祖在乡里教书为业，"聚数童子以自给"⑥。陆九渊上代五世以来未做过官，家中开有药肆，父亲陆贺"究心典籍，见于躬行"⑦。刘宰的祖父刘杞是"乡贡士"，父亲蒙庆与伯父嗣庆，"皆以文行为乡先生"⑧。从陈亮等人成为乡绅的事例来看，他们既不是前朝的旧族世家，也不是北宋高官名门的后裔，而是普普通通的庶族地主及贫寒士人的子弟。这一情况表明，宋代特别是南宋，掌握地方势力的乡绅已不再是由世家旧族所垄断了。这种现象为前代所少见，值得我们

---

① 〔宋〕王禹偁：《应诏言事疏》，〔宋〕吕祖谦辑：《宋文鉴》卷四二。
② 〔宋〕苏轼：《东坡七集·应诏集》卷二《策别七》。
③ 〔宋〕刘克庄：《后村先生大全集》卷五一《轮对札子二·贴黄》。
④ 《陈亮集》卷二七《先祖府君墓志铭》。
⑤ 《水心文集》卷十五《致政朝请郎叶公圹志》。
⑥ 《水心文集》卷二五《母杜氏墓志》。
⑦ 《陆九渊集》卷二七《全州教授陆先生行状》。
⑧ 《京口耆旧传》卷九《刘蒙庆传》。

注意。

宋代从庶族地主或贫寒士人家庭产生了大批乡绅，这些乡绅不问其出身如何，都是封建统治的基础和封建制度的维护者。从上述陆九渊的哥哥陆九龄防御茶商赖文政的起义军、刘宰协助平定镇江兵变的事例，即可窥知。但是在这些乡绅中情况亦稍有区别，我们所介绍的陈亮、叶适、陆九渊、刘宰等几个乡绅，都是有名望的学者，他们比较有远见，能够注意封建统治阶级的整体利益和长远利益，有时利用自己的乡绅地位，要求地方官革除额外的税收和惩办不法胥吏，来缓和阶级矛盾。但这些乡绅毕竟是极少数的，绝大多数的乡绅，则是横行乡里、勾结官吏、鱼肉人民的土豪劣绅。有名的如北宋真宗时隐士种放，"于长安广置良田，岁利甚博，亦有强市者，遂致争讼，门人、族属依倚恣横"。"放弟侄无赖，据林麓樵采，周回二百余里，夺编甿厚利。"①南宋绍兴二十二年（1152），大理正张峋对高宗说："寄居士大夫与大姓豪家骚扰村民，小不如意，即送都保锁缚捶楚。"②于此可知一斑。

乡绅是地主阶级的当权派，是乡村里的上层人物。宋代政府按照财产多少把乡村中的主户（税户）分为五等：一、二等户称为上户，是地主；三等户称为中户，是小地主或自耕农；四、五等户称为下户，是半自耕农或佃农。乡绅占田有的相当于一、二等户，有的则远远超过，个别也可能只有几亩土地，但他们都是"官户"，不同于一般民户。上述的叶适、陆九渊、刘宰中进士，为官作宰，当然是官户；即如陈亮在中状元前，也是乡贡举人、太学上舍生，按官户法也享有免户下支移、折变、身丁钱等待遇③。宋代政府对官户是很优待的，除了一些主要赋税如两税在法律上不得减免外，"凡有科敷，例各减免，悉与编户（民户）不同"④。因而乡绅不但可以不服役，而且可以不纳某些赋税。此外，他们有权有势，更可以

① 《长编》卷七六"大中祥符四年十一月"，《宋史》卷四五七《种放传》。
② 〔宋〕李心传：《建炎以来系年要录》卷一六三。
③ 《宋会要》选举十二之三三。
④ 《宋会要》食货六之一。

勾结官吏，利用种种办法逃避国家财税的负担。宋代特别是南宋，赋役十分繁重。以浙江而论，乡村中的下户，固然是"饥寒转徙，朝不保夕"①；即使"中户之家"，也"往往一岁之入，不足以支一岁之用"②。以陈亮家庭为例，他的祖父陈益有田地二百多亩，亦是"中产之家"，只因不得意于科举，又不会经营田产，"浮沉里闬，自放于杯酒间"，结果家道中落，"无寸土可耕"③。一直到陈亮"首贡于乡"，入太学上舍生，成为乡绅后，才能恢复祖业。可见乡绅与一般地主是不能同日而语的。

乡绅有钱有势，便可大肆兼并土地，而宋代政府对地主兼并土地采取放任政策，所以北宋时就出现"势官富姓，占田无限，兼并冒伪，习以成俗"。到了南宋，"豪强兼并之患，至今日而极"④。南宋后期的著名文人刘克庄说："至于吞噬千家之膏腴，连亘数路之阡陌，岁入号百万斛，则自开辟以来未之有也。"⑤这样一来，大批的自耕农以至中产之家都纷纷破产，失去土地，造成社会上贫富悬殊的局面，使阶级矛盾更加激化，对国计民生是有害的。

乡绅的兼并土地、逃避赋役，和宋代政府也发生矛盾。他们的不法行为过于嚣张，有时亦受到一些代表封建国家利益的正直官员的制裁。对此，《宋史》颇多记载，这里不再烦述。为了限制乡绅过多地侵占国家利益，宋政府也时常作出规定，拟加惩罚。但因乡绅在地方上有权势，与地方官吏又互相勾结，朋比为奸，因此这些规定或禁令往往成为一纸具文。

综上所述，我们知道宋代特别是南宋，由于社会经济发展，土地买卖盛行，科举制发达，造成了一大批出身于庶族地主或士人家庭的乡绅。这些乡绅干涉地方吏治，过问乡里大事，打破了过去豪门巨室独霸的局面，

---

① 《吕东莱文集》卷一《为张严州作乞免丁钱奏状》。按：此状系吕祖谦代张杓起稿奏免严州丁钱。

② 〔宋〕王柏：《鲁斋王文宪公文集》卷七《赈济利害书》。按：王柏系婺州人，所述是婺州情况。婺、严二州均今浙江省。

③ 《陈亮集》卷二七《先祖府君墓志铭》，卷二五《祭妹文》，卷二一《与叶丞相第二书》。

④ 《宋史》卷一七三《食货志》。

⑤ 《后村先生大全集》卷五一《奏议·备对札子三》。

成为后世乡绅的滥觞，是值得注意的。中华人民共和国成立后，随着土地改革的完成，乡绅这一阶层跟着地主阶级的灭亡而灭亡了。但是，作为一种历史现象，乡绅这一阶层依然值得探索。故草就此文，加以讨论。限于学识和资料，疏误必多，请同志指正！

（原载本社编：《宋史论集》，中州书画社1983年版）

第二编

管理制度

　　王朝国家对城市与乡村的管理是全方位的，制度条文不遗巨细，但选集篇幅有限，只能萃取其中最具时代特征的内容，无法包罗万象。本卷"导论"已经指出，选编者尽管不一定同意它们的学术观点，为了相对完整地展示本领域的学术史脉络，仍选取某些特别具有代表性的论著，以展现学界关于两宋时期城市管理制度的研究史，这就是本编选录周宝珠《宋代城市行政管理制度初探》一文的理由。关于乡村管理制度，学界的关注点一向聚焦于专制国家如何向民众征敛赋役，这当然是因为在传统时期，农业既为国家的主体产业，农业税就是国家的正税，具有特别重要的意义。从唐到宋，规定了国家税制演进基本路径的最为重要的制度革新，非780年开始实行的、取代了此前"以丁身为本"的租庸调法而以"资产为宗"的两税法莫属。舍人税地的两税法对社会的影响是长期且全方位的，因此本编选录了周曲洋《概念、过程与文书：宋代两税研究的回顾与展望》这篇研究史综述，以供读者相对全面地了解两税法在宋代的推进；而包伟民《新旧叠加：中国近古乡都制度的继承与演化》、王棣《论宋代县乡赋税征收体制中的乡司》两文，聚焦于在两税法的影响之下，乡村基层管理组织所发生的变化，这自是因为它们于民生关系甚为直接之故。

新旧叠加：中国近古乡都制度的继承与演化①

包伟民

一、引言

元人张铉《至正金陵新志》卷四下《疆域志二·坊里》条，有这样一条记述：

> 乡里见史书者，吴丹阳赖乡，宋建康东乡土山里，秣陵都乡石泉里（原注：谢涛、宋悫墓）。《乾道志》乡各书里，《景定》始遗之。今故老知者亦鲜。盖初以乡统里，宋末易里之名曰保，或曰管，曰都，由是相袭而失古矣。②

这一段文字记述宋末建康府（金陵）乡村基层管理组织的变迁，但有点令人费解。宋初，乡村基层管理组织承前代旧制，至太祖开宝七年（974），开始推行乡管制。熙宁行雇役新法，不久即以保甲取代乡管或乡里旧制。及至南宋，已是"通天下使都保耆长催科"③，即推行着通常所说的乡都制。总之，不管是乡管还是乡都，及至宋末，是已经推行了一二百年的旧制。那么，为什么到了元末张铉的笔下，却说到宋末才"易里之名曰

---

① 本文所谓"近古"，指以两宋时期为中心，向前追溯至唐末，向后延及元初，因其难以传统的朝代体系来指称，所以采用这一相对宽泛的时段名称。

② 〔元〕张铉：《至正金陵新志》卷四下《疆域志二·坊里》，《宋元方志丛刊》第六册，中华书局1990年版，第5518页。

③ 〔宋〕刘后村：《州县催科不许专人》，《名公书判清明集》卷三，中国社会科学院历史研究所宋辽金元研究室点校，中华书局1987年版，第66页。

保，或曰管，曰都"呢？这岂非与其他文献记载与学界常识完全不相吻合？

这就需要我们通过梳理乡村基层管理组织的演变过程来做出解答了。

熙宁年间，宋神宗（1067—1085年在位）与王安石（1021—1086）以富国强兵为号召，推行新法。作为新法重要内容之一，宋廷于熙宁三年（1070）十二月颁布畿县保甲条制，并令"诸路依此"①，保甲的编置遂推行于全国。编排保甲的原意为加强地方治安，并希望在北方地区将保甲经过训练，逐渐取代募兵，以恢复"兵民合一"古制②。但保甲制通过团比人户、按一定的户数人丁来编排组织的制度设计，为它替代原有的乡/管与乡/耆体系而成为新的基层联户组织，提供了必要的前提。作为当时新法的另一项重要内容，宋廷于熙宁四年（1071）十月开始推行免役法，又称雇役法，规定天下役户向官府纳钱免役，官府则用征收来的免役钱雇人应役③。基于专制政府财政开支不断增长的必然规律，熙宁四年以后，理应用来雇佣役人的免役钱不断被挪用，民户则在种种名义之下被官府重新派以差役。这其中，借用新组建的保甲人员来承担差役，就成了赵宋政府最好的选择。熙宁八年闰四月乙巳日，宋廷下诏，令以保甲人员替代户长、耆长以承担乡役，从此保甲制被全面地职役化了④。宋神宗去世后，北宋朝政因新旧两派争斗而数次反复，免役法以及与之相关联的职役化的保甲制也行废不常，及至南宋，以保甲人员来承担乡役遂成定制，只是在不同地区间存在着一些差异，"至如江浙等处，则遂直以保正承引，保长催税"⑤，即在江浙等处以保正兼耆长，大保长兼户长，而在福建等地，

① 〔宋〕李焘：《续资治通鉴长编》（以下简称《长编》）第18册，卷二四八"熙宁六年十一月戊午"，中华书局1995年版，第6045页。

② 参见邓广铭：《王安石对北宋兵制的改革措施及其设想》（原载《宋史研究论文集》，宋史研究会1980年年会编刊，上海古籍出版社1982年版），《邓广铭全集》第8卷，河北教育出版社2005年版，第99—109页。

③ 《长编》第16册，卷二二七"熙宁四年十月壬子"，第5521—5524页。

④ 《长编》第19册，卷二六三"熙宁八年闰四月乙巳"，第6436页。

⑤ 〔宋〕朱熹：《晦庵先生朱文公文集》卷二一《论差役利害状》，《朱子全书》第21册，上海古籍出版社、安徽教育出版社2002年版，第952页。

则仍部分地保存着差雇者、户长之制。这就是学界所熟悉的关于自熙宁年间起保甲制职役化，以及乡管制演进为乡都制的历史。①

前人关于乡都制的讨论，已经比较深入。如果说保甲法之职役化并取代乡管制，成为乡都制的前生②，与本文论题相关、可以稍作深入者，则在于它的后世：制度转轨之后，乡都制如何进一步蜕化？唯有将保甲法职役化以后如何与乡村管理体系前后衔接的问题梳理清楚，前引张铉那段文字的令人困惑之谜，才有可能被解开。

二、"图与里亦有不同"：双轨制的起点

两宋时期，关于乡役制度的议论可谓朝堂内外永无休止的话题。从某种角度讲，这大概是制度转轨时期特有的现象。南宋郑伯熊（1124—1181）的一段议论，反映出了当时乡役的困境：

> 后世催科之法，县以户长、保长，率十人催二三百家之税，既已难矣，而定役者止据物力之高下，而不问其居舍之廛野，故在远郊而

---

① 关于宋代乡管制，主要可参见中村治兵衛『中村治兵衛著作集』第三卷『中國聚落史の研究』第五章「宋代の地方區畫——管について」（刀水書房2008年版，第83—94页），佐竹靖彦「宋代鄉村制度之形成過程」（『東洋史研究』第25卷第3号，1966年，第244—274页），郑世刚《宋代的乡和管》（邓广铭、漆侠主编：《中日宋史研讨会中方论文选编》，河北大学出版社1991年版，第246—259页），杨炎廷《北宋的乡村制度》（香港中国史研究会编印：《罗球庆老师荣休纪念专辑》，1994年，第97—112页），梁建国《北宋前期的乡村区划》（《史学集刊》2006年第3期，第86—90页），以及拙文《宋代乡村"管"制再释》（《中国史研究》2016年第3期，第103—116页）等。又关于乡都制，主要可参见周藤吉之「宋代鄉村制の變遷過程」（『唐宋社會經濟史研究』，東京大學出版會1965年版，第561—644页），「南宋鄉都の税制と土地所有——特に經界法との關聯に於いて」（『宋代經濟史研究』，東京大學出版會1962年版，第434—556页），佐竹靖彦「宋代鄉村制度之形成過程」（『東洋史研究』第25卷第3号，1966年），柳田節子『宋元鄉村制の研究』（創文社1985年版），吴泰《宋代"保甲法"探微》（中国社会科学院历史研究所宋辽金史研究室编：《宋辽金史论丛》第2辑，中华书局1991年版，第178—200页），王曾瑜《宋朝阶级结构》（增订版）（中国人民大学出版社2009年版），等等。关于这一领域学术史一般性的综述，参见谭景玉《宋代乡村组织研究》"绪论"（山东大学出版社2010年版，第1—33页）。

② 关于乡都制与其"前生"里制的关系，参见拙文《中国近古时期"里"制的演变》，《中国社会科学》2015年第1期，第183—201页。

催城中之租，居东乡而督西保之税，姓名居里之不可识，逃亡死绝之不可知，而破家荡产之害相寻，役法之为民病也深矣。或曰近世三十甲之说，亦近于五比为同之意，夫何行之而犹病，曰联民者不异廛野，役民者不本保伍，虽以一夫征十夫之税，而越境奔走之劳，死徙代纳之害犹前耳。①

所谓"后世"，当指推行两税法之后，随着租佃制的充分发展，土地所有权与实际经营权很大程度上相互分离，所以才出现"在远郊而催城中之租，居东乡而督西保之税，姓名居里之不可识，逃亡死绝之不可知"的情况。传统的仅仅依靠联比人户的组织手法，已经不能满足新形势之下掌控人户以催征赋役的需要，专制政府组织、管理基层社会的方式也不得随之有所调整，以期应对"后世催科之法"的困境。

大致上，专制政府的应对之法可归纳为两个方面：其一，从单一的联户制走向户籍与地籍分头管理的双轨制；其二，缩小基层单位的组织规模，从而使乡村基层管理体系从传统的两级制走向了三级制。

在隋唐推行乡里制时期，政府在"审民数"掌控人户的同时，当然也必须同时掌握土地，从而有了登记土地的册籍。只不过当时登录人口与土地的册籍基本合而为一，为乡与里基层组织所掌管。推行两税法后，随着土地所有权与经营权分离的趋势日见显著，传统体系不再能够满足管理的要求，必须另创新制以应对之。于是一方面，在大区域范围层面，乡的组织逐渐蜕化演变成为专门的地籍管理单位②；在小区域范围层面，基层单位也建立起了专门登录地产的册籍，即所谓"履亩而书"者。南宋初年开始推行的经界法在其中扮演着相当重要的角色③。

---

① 〔宋〕王与之：《周礼订义》卷二一《地官司徒下》，"间师中士二人史二人徒二十人"条注文引，影印文渊阁四库全书本，第21页A—B。按：郑伯熊字景望。

② 参见拙文《宋代乡制再议》，《文史》2012年第4期，第121—148页。

③ 关于南宋的经界法，参见王德毅：《李椿年与南宋土地经界》（原载《食货月刊》1972年复刊第2卷第5期），《宋史研究集》，台湾编译馆1974年版；邢义田等主编：《台湾学者中国史研究论丛·经济脉动》，中国大百科全书出版社2005年版，第164—192页。

周藤吉之曾专文讨论南宋经界法对乡村基层组织的影响，认为随着经界法的推行，以都为单位实行土地的丈量与登记，一方面促使乡村管理组织最终从乡里制走向乡都制，另一方面，又在都保的层面形成了专门管理户口的册籍（结甲册、户产簿、丁口簿、类姓簿等），以及核实登记田地的册籍（核田簿、鱼鳞图等）①。各都保经过打量之后，绘制地籍，并记录各保大界，上缴于乡，各乡汇总后上呈于县。县政府再据各都保的鱼鳞簿编造用以催赋征役的砧基簿。如端平年间（1234—1236），常熟县以"旧仅存籍之在官者漫不可考"，弊端百出，再行经界：

> 县五十都，都十保，其履亩而书也。保次其号为核田簿，号模其形为鱼鳞图，而又秤官民产业于保为类姓簿，类保都乡于县为物力簿。经始于端平二年之夏，讫事于其年之冬。②

经过打量，"履亩而书"，重新编制了各都保至县政府的田地账籍。

由于南宋时期乡、都土地账籍湮没无存，周藤吉之遂引用保留于碑铭文献中的一些田地籍记以为论据，也比较直观。如由平江府府学教授倪千里于庆元二年（1196）正月刊刻立石的《吴学粮田籍记（二）》，记录平江府府学的学田：

> 昆山县
> 全吴乡第陆保学田壹阡贰伯亩，内围裹成熟田捌伯亩。
> 东止西宿浦，西止白礼塘，南止徐泾，北止麻城泾。
> 管纳糙米式伯式拾石，陶子通佃。
> 全吴乡第伍保赟字号田叁拾亩叁拾陆步。
> 东止浜，西止本学田，南止沈将仕田，北止本学田。
> 管纳折八白米陆硕柒斗贰升。带收并糜费钱两贯玖伯玖拾柒文省，盛逞佃。

---

① 「南宋鄉都の税制と土地所有——特に經界法との關聯に於いて」。
② 〔宋〕杜范：《清献集》卷一六《常熟县版籍记》，影印文渊阁四库全书本，第6页A。

全吴乡第伍保等字号田叁拾贰亩。

东止陶当字号田，西止未围裏田，南止妙字号田，北止横塘。

管纳糙米壹拾陆硕，邢诚佃。

……①

这种依乡、（都）保将不同田产地段用千字文排列编号、载明地段位置及其面积大小的方式，应该即反映了经界法推行后"保次其号为核田簿"之法，即当时农村田地如何具体著录于册籍的情况。所以碑文最后又列出了一些流失的府学田产，特别说明："已上伍项田元砧基簿不载。"正因为作为官府征收赋税依据的砧基簿都失载这些田产，才导致官学学田流失，"并无收到米数"。

核田簿等这些"履亩而书"的田地册籍，与结甲簿等人口册籍相配合，构成了南宋时期乡村基层管理册籍的主要内容。不过，周藤吉之认为这种田地册籍创始于绍兴十二年（1142）经界法的推行，恐怕是观察视野受到存世文献不足的拘束所致。在经界法推行之前，户长、保正长等基层单位管理人员也必须依据田地账籍才可能履行征赋催税之责。

以理揆之，在基层单位的层面，如果说宋初的乡村基层管理大多承袭前代传统，以五等丁产簿为代表的册籍体系可以证明当时人丁与田产仍著录于同一册籍，那么随着租佃制发展与人地分离趋势的日见明显，一种新的分别籍记人丁与田产的册籍体系逐渐形成，是可以推定的。只不过因为关于北宋时期农村基层册籍制度的文献未见存世，这种转变具体在哪个历史阶段产生，今人已无从知晓。但是熙宁年间随着保甲制的职役化，那些具体负责催赋征役之责的基层单位必然需要掌握相应的田地册籍，才可能应差履责，这点可以肯定。文献中也未见国家为保甲组织专造田地新籍的

---

① 〔宋〕倪千里：《吴学粮田籍记（二）》，阮元编：《江苏金石志》卷十三，《石刻史料新编》第一辑第十三册，台湾新文丰出版公司1982年版，第9764页。

令文记载①，比较方便的办法，自然就是直接利用传统乡管体系所掌管的旧籍。当保甲作为一个新的组织介入传统的赋役征催体系时，由它所掌管的田地册籍相对于传统的账籍体系具有一定的独立性，是可以想见的。因此，这一管理体系的换旧易新，同时催发新簿籍制度的可能性看来最大。

如果说关于宋代乡村管理制度，向前追溯，或者困于存世记载过少，许多细节难以深究；向后梳理，相对而言，逐渐定型的制度架构及其簿籍对后世的影响，则是比较明晰的。在这一方面，无论是制度细节，还是留存后世的历史信息，南宋初年推行的经界法无疑都是一个关键节点。

《乾隆震泽县志》卷三《疆土志三·乡都图圩》引南宋嘉定旧志，有这样的记述：

> 图即里也，不曰里而曰图者，以每里册籍首列一图也。

震泽南宋旧志对乡村基层组织称里不称都，与当时保正长多被称为里正一样，盖出于习俗。不过它关于"图"这个概念源起的解释，相当具有启发意义："以每里册籍首列一图也。"这说明了后世"图"这个基层单位正是源起于宋代"保次其号为核田簿，号模其形为鱼鳞图"这样的土地账籍。《乾隆震泽县志》的作者进一步解释当时的图里制度：

> 今按里以编户，户定则所业田随之，故以里称者，田无定额；图以领圩，限田圩，田定则业户随之。故以图称者，户无定额，图与里亦有不同。《嘉定志》特就明以前制言耳。②

---

① 史籍中存留有关于当时编修保甲簿的一些记载，例如《长编》卷四二二"元祐四年二月己巳"："枢密院言：'保甲簿及乡村丁产簿并系三年一造，其合造簿年分，多不齐一，致重叠勾集供运丁口物力，实为烦扰。请令府界、五路，保甲簿候造丁产簿日一就施行。如保甲簿造成未满二年，虽遇合造丁产簿，并候再造簿日。'从之。"（第29册，第10227页）又王应麟《玉海》卷二〇《开宝形势版簿》亦载："今州县版簿皆保甲簿也，自以保甲催科而民始大困。"（光绪九年浙江书局刻本，第41页B）这里提到的保甲簿，应该指主要记录人户丁口的册籍，即所谓结甲簿。

② 〔清〕沈彤等：《乾隆震泽县志》卷三《疆土志三·乡都图圩》，《中国地方志集成·江苏府县志辑》第23册，江苏古籍出版社1991年版，第33页。

也就是说：若完全按"以编户"的里来组织农村，虽然"户定则所业田随之"，但因人地分离，结果必然会形成"以里称者，田无定额"的现象，不利于基层管理；若按田圩来组织农村，"图以领圩，限田圩，田定则业户随之。故以图称者，户无定额"，也有田定而户无定额之弊。所以说，"图与里亦有不同"。从历史的长时段来观察，从汉唐以来唯重人户的单轨制，经过两宋时期的转轨，走向明清时期田地与人户分管的双轨制，也就顺理成章了。

三、"地名十里牌"：联户制的蜕化

前引郑伯熊的议论，反映南宋时期乡村差役困境，从"虽以一夫征十夫之税，而越境奔走之劳，死徙代纳之害犹前耳"，还可以引发出关于当时乡村管理制度另一方面的变化：基层单位趋于小型化①。从唐代的百户为里，到宋初统辖数百人户的管，基层单位都有一定规模。熙宁初定保甲之制，以五十家为一大保，基层单位的规模已有一定缩减。熙宁七年（1074）十月辛巳，又推行以甲头催税之制，"司农寺司乞发户长坊正，其州县坊郭税赋苗役钱以邻近主户三二十家排成甲次，轮置甲头催纳，一税一替"②，每甲的组织规模比大保更小。后来保甲组织的规模复见变更，以二百五十家为一都保，则每一大保共二十五户。南宋时期乡村各地的职役制度，或行保甲，或置甲头，多有反复。总之，基层单位规模都在二三十户之间。这当然是因为国家不得不缩小基层单位的组织规模，来应对人地分离的现实。从唐代的百户左右，到北宋后期定型在二三十家之间，大致缩小了三分之二，以避免出现"大保长于一保之内岂能家至户到，催促不前，则监系破产"③的现象。

如此的制度演变路径，当然不仅仅体现在基层单位联比人户的规模方

---

① 参见拙文《宋代乡制再议》。
② 《长编》第18册，卷二五七"熙宁七年十月辛巳"，第6277—6278页。
③ 〔宋〕李心传：《建炎以来系年要录》卷九五"绍兴五年十一月丁酉"，影印文渊阁四库全书本，第24页B。

面，它同时也必然影响到田籍管理的层面。而这又是以保甲体系的逐渐蜕化即地域化为逻辑前提的。

熙宁年间各地新建保甲组织，虽然时人多有关于某些地方据旧制敷衍塞责的议论，或曰"元丰保正之役，其实三大户也"[1]，又曰"并团省管以为保"[2]，不过总体看保甲组织是秉承朝廷的令文，依据人户数建构的新联户组织，可无异议。存世文献所记述的宋代保甲组织，无论是大保还是都保，基本上按序数排列，当为明证。而且我们还可以从一些地方志的记载中观察到，有些地区原来的乡里体系与新建的保甲体系，两者并未能完全契合，这无疑证明了新制是在一定程度上打乱了旧体系的基础上构建起来的。

常熟县的例证比较典型。

按常熟共置感化等九乡，各乡设都保不等，共计五十个都保，相当齐整。但是若深入观察，则可以发现，在乡之下，各都保所辖之"里"与"乡村"，相互间则存在着明显的交叉，如感化乡（见表1）：

表1　南宋常熟县感化乡所管之都、里、村

乡	都	里	村
感化乡在县西北，管都七	第一都	管里四：虞山、武昌、小山、新屿	乡村四：山前湖村、小山、宝严寺前、下祁
	第二都	管里三：小山、崇信、日安	乡村六：塘头、旧庄、野塘、湖庄、东水头、河伯市
	第三都	管里四：日安、崇信、昭墟、安仁	乡村十二：邹庄、周庄、夹舍、沙堰、城缀、充陂、五林、孙舍、道林、钱市、柴村、东西花林
	第四都	管里四：昭墟、崇信、栢城、显山	乡村十一：杜朱堰、白楂堰、宗母宅、西石请、石塘、陈塘、羊庄、杨尖、黄屯、后庄、马市

---

[1]〔宋〕杨时：《杨龟山先生全集》卷十八《上提举》，学生书局1974年影印光绪九年刻本，第13页B。

[2]〔宋〕晁说之：《景迁生集》卷一《元符三年应诏封事》，影印文渊阁四库全书本，第25页A。

续表

乡	都	里	村
感化乡在县西北，管都七	第五都	管里三：小山、遗爱、日安	乡村十二：麻鞋、钟缀、大和、晏庄、陈黄、支市、毛巷、岭村、钱市、晏村、李甜市、东石请
	第六都	管里六：宣慈、小山、国昌、西阳、通道、山阳	乡村九：下市、陆市、于塘、中澳、富市、潘塘、童庄、伍市、东于市
	第七都	管里三：翔鸾、通道、宣慈	乡村七：钱庄、蒋祁、塘宅、蒋舍、林庄、顾庄、顶山

资料来源：〔宋〕孙应时修、鲍廉增补，〔元〕卢镇续修：《（宝祐）重修琴川志》卷二《叙县·乡都》，《宋元方志丛刊》第二册，中华书局1990年版，第1169—1170页。

乡之下所置之"里"，南宋时期已属蜕化之后的地理单元，但反映着前代乡村管理体系之旧制[1]；"乡村"则当系行政化的大聚落。从此表可见，如小山里，被分拆到了第一、第二、第五、第六等四个不同的都保之中，日安里，被分拆到了第二、第三、第五等三个不同的都保之中。其他如崇信、昭墟、宣慈、通道等里，都被分拆到了不同的都保之中。即如作为聚落的"乡村"，也存在类似情形。如钱市，就分属于第三、第五两个不同的都保。类似如"里"与"乡村"被分属不同都保的情形，在常熟其他各乡普遍存在。这当然只能说明在常熟县，保甲制是在乡的范围之内，打乱了原来的"里"与"乡村"等旧体系，依据增长了的人户数而重新组建起来的。

大致讲，熙宁年间各地在乡的范围之内组建保甲，应当属于通例。文献中偶尔也记载有一些例外情况。如越州（绍兴府）上虞县：

> （熙宁三年）始置都，领于乡。本县置一十四乡，分领二十四都，改里曰保，领于都，多寡不同，或一乡领数都，亦有一都分属两

---

[1] 参见拙文《中国近古时期"里"制的演变》。

乡者。①

"一都分属两乡"，说明此地组建保甲甚至可能打乱了乡分的范围，可惜记载过于简略，未能深入详究。

保甲既为打乱传统乡里体系而构建的新型联户组织，在一定历史时期内当维持其制度的稳定性。南宋前期有一则记载，可以参照。绍兴十六年（1146）七月二十一日，淮南西路提举常平司上言："和州乌江县一十五都，内有人户稀少，差役不行，权并作十都，候户口繁盛日依旧。"宋廷"从之"②。由于"人户稀少，差役不行"而并省都保之数，正说明了保甲作为联户组织的性质特征，所以需要不时依照人户数的增损而做出调整。其他的一些记载也可以印证类似的历史现象，如周藤吉之所指出的，庆元二年（1196）正月《吴学粮田籍记二》所载的昆山县各乡所设保之序号，与《（宝祐）重修琴川志》所载宝祐年间（1253—1258）此县各乡设保的序号，多数不相吻合。据周藤氏的推断，这是因为宁宗嘉定十年（1217）割常熟县安亭等五乡新设嘉定县，才导致常熟各乡保甲编排序数的变更③。可知当时常熟县保甲制基本维持着作为联户组织的性质，才造成了其辖区调整后，保甲体系仍按序数重新排列的现象。

不过，如同此前所有的乡村管理组织一样，经过一定时期的演变，随着制度的逐渐僵化沉淀，以联比人户为立足点的保甲制度最终也必然走向地域化。在不同的地区，这一过程又存在迟疾差异，也可以想见。比较早的，在北宋末年已经可见一些保甲组织地域化例证。例如亳州蒙城县有万善乡绳村保与石山乡曹村保等地名出现④，但大致而言，这些例证应该属

---

① 〔清〕徐致靖：《光绪上虞县志校续》卷二〇《坊都》，《中国地方志集成·浙江府县志辑》第42册，上海书店1993年版，第371页。

② 〔清〕徐松辑：《宋会要辑稿》（以下简称《宋会要》）食货六五之八五至八六，上海古籍出版社2014年版，第13册，第7848页。

③ 「南宋鄉都の税制と土地所有——特に經界法との關聯に於いて」，第456—457页。

④ 〔宋〕郑整：《兴化寺修塔记》（崇宁元年三月），曾枣庄、刘琳主编：《全宋文》第133册，卷2870，上海辞书出版社2006年版，第127页；〔宋〕释法伦：《兴化寺任和修塔记》（崇宁五年二月），《全宋文》第137册，卷2958，第191页。

于个案。及至南宋前期，保甲制度仍多维持着其联户组织的本来面目。中期以后，地域化现象增多。如朱熹（1130—1200）《奏上户朱熙绩不伏赈籴状》："至十四日到金华县孝顺乡第十二都，地名十里牌，有朱二十一米场……"[1]可知在金华县孝顺乡，都保与地名已经紧密地联系在一起，体现出了明显的固定化倾向了。

又真德秀（1178—1235）《奏乞为江宁县城南厢居民代输和买状》："窃见建康府南门之外有草市，谓之城南厢，环以村落，谓之第一都第二都第三都，皆隶本府江宁县……"[2]第一都、第二都、第三都，也皆成为环建康府城南厢各村落的地名了。

嘉定十五年（1222）伍珪《故伍母苏氏孺人圹记》的记述，更为明确：

> 先妣姓苏氏，世居临江之新喻。……妣生于壬申正月初九日，没于辛巳年二月十三日，享年七十。……兹以壬午正月癸酉日，……奉枢葬分宜县振藻乡四都南新里上里保，地名南新大垄园。[3]

古人的墓铭圹记，注明先人坟茔位于何处，自然不必在意它隶属于哪个乡村组织，只是为了标明坟茔的地理位置，以方便子孙后代寻访祭扫而已。这里"分宜县振藻乡四都南新里上里保"，也只是"地名南新大垄园"的一个地点。但"上里保"的地域化程度显然已经相当深入，以至于伍珪将它记入了先妣圹记。当然，这个"上里保"还有待与"南新大垄园"地名的合而为一，并取而代之，才能最终完成地域化过程。

分宜县上里保的例子当然不是个案。据罗浚《宝庆四明志》，南宋庆元府（明州）辖六县，鄞县、奉化、慈溪、定海、昌国等五县，志书的

---

① 〔宋〕朱熹：《晦庵先生朱文公文集》卷十六《奏上户朱熙绩不伏赈籴状》，《朱子全书》第20册，第767页。

② 〔宋〕真德秀：《西山先生真文忠公文集》卷六《奏乞为江宁县城南厢居民代输和买状》，《四部丛刊》初编本，第2页B。

③ 《全宋文》第320册，卷七三二三，185页。

《乡村》一目之下，所载都保均按序数排列，唯象山一县则不同（见表2）：

表2　南宋象山县乡村都保

乡	里	保
政实乡（负郭，管里一保十二）	美政里	乌石保：县西北二十里
		白石保：县南五里
		弦歌保：县西五里
		保德保：县东北十里
		考坑保：县东北五里
		延德保：县北五里
		陈山保：县北五十里
		下史保：县南五里
		黄溪保：县西北十里
		西沙保：县西二十里
		淡港保：县西三十五里
		姜屿保：县西五十里
归仁乡（县南十五里，管里一保十）	崇仁里	九顷保：县南十五里
		马江保：县南二十里
		东溪保：县西南四十五里
		青部保：县西南八十里
归仁乡（县南十五里，管里一保十）	崇仁里	后门保：县南四十五里
		周呑保：县南七十里
		松呑保：县南三十五里
		管溪保：县西南二十五里
		西溪保：县西南四十五里
		马呑保：县西南七十里

续表

乡	里	保
游仙乡（县东七里，管里一保十）	和顺里	竺山保：县东北二十五里
		柘溪保：县东七里
		钱仓保：县东三十五里
		夹屿保：县北二十五里
		东村保：县东北三十五里
		朱溪保：县东北四十里
		涂雌保：县东北三十里
		雀溪保：县东十二里
		赤坎保：县东南二十里
		大徐保：县东北十五里

资料来源：〔宋〕罗濬：《宝庆四明志》卷二一《象山县志·乡村》，《宋元方志丛刊本》第五册，中华书局1990年版，第5268—5269页。

如果说及至宝庆年间，在庆元府（明州）所辖各县中，其他各县保甲制的地域化程度，由于记载欠详，尚不清晰，据表2，至少在象山一县则已经相当明确：各都保的命名不仅已改序数为地名，而且地方志书已经以县城为坐标点，载明各都保的方位与里程，所以，自政实乡乌石保而下共计三十二个都保，已经属于完全地域化的地里区块明矣。

自熙宁年间起组建保甲，并很快职役化以来，经过大约一个半世纪的演变，这个最初立足于"民数"的乡村管理体系最终也不免走向蜕变之途——地域化。

四、"相袭而失古"：地域化的完成

综观而言，可以说从唐末到南宋末年，农村管理组织大体上经历了两轮更替演变：从唐代的乡里制到宋初的乡管制，再从乡管制到南宋的乡都制。由于前期的文献相对不足，尤其关于乡管制，许多细节仍有待深入。相对而言，南宋后期乡都制的蜕变，稍为清晰一点。我们若据存世的几种宋元地方志书的记载稍加分析，可以大体梳理出一个从宋末到元代前后衔接的演变过程。

前文引《（宝祐）重修琴川志》所载常熟县感化乡的例证，乡、都、里、村并载，这些要素相互间的关系当然并非完全如志书排列次序之所示，从乡到村逐级上下间相统辖。乡与里起源自前代旧制，其中乡已经演变成为一种税率核算单位，虽说在关系到田籍税率等事务方面，与都存在着某种统辖关系，但在另外一些事务，都则可直接承领县衙公文。里至此时已经演化为一种小范围的地理单元，虽然从志书的记述中看来里均被置于都之下，实际上都打乱了里与乡村等旧体系，都是一种依据增长了的人户数而重新组建起来的联户组织，与里的性质有异，相互间也不完全契合，有不少里的区划被分割归入了多个不同的都。另一方面，也有少数里经沉淀而成为一些村落的名称，如感化乡的小山里，在第一都的"乡村四"，有一个即为小山，应该就是小山里在地域化之后成为聚落名称的结果。类似情形在其他几个乡中也有所见，如思政乡第三十一都，志书载其"管里五：昭德、杨王、高浦、白艾、金泾"，其中的高浦、白艾、金泾三个里名，又均见于此都的"乡村七"之中。总之，就《（宝祐）重修琴川志》所载的宝祐年间常熟县的例证而言，可见自唐至宋乡村管理组织的第一轮更替演变已经相当固化，至少从里制的演变看来，无论在地域化还是聚落化方面，表现得都很清晰，可以推知其原先所承担的乡村基层管理职能也完全被都保组织所取代。至于这一时期乡都制的情况，由于记载欠详，很难详细展开，不过估计总体上仍处于联户组织的阶段。

如果我们转而再去观察比《（宝祐）重修琴川志》稍迟一点志书的记载，第二轮更替的轨迹就相对清晰了。

相比宝祐年间（1253—1258）的常熟县，乡都制地域化演变更进了一步的例证，来自宋末元初的镇江府。据俞希鲁《至顺镇江志》卷二《乡都》所载，至顺年间（1130—1133）镇江府各县已经普遍出现保不再以序数排列，而是冠以地名，与里混杂的现象。例如丹阳县：

寿安乡，都二，里保村凡二十：

颜村里、张村里、台庄里、韦庄里、杨庄里、于庄里、香庄里、丁庄里、尤驱保、李越保、荻塘村、新埭村、埠头村、永昌村、西暮村、西贺村、东贺村、九里村、后韦村、旧县村。今散为村四十有四……

太平乡，都三，里保村凡十六……

石城乡，都三，里保凡二十……

高牧乡，都二，里保十……

桂仙乡，都二，里保凡二十……

仁信乡，都二，里保凡十……

（金坛县九乡，其中）

上德乡，都二，里保凡二十六……

上元乡，都二，保村凡十……

孝德乡，都三，保村凡十一……①

相比于《（宝祐）重修琴川志》的记载，《至顺镇江志》卷二《乡都》之所述，十分明确的是，在相当一部分的乡分，里、保、村已经同质化。这里的保不仅不再按序数排列，而且冠以地名，成为类同里与村的地理单元或大型聚落（行政村）。在另外一些未载明里、保、村混同现象的乡分，看来作为乡村基层单位的保制的地域化，也不可避免。《至顺镇江志》这里所述者当系反映南宋末年之旧制，再进一步，及至志书记述之"今"制，那就是所谓"今散为村"或"今散为村保"的情况了。无论是源起于旧制之里，还是源起于近制之保，及至今制，除少数里名与保名被保存在聚落名称之中，即那些"尚袭故名"的村落，大部分既无从见于聚落之

① 〔元〕俞希鲁：《至顺镇江志》卷二《乡都》，江苏古籍出版社1999年版，第22—29页。

名，更不再被记忆为地理单元之名，均已消散湮灭了。与此同时，至顺年间镇江府地区实际运作之中的乡村组织，却并未成为志书编纂者记述的重点。

与镇江府相邻的建康府（集庆路）的情况可为前文读解之佐证。据本文开首所引张铉《至正金陵新志》的记载，集庆路各县均被记述为乡、里或乡、里、都的体系。江宁县、上元县、溧水州、溧阳州等四地均载为乡、里体系，如江宁县，乡十八，里八十六，未载都数。唯独句容县，乡十六，里五十八，各乡之下另载有都。如通德乡："在县西二十里。一都、二都。兴行里、严墟里、史亭里、丰亭里（附注：新里、市干、樊巷、言野、磨店头、上严墟、下严墟七村）。"乡、里、村各相关要素均载。这样的情形，似乎与镇江府相异。实际上，据前引张铉的记述，却可知在建康一地，乾道年间地方志仍记载有里名，但到景定重修志书时，自唐代沿袭下来的里制不仅现实中不再行用，作为地理单元名称的功能也已经消失，被已经地域化了的都保地名所取代，所以"《景定》始遗之。今故老知者亦鲜"，志书不载，民众不记①。原因就在于南宋末年随着乡村组织的第二轮演变，不仅"相袭而失古"，传统里制完全湮没，乡都制的地域化也基本完成，以管、都、保等取代里，成为地理单元之名。所以，南宋末年建康府一地"易里之名曰保，或曰管，曰都"者，所指的并不是乡村基层管理组织的变更，而是乡都组织在地域化之后作为新地名取代旧地名的现象。这就是本文开首所引张铉那段文字的"谜底"。

也因此，《至正金陵新志》所记述的宋末乡、里体系，只不过是在元末民众记忆中也已经所存无多的旧制而已。不过，地方志书之所以重新记述乡、里之旧制，也并非纯出于编纂者发思古之悠情。元初在江南地区重新整理乡都制度，将南宋时期保正之俗称"里正"正式化了，以之为各都

---

① 各县唯载乡数，不及里保。参见〔宋〕周应合著，王晓波点校：《景定建康志》卷十六《乡社》，《宋元珍稀地方志丛刊》甲编第二册，四川大学出版社2007年版，第757—759页。

的负责人①。所以有"每都设一里正"②，每都"第以田之最多者为里正，次焉者为主首"③等记述。因此当时里正被称为"都官"④。既设里正以为乡役，此后又逐渐在各都之下形成了一种专门的地籍管理单位"里"，即后来所谓"改里为图"者⑤，这可以说是在某种程度上使具有悠久传统的"里"复活了。尽管此"里"非彼"里"，不过这恐怕就是张铉等编纂者"录前志所遗者"的一个原因。

五、余论

从《（宝祐）重修琴川志》到《至正金陵新志》，本文只是极简略地梳理出了一条基本的演变路径，乡都制的这种地域化现象，在各不同地区自然是迟疾有异、参差不齐的。前文所引其他不少地区的记载，如亳州蒙城县、明州（庆元府）象山县，与徽州祁门县等地的都保的地名化，也给了我们明确的提示。纵观而言，自唐末以来乡村基层组织的第二轮地域化，及至宋末元初，才基本完成。

由于人口总是持续增长变异，规范化的国家制度与不规则的聚落相互匹配也总是困难重重，更由于国家基层行政能力总是有限，中国古代乡村

---

① 如据《大元圣政国朝典章》卷二六《户部一二·赋役·户役》"编排里正主首"条，大德七年（1303）十一月初二日，江西行省"该大德七年圣旨，大德七年十月二十五日，与江西福建道奉使宣抚，一同议得江西路府州县差设里正主首……每一乡拟设里正十名；每都主首，以上等都分拟设四名，中等都分拟设三名，下等都分拟设二名，依验粮数，令人户自行共同推唱供认"（中国广播电视出版社1998年影印元刊本，下册，第1055—1056页）。亦即里正以乡为单位差派，大致上为一乡十名；都首以都为单位差派，每都四至二名。此每乡十名的里正，当然并不可能共同担任乡一级的负责人，而只能是乡之下负责各都事务的役人。主首也一样，只可能是都之下负责各保事务的役人。所以如镇江府三县二十七乡，需要差派的里正共达五百二十二名（《至顺镇江志》卷一三《公役·户役》，第571页）。

② 〔明〕张璁：《嘉靖温州府志》卷三《食货志·役法》，《天一阁藏明代方志选刊》第17种影印嘉靖刻本，上海古籍书店1964年版，第18页B。

③ 〔明〕王祎：《王忠文公集》卷九《婺州路均役记》，中华书局1985年版，第169页。

④ 〔元〕高明著，钱南阳校注：《元本琵琶记校注》卷上第一六出《五娘请粮被抢》，上海古籍出版社1980年版，第100页。

⑤ 〔清〕杨廷望：《康熙衢州府志》卷九《乡里》，《中国地方志集成·浙江府县志辑》第55册，上海书店1993年版，第167页。

基层管理组织的不断蜕化，是一种规律性现象。历朝遂多见不断整理甚至不得不重新构建之举。新旧制度的层层叠加，本来已经相当复杂，各地"乡原体例"等因素的影响①，也使得国家制度似乎在每一个州县都有着自己特定的版本，再加上如本文所讨论的《至正金陵新志》这样的历史文本与实际制度运作之间，常常存在着令人困惑的落差，这一切都导致了主要由地方志书所反映的中国古代乡村基层管理组织无与伦比的"复杂"现象。如何依据近乎言不及义的历史文本，来梳理出不同时期大致可信的制度框架，无疑是一项对史家智力极具挑战意味的工作。经过这样的梳理所展现的不同时期国家基层实际的行政运作，以及国家与社会之间互动的鲜活画面，就是史学研究工作可能带给我们的回报。

（原载《中国经济史研究》2016年第2期）

---

① 关于"乡原体例"释义，参见傅俊：《南宋的村落世界》第5章第3节《乡原体例与官府运作》，浙江大学博士学位论文，2009年，第186—200页。

宋代城市行政管理制度初探

周宝珠

一、序言

宋代城市工商业经济的迅猛发展，使城市的结构和阶级构成状况都发生了很大变化。当时的城市，除了庞大的官府机构和驻军之外，"富民巨贾，萃于廛市"[①]。一些破产失业的农民走入城市，成为城市雇佣劳动力的来源。同时，个体工商业者经营的店铺也日益增多，成为城市居民的一个重要组成部分。伴随着城市经济的发展，宋政府从天禧三年（1019）开始，首先在京西路及洛阳均定"坊郭居民等"[②]，即按照城市居民占有财产的多少，将其分成十等。上五等称为坊郭上户，与乡村的上三等户相同，"乃从来兼并之家"[③]，是城市的统治阶级；下五等称为坊郭下户，与乡村的贫苦农民一样，则是"贫弱之家"，由他们构成城市居民里的被统治者，这是宋代城市阶级结构方面发生的重大变化。

随着城市经济及阶级构成、居住情况的变化，城市的行政管理制度也出现了一些新的特点。了解这些特点，不仅能够加深人们对于整个封建社会的理解，同时，也有助于说明中国封建社会发展到两宋时期的某些特征。因此，本文想就城市管理制度的问题作点初步的探讨。

---

① 〔清〕徐松辑：《宋会要辑稿》（以下简称《宋会要》）方域八之四。
② 《宋会要》食货六九之七九。
③ 〔宋〕韩琦：《韩魏公集》卷一八《家传集》。

二、厢坊制的普遍建立

北宋以前，我国城市的基层单位叫作里，汉代以后又逐渐出现坊的名称。在一个相当长的历史时期中，或是里坊并称，或是改里为坊，里、坊实际上是一回事，不过名称不同罢了。如《洛阳伽蓝记》中记载北魏的首都洛阳，城市的基层单位主要称里，同时又把归正里称为吴人坊，寿丘里称为王子坊，其他还有太尉坊、司徒坊、白象坊、狮子坊等等。隋炀帝时曾将长安城的坊改为里，唐代重新命名为坊。隋唐时代的长安城，城市最高管理机关是京兆府，下有长安、万年两个赤县，分管城市内的108坊及东西两个市，可以说，就长安城来说，是府—县—坊三级行政管理制度。

根据唐人苏鹗《苏氏演义》记载："坊者方也，育人所在里为方，方者正也。"又说："方，类也。易曰：方以类聚，居必求其类，夫以药术为方者，亦以同类之物成乎方也。"由此可见，坊、里有两个重要特点，一是每个坊、里周围的围墙呈长方或正方形，二是每个坊、里中居住着同行业或同类型身份的人。北魏时洛阳城有三百二十坊（里），坊墙四周共一千二百步，每边为三百步，是正方形坊里的典型①。唐代的长安城虽然也很规整，但是各坊之间的坊墙已有长短不齐之别了②。那时坊有坊正，里又有里司，隋代的里司，"官从九品下"③，比宋代坊正的地位要高得多。

五代至宋，城市中的坊仍是最基层的行政单位，但是随着经济的发展，坊墙已慢慢地拆掉，居民面街而居，沿街修建房屋，开设店铺，搭盖

---

① 〔北魏〕杨衒之：《洛阳伽蓝记》；〔北齐〕魏收：《魏书》卷八《世宗记》，卷一八《广阳王嘉传》。

② 宋代宋敏求《长安志》卷七《唐京城》记载："朱雀街东第一坊，东西三百五十步；第二坊，东西三百五十步；次东三坊，东西各六百五十步，朱雀街西各准此。皇城之南九坊，南北各二百五十步；皇城左右四坊，从南第一、第二，南北各五百五十步；第三、第四坊，南北各二百步……"可见各坊之大小不一，亦并非都是正方形，唐之长安城，基本上沿袭隋制。据宋人吕大防《隋都城图题记》中说："隋氏设都，虽不能尽先王之法，然畦分棋布，闾巷皆中绳墨，坊有墉（墙），墉有门，逋亡奸伪无所容足，而朝廷官寺居民市区不复相参，亦一代之精致也。"这是隋唐时代坊的特点。

③ 《长安志》卷七。

凉棚，整个城市的面貌大为改观，从唐以前那种封建堡垒式的封闭型城市，变为适应商品经济发展的敞开型城市。有的学者称之为近代的城市类型，这是有一定道理的。

宋代城市中的坊，基本上是按街巷的自然分布而划定，所以不少城市是坊、市、巷的名称并列，或者是某某坊又被称为某某巷。北宋的东京，自宋太宗命张洎等撰坊名之后，尽管坊名都很雅致，但在孟元老《东京梦华录》中，凡提到著名的寺院、官府建筑，抑或特别突出的酒楼、店铺等，都指明在某某街、巷，而很少提到坊的名字。南宋行都临安，某坊又名某巷，已成通例，这一点在《梦粱录》卷七《禁城九厢坊巷》中有集中反映。京城以外的其他州县，如《吴郡志》中的西市坊又称铁瓶巷，《嘉定赤城志》中不少巷已代替坊名。宋代的地方志中，也有少数地方坊、里并称，如《景定建康志》中，除坊之外，有长干里、凤凰里、表孝里等。坊中还有"以类相聚"的情况，已与当时工商业行的名称等同起来，如《吴郡志》中的饭娃坊又称果子行，和平坊即米行等。总之，宋代的坊已不同于唐以前那种意义的坊，它的围墙已逐渐被拆除，或者被城市工商业经济的发展所打破，坊内各种不同身份的居民混杂，只是一个基层单位而已。坊正的职权和地位，与乡村的保正差不多，已不能与唐以前的里司地位相比了。

值得注意的是，宋代城市中坊之上普遍出现了厢一级的管理组织。据宋人王应麟《玉海》所说："左右厢起于唐，本用李靖兵法，诸军各分左右厢统之。"又说："朱梁以方镇建国，遂以镇兵之制用之京师，京师共有四厢，而诸军两厢，其厢使掌城郭烟火之事，而军旅渐有厢军之名。"[1]由此可知，城市中有厢的划分是从驻军划分防地开始，而逐渐与城市的烟火

---

[1] 〔宋〕王应麟：《玉海》卷一三九《兵制·宋朝四厢军》。宋代王溥《唐会要》卷七三《京城诸军》内有唐开元十年（722），京帅宿街有左右营，"兼于元武北门左右厢，各据地界，绕宫城分配宿街"，唐后期之神策军、殿前射生车等亦据此分为左右厢。《唐会要》卷七三《安北都护府》记载，唐高宗永徽元年（650），将居住在乌都鞬山者"左厢部落置狼山州，右厢部落置浑河州，并隶燕然都护府"。显然，唐代之驻军及部落，都有按其所处位置称为左右厢的。

管制等事联在一起。而后在厢界内所管事情增多①，至宋代除驻军仍分厢驻防外，作为城市独立一级的管理机构便相应出现了。

宋代城市中作为行政机构的厢，以东京开封为最完备。宋太宗至道元年（995）时的划分如下：

旧城（又称里城）内四厢：左第一厢，下管二十坊；左第二厢，下管十六坊；右第一厢，下管八坊；右第三厢，下管二坊。

新城（又称外城或国城）内四厢：城东厢，下管九坊；城西厢，下管二十六坊；城南厢，下管二十坊；城北厢，下管二十坊②。

以上统称八厢，宋真宗天禧五年（1021），新旧城内重新定为十厢，其名称为：左军第一厢，左军第二厢，城南左军厢，城东左军厢，城北左军厢，右军第一厢，右军第二厢，城南右军厢，城西右军厢，城北右军厢。这十厢的称呼使用了一段时间以后，又恢复原来八厢的建制③。

新城以外的市区，原来分属于开封、祥符两个赤县，真宗大中祥符元年（1008）十二月，置新城外八厢，特置厢吏，"命京府（即开封府）统之"④。这样一来，赤县不仅不管理首都城内事务，而且连城外市区的事情也不再过问了。这一制度较之隋唐的首都管理体制也是不同的地方。天禧五年（1021）将新城外八厢改为九厢，共管十四坊，其名称及所管坊数如下：

---

① 宋代王溥《五代会要》卷二六《街巷》记载，后唐长兴二年（931），据左右军巡上奏："诸厢界内，多有人户侵占官街及坊曲内田地，盖造舍屋，又不经官中判押凭据，厢界内不敢悬便止绝，切恐久后别有人户更于街坊占射，转有侵占……厢界难以止绝者。"左右军巡为后唐京城洛阳城市之管理机构，其所指厢界止是城市按厢划分地区之明证，所管事情已涉及"侵街"盖房及土地买卖等事。

② 此据《宋会要·兵·厢巡》之记载，八厢共管121坊，其中城西厢及城南厢各有一个敦化坊，疑统计有重复处。按宋神宗时王瓛《北道刊误志》谓东京新旧城内共120坊，应以此数字为是。

③ 《宋会要》食货五五之八记载，仁宗天圣年间，勾当店宅务朱昌符言"今欲将十厢地分案分厢执行"，即指天禧以后之十厢。神宗时，《北道刊误志》记载仍为八厢，其名称是：左第一，城东，左第二；城西，右第一；城南，右第二；城北。可以说基本上又恢复天禧以前之八厢，即如在划分十厢时，亦有仍称为八厢的。

④ 《宋会要》兵三之二。

京东第一厢一坊，第二厢一坊，第三厢一坊；京北第一厢二坊，第二厢一坊；京西第一厢二坊，第二厢二坊，第三厢二坊；京南厢二坊①。

新城以外各厢所管坊数较少，是由于城外人口稀少而地方辽阔，所以有的厢只有一坊，只是厢、坊的任务和职责不同罢了。

新城内外及旧城内共十九厢，是北宋中期设厢最多的时候，其厢官厢吏也较多。厢官厢吏数目的多少，是根据每厢户数的多寡而定，内城十厢具体情况列表于下：

表1 北宋中期内城十厢中厢官厢吏数目

厢名	都所由	所由	街子	行官	厢典	书手
右军第一厢	1	3	2	11	1	1
右军第二厢	1	3	1	11	1	1
城南左军厢	1	2	2	9	1	1
城东左军厢	2	1	1	8	1	1
城北左军厢	1	3	3	7	1	2
左军第一厢	1	2	2	6	2	1
左军第二厢	1	2	1	3	1	1
城南右军厢	2	3	6	8	1	1
城西右军厢	1	3	6	13	1	
城北右军厢	1	2	2	6	1	1

新城以外九厢，户数不清。宋廷规定，每厢在五百户以上者，置所由四人，街子三人，行官四人，厢典一人；每厢户数在五百以下者，置所由三人，街子二人，行官四人，厢典一人。所有各厢之都所由一职，由开封府下属左右军巡机构差虞候充，又称厢虞候，其余并由招募而来②。

---

① 《宋会要》方域一之一三。
② 上表及新城厢吏数，据《宋会要·兵·厢巡》，此处原称新旧城内八厢，实际上列举十厢，厢吏数目较前有所减少。

宋代的东京与其他城市的厢制有所不同的地方是，自宋初以来有四厢都指挥使，"巡辖提举京城里诸巡警，时谓之厢主"①。这时的四厢都指挥使，是由五代军队制度沿袭下来，其主要任务还是军事巡警，与后来管理民事的厢有所不同。所以在太宗、真宗时虽有十九厢之设置，而四厢之军巡任务仍存。神宗熙宁三年（1070）五月，根据开封知府韩维的请求，宋廷下诏，以京朝官曾历任通判、知县者四人，分治开封新旧城左右厢②。这年十一月，编修中书条例所言："逐厢决事不多，欲止令京朝官两员分领两厢决断，仍尽留旧四厢使臣以备其余差使。"③这次请求得到了宋廷的批准。这即是神宗时的左右厢公事所，"民间谓之都厢"④。所谓都厢，不管四厢也好，两厢也罢，都是应知开封府韩维的请求而设。它与宋初军事机构结合起来⑤，但隶属于开封府。所以《宋史·职官志》在开封府下属机构中有这样的话："左右厢公事干当官四人，掌检覆推问，凡斗讼事轻者听论决。"哲宗元祐元年（1086），开封府又以设二厢不便，重新改为四厢⑥，这一制度沿用到宋末。

由上可知，开封的厢坊制度，是都厢—厢—坊三级，它的上边才是开封府。南宋首都临安仿此。

宋代的厢制是在府州县普遍设置，并不是首都特有的，如北京大名府有左右厢二十三坊⑦，荆南府左右厢八、坊巷五十四⑧，绍兴府在城五厢⑨等。其他如楚州、颍州、并州、泉州、吉州、建康府等，均有厢制之设

① 〔宋〕高承：《事物纪原》卷六《都厢》。
② 〔宋〕李焘：《续资治通鉴长编》（以下简称《长编》）卷二一一"熙宁三年五月丙戌"。
③ 《长编》卷二一七"熙宁三年十一月丙午"。
④ 《事物纪原》卷六《都厢》。
⑤ 《玉海》卷一三九《兵制·宋朝四厢军》中，仍把熙宁三年（1070）之左右厢公事所放在兵制内，其实是军政合一，而逐渐变为开封府的下属机构。
⑥ 《长编》卷三八一"元祐元年六月甲寅"。
⑦ 《宋会要》方域二之二。
⑧ 〔宋〕刘挚：《忠肃集》卷十《荆南府图序》。
⑨ 〔宋〕朱熹：《朱子大全》卷一六《奏绍兴府都监贾祐之不抄札饥民状》。

立①。另外，在《宋会要·刑法·禁约》内，记载了广南州县之厢、潼川府路之厢等。厢制的设立，无疑加强了宋王朝对城市人民的统治，同时也从行政管理方面证明了宋代城市发展的历史事实。

三、军巡制度及其对市民的防范和压迫

城市经济发展之后，市民居住情况发生变化，成分也逐渐复杂，因此，城市的防盗、防火问题突出起来，宋政府为此采取了一系列的防备措施，以便稳固其对城市的统治。

（一）军巡与军巡铺

五代以前的京城，例由赤县县尉负责巡警捕捉之事，五代及宋初，为防止兵变，加强中央集权，以及对城市人民进行防范等，逐渐改为中央禁军巡逻"衢市之民"②。根据《宋会要·兵·厢巡》记载，绍兴二年（1132）正月，临安仿效东京"内外徼巡之法，就钱塘城内分为四厢，每厢各置巡检一人，量地步远近置军巡铺若干，每一铺差禁军长行六名，夜击鼓以应更漏，使声相同。仍略备防火器物，每两铺差节级一名，每十名差军员一名，皆总之于巡检。遇有收领公事，解送临安府，仍日具平安申马步军司。本地分有盗贼，则巡检而下皆坐罪"。临安还依照东京旧例，侍卫马步军司管军在京分新旧城里巡检，新城里系步军司，旧城里系马军司。这些巡检是按厢而设，所以又称厢巡检，管理军巡铺。根据上述记载，军巡与军巡铺的主要任务可归纳为五点：一是报时，即所谓"夜击鼓以应更漏"；二是防火；三是解送收领公事；四是防盗；五是每天向马步军司申报平安。

在军巡铺的设置上，东京与临安稍有不同。东京"每坊巷三百步许，

---

① 楚、颍、并、泉诸州之厢，分见《宋会要》诸门。吉州之厢，见〔宋〕欧阳守道：《巽斋文集》卷四《与王吉州论郡政书》。建康之厢，见〔宋〕真德秀：《真西山文集》卷六《奏乞为江宁县城南厢居民代输和买状》。

② 〔宋〕尹洙：《河南先生文集》卷四《题祥符县厅壁》。

有军巡铺屋一所，铺兵五人，夜间巡警收领公事"①。东京军巡铺兵全由
禁军充任，神宗熙宁元年（1068），由于"京城巡铺所占禁军人数甚多，
步军兵士尤众，不得番休"，才减去八十六铺，计五百四十六人②。据宋徽
宗时开封尹王革撰写的《政和营缮军录序》所说："臣所部都城四厢，无
虑若干坊，坊有徼巡卒合若干人数，尝筑庐以居。"经过修缮之后，凡巡
铺"冠以坊名，具绠勺储水器，暑以疗暍，火以濡焚，书之于籍……"③。
可见东京军巡铺既按坊巷三百步许而设，又冠以坊名，根据东京坊数，大
体可推知军巡铺之数量。

临安府在绍兴二年（1132）建立军巡铺时，经过殿前马步军司与临安
府都监司共同量度，定为一百零二铺，计差禁军六百七十三人，内军员一
十人，十将节级五十一人，长行六百一十六人。临安府有将兵约二千人，
不隶将兵一千人，与禁军合起来，以十分为率，五分归三司（殿前马步军
司）分差，五分归临安府差拨，每月一替④。以后随着临安城市的发展及
治安的混乱，军巡铺也相应增多，至绍兴二十二年时已达到一百五十铺。
军队不足，有时还差保甲兵夜巡。孝宗乾道元年（1165），临安府兵与禁
兵不再混差，"每月均摊铺分，逐铺止差一处军兵，不得依前混杂"⑤。乾
道七年，临安城军巡铺竟达二百三十二处，军兵也有增多。据吴自牧《梦
粱录》记载："官府坊巷，近二百余步，置一军巡铺……"从这里可以看
到，临安城军巡铺比东京城要密集得多，临安府的地方兵也成了军巡铺的
主要承担者。

首都以外的各州城、府城，亦有地方驻军之诸厢巡检负责城市的巡
逻、治安及救火等事，并设有专供士兵用的房屋，其用具等大体如京城军
巡铺，此处不一一列举。

---

① 〔宋〕孟元老：《东京梦华录》卷三《防火》。
② 《宋会要》兵三之六。
③ 《宋会要》兵三之六至七。
④ 《宋会要》兵三之八。
⑤ 《宋会要》兵三之九。

（二）对市民的防范和压迫

城市的坊厢及军巡制度的确立，大大加强了府州县镇各级官府对城市居民的统治和防范，这从各个方面表现出来。

北宋初年，赵匡胤"欲周知外事"，常令人进行侦探，甚至连市易物价当否，也要靠人告密，弄得"列肆无不侧目"①。东京的一些禁军头目借巡逻之机，有恃无恐，经常以捕盗为名，对市民进行讹诈，甚至夜入官僚之家，索取贿赂和酒食。咸平五年（1002），真宗为了改变这种情况曾规定："自今捕贼止委开封府。"②这实际上是办不到的，因为禁军巡逻的任务之一就是"盖察寇盗"，所以景德四年（1007）时，真宗下诏开封府适当干预军巡的不法行为就行了③。天禧二年（1018）八月诏书中曾说："新城里地分巡检兵士，自今捕获逃军一人，支钱二百，贼一人，支钱五百。"④可见军巡与开封府都有一个共同的"捕贼"职能。在"捕贼"的同时，诸厢还有一个追查经济走私的任务。据神宗熙宁十年（1077）正月十三日诏书所言："诸巡捕人不觉察本地分内有停藏透漏货易私茶盐香矾铜锡铅，被他人告，捕获者，量予区分。"⑤当然，我们不能把封建官府所称的城市"盗贼"和他们诬蔑的农民起义完全等同起来，其中有不少是流氓无赖，甚至官僚们的爪牙，但不可否认也有下层市民的反抗行动。

本来，北宋中期以前，在民事诉讼及追捕上，东京的厢官只有捕人及杖以下的处罚权，按法"应捕人限当日解府（开封府），有不及者，许送厢寄禁，辄经宿者，许人告，重坐以罪"⑥。以后这种规定逐渐发生变化，东京及外地各州县里，开始出现了厢官厢吏们所设的私狱，随便对犯人或受害者进行敲诈和勒索。一些地方州县的当职官，任意派遣吏人向工商业

---

① 〔元〕脱脱：《宋史》卷二七四《史珪传》。
② 《长编》卷五二"咸平五年五月庚戌"。
③ 《宋会要》兵三之一。
④ 《宋会要》兵三之二。
⑤ 《宋会要》兵三之六。
⑥ 《宋会要》刑法二之九一至九二。

者强行低价购买物品，工商行人稍有不愿，即被送入厢吏所设的私狱①。据《宋会要·刑法·禁约》记载，北宋末年各地的厢吏，"辄置柜坊，收系罪人，乞取钱物"。许多无辜的受害者，"或锁之柜坊，或幽之旅邸，近则数月，远则一年，守二不能察，监司不以闻，衔冤之民，无所告诉"。尽管一些官僚们慷慨陈词，承认被关押者为"衔冤之民"，认为上述现象是违法的，其实这正是在"许送厢寄禁"的名义下干出来的。这种现象在南宋更加严重，临安的许多厢吏本身就是"市井恶少"②，他们以捕盗为名，"辄于委巷之中僦客邸为关留之所，名曰窠里，得钱则听其责保而去，无钱则执缚拘系，鱼贯蚁聚，臭秽熏蒸，隆暑严寒，备极其苦"③。京都尚且如此，外地城市可想而知。

城市厢一级官吏的职能是多方面的，根据神宗熙宁三年（1070）五月的规定，开封左右厢公事所，"凡斗讼，杖六十已下，情轻者得专决；凡逋欠，婚姻，两主面语对定，亦委理断"④。徽宗时甚至婚姻仪式，也由厢吏追集"媒妁及阴阳卜祝之人"到开封府训练，由礼生进行"指教"⑤，按当时新礼制举行婚礼，否则也要追究责任。

宋代印刷业发展起来之后，私营书铺的印书畅销各地，随之而来的是官府要加强对印刷的控制，这在城市管理上成了一个突出的问题。《宋会要·刑法·禁约》中记载了许多关于宋廷认为是"非法"印刷品的禁令，如有关"边机文字"、兵法、为应付科举考试而乱编乱印的范文或文选等，都在禁止之列。但宋廷最害怕的是"肆毁时政"的印刷品，以及北宋末年新旧党争中一些反对派的文集之类。凡遇此种情况，都被宣布为违法，书籍销毁，印板烧掉，还要追究印刷人的责任。当时，开封、杭州、四川及福建一些城镇的印刷业最发达，此种禁令主要针对上述地区。由此可见，

---

① 《宋会要》刑法二之九三。
② 《宋会要》兵三之一〇。
③ 《宋会要》刑法二之一四五。
④ 《长编》卷二一一"熙宁三年五月庚戌"。
⑤ 《宋会要》刑法二之七四。

印刷术广泛应用之后，它成了新的政治斗争的工具，封建统治者要用它来宣传封建的道德法令，千方百计要控制它，任何有损封建统治集团的印刷品，一旦被发现，都将遭到查封。这成为加强城市统治的一个重要方面。

其他如皇帝、官僚们过街时，市民都要回避的制度，也有严格的规定。再如语言方面触犯忌禁，随时都有可能坐牢、杀头的危险。徽宗时曾发生过开封郊区农民到城内听说书而受杖刑的一件事。据记载，开封府知府范纯礼奉"中旨鞫享泽村民谋逆，纯礼审其故，此民入戏场观优，归途见匠者作桶，取而戴于首曰：'与刘先主如何？'遂为匠擒。明日入对。徽宗问何以处之，对曰：'愚人村野无所知，若以叛逆蔽罪，恐辜好生之德，以不应为杖之足矣。'曰：'何以戒后人？'曰：'正欲外间知陛下刑宪不滥，足以为训尔！'徽宗从之"[1]。这件事说明封建时代，官府对人民的防范是如此之严！一个农民进城听讲说书，竟然因为比喻刘备而犯忌讳，惊动皇帝，本要以叛逆论处，后来从宽，也要杖打一顿，以戒后人。

四、城市住房服饰器用诸方面的等级规定

封建社会的等级制度表现在各个方面。宋廷规定"衣服之宜，屋室之制，械器之用，金玉之饰"等，都要"辨其等威，以示制度"[2]。这一规定在城市中得到充分的贯彻。据《宋史》记载：

> 诸道府公门得施戟，若私门则爵位穹显经恩赐者，许之。在内官不设，亦避君也。凡公宇，栋施瓦兽，门设楼柏。诸州正衙门及城门，并施鸱尾，不得施拒鹊。六品以上宅舍，许作乌头门。父祖舍宅有者，子孙许仍之。凡民庶家，不得施重栱、藻井及五色文采为饰，仍不得四铺飞檐。庶人舍屋，许五架，门一间两厦而已。[3]

① 《宋史》卷三一四《范纯礼传》。
② 《宋会要》刑法二之五三。
③ 《宋史》卷一五四《舆服·臣庶屋室制度》。

按照这种建筑制度，人们一看某座房屋的特征，就可知晓房主的社会身份地位。另外，宋政府虽然给以入粟、捐钱、技术得官者以官号，但还是认为这些人出身微贱，特别规定："禁止市井营利之家，伎巧贱工，不得以官号揭榜于门肆。"只有医药铺"所授官号职位称呼"者可以例外①。这项制度在京师及外州郡一律施行，人们在《清明上河图》中看到医药铺赵太丞字样的横额，即是这一制度的反映。

衣服方面，除开那些区别皇帝、各级官僚衣饰的烦琐规定外，宋廷还下令在京城及各州县"禁止蕃装胡服"②。对劳动人民所从事的不同职业，则要从衣着上加以区别。宋人孟元老曾说："其士农工商诸行百户，衣装各有本色，不敢越外。谓如香铺裹香人，即顶帽披背；质库掌事，即着皂衫角带不顶帽之类。街市行人，便认得是何色目。"③从这些记载里，可以看到当时城市人们的不同衣着，已把其社会身份地位区分得清清楚楚。据宋初规定，各种吏人、庶民、商贾、伎术、不系官伶人，"只许服皂、白衣、铁角带，不得服紫"。后来虽许庶人服紫，但黑、白二色仍是劳动人民的常用服色④。

但是，历史的发展是不依封建统治者的愿望为转移的，正像南北朝时寒族地主发展起来以后必然要与士族门阀争地位、比高低一样，宋代城市中的富商大贾和一部分有钱有势的吏人，也不断在衣服、器用、住房等方面突破禁令，向官僚们看齐，以便抬高自己的身份地位。《宋会要》刑法及《宋史》舆服类，记载了许多上述人等突破禁令的事实，宋廷屡禁而不能止。到了北宋末年，官僚蔡蕴曾上奏说："臣观辇毂之下，士庶之间，侈靡成风，未曾少革，富民墙屋得被文绣，倡优下贱得为后饰，殆有甚于汉儒之所太息者。雕文纂组之日新，金珠奇巧之相胜，富者既以自夸，贫

① 《宋会要》刑法二之八八。
② 《宋会要》刑法二之八八，一五六。
③ 《东京梦华录》卷五《民俗》。
④ 《宋史》卷一五三《舆服·士庶人车服之制》。

者耻其不若，则人欲何由而少定哉！"①及至南宋，随着商品经济的继续发展与手工业技术的进步，一些无特权的富人阶层竞相斗富。宁宗嘉定六年（1213），统治集团发出哀叹："都城内外，多建大第，杰栋崇梁，轮奂相高"，"销金日盛，什物器用，燕羞果核，无一而不施金"。"甚至民德不一，衣服无常，都城皂隶，高巾大袖，混杂上流；民庶妻妾，冠帔珠翠，僭拟贵族。其他未易悉数，教化不明，法制破坏，夫岂细故……"当时临安城专以打造金箔及铺翠销金为业的，"不下数百家，列之市肆，藏之箧盖，通贩往来者往往至数千人"。宋廷以正风俗为名，试图把数百家工匠和铺户强令改业②，恐亦未必能办得到，即使办到，也是治末不治本，无法改变上述情况。

五、城市的防火救火制度

宋代城市坊市混一之后，大街小巷，屋宇相连，人口稠密，成分复杂，因此，不论是无意的失火或是人为制造的火灾都特别多，给城市居民造成极大的危害。据《宋史·五行志·火》③里记载，两宋三百多年内，全国各地的大型火灾有二百多次，主要是在京城及各州县城镇发生的。

宋东京城的火灾次数最多，大火四十四次，另外还有某年"京师多火"的记载，次数无法统计。南来的临安，"城郭广阔，户口繁多，民居屋宇高森，接栋连檐，寸尺无空，巷陌壅塞，街道狭小，不堪其行，多为风烛之患"④。因此，临安的火灾次数亦多，灾害更甚。如绍兴元年（1131）十二月，"行都大火，燔万余家，人有死者"⑤。二年五月，"临安城中火灾，顷刻之间，弥亘六七里，延烧一万余家"⑥。嘉定元年（1208）

---

① 《宋会要》刑法二之五三。
② 《宋会要》刑法二之一三八至一三九。
③ 《宋史·五行志·火》的材料，主要来源于马端临《文献通考》卷二九八《火》，但《宋史》对此略有补充，故此处统计材料以《宋史》为准。
④ 〔宋〕吴自牧：《梦粱录》卷十《防隅巡警》。
⑤ 《宋史》卷六三《五行志·火》，以下引文，凡未注者均见于此。
⑥ 《宋会要》瑞异二之三五。

三月戊寅"行都大火，至于四月辛巳，爇御史台、司农寺、将作、军器监、进奏、文思、御辇院、太史局、军头、皇城司、法物库、御厨、班直诸军垒，延烧五万八千九十七家，城内外亘十余里，死者五十有九人，践死者不可计，城中庐舍九毁其七，百官多僦舟以居"。这次大火是从御史台胥吏杨浩家燃起，审查过程中，官官相护，处分太轻，"自是民讹言相惊，亡赖因纵火为奸利"。其他如嘉定十三年十一月，临安大火爇城内外数万家，"禁垒二十区"。嘉熙元年（1237）六月，临安又火，爇三万家。如此等等，足见火灾之严重！其他州县城镇，每遇火灾，焚毁民舍相多，不少城市因一次火灾而受到毁灭性的打击。如乾德四年（966）二月，岳州大火，把官署、仓库烧完后，"爇市肆民舍殆尽，官吏窬城仅免"。再如真宗大中祥符三年（1010）四月，"升州火，爇军营民舍殆尽"①。这种触目惊心的火灾，不能不引起城市居民的严重关切，封建政府也不能不把防火作为城市治安管理的一个重要方面。

宋各级官府为了防止火灾，对城市的灯火管制相当严格。据北宋人魏泰记载："京师火禁甚严，将夜分即灭烛，故士庶家凡有醮祭者必先关白厢使，以其焚楮币在中夕之后也。"②不仅民间，官府的一些重要机构亦如此。真宗大中祥符八年（1015）二月十六日的诏书规定："皇城内诸司，在京百司国库务，仓草场，无留火烛，如致延爇，所犯人自官吏悉处斩，番休者减一等。"③这就是说，宋廷不惜用重法以防止火灾的发生。仁宗嘉祐年间，狄青为枢密使，一次闻报火光，搜查甚严，足见北宋官僚是重视防火的。

为了防火，宋的各级城市都建立有专门的防火队，前述之军巡铺只是防火队中的一支队伍，《东京梦华录》卷三《防火》里，在叙述军巡铺的巡警公事后说：

---

① 《宋会要》瑞异二之三二。
② 〔宋〕魏泰：《东轩笔录》卷十。
③ 《宋会要》刑法二之一二。

又于高处砖砌望火楼，楼上有人卓望。下有官屋数间，屯驻军兵百余人，及有救火家事，谓如大小桶、洒子、麻搭、斧锯、梯子、火叉、大索、铁猫儿之类。每遇有遗火去处，则有马军奔报军厢主，马步军、殿前三衙、开封府，各领军级扑灭，不劳百姓。

由此可知，当时开封的救火主要依靠军队和官府组织的专业队，这种专业队中一种叫作"水行人等"的。

原来，在北宋初年，官府在救火上过于依赖军队及官办的救火队，而未能动员居民的力量。凡失火地方，"须候都巡检到，方始救泼，致枉烧屋"。到大中祥符二年（1009）才改为："今后如有遗火，仰探火军人走报巡检，画时赴救，都巡检未到，即本厢巡检先救。如去巡检地分遥远，左右军巡使或本地分厢界巡检员僚指挥使先到，即指挥士兵、水行人等与本主同共救泼，不得枉拆远火屋舍。"①这一点比北宋初虽有改进，但弊病仍然很大。天圣九年（1031），仁宗听到"都辇间巷，有燔延者，火始起，虽邻伍不敢救，第俟巡警者至，以故焚燔滋多"的报告后，又下诏："京城救火，若巡检军校未至前，听集邻众赴救。"②这当然比只依靠军队救火要好得多。为了及时制止火灾，"遇火，小则扑灭，大则观烟焰所向，必迎前拆屋以止之"③。开封的这种办法亦为其他城市所仿效。

北宋政府为减少火灾造成的危害，对救火有力者加以奖赏，不力者则加以重处，由于东京城防火制度完备，组织也比较严密，"每遇生发，扑救，须臾便灭"④。

临安城除军巡铺防火外，"盖官府以潜火为重，于诸坊界置立防隅官屋，屯驻军兵，及于森立望楼，朝夕轮差，兵卒卓望，如有烟燌处，以其帜指其方向为号，夜则易以灯"。这种"防隅"共有二十个，分布全城，

① 《宋会要》兵三之一。
② 《宋会要》刑法二之一七。
③ 《宋会要》瑞异二之三五。
④ 〔宋〕袁褧：《枫窗小牍》卷下。

"如遇烟烅救扑，帅臣出于地分，带行府治六队救扑，将佐军兵及帐前四队、亲兵队、搭材队，一并听号令救扑，并力扑灭，支给犒赏；若不竭力，定依军法治罪"①。救火中，各级官员也要上阵，其与军兵之间如何节制，宋廷都有详细规定。救火工具方面，"且如防虞器具，桶索、旗号、斧锯、灯笼、火背心等器具，俱是官司给支官钱措置，一一俱备"。另外，"官舍钱买水浇灭，富室豪户亦喝钱助役"，并给救火负伤的士兵"支给犒赏，差医胗治"②。从南宋临安的上述规定中，可见已出现了"火背心"之类的救火防身衣具，制度上也与东京差不多。但宋人认为临安防火较东京为疏，故而多火灾③。其实主要是吏治越来越腐败的结果。

宋之各地州府亦有完备的救火队及救火设备，称为"潜火队"。据温革《琐碎录》记载："所在官府有潜火队，多不解其义，究之当用此潜字，吴楚谓火灭为潜。"宋人所修之《宣城志》也说："潜火队在府衙门，绍兴二十一年，王侯晌置，为土瓦屋三间，收贮梯、桶、钩搭、绳索、锯斧之属，以备不虞。兵百人，每旬各执其物以陈，例差提督指使一员。"④州县城内不仅有士兵组成的专门救火队，而且对组织群众救火非常重视。据《庆元条法事类》记载："诸州县镇寨城内，每十家为一甲，选一家为甲头，置牌，具录户名，印押，付甲头掌之。遇火发，甲头每家集一名救扑。讫，当官以牌点数。仍从官钱量置防火器具，官为收掌，有损阙，即时增补。"这说明，组织群众救火的制度相当完备，他们所用的救火器具，也是官办官藏，随时增修，以备不虞。救火时，地方官也有明确的分工和职责。同书又记载说："诸在州失火，都监（州的军事长官）即时救扑，通判（州的副行政长官）监督，违者各杖八十。虽即救扑监督，而延烧官私舍宅二百间以上（原注：芦竹草版屋三间比一间），都监、通判杖六十，仍奏裁；三百间以上，知州准此。其外县丞、尉（州城外草市倚廓县同）

---

① 《梦粱录》卷十《防遇巡警》。
② 《梦粱录》卷十《帅司节制军马》。
③ 《枫窗小牍》卷下。
④ 《永乐大典》卷一五一〇队字（影印残本）。

并镇寨官依州都监法。"官僚们为此挨杖棍的，甚至罢官的，均不乏其人。

由于救火任务急切，宋律上才规定："诸应避路者，遇有急切事（谓救火之类，不容久待者），许横绝驰过。"[1]另外，失火之后，官府还要差官集众，验实灾情，记录入案，失火人及犯罪人要受处分及赔偿损失。

上述这些记载，充分说明了宋代城市普遍有了一整套的防火救火制度，它在我国古代城市管理史上，无疑是一个巨大的历史进步。

六、城市公共事业的管理规定

历来的封建官府，其主要职能是对人民的镇压和防范，对群众性的公共事业则很少过问，这里所谈的宋代城市公共事业，也是与官府如何统治城市人民联系在一起的，只是多少有点这方面的意思罢了。

（一）保持市容、方便交通、防止侵街

宋以前的城市道路，一般是比较宽阔的，后来随着城市经济的发展，市内的街道却由宽变窄。后周显德二年（955）时，因开封建都的需要，才将部分街道"直而广之，广者三十步"[2]。次年又规定："其京城内街道阔五十步者，许两边人户各于五步内取便种树、掘井、修盖凉棚；其三十步已下至二十五步者，各与三步，其次有差。"[3]这可以作为京城内大小道路的宽度来看待。据《三山志》记载福州的街道说："州城九轨（古制八尺）之涂（道路）四（条），六轨之涂三，四轨之涂八，三轨之涂七，其他率增减于二轨之间，虽穷僻侧足皆石也。"这是地方州城道路的大小宽度，是否是通例，尚不敢断言，作为一种情况提出来，仍不失为研究一般州县城镇道路的参考资料。宋人朱熹曾说，宋代的街巷等制度"皆仍五代"[4]。那么可以看到宋东京之主要街道，除御街宽一百丈左右（阔二百余步）外，其余大街或二十丈，或十丈以下，当然也有很窄的鄙巷小道。

---

① 以上诸段引文，均见〔宋〕谢深甫：《庆元条法事类》卷第八十《杂门·失火》。
② 〔宋〕司马光：《资治通鉴》卷二九二"显德二年十一月"。
③ 《五代会要》卷二六《街巷》。
④ 〔宋〕黎靖德编：《朱子语类》卷一三八《杂说》。

福州街道在七丈二尺与一丈左右之间。宋尺或宋以前之古尺，较今尺为小，这里只是推知其梗概而已。

由上可知，东京的街道虽不如前代都城道路之宽，亦相当可观，但在城市经济发展的冲击下，侵街建屋或搭棚摆摊进行经营的现象日益严重。这样一来，街道逐渐由宽变窄，建筑杂乱，不仅影响市容的美观，而且经常造成交通的堵塞。甚至火灾的发生也与此有关。对此，宋律规定："诸侵巷街阡陌者，杖七十。"① 对于东京的侵街现象，宋廷或责令开封府，或临时委派官僚进行处理。真宗咸平五年（1002），曾令左侍禁阁门祗候谢德权，扩宽街道，撤掉侵街而建的"贵要邸舍"，遭到一部分贵族官僚的激烈反对。谢德权在打击要贵势家后，"因条上衢巷广袤及禁鼓昏晓，皆复长安旧制"。宋廷为此下诏："开封府、街司，约远近置籍立表，令民自今无复侵占。"② 所谓立表，就是用木制造的标记，立在道路两旁，不许越界建造房屋。仁宗天圣时，对于侵街者，"令开封府榜示，限一岁系元立表木毁拆"③。天圣三年（1025）正月还下诏说："在京诸河桥上，不得令百姓搭盖铺占栏、有妨车马过往。"④ 这种侵街与反侵街的斗争，在临安或外州亦是如此。如仁宗时，周湛知襄州，"襄人不善陶瓦，率为竹屋，岁久侵占官道，檐庑相逼，故火数为害。湛至，悉撤毁之，自是无火患"⑤。可见，阻止侵街对于城市交通、防止火灾、保持市容美观都起到了较好的作用。

（二）饮水、排水问题

城市饮水问题，宋以前的历代官府是比较注意的，或挖渠饮水，或掘井汲用，宋各级官府仍然继承这一传统。北宋初年，开封渠道纵横，但居民增多之后，饮水还是一个大问题。宋太祖建隆二年（961），命水利专家

① 〔宋〕窦仪修订：《宋刑统》卷二六《杂律》。
② 《长编》卷五一"咸平五年二月戊辰"。
③ 《长编》卷一○二"天圣二年六月甲子"。
④ 《宋会要》方域一三之二一。
⑤ 《长编》卷一九○"嘉祐四年十二月壬戌"。

陈承昭率众引金水河入京城。乾德三年，又引金水河"贯皇城，历后苑，内庭池沼，水皆至焉"，解决了皇宫用水问题。接着又用大轮汲水，引金水河入亲王、公主等贵族宅第。真宗大中祥符二年（1009），供备库使谢德权率水工决金水河，"历天街东转，缭太庙入后庙，皆甃以礲甓，植以芳木，车马所经，又累石为间梁，作方井，官寺、民舍皆得汲用。复引东，由城下水窦入于濠。京师便之"①。这种方井的样子，人们可以在张择端的《清明上河图》里看到。

东京市民除饮用河水外，主要依靠井水，而很大部分井掌握在官府手中，称为官井。仁宗庆历元年（1041），开封久旱，"民多渴死"，在这种情况下，官府才于新旧城内八厢开井三百九十眼②，解决饮水问题，算是少有的一项德政了。各地城市的主要街道两旁，都有官井，以供民用。周湛在襄州解决侵街建筑后，"又于民舍，得众汲旧井四，废而复兴，人赖其力"③。显然，官府之掌握城市官井及民用水的问题，也是他们统治城市权力的象征。夔州的居民，原来吃水还要向官府交钱，后来建立了"义泉坊"，才算解决了这一问题。王十朋曾高兴地写诗说："官费接筒竹，民蠲沽水钱。丁宁后来者，莫负义泉名。"④

城市发展之后，还有一个排水及卫生问题，突出地摆在市民及各级官府面前。东京新旧城内有沟二百五十三条，流入各河，为了防止"闾巷居人"倒垃圾入沟内堵塞流水，开封府专门派人巡逻，进行督察⑤。其处罚轻重，宋《刑统》有如下规定："其穿垣出秽污者杖六十，出水者勿论，主司不禁与同罪。"这对保护城市环境卫生具有重要意义。另外，官僚贵族们往往为了自己的私利，沿河修建违法建筑，堵塞河水，造成人为的水患。如东京的"中官势族筑园榭，侵惠民河，以故河塞不通。适京师大

---

① 《宋史》卷九四《河渠志·金水河》。
② 《长编》卷一五八"庆历元年六月丙寅"。
③ 《长编》卷一九〇"嘉祐四年十二月壬戌"。
④ 〔宋〕王十朋：《梅溪先生后集》卷一三《十八坊诗》。
⑤ 《长编》卷一〇四"天圣四年七月丙寅"。

水，（包）拯乃悉毁去。或持地券自言有伪增步数者，皆审验劾奏之"①。这就是说，官府在必要时才采取一些强硬手段，以便保证水流畅通，在平时官府是不肯轻易这样做的。

（三）保护城市自然环境及肉食资源

城市的巨大发展，使得各种肉食的需求量大增，尤其是城市的水产资源及鸟类很快面临灭绝的危险，不仅使城市居民的生活受到影响，而且也破坏了城市的自然环境。真宗大中祥符四年（1011），官僚们上书中说："京城多杀禽鸟水族以供食馔，有伤生理。帝谓近臣曰：如闻内庭泊宗室市此物者尤众，可令约束，庶自内形外，使民知禁。"②官僚们所谓"有伤生理"，当然是胡说，害怕禽鸟水族资源枯竭有妨他们以后生活倒是真的。为此，宋廷在开封屡有禁止杀鸡、捕鸟的禁令，甚至连卖杀鸟药也是不允许的。对于水族，宋廷令各城市设有放生池加以保护。

南宋时的临安，原来官府为了赚钱，竟把西湖典卖给私人采捕，结果很快造成竭泽而渔的局面。后来，宋廷恢复西湖为放生池的规定，才使西湖重新焕发出自然的光彩。宋廷从西湖事件得到启示，下令各地陆续恢复放生池的制度，将城市周围的水池利用起来，发展渔业资源。暂且不论宋廷对这些事做出的种种不科学的说教，如从保持生态平衡上看，这还是有些积极意义的。

七、结语

总括上述，可以看到宋代城市的行政管理制度方面有以下几个主要特点：

第一，在管理机构上比唐以前较为复杂，基本是三层组织，即基层的坊，中层的厢，上层的府、州、县衙门。唐以前的城市基本上是两级，坊

---

① 《宋史》卷三一六《包拯传》。
② 《宋会要》刑法二之一五九。

或里为基层，权力较大一些①。宋代的坊，权力较小，厢的权力比较大一些，即坊的一部分权力收归厢，而府、州、县衙门的一部分权力下移于厢。这样一来，厢制的管理权相对地扩大了，这是从唐代坊市分离到宋代坊市合一后在行政管理上相应的制度变化。没有厢制的建立，宋代的城市是不好管理，或者说无法管理的，因为同类相聚的坊已逐渐消失，各种居民杂居，经济的发展，城市阶级斗争的需要等等，宋在五代出现的城市厢制的基础上而加以发展，形成一种新的制度。这种行政机构的多级制，正是宋代城市发展的一种表现。

第二，马克思很喜欢伯尔尼博士"把印度城市比作军营"②的说法，认为中世纪的印度城市是一个驻军众多的封建堡垒，亚洲的许多国家也具有同样的特征。我们从宋代城市的驻军及防火防盗所建立的军巡与军巡铺制度中，同样可以看到这种军营式城市的特色，可以说，整个城市被置于行政、军事的控制之下。

第三，宋代城市行政管理的主要任务，是加强官府对城市的统治，服务于封建社会阶级压迫的等级制度，在城市生活的各个方面表现出来。尽管有些制度，如住房、衣服、器用等规定是前代就有的，宋代仍然继承下来。同时随着城市经济文化的发展，新的禁令也不断制订出来，像有关印刷品的禁令即是一例。这一切都说明，宋代城市仍是典型的封建城市。不过它的禁令已不断为商品经济的发展所冲击，要处处事事维护其原定的等级制是有许多困难了。

第四，宋代城市的行政管理，也像古代亚洲整个封建国家的职能一样，除了镇压等职能之外，还有一个"举办公共工程的职能"③。这从防火救火、环境卫生、排水、交通等方面，都明显地表现了出来，从城市管

① 参见张永禄：《唐都长安城坊里管理制度》，《陕西历史学会会刊》第二期，第43—47页。

② ［德］马克思、恩格斯：《马克思恩格斯论中国》，人民出版社1957年版，第14页。参见［德］马克思：《剩余价值学说史》第三卷，郭大力译，人民出版社1978年版，第492页。

③ ［德］马克思：《不列颠在印度的统治》，《马克思恩格斯选集》第二卷，人民出版社1972年版，第64页。

理的角度上看，是有一定借鉴意义的。但是，官府即使在执行公共事业这一职务时，也充分说明它是用封建的棍棒来执行的，反映出封建社会是棍棒纪律的特点来。

总之，宋代的城市管理如同它的经济发展一样，在我国古代城市发展史上带有某些划时代的特点，在我国封建社会前后期的划分中，就城市发展而言，有着承上启下的性质，中外的历史学者之所以特别注意研究宋代城市，其着眼点正在这里。

（原载中国社会科学院历史研究所宋辽金元史研究室编：
《宋辽金史论丛》第一辑，中华书局1985年版）

概念、过程与文书：宋代两税研究的回顾与展望

周曲洋

对中国古代王朝而言，赋税制度是其赖以维持的根本，也是百姓与国家相互关联的重要纽带。对赋税制度的研究，为了解当时的经济情况、社会结构与国家运作提供一个窗口。

众所周知，中国的赋税制度在唐宋时期发生了巨大转变，唐建中元年（780）推行的两税法，确立了"唯以资产为宗，不以丁身为本"的课税原则，成为古代赋税制度演进过程中的分水岭。葛金芳指出："中唐以前，人头税和徭役是国家机器赖以运转的主要赋役基础；此后，田亩税逐步取代人头税，构成国家财政的主要收入；至清初'摊丁入地'，田亩税遂成为农业税收的唯一形态。"[①]

事实上，中唐的两税法改革只是完成了赋税结构从丁税向资产税的调整，尚未能直接与明清以降"摊丁入地"的脉络相对接。宋代是第一个全面推行两税制度[②]的统一王朝，两税在赋税体系中地位的上升及从资产税向田亩税的转变，均落实于宋代。

"观水有术，必观其澜"，宋代两税问题的研究一直是学界关注的热点

---

① 葛金芳：《两宋摊丁入亩趋势论析》，《中国经济史研究》1988年第3期，第17页。
② "两税"之名在唐宋之际也发生了转变，宋代文献中多称其为"二税"。为避免混乱，本文除征引文献遵照原文外，其余一律径称"两税"。唐宋的两税体系非常庞杂，涵盖商税、城郭税等，本文讨论主要围绕核心的乡村两税展开。

之一，成果丰硕，故有必要对其加以专门的述评①。限于篇幅与学力，本文在评述过程中不求全面无遗，而是关注代表论著与焦点话题，尝试把握并梳理出学术史发展的总体脉络，并在此基础上提出个人的感想与展望。

一、"田赋"与"正赋"：宋代两税的概念定位与研究取径

（一）"田赋"取径下的宋代两税研究

刘道元于1933年出版的《两宋田赋制度》一书②，于宋代两税研究有开创之功，该书将两税作为田赋的一部分进行阐释，最早提出了"（唐代）两税到（宋代）二税的变化，就是由资产税到纯粹土地税的变化"这一观点。书中具体内容涉及宋以前田赋的演变、宋代的田赋税则、官民田制度及土地整理均税运动等诸方面，这一框架也为后世类似的"田赋史"著作树立了典范。

1950年以降，台湾学界对宋代赋税问题的研究较为活跃。方豪于50年代中期发表《宋代之赋税》一文，指出宋代两税以田为率，并对其税额与缴纳方式有所考订③。60—70年代，赵雅书、宋晞分别刊发专著《宋代的田赋制度与田赋收入状况》④及长文《宋代的赋之研究》⑤，两者均将两税归入田赋之中，探讨田赋的历史演变、宋代田赋收入情况、官民田制度、均税与土地整理运动，虽在内容和材料上各有侧重与扩展，但在框架

---

① 此前仅在一些关于宋代财政赋役研究的总体性回顾中，有略涉及宋代两税的部分，参见李天石、陈振编著：《宋辽金史研究概述》，天津教育出版社1995年版，第171—172页；杨宇勋：《南宋地方财政研究的回顾与展望（1950—2000）》，《史耘》2000年第6期，第17—48页；包伟民：《宋代财政史研究述评》，《宋代制度史研究百年（1900—2000）》，商务印书馆2004年版，第328—352页；朱瑞熙、程郁：《宋史研究》，福建人民出版社2006年版，第143—159页。

② 刘道元：《两宋田赋制度》，新生命书局1933年版。

③ 方豪：《宋代之赋税》，《幼狮月刊》1955年第3卷第6期。

④ 赵雅书：《宋代的田赋制度与田赋收入状况》，台湾大学文学院，1969年。

⑤ 宋晞：《宋代的赋之研究》，原载《史学汇刊》1976年第7期，收入氏著《宋史研究论丛（二）》，中国文化学院出版部1980年版，第83—137页。

上并未脱离刘道元之藩篱①。

改革开放以来，大陆学者对宋代两税的相关制度展开了更为深入的探索，其中的代表作即王曾瑜《宋朝的两税》一文②。文中指出宋代两税即夏税与秋税，是"乡村中一项最重要、最基本的土地税"。并对宋代两税的征收时间、税物品类、两税额的地域差异等问题做出了细致的研究，提出宋代北方往往没有夏税钱，夏税钱、杂钱多为折纳本位而以实物纳税，全国秋税多以"亩税一斗"为税额平均数等观察。但文中也特别强调这种较轻的税额只是表象，宋代历次均税运动重定税额、地方巧立名目税上加税、地主向农民转移负担、官吏揽户在输纳过程中渔利等因素都加重了百姓的实际税负。文章着重分析了两税附加税和揽户输纳等法外现象，其中列举了"加耗""畸零钱""勘合钱""大斗""斛面"等十余种两税附加税，并一一加以说明。王先生此文为宋代的两税研究提供了一种制度史的示范，影响深远，此后学者多在此基础上进行扩展，对宋代两税的内容、数额、征收管理制度及附加税问题展开了系统研究③。张伟忠的硕士学位论文《南宋两税及其征收研究》④是宋代两税制度研究中较新的成果，该文全面利用《天一阁藏明代方志选刊》中涉及宋代两税的资料，补充完善了对南宋两税税则和相关管理制度的研究，同时也重点强调了两税征收过程中的舞弊现象及附加税的影响。

汪圣铎《北宋两税税钱的折科》一文亦在制度层面推进了宋代两税的研究。文中指出宋初两税因唐之旧，多以钱、米立额，但征纳时往往用物

① 刘道元"田赋史"的叙述模式，亦略体现于田晓忠的近著《宋代田赋制度研究》（中国社会科学出版社2016年版），而该书也表现出摆脱旧有框架束缚的努力，避免将田赋局限于土地问题，尝试将以二税为主体的田赋与国家财政、民户税负等问题结合探讨。

② 王曾瑜：《宋朝的两税》，原载《文史》1982年第14期，收入氏著《锱铢编》，河北大学出版社2006年版，第335—380页。

③ 葛金芳：《宋辽夏金经济研析》，武汉出版社1991年版，第354—356页；郑学檬主编：《中国赋役制度史》，厦门大学出版社1994年版，第338—360页；王棣：《宋代经济史稿》，长春出版社2001年版，第272—293页；杨宇勋：《取民与养民：南宋的财政收支与官民互动》，台湾师范大学历史所，2003年，第1—44页。

④ 张伟忠：《南宋两税及其征收研究》，上海师范大学硕士学位论文，2011年。

不用钱，故产生以钱折物的需求，宋人称为"折科"。这种折科比价往往固定，以致部分地区的两税税钱额逐渐被折科后的实物税额所取代，此即宋代某些地区两税无税钱额的原因。折科之外，当时还有一种因临时需要，令百姓折纳税物的情况，如折帛钱。其比价并不固定，称为"折变"。两税的反复纽折，总体上加重了百姓的赋税负担[1]。此后，张熙惟发表《宋代折变制探析》一文，扩展了折变制度的研究范围，分析了折变在田赋、杂科、力役、商税、俸饷等领域的应用情况，并按形式划分为"以物折物""以物折钱""以钱折物""以钱折钱""翻覆纽折"几种，试图分析其中所反映的宋代实物经济与货币经济的消长关系[2]。而对折变制度的梳理，也有助于理解宋代两税中的某些"货币化"现象，如汪圣铎在《关于宋代田赋征收白银的探讨》中指出，宋代的两税很少直接征银，部分地方征银主要是缘于当地出产白银，或因交通不便及其他原因而临时折变纳银[3]。可见在讨论类似问题时，需留意其中财政指令造成的影响。

与此同时，日本学界则将研究焦点放在宋代两税的"课税基准"问题上：宋代两税已演变为土地税，但在具体征收过程中，究竟是以什么单位作为标准呢？周藤吉之在较早的研究中爬梳史料，搜集了大量宋代土地每亩的两税税额，为相关讨论奠定了文献基础[4]。岛居一康撰有《宋代两税的课税基准与户等制》一文，以斯波义信等人为对话对象，后者认为宋代两税的课税对象（基准）应包括田亩、田亩物力与浮财物力、税钱、家业钱、租赁收入、种子、植桑数、牛与牛具等因素，岛居一康将此观点称为两税"综合资产税说"，指出这是对宋代两税制度的误解，或误将宋代判定民户户等的标准视作两税课税标准，或是在论证中采纳了两税版籍不备时的临时措施，论者并没有意识到宋代两税与唐代两税的差别。岛居一康

---

[1] 汪圣铎：《北宋两税税钱的折科》，《许昌师专学报（社会科学版）》1989年第2期。

[2] 张熙惟：《宋代折变制探析》，《中国史研究》1992年第1期。

[3] 汪圣铎：《关于宋代田赋征收白银的探讨》，《安徽史学》1996年第2期。

[4] 周藤吉之：「宋代の两税负担—特に毎畝の两税额について—」，收入氏著『中国土地制度史研究』，東京大學出版會1954年版，第511—536页。

认为宋代两税应当是针对土地，以田土等级为标准课税的①。

王曾瑜曾于《宋朝的产钱》一文指出，宋代福建地区的"产钱"多指代"夏税税钱"，以民户田地的肥瘠为基础，可供"纽税"②。梅原郁则进一步发展了王曾瑜的观点，他在《南宋两税制度杂考》一文中全面整理了宋元明方志中关于宋代两税税额的记载，重点分析了《嘉靖惠安县志》中记载的宋代惠安县两税税则，指出宋代福建多以产钱（税钱）取代田土科则作为两税的纽纳基准③。事实上，何炳棣的研究也说明，由于土地面积与地力测算的复杂性，宋代田地亩数往往不是土地的真实面积，南宋朝野所真正关切的是税率和税额，而绝不是精确的农田面积数字。南宋经界的土地数字很多是折亩而来，实际上是一种"纳税单位"④。以上的讨论提示我们，宋代两税虽是田亩税，但并不一定直接据亩而出，产钱、税钱、土地产量等衡量土地担税力的指标往往均可作为两税课税之依据，两税中"田"这一因素其实具备非常丰富的内涵。

除了土地因素外，"户"在两税体制下的地位也不容忽视。岛居一康与梅原郁均认为宋代的户等制，与以土地为征收基准的两税制，是两种截然不同的体制。柳田节子则提出了宋代"户等支配体制论"，与上述学者展开多年的论战。她认为宋代两税虽然不以户等为课税基准，但其支移、折变、蠲免等都与户等有关。"如果没有户等制，两税的赋课就不能顺畅地实施"。两税法推行后，国家的支配重心并非从人丁转向土地，而是从

---

① 岛居一康：「宋代两税の課税基準と戸等制」，原载中国史研究会编：『中国史像の再構成—国家と農民』，文理阁，1983年，收入氏著『宋代税制史研究』，汲古书院1993年版，第33—65页。

② 王曾瑜：《宋朝的产钱》，原载《中华文史论丛》1984年第3辑，收入氏著《涓埃编》，河北大学出版社2008年版，第271—289页。

③ 梅原郁：「南宋两税制度雑考」，中村賢二郎编：『国家：理念と制度』，京都大学人文科学研究所1989年版，第421—477页。

④ ［美］何炳棣：《中国古今土地数字的考释和评价》，中国社会科学出版社1988年版，第11—37页。

"单丁个人的人身支配"转向"对户的支配"（以户的土地所有为基础）①。

除了微观的制度研究，学者们亦从较宏观的角度，对唐宋间两税的演进、宋代两税的性质与历史定位等问题作出阐发。

金毓黻于1943年发表《唐代两税与宋代二税》一文②，指出"两税之名，始于唐代，至宋代则概称二税"，且除名称之外，两者的内涵也发生了较大变化。"唐代两税系按资产计税，而以户名为计算之准，故极近于户税。宋代二税系按地亩计税，而不必问其户名，故亦可谓为地税。按实言之，前者为资产税，计户而不计地。后者为土地税，计地而不计户。此则二者异同之辨也。"金氏的结论为学界所普遍采纳，但文中将户税等同于唐代两税、地税等同于宋代二税，过度强调了唐宋制度间的对立。李剑农《宋元明经济史稿》中涉及宋代两税的部分，亦着眼于唐宋对比，并更为细化，指出其中有三点区别：其一，唐代的庸调脱离两税，并演化为宋代的役，宋代的两税"实仅农户之田税而已"；其二，唐代两税依户资产出布钱、依田亩出斛斗，宋代两税则钱米均以田亩为标准，夏税出钱、秋税出米；其三，唐代定户等为征收两税钱的标准，宋代户等则变为供役大小轻重之标准③。

梁太济则较为重视唐宋间两税的演进轨迹，从宋代《国史志》所言"五赋"（即公田之赋、民田之赋、城郭之赋、杂变之赋、丁口之赋）入手考订唐宋间两税的变化，指出其中的"民田之赋"是两税的正宗，"就根本性质而言，宋代两税已经不再是一般资产税，而是地地道道的田产税即田赋了"。梁先生的研究又以五赋之中的丁口之赋为例，认为丁口之赋在宋代的逐步除放，说明"宋朝五赋演化的总过程仍然始终受着这一新赋税

---

① 柳田節子：「宋代鄉村の戸等制」，收入氏著『宋元鄉村制の研究』，創文社1986年版，第23—101页。中译本《宋代乡村的户等制》，收入刘俊文主编：《日本学者研究中国史论著选译》第五卷《五代宋元》，索介然译，中华书局1993年版，第189—270页。
② 金毓黻：《唐代两税与宋代二税》，《中国学报》1943年第1卷第1期，第35—40页。
③ 李剑农：《宋元明经济史稿》，生活·读书·新知三联书店1957年版，第214—217页。

原则的制约①。

所谓"新赋税原则",在李志贤的研究中则被称为"两税法精神"。他认为在唐宋两税的演进中,两税本身的内涵和税项虽然发生了变化,但其核心精神却得到了传承,这一精神表现为税收中摊丁入亩、履亩纳税趋势的发展②。类似的进化史观普遍存在于学界,宋代两税在中国古代赋税体制演进脉络中的意义往往自觉或不自觉地凸显。

(二)"正赋"取径下的宋代两税研究

两税在宋代国家财政领域,亦具有极高的地位,有关的财政史论著往往多将两税列于宋代诸税收中的首位,展开介绍③。包伟民《宋代的上供正赋》一文从历史渊源与相关制度入手,指出宋代的上供源于唐代两税三分制(上供、送使、留州)中的"上供",有广义与狭义之分。广义的上供是一切地方上缴中央财赋的泛称,狭义的上供专指"上供正赋"这一税目,而"宋代上供正赋的立额,虽不能说是完全地以各地两税收入为依据的,但主要还是以此为据的"④。

正如宋人所云,"夏秋二税输官之物,皆上供合起之数,谓之常赋"⑤,两税可视为宋代的法定正赋。但与这一地位不相称的是,据包伟民的研究,随着宋代中央对地方各类征调的增加,上供正赋在整个上供财赋中的比例一直在缩减。类似的观察亦见于其他学者的研究,如贾大泉根

① 梁太济:《"五赋"及其所体现的两税法的演进》,原题《宋代两税及其与唐代两税的异同》,原载《中国史学》1991年第1卷,第77—102页,收入氏著《两宋阶级关系的若干问题》,河北大学出版社1998年版,第215—246页。关于宋代五赋的结构问题,另可参见高树林:《宋朝赋役浅论》,《河北大学学报》1989年第4期。

② 参见〔新〕李志贤:《"宋承五代之弊,两税遂呈变态"——论宋代赋役变革与两税法精神的传承》,姜锡东主编:《宋史研究论丛》第5辑,河北大学出版社2003年版,第23—41页。

③ 参见曾我部静雄:『宋代财政史』,大安株式会社1941年版,第3—6页;汪圣铎:《两宋财政史》,中华书局1995年版,第190—217页;黄纯艳:《宋代财政史》,云南大学出版社2013年版,第391—427页。

④ 包伟民:《宋代的上供正赋》,《浙江大学学报(人文社会科学版)》2001年第1期。

⑤ 〔清〕徐松辑,刘琳等校点:《宋会要辑稿》食货十之二八,上海古籍出版社2014年版,第6208页。

据至道末年（997）、天禧末年（1021）与熙宁十年（1077）三个时期的记载分析宋代赋税来源的组成结构，指出总体趋势是两税比重逐年下降，商税和专卖等税收不断上升，两税在整个宋代税收结构中已逐渐居于次要地位[①]。

两税财政规模的紧缩，或许与其定额管理的制度有关。斯波义信指出北宋景德年间（1004—1007）宋廷曾系统订立过东南六路的上供祖额，并长期维持不变。他用"原额主义"一词概括这一现象，并以各府州军两税秋苗额为例，说明在原额主义的影响下，其税额一直保持静态[②]。包伟民则分析了苏州、严州、绍兴府、福州等地两税税额从北宋至南宋的变化，认为其中存在"凝固化"的现象[③]。

这一现象也成为学者分析宋代两税结构性问题的出发点。

就赋税管理的角度而言，包伟民指出两税税额的凝固化，是宋代各区域间赋税负担不平衡的一大根源[④]。吴树国同样认为，两税的定额管理是导致田税区域差异的主要原因。他引申了陈明光对唐代两税三分体制的看法，指出在这一体制下，中央财政直接规定地方需缴纳的财政定额，"至于具体如何取得，再根据地方实际制定"[⑤]。也就是说，相关的制税权已逐步下放到地方，全国统一的税率不复存在，"地方对赋税的细节把握不可避免地造成了赋役的区域差异"[⑥]。上述学者对宋代地方性赋税差异起因的分析，实际说明宋廷在财政上已无力统括全局，仅能努力维系中央的定额收入，而不再过问地方的具体征税环节。地方在完成两税上供额这一税收任务时，有很大的自主权与操作空间，这应当是构成宋代两税法外科敛横行的制度性成因之一。

---

① 贾大泉：《宋代赋税结构初探》，《社会科学研究》1981年第3期。

② ［日］斯波义信：《宋代江南经济史研究》，方健、何忠礼译，江苏人民出版社2001年版，第248—256页。

③ 包伟民：《宋代地方财政史研究》，上海古籍出版社2001年版，第246—250页。

④ 《宋代地方财政史研究》，第197—212页。

⑤ 吴树国：《唐宋之际田税制度变迁研究》，黑龙江大学出版社2007年版，第224—230页。

⑥ 《唐宋之际田税制度变迁研究》，第120—124页。

　　就赋税收入的层面而言，斯波义信认为"固定税额意味着固定岁收，即量入制出，与此相伴而来是财政的短缺，必须由附加税加以弥补，两税的附加税和间接税财源的比重增加就是必然的结果"①。包伟民指出"宋代增加赋敛，主要不是通过调整正赋，而是通过在正赋相对凝固的本额基础之上'增税'等方法来实现的"②。田晓忠亦认为宋代两税的原额主义延续了唐两税法"量出以制入"的制税原则，鉴于宋代财政开支不断增加，这种固定的财政收入不能满足财政的需要，正是由于国家对征榷与商税的普遍征取及田赋附加税的普遍存在，才有效弥补了原额主义影响下田赋定额收入不足的弊端③。

　　日韩学者多受斯波义信的启发，从实证角度揭示两税原额主义对宋代财政结构的影响。岛居一康指出，南宋初年将北宋东南上供苗米六百万石的原额减为三百余万石，同时又立定了和籴岁额一百万石，故和籴实质充当了填补两税苗米缺额的角色④。长井千秋与金荣济则分别以南宋镇江府、庆元府（明州）、抚州的地方财政收支为个案，讨论两税在其中的角色。从中可知，为应付朝廷与军需，以上府州的上供征调不断增加，两税仅能勉强应付，而地方"留州"部分的开支则多依靠酒税、商税等收入补充⑤。

　　可见围绕宋代两税定额管理的问题，学者们构筑了相似的图景，一边是以两税为主的"正赋"，另一边则是由两税附加税等法外赋敛及征榷等间接税构成的"增赋"，两者在宋代财政体系中对立互补、此消彼长，而保守因循的"正赋"最终被不受约束的"增赋"所压倒，逐步丧失在宋代

---

① 《宋代江南经济史研究》，第252页。

② 《宋代地方财政史研究》，第251页。

③ 《宋代田赋制度研究》，第51—54、103页。

④ 岛居一康：「南宋の上供米と両税米」，原載『東洋史研究』1993年第51卷第4号，收入氏著『宋代税制史研究』，第445—481页。

⑤ 長井千秋：「南宋時代鎮江府の財政收支」，『岐阜聖徳学園大学紀要』1999年第37卷，第229—258页；金榮濟：「南宋의地方財政에對해서—浙東路慶元府（明州）의財政收支를中心으로—」，『中國史研究』2002年第21輯，第147—178页；「南宋代江西路撫州의両税額과財政收支—天一閣藏弘治撫州府志의記錄을中心으로—」，『歷史學報』2002年第176卷，第143—188页。

财政收入中的主体地位。

综括上述研究，中外学者对宋代两税问题的研究大体有两种取径，一种将两税视为田赋、置之于赋税体制转型的脉络中解读，一种则将两税视为正赋、置之于宋代财政结构之中解读。这两种路径均把握住了宋代两税的核心命题，赋予其准确的概念定位，使相关讨论能更有效集中地展开，从而催生出丰硕的研究成果。

但一直沿着同一道路前行，不免感到风景的单调。宋代两税转向田亩税确实是不争的事实，而过于强调两税的"田赋"属性及其影响，一方面易陷入"范式强化"的陷阱，约束研究者的想象力，产生大量同质化的研究成果，另一方面则易受目的论或线性进化观等思维定式的影响，忽视游离于"进步"路线之外的各种要素。如柳田节子强调"户"在宋代两税体制中的重要性，这一看法继承了西嶋定生以降东京学派的主张，而与岛居一康、梅原郁等京都学派学者所持的宋代进步观不符，最终淹没在学界的主流话语中。这一观点看似与两税的"田赋"属性相悖，但实有可深思的余地。

苏轼在《策别安万民》中的观察可视为辅证。他认为"自两税之兴"，"户无常赋，视地以为赋"，这正是说明两税据田亩出税。而有意思的是，文中又云"今夫一户之赋，官知其为赋之多少，而不知其为地之几何也"①。这是因为在地方实际操作之中，各户往往要先按田亩多少，计算出应纳税钱（产钱）、斛斗，并依此供输两税。由于税钱、斛斗与两税关系更为直接，其数字往往被写入户内，以户为主体进行征收。若民户田产常年不变，则历年征税均只需参照户内往年的税钱、斛斗即可完成，土地顷亩便居于次要地位，甚至在运作过程中逐渐被忽略。若民户田产通过交易有所增减，需过割相应的税钱、斛斗，贫民为速售土地，往往受富人怂恿，令富人"多取其地而少入其赋"，导致"富者地日以益，而赋不加多，

---

① 〔宋〕苏轼：《东坡应诏集》卷三《策别十五》，四川大学古籍整理研究所编：《宋集珍本丛刊》第22册，线装书局2004年版，第318—319页。

贫者地日以削，而赋不加少"，民户应纳税额跟田亩数量失去直接对应关系，严重者更会造成"产去税存"的情况，此时两税名义上据田征税，但民户户内已无土地而税额犹存，"户"成为两税实质的课税对象。而从现存的宋代文献来看，这种现象在宋代的地方实践中无疑具有普遍性。

可见，自秦确立编户齐民体制以来，户一直是传统王朝实施统治的基本单位，赋税的缴纳也不例外。宋代两税虽是土地税，但受制度惯性的影响，王朝在征税过程中对户的管控显然仍比土地更为直接。以往在"田赋"路径下展开的宋代两税研究，多关注土地管理、均田均税等问题，却往往忽视户在两税征纳中的作用。这提醒我们，在强调宋代两税转向"田赋"的进步同时，也应对这类恒常不变却影响深远的要素加以关注。

在"正赋"取径下展开的宋代两税研究也同样存在弊端。学者多将两税约化为"正赋"这一概念，并与各类"增赋"对立起来进行考察，其比较的标准往往只涉及税收数目上的高低。但在实际的历史场景中，问题显然要更为复杂。

叶适在论述南宋和买之弊时曾发一番议论："国以二税为常赋也，岂宜使经用有不足，于二税之内而复有所求哉？经用不足，则大正其名实可也。"[1]和买由北宋时期自愿的官民交易演变为南宋时的赋敛[2]，似应归入与两税对立的"增赋"之中。但事实上，南宋中期以降，和买在多数地区已与夏税同时输纳，其摊派方式也由按家业钱、户等均摊逐步转向履亩征收[3]。若抛开理学家的"道义观"，则不难发现和买在名分上虽不属于两税，但在实质操作环节已与两税趋同。两税作为宋朝的经国正赋，意味着

---

① 〔宋〕叶适撰，刘公纯等点校：《叶适集》，《水心文集》卷四《财总论二》，中华书局1961年版，第772页。

② 和买赋税化的过程，参见赵葆寓：《宋代"和买"起源考略》，《天津师院学报》1981年第2期；《宋朝的"和买"演变为赋税的历史过程》，《社会科学战线》1982年第2期；姜锡东：《宋代"和预买绢"制度的性质问题》，《河北学刊》1992年第5期。

③ 相关研究参见王曾瑜：《宋朝的和买与折帛钱》，原载中国社会科学院历史研究所宋辽金元史研究室编：《宋辽金史论丛》第二辑，中华书局1991年版，收入氏著《锱铢编》，第475—552页；《取民与养民：南宋的财政收支与官民互动》，第96—121页。

国家为保证其征收，必须建立一整套完善的管理体制——基层催税人员、税册簿书、仓储漕运等均需与其相配套，而其他赋税也多多少少要借助这套系统之力才能完成催收，若在课税原则与征收方式上不向两税趋近，显然会造成行政资源上的浪费，两税因而具有很强的牵动力，在整个赋税体制中始终处于中心位置。

若从财政结构的角度来看，以南宋占国家财政开支比例较大的东南总领所为例。李心传称"淮东、西、湖广三总领所，自休兵后，朝廷科拨诸州县财赋及榷货等钱与之"①，可见东南总领所的收入主要分为两部分：一是朝廷科拨的州县上供，即以两税为主的上供正赋；二是东南榷货务的征榷收入。两者在数量上大致相等。前者又称"户部经常钱"，顾名思义，实际担负了总领所"经常"性的开支，在承平年代，"正赋"部分即可满足军队的日常补给，具有重要的保障意义。而在军兴时期，开支激增，则需中央调拨榷货收入补充。南宋榷货务由都司提领，其收入属于朝廷钱物，君主与宰执正是通过这部分财赋，实现对御前大军的机动管控的。在这样的制度设计下，"正赋"的缺额并不构成对财政运作的阻碍，两税与征榷各司其职，其轻重并不能简单地根据数值大小来衡量。

故宋代两税作为正赋的重要性，实质体现在国家行政资源的配置与相关体系的建制上。这提示我们，要在抽象的概念与数字之外，多关注实际操作层面的问题；在人为的对立之外，多留意杂税、征榷与两税配合交融的一面，从而更全面清晰地认识宋代两税在整个宋代财赋体系中的地位。

二、走向过程：宋代两税研究的新面向

从上文的回顾可见，目前学界对宋代两税问题的探索已相当完备，奠定了扎实的学术基础，正如包伟民在《唐宋转折视野之下的赋役制度研究》一文中指出的，"赋役制度主体如两税、役法等等的具体内容，经学

---

① 〔宋〕李心传撰，徐规点校：《建炎以来朝野杂记》甲集卷十七"淮东西湖广总领所"，中华书局2000年版，第390页。

者反复分析讨论，认识不断深入，在某些方面差不多达到现存文献所可能提供信息的'极限'"。在这一局面下，欲有所突破，显然需在前文总结的两种研究取径外，开创新的道路。包文中指出了三条进一步深化研究的思路，颇具启发：

一是要从仅在诏敕条文表面理解的制度，深化到实际运行之中活的制度。

二是要从文献表面所传达的历史信息，深化到其背后所可能蕴藏的更为真实的信息。

三是要从单一、平面的制度理解，深化为探讨与赋役制度相关的各种关系与结构①。

翻阅近年来关于宋代两税的研究，不难发现有不少与以上三条旨趣相符者。这类研究大致都体现出一种"走向过程"的面向，在纵向上表现为对"历史发展过程"的关注，在横向上表现为对"制度运作过程"的关注。

（一）围绕"历史过程"展开的宋代两税研究

就历史发展过程而言，以往对宋代两税的研究中亦不乏追溯唐代者，但多是将宋代两税与唐代两税的特点进行概括抽象，再行对比以凸显两者的差异。类似的研究方式在战后日本的宋代政治史研究中也普遍存在，寺地遵称之为唐宋变革论影响下的"比较类型论"，认为这种研究方法缺乏对运动与过程的关注②。近年来国内学者对"唐宋变革"这一假说亦有所反思，一方面注意辨析"变革"与"转变"之间的区别，另一方面在强调唐宋变化的同时揭示其中延续的一面③。

虽然两税自身在唐宋之际发生了较大转变，但其中仍有一些概念与制度延续下来，如税钱、祖额与折科等。这类文献中传达的"历史信息"，

① 包伟民：《唐宋转折视野之下的赋役制度研究》，《中国史研究》2010年第1期。
② ［日］寺地遵：《南宋初期政治史研究》，刘静贞等译，复旦大学出版社2016年版，第6—8页。
③ 张邦炜、李华瑞、包伟民、楼劲等：《"唐宋变革论"的再思考》，http://www.thepaper.cn/newsDetail_forward_1552463，2016年11月1日。

都必须回溯唐末五代寻找其根源，才能获得贴切的解读。

日本学者船越泰次于1984年发表《论唐宋两税法的课税体系——以它们之间的推移问题为中心》一文①，较早地采用连续性的视角，观察唐宋之间两税变迁的历史过程。他认为唐代的两税由针对民户资产征税的两税钱与针对土地征税的两税斛斗组成，而宋代的两税则只针对田亩征收夏税、秋苗，这一差异的产生，需要结合五代十国时期的历史过程进行考察。就北方的五代政权而言，后梁以来延续唐制，一直以两税为正赋，并按所种谷物的种类区分为夏税地或秋税地。值得注意的是，在文献之中出现了一些新的用以指代两税的词语，一是与宋代类似的夏秋税租，二是指代两税斛斗的苗子、税子，三是作为泛称的苗税、田税。相应地，唐代针对资产征税的两税钱则不再见于文献。而从实际政策来看，五代时期进行了多次检田均税运动，这均说明两税的课税主体逐步转向田亩。就南方的十国政权而言，两税钱被摊入土地，按亩征收，构成了宋代的夏税钱，秋税钱则多折纳斛斗，与秋苗合征。以上种种现象，基本都可在唐末找到萌芽。

与此同时，国内学者则多围绕户税与地税的消长关系，分析两税由唐至宋的演进。金宝祥根据杨炎起请条及陆贽奏议指出，在唐代文献的表述中，两税往往仅指一年缴纳两次的户税，而不包括地税。户税在宋代演变为身丁钱，田租则成为宋代两税的唯一内容②。张泽咸撰文反驳了此说，认为唐代两税包括田亩税，且田亩税在两税收入中占重要地位，许多附加税也依田亩摊派③。自唐中后叶以降，对户等的审定已经徒具空文，户税征收失去了可靠的依据，而计亩征税显得更为重要，户税逐步趋于瓦解，

① 船越泰次：「唐宋両税法の課税体系について—特にその推移の問題を中心として—」，原载『東北大学東洋史論集』1984年第1輯，收入氏著『唐代両税法研究』，汲古書院1996年版，第173—204頁。
② 金宝祥：《论唐代的两税法》，《西北师大学报（社会科学版）》1962年第3期；《安史乱后唐代封建经济的特色》，《西北师大学报（社会科学版）》1981年第2期。
③ 张泽咸：《论田亩税在唐五代两税法中的地位》，《中国经济史研究》1986年第1期。

被其他税收所替代，这促成了唐宋间两税向田亩税的演变。沈世培的研究尝试探寻两税向田亩税转变的原因，尤其关心实践层面的影响。他认为两税斛斗据田亩而出，丈量土地成为定税的前提，这为整个两税转变为田亩税奠定了基础。唐中后期，地方长期不定户等，代表户税的两税钱逐步与斛斗一起按垦田团定，户税并未被其他税收瓦解替代，而是并入了田亩两税中。造成这一转向的主要原因：一是两税税额包干的体制，使地方在完成中央上供定额的前提下，对征税方法可自行变通；二是唐后期的混乱局势，造成户口流动频繁，给政府定户造成困难，而土地相对固定，便于征税①。郑学檬则主要关注两税在五代时期的变化，他在《五代两税述论》一文中对五代的两税管理制度与附加税问题进行研究，分析五代两税之于唐代的变化，指出北方的后唐规定两税以本色折纳，根据各地区情况制定了两税输纳期限，后周则推行均税法，除去相关弊政。南方吴国在顺义年间（921—927）形成了计亩纳钱之制，以夏税与部分秋苗折钱缴纳。南唐与闽则逐步形成了与宋代类似的夏钱秋米制度②。

吴树国于 2007 年出版的《唐宋之际田税制度变迁研究》一书则是近年来最值得关注的成果，书中综合前人诸说，对两税在唐宋之际的演进过程做了全面系统的梳理，指出唐代两税法的定额管理制度，使得地方在征税方式上具有自主权。面对唐后期人口、财产的频繁流动，地方户税征收所依据的资产逐步剥离浮财、转向田亩，户税与地税在征收物品上亦逐步趋同，唐末"苗税"一词的出现说明了两者融合的趋势。五代后唐敕文出现"桑田正税"一词及此后历朝的检田定税运动，都说明两税已逐步转向田亩；而南方诸国计亩纳钱，反映户税钱额已转向按地亩征收。吴树国将这一演进过程概括为"唐宋之际田税对户税的消解"③。

上述学者的研究，基本已将两税在唐宋之际的演进过程复原得较为清

---

① 沈世培：《两税向田亩税的转变及其原因初探》，《中国社会经济史研究》1990 年第 1 期。
② 郑学檬：《五代两税述论》，《中国社会经济史研究》1983 年第 4 期。
③ 《唐宋之际田税制度变迁研究》，第 21—82 页。

晰，而中日学者在概念使用上的不同，值得引起关注。中国学者多用"户税/地税"这一组概念进行分析，其中暗含了将两税中的户税视为户口税或人头税的倾向，并与据田亩征课的地税相对立。由于宋代两税已转为据地征收，故中国学者多认为户税在宋代已经消解或被取代。日本学者船越泰次则认为"户税/地税"只是研究者提出的概念，在唐人的语境中两税应由"两税钱"与"两税斛斗"组成，而"两税钱"是对人户综合资产的课税，其中既包括杂产也包含田亩。陈明光的近作《从"两税钱"、"两税斛斗"到"桑田正税"——唐五代两税法演变补论》便使用了这一概念框架，认为唐五代时期两税的演变，主要是两税钱计征资产范围的转变，即从杂产及田产的综合，转向单纯的田地（含种植于其上的桑木）①。若从这一角度出发，我们不难发现宋代的夏税钱实际上与唐代的两税钱（户税）具有很深的历史关联。两税在唐宋之际的变迁，究竟是田税对户税的消解，还是两税钱（户税）自身的重组，仍有待进一步的探究。

此外，学者还对两税周边制度的历史演进过程有所关注。岛居一康梳理了两税折纳制度在唐宋间的变迁，指出唐代推行两税法后物价"货轻钱重"，加剧了百姓的纳税负担，遂推行"实估"与"虚估"两种折纳价格，长庆（821—824）以降两税的折纳逐渐按比例分成见钱、"实估"折纳与"虚估"折纳三部分，岛居将其称为"分数定额方式"。五代时期的两税折纳制度发生了分化，后唐同光三年（925）李琪上言请求赋税不以折纳、一切以本色输官，故中原王朝形成了以本色输纳的传统，原来的两税钱额被转化为以绢帛立额；而南方诸国的两税钱则系于田亩，并以此折纳绢帛。宋初北方地区基本沿用五代之制，南方地区则因咸平三年（1000）诏的颁布，不再输纳见钱，而以税钱为基准折纳绢帛，并正式以绢帛为夏税

---

① 陈明光：《从"两税钱"、"两税斛斗"到"桑田正税"——唐五代两税法演变补论》，原载《文史》2010年第1期，收入氏著《寸薪集：陈明光中国古代史论集》，厦门大学出版社2017年版，第262—278页。另参见陈明光、孙彩虹：《中国财政通史》第四卷《隋唐五代财政史》，湖南人民出版社2015年版，第825—851页。

正税，五代以来的南北地域差逐步被消解①。吴树国的研究认为，唐元和年间（806—820）已试图废除两税钱额，改以"端匹斤两之物为税额"，但最终未能施行，而这一改革最终在五代的北方地区得以实现，南方地区则保持了以钱为税额、"计钱而输绫绢"的传统，这与北方地区实物经济占主流、南方地区商品经济较发达有关②。通过以上的梳理，有助于我们了解宋代两税折科制度的起源，并提示我们注意不同区域之间历史发展脉络的差别，王曾瑜《宋朝的两税》一文中提出的宋代北方没有夏税钱之现象，也可因此得出解释。

前揭梁太济《"五赋"及其所体现的两税法的演进》一文指出，"杂变之赋"又称沿征、沿纳，与两税关系密切，北宋中期逐步与两税一并缴纳，最终被并入两税③。近年来，宋代两税"沿征钱物"的产生与发展过程，也多有学者予以关注。陈明光的研究分析了从唐代两税法初行时"两税外加率一钱以枉法论"，到五代"沿征钱物"出现的过程，指出：唐后期除税草外，并无通行全国的两税附加税；五代时期产生了两类两税"沿征钱物"，一类是在两税正额上的纽配，另一类是据田亩征收、具有单独税名（如鞋钱、蚕盐钱、曲钱）的加赋，后者在两税的计征环节便确定征收数量，逐步确立了合法性，并被北宋"杂变之赋"所吸纳④。吴树国的研究则说明宋代的杂税主要经过三个阶段的历史演进，首先是北宋继承了五代诸国杂税，构成了宋初的"杂变之赋"，其名品繁多、形态不一，并未构成统一的整体；仁宗时期曾对"杂变之赋"进行初步整合，神宗熙宁

---

① 島居一康：「宋代における両税の折納について」，原載『史林』1981年第64卷第5号，收入氏著『宋代税制史研究』，第302—347页。需说明的是，島居所据咸平三年诏，引自《宝庆四明志》，故島居误认为此诏是针对南方地区的规定。实际上该诏文还见于《宋会要辑稿》与《建炎以来朝野杂记》，应是全国性的命令。前揭汪圣铎《北宋两税税钱的折科》一文亦指出史家在诏文前对宋初制度的追溯有误，咸平三年并非税钱折绢之始，而是规定折纳绢帛的固定数额与比价。

② 《唐宋之际田税制度变迁研究》，第135—141页。

③ 《"五赋"及其所体现的两税法的演进》，第235—240页。

④ 陈明光：《从"两税外加率一钱以枉法论"到两税"沿征钱物"——唐五代两税法演变续论》，《魏晋南北朝隋唐史资料》第25辑，2009年，第105—116页。

五年（1072）推行的"方田均税法"则使"杂变之赋"合并为统一的杂钱，从而向新的单一税种演化；而自此之后，新的杂税又在原有的制度土壤中诞生①。这提示我们，在分析宋代两税附加税问题时，需注意其中的历史层次问题，将不同时段产生的附加税剥离开来，从而更清晰地把握其性质。

以上从历史过程出发探讨宋代两税问题的研究，无疑从纵向的角度丰富了我们对宋代两税的认识，也有益于摆脱线性进化观的约束，揭示唐宋两税制度演进中反复曲折的一面。但需注意的是，上述的研究者多为唐史出身，在研究中多采取由唐向宋推演的视角，重心始终落在晚唐五代，涉及宋代的部分往往至宋初而止。但宋代两税的诸多问题与变化，要到南宋方才凸显，大量关于两税的材料亦仅见于南宋的方志、文集之中，相关研究的拓展亟需要宋史学者的参与。

此外，对宋代两税的纵向研究，也并不仅存在"向前看"这一条线索。李剑农认为"自唐代后期变租庸为两税后，历五代、宋、金、元以至于明，犹称曰两税。国家财政收入，除两税外，虽尚有商税及盐、茶、酒榷等种种，然终以两税为最主要之收入。故在中国赋税史上，可称此时期为两税时代"②。可见两税是串联中国帝制后期赋税体制转型的一把钥匙，欲深化对其影响的研究，必须结合宋元明进行长时段的观察。刘光临近年的研究可谓迈出了第一步，他以岭南与温州地区为例，通过对比宋元明方志中的两税数据，试图说明宋明之间税制的区别③。而如何进一步发掘明清方志中涉及宋代两税的丰富史料，超越"比较类型学"的研究模式，梳理出宋元明之际两税变迁的历史过程，则有待学者们的进一步探索。

---

① 吴树国：《宋代杂税演进考论》，《郑州大学学报（哲学社会科学版）》2010年第1期。

② 《宋元明经济史稿》，第214页。

③ 刘光临：《岭南州府宋元明之际两税征收的比较研究——以连州、广州、潮州、惠州为例》，《北大史学》第17辑，2012年，第68—105页；《制度与数据之间：宋元明之际两税的去货币化进程——以温州乐清为例》，《历史文献研究》第38辑，2016年，第329—353页。

（二）围绕"制度过程"展开的宋代两税研究

两税既是宋代的一种税目，也是一套赋税制度。邓小南认为"制度的形成及运行本身是一动态的历史过程，有'运作'、有'过程'才有'制度'，不处于运作过程之中也就无所谓'制度'"①。由此可见，除了历时性的历史过程，对共时性的制度过程加以梳理，也有助于我们深化对宋代两税的认识。如前文所述，学界以往对宋代两税的研究存在概念化的倾向，基于共时性的结构分析虽不缺乏，但这种分析多受概念框架束缚，表现出扁平与静态的特征。

20世纪90年代以降，学者纷纷将目光转向宋代两税的基层运作问题，从而引发出对宋代两税制度过程的深入探讨。制度的运作离不开人的参与，基层各类人群在运作过程中的角色首先引发了学者们的关注。何高济《南宋的税收制度和揽户》一文，分析了揽户在南宋两税征纳过程中的作用。文中指出宋代税仓与税钞制度，是揽户诞生的基础。因宋代的税仓多设置在城镇，百姓从乡村输送税物较为困难，从而滋生了代纳税物的揽户，揽户与仓吏勾结舞弊，反之增加了民众的课税负担；此外，宋代两税纳毕后，官府需发给民户税钞作为完税凭证，部分民户土地较少，所纳税物凑不成整数，需合零就整、数户同钞输纳，揽户便趁机主持合钞，从中盘剥。重视从静态的制度设计中发现动态的运作空间是该文的一大亮点②。王棣对乡书手（乡司）在宋代两税征纳过程中的作用亦展开了系统研究，指出乡书手具有"编制五等簿籍""编制税租簿账""注销税租钞""推收税租"等职权。对乡县赋税簿籍的掌握是乡书手得以"走弄二税"的原因，而两税法推行以来，以资产为对象的赋税征收日趋复杂化和专业化，

---

① 邓小南：《走向"活"的制度史——以宋代官僚政治制度史研究为例的点滴思考》，《浙江学刊》2003年第3期。

② 何高济：《南宋的税收制度和揽户》，中国社会科学历史研究所经济史研究组编：《中国古代社会经济史诸问题》，福建人民出版社1990年版，第274—289页。

是乡书手出现及职权日趋重要的深层原因①。相对以上略带有官方视角的研究，傅俊则独辟蹊径，虚构了一位名为"徐五"的南宋秀才，从自下而上的视角出发探讨南宋百姓缴纳两税的过程及其与官府的互动，从另一个侧面描绘了相关人群的活动②。

县及其下的乡村区划与组织，是宋朝深入基层统治的根基，也是两税征纳的重要依托。相关研究指出，宋代的乡村催税人经历了从里正、户长到保正长、甲头的变化③，这一过程显然是与宋代乡村组织的变迁相始终的。关于乡村区划与两税的关系，日本学者周藤吉之在《南宋乡都的税制与土地所有》一文中指出，南宋经界法以"都"为单位调查土地、编定籍册，"都"逐渐成为基层土地管理与核算税额的基本单位④。王棣《宋代乡里两级制度质疑》一文对宋代基层的乡里制展开研究，认为两者是并行结构，"里"是负责户口、治安的行政机构，"乡"既不是行政区划，也不是

---

① 王棣：《宋代乡司在赋税征收体制中的职权与运作》，《中州学刊》1999年第2期；《论宋代县乡赋税征收体制中的乡司》，《中国经济史研究》1999年第2期；《从乡司地位变化看宋代乡村管理体制的转变》，《中国史研究》2000年第1期。类似思路的研究还有刁培俊：《南宋乡司在赋役征派中的违法舞弊问题》，《邢台学院学报》2003年第1期；刁培俊、王菲菲：《"税赋弊源皆在乡胥之胸中"——南宋中后期东南路分司在赋役征派中违法舞弊的表现及其社会内涵》，《中国社会经济史研究》2011年第4期。

② 傅俊：《南宋的村落世界》，浙江大学博士学位论文，2009年，第172—178页。

③ 主要研究见河上光一：「宋初の里正・戸長・耆長：宋初村落に関する試論」，『東洋学報』1952年第34卷第1—4号，第61—76页；周藤吉之：「宋代郷村制の変遷過程」，原载『史学雑誌』1963年第72卷第10号，收入氏著『唐宋社會經濟史研究』，東京大学出版會1965年版，第561—644页；黄繁光：《论南宋乡都职役之特质及其影响》，原载《史学汇刊》1981年第11期，收入宋史座谈会编：《宋史研究集（第十六辑）》，"国立"编译馆1986年版，第393—522页；杨炎廷：《北宋的乡村制度》，杨炎廷编：《罗球庆老师荣休纪念专辑》，香港中国史研究会1994年版，第97—112页；刁培俊：《分工与合作：两宋乡役职责的演变》，《河北大学学报（哲学社会科学版）》2005年第4期；梁建国：《唐宋之际里正的变迁》，《南都学坛》2008年第2期；谭景玉：《宋代乡村组织研究》，山东大学出版社2010年版，第61—113页；朱瑞熙：《宋朝乡村催税人的演变——兼论明代粮长的起源》，《河北大学学报（哲学社会科学版）》2016年第1期。

④ 周藤吉之：「南宋郷都の税制と土地所有——特に経界法との関聯に於いて」，原载『東洋文化研究所紀要』1956年第8册，收入氏著『宋代經濟史研究』，東京大学出版會1962年版，第433—556页。

"里"的上级行政机构，而是县以下的一级财政区划，两税的相关簿籍均以乡为单位编造①。夏维中则与王棣商榷，指出北宋至和（1054—1056）以前，里正与乡书手俱为乡役，至和以后，里正的催税职能被户长取代，乡书手则被顶托为县役，王棣将乡书手的职能作为论证乡一级职能的依据，恐有不当。至和以后，乡与相关职役剥离，逐渐成为一种地域单位，故而具有登记土地与管理税额的功能。文中还引鉴周藤吉之的研究，指出乡里制的崩溃与乡都制的建立，是宋代乡村基层组织衍变的基本趋势②。包伟民则使用"联户"与"地域"这组概念分析宋代的乡制演变，指出在两税"以资产为宗"的新赋役体系之下，"乡"逐步从唐代联户性质的"准行政机构"，演化为宋代"以地域管理为核心的基本税率核算单位"。乡书手虽被顶托为县役，但其设置仍然与"乡"高度重合，履行"乡"管理赋税籍账的职能③。吴业国的研究则将视角转向相对更高的县，分析两税在县一级的征收情况，指出宋代县一级的赋税征收存在"官方行政式"与"民间市场式"两种体制，前者依靠各类簿籍，由县级公吏与乡都役人完成，后者则主要依赖揽户，反映了国家、揽户与民户三者的博弈④。

　　上述的研究将两税制度运作过程与具体的人群相结合，并落实到相关的场域之中，尝试构建出较为立体的历史图景。不过从中也可看出，涉及两税制度运作的行政层级与人群数量繁多、联系错综复杂，欲厘清其关系，梳理出更为清晰的制度过程，实属不易。杨宇勋的研究则提供了一种极佳的思路，他复原了宋代两税的整个输纳过程，并将其按流程划分为编制租税簿、发放凭由及销注税钞等环节，依此绘制了《南宋两税输纳流程图》（见图1）⑤。细观此图，则各层级机构与人群在两税输纳诸环节中所处

① 王棣：《宋代乡里两级制度质疑》，《历史研究》1999年第4期。
② 夏维中：《宋代乡村基层组织衍变的基本趋势——与〈宋代乡里两级制度质疑〉一文商榷》，《历史研究》2003年第4期。
③ 包伟民：《宋代乡制再议》，《文史》2012年第4期，第121—148页。
④ 吴业国：《南宋县级税赋征收体制检讨》，《中国经济史研究》2008年第1期。
⑤ 《取民与养民：南宋的财政收支与官民互动》，第297—324页。田晓忠则在其基础上略有订补，参见田晓忠：《论宋代二税田赋的征纳流程》，《历史教学》2015年第20期。

的地位一目了然，揽户等人群得以在两税输纳中上下其手的原因也可得到很直观的体现。这提示我们，应从制度过程的复原出发，重新审视两税征收的各个环节，从而进一步探讨宋代两税诸多非制度性因素的根本成因①。

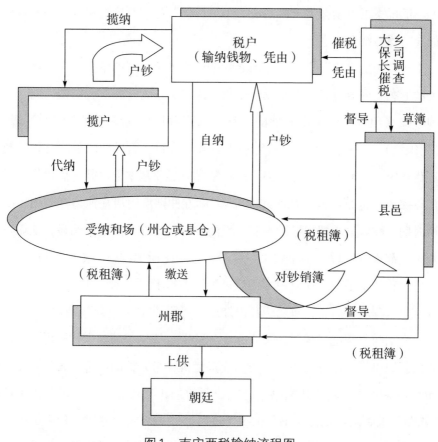

图1　南宋两税输纳流程图

资料来源：杨宇勋：《取民与养民：南宋的财政收支与官民互动》，第314页。仅作繁简文字转换。

---

① 如葛鹏飞《宋朝基层赋税征纳弊端探析》一文，即将两税的征纳分为"民户定税""乡里催督""州县受纳"等环节，逐一分析其中的弊端。遗憾的是，文中对相关弊端产生的机制揭示略有不足。参见葛鹏飞：《宋朝基层赋税征纳弊端探析》，四川大学古籍整理研究所、四川大学宋代文化研究中心编：《宋代文化研究》第二十辑，2013年，第137—150页。

三、余论：赋税文书与宋代两税研究的展望

近年来，文书传递与政务运行一直是宋史学界关注的焦点问题，其中的研究视角与方法论，对于宋代赋税制度研究同样具有重要的启发。事实上，赋税文书可谓拓展宋代两税"历史过程"与"制度过程"这两种研究面向的理想结合点。

从"历史过程"来看，唐宋之际是赋税体制转型的重要时期，赋税文书的形态与内容也必然随之发生变化。池田温认为"在唐朝前期以前，全国一律采用以丁中男为对象的、均一的租调役来征税的理念下的计账，（到宋代）完全转变为异质而复杂化的账簿体制。唐后期两税法时代降及五代及宋，一般的连续性较强，籍账制亦有必要基本上以其与后代的关系加以探求，这是遗留未竟的课题"①。梁方仲则从明清往前追溯，指出汉唐时期，政府最重视户籍的编制，而随着宋代土地重要性的凸显，地籍逐步设立起来，明代"一条鞭法"以后，鱼鳞图册更取得了主要地位②。可见宋代正处于中国古代赋税文书演进脉络中承上启下的一环，对相关文书的演化过程展开研究，有助于我们加深对两税征收机制及其变迁的理解。

文书与"制度过程"的关联亦十分紧密。从杨宇勋对宋代两税征纳流程的复原可见，税钞与税簿构成了连接诸机构与人群的纽带，无论是揽户还是官吏，都必须依托文书才能完成两税的正常流转，在关键节点上的"舞弊"也必须在把握文书的前提下进行。除了目前学界讨论较多的征收环节外，赋税文书在两税征收前的资产计征环节与两税纳毕后的审计上解环节中，亦扮演着重要的角色，从中体现了相关信息从基层向中央的流转，以及百姓与官府、州县与朝廷之间的博弈关系。将赋税文书按性质分类，并嵌入不同环节的运作过程中去观察，有助于我们理解两税制度中的深层次结构。

---

① ［日］池田温：《中国古代籍帐研究》，龚泽铣译，中华书局2007年版，第11页，注2。
② 梁方仲：《中国历代户口、田地、田赋统计》，中华书局2008年版，第14—15页。

此外，公文纸背文书的大量整理与发现，亦为我们利用赋税文书研究宋代两税问题提供了契机。清人黄丕烈曾经眼一部宋刻本《芦川词》，识云："宋本每叶纸背大半有字迹，盖宋时废纸多值钱也。此词用废纸刷印，审是册籍，偶阅之，知是宋时收粮案，故有更几石、需几石。下注'秀才'、'进士'、'官户'等字，又有'县丞'、'提举'、'乡司'等字，户籍官衔略可考见，粳糯省文皆从便易。"虽然黄丕烈认为这些记载"无关史实"，仅"聊记于此"①。但对今日读者而言，这短短数十字已经是我们能见到的关于宋代税簿最直接真实的描述。若能进一步推动此类纸本文献的整理发掘，必将改善目前宋代文书研究中重政治、轻经济的不平衡状态，有力推动两税及相关问题的研究。

综括全文，宋代两税研究是一个积淀十分深厚的领域，年轻学人想要"旧题新作"、推陈出新，实属不易。然而"一时代的学术，必有其新材料与新问题"，先辈学者的研究为我们留下了养分充沛的土壤，若假借"过程"的视角与"文书"之工具，未尝不能在这片土壤上新生枝条，这或许正是历史学这门学科能久葆活力的原因之一。

（原载中国人民大学唐宋史研究中心编，包伟民、刘后滨主编：《唐宋历史评论》第四辑，社会科学文献出版社2018年版）

---

① 〔清〕黄丕烈：《荛圃藏书题识》卷十《芦川词二卷影宋本》，上海远东出版社1999年版，第844页。

论宋代县乡赋税征收体制中的乡司

王　棣

宋代的县乡赋税征收体制，是支撑中央政权庞大财政收入的基础，又是地方基层管理体制的重要组成部分。乡司[1]，处于宋代财税征收的第一线，在县乡赋税征收体制中扮演着县下各乡征税总管的角色，其职权与运作，直接关系着宋代县乡赋税征收体制的运转，影响到农村社会经济的正常发展和乡村基层社会的政治安定。鉴于目前国内对宋代乡司及宋代基层赋税征收体制的研究尚未有专门论述[2]，本文拟围绕宋代县乡赋税征收体制中乡司的职权地位作一些初步的探讨。

一、乡司在县乡赋税征收体制中的职权

向臣民征收赋税，摊派劳役，是古代国家主要的财税职能。历代政府在地方基层上都设有专门机构，并配置专人实施这项职能。自唐实施两税法之后，乡村社会经济生活呈多样化发展，以资产为对象的赋税征收愈益复杂化和多样化，作为征收赋税依据的各类簿籍书账也日益专业化，需要具有一定专业知识的专门人员才能胜任，这就导致两税法之后乡司书手的

---

[1] 本文的乡司、乡书手及书手、乡书、乡胥、乡典等，都是指相同的事物。为行文方便，本文不一一注明。

[2] 在日本，由曾我部静雄、周藤吉之等人开始，对乡司书手进行了概观性的说明。20世纪80年代末，梅原郁发表的《宋代の郷司——その位置づけをめぐって》（『劉子健博士頌壽紀念宋史研究論集』，同朋舍1989年版）一文，对乡司进行了专题论述，其中虽不乏精辟之论，但也有不少可继续深入研究的余地。

出现。

宋代，乡村基层组织形式实行二元结构的乡里并行制。乡是实现国家财税职能的基层机构，乡司书手是宋代以乡为单位配置的唯一常设人员，是以编制户籍和赋税簿账来体现国家财税职能的专业人员。其职责举其大者，有以下几项：

1.编制和推排五等版籍。五等版籍是宋代以乡为单位的乡村户籍资产总账，也是宋代州县衙据以划分税户纳税等级（户等）并分摊税役的根本依据。宋代的五等版籍，是由乡书手与乡村基层政权头目耆、户长等共同负责编制的①，这是乡司书手的主要职责。同时，与编制五等版籍相关联，随着乡村税户田产物力的升降增减，乡司也还同时负责五等版籍中税户等第的"推排"。每逢闰年，由负责撰造五等版籍的乡司书手根据税户资产的升降增减、丁口的新进病退等情况进行推收、核实及重新登记，并登录于官司版籍簿账上②，用以编排厘定税户户等，并据此重新摊派税役。推排每隔三年举行一次，是为了对税户变动不定的物力、丁口等进行核查跟进，"因其资产之进退为之升降（户等）"③，以期确保国家税役的准确性和合理性。因此，从宋代县乡赋税征收体制的运行来看，推排既是保证国家税源长期稳定的重要环节，又是州县"整齐簿书"的基本手段。

2.编制税租簿账。税租簿、税租账是州县衙以乡为单位登录所辖各县乡主客户丁数、税租总额、各税户税租额及盐钱屋税曲货等税额的会计账册，由于二者是县乡衙征收夏秋二税及其他杂税的具体依据，所以又被称为二税版籍。宋代，两者都由乡司书手负责写造④。

二税版籍登载本县及所属各乡去年原纳税总额，当年新增收税额及逃

---

① 〔清〕徐松辑：《宋会要辑稿》（以下简称《宋会要》）食货六五之一四至一五；〔宋〕李元弼：《作邑自箴》卷四《处事》。

② 《宋会要》食货六九之二五。

③ 〔元〕脱脱：《宋史》卷一七八《食货志·役法下》。

④ 参见《宋会要》食货六九之一七至一八；〔宋〕谢深甫：《庆元条法事类》卷第四十七《赋役门·税租簿》、卷四八《赋役门·税租帐》。

绝户应开阁减放税额，当年实纳税总额，以及各税户应纳税额等内容，由在二税版籍建立于五等版籍之上，乡司书手依据五等版籍写造夏秋税租簿。因此，从州县基层赋税征收体制的运转来看，州县衙据以划分纳税等级（户等），分摊税役的总账——五等版籍由乡司书手负责编制，具体征收赋役的分账——二税版籍又由乡司书手负责写造，实际上也就意味着各乡、各户的纳税额取决于乡司书手之手，意味着县乡赋税征收体制运转的起点掌握在乡司书手手中。

3.税租钞的注销和结算上报。宋代县司征收赋税，税户纳税实行被称作赋税"四钞"的受纳制度。《宋史·食货志》载："准法：输官物用四钞（原注：曰户钞，付民执凭；曰县钞，关县司销簿；曰监钞，纳官掌之；曰住钞，仓库藏之。所以防伪冒，备毁失也）。"从赋税征收机制来看，赋税"四钞"中的"户钞"约相当于今之纳税收据单，税务官吏在税户赋税纳讫时，应在该户户钞上加盖印信，并付给税户收执，故又称为"朱钞"。"县钞"用以致送县府的催理单位，以便官府得以在税租钞账上注册批销。"监钞"乃呈送上级监司，供稽核存查之用。"住钞"则送达仓库，俾使借以盘存出纳。显然，这是一套甚为完备的赋税受纳制度。

税租钞是县司本税季赋税征收的底账。按宋代条法规定，在收税过程中，乡司负责掌管税租钞的注销及结算存档。首先，当州县仓库收到税户缴纳的钱物后，须将已完税之县钞封送县令佐，县令佐当天分授给对应各乡的乡司书手。乡司每收到县令佐分授的县钞，应即时在税租钞中予以注册批销，这才算是该税户真正意义的完税[1]。其次，当法定纳税期限结束时，乡司还须对本税季各税户的纳税情况进行清理核实。乡司于税季结束时，要核对催税人所承甲帖，并当厅开具各税户纳税情况，在税租账上完成对各税户纳税状况的审核。最后，还须对本乡纳税总数及剩欠数等进行结算上报，以了结该税季的税务程序[2]。这表明，乡司的职责除负责税租

---

[1]《宋会要》食货七〇之一四二。
[2] 参见《宋会要》食货六六之二四，《庆元条法事类》卷第四十七《赋役门·租税簿》。

钞的注销审核外，还包括对该税季本乡纳税总数及剩欠数的统计结算和存档，以及县乡税租钞的上报。这样，从实际操作的角度来看，各税户以及各乡的完税与否，全靠乡司在税租钞中的注销结算认定。因此，就宋代县乡赋税征收体制的运转过程而言，乡司既是启动者，又是完成者。同时也表明，宋代县乡的征税，实际上掌握在乡司手中。

4.推收税租。宋代以田产定赋税。税户典卖田产，赋税应随田产而转移，并在官方的税租簿上加以过户，是为推收税租。宋户部条法规定："诸典卖田宅，应推收税租，乡书手于人户契书户帖及税租簿内，并亲书推收税租数目并乡书手姓名，税租簿以朱书令佐书押"①，可见推收税租也是乡司职责之一。

两税法之后，土地买卖自由化，随之而来的税租推收十分频繁。宋代条法规定，"凡百姓典卖产业，税赋物与力一并推割"②。即是指两户以上人家因田产的买卖交易而发生私有财产转移时，过户田产应纳的赋税，也须一并过割，这在当时被称为"推割"。推割与推排不同：推排每隔三年举行一次，是定期的全面资产赋税清查程序；而推割由于是与田产交易一并起移，所以是随时随地都有的不定期的赋税转移手续。从两者之间的关系来看，三年一次的推排实行得如何，资产总清理能否办理得公正平允，端赖平日的推割是否准确可靠。因此，就宋代县乡赋税征收体制而言，推割既是掌握税户物力升降实况的首要关键，又是推排制度好坏成败的前提和基础。

5.编排和点派差役。差役是宋代县乡赋役征收体制的重要组成部分。宋代，五等丁产簿又被称为差科簿，是官府排定每年度的差役的依据。因此，每年度差役的编排和点派，实际上也全是由编制五等丁产簿（差科簿）的乡司所掌握。南宋法规规定："今后诸县差大小保，必令本县典押及乡书手于差账同结罪保明，编排既定，令丞同共点差其合执役之人，即

---

① 《宋会要》食货一一之一八。
② 《宋史》卷一七八《食货志·役法下》。

时给与差帖，截日承受管干。如有不实不公，却许照条限越诉，许行改正。本县典押并照差役不当本条与乡司并行断勒，永不收叙。"①可见编排、点派差役也是乡司的职责之一。

总之，宋代乡司的法定职掌，就其专业性质而言，仅仅是负责县乡财税的统计和会计工作而已。然而，倘若从宋代县乡赋税征收体制的运行来考察，就不难看出，乡司实际上控制了县乡赋税征收的全过程。从编制、推排五等版籍，编制二税版籍，编制和注销税租钞，推割税租直到乡役的编排点差，以至于和预买绸绢的编册摊派及灾情蠲免的检视上报等，无一不经乡司之手。因此，从实际操作的角度来看，乡司的这些职责，无疑使其掌握了县乡赋役征收的实权，所谓"县道财赋，本源全在簿书；乡典奸弊，亦全在簿书""知首末乡胥"的说法，正揭示了这一现实场景。进一步来看，乡司职掌的虽然只是县衙对全部乡村实施管理中的财税稽征部分，但无论从哪一方面来说，中国古代的乡村管理体制都是以户籍征税徭役为主，这些职掌，也就势必使乡司成为宋代乡村管理体制中的关键人物。

二、乡司利用职权"滋舞弄之奸"

如前所述，由于乡司控制了县乡赋税征收的全过程，成为大权独揽的县下各乡征税总管，这就为他们在实际运作中"滋舞弄之奸"②提供了舞台，由是衍生出县乡税务中各种光怪陆离的现象。从史实来看，宋代赋税征收中的色色弊情，无一不源自乡司利用职权衷私舞弄。下面，举其大者略言之：

1.所谓"诡名挟户之弊"，无疑是乡司利用撰造五等丁产簿的职权与乡村有力人户相互勾结所致。宋代，尤其是南宋时的"诡名挟户"，治史者皆知，不须赘述。而借造五等丁产簿之际"诡名挟户"，正是乡司借以假公济私、营私舞弊的主要手段。乡司在攒造五等簿时，利用职权乞觅贿

---

① 《宋会要》食货六六之三〇。
② 《名公书判清明集》卷三《提举再判下乞照限田免役状》。

赂，协助官户形势户及乡村有力人户借立假户名或空立户名来分割财产、物力，以求降低户等，规避税役，在南宋相当普遍。《州县提纲》卷四"关并诡户"云："今之风俗，有相尚立诡名挟户者。每一正户，率有十余小户，积习既久，不以为怪，非惟规避差科，且绵历年深，既非本名，不认元赋。往往乾收利入己，而毫毛不输官者有之。盖诡名挟户，乡典悉知，须勒从实关并，则赋不至走失，而差科均矣。"南宋绍兴十五年（1145）实施经界法时王铁言："比来有力之家规避差役科率，多将田产分作诡名挟户，至有一家不下析为三二十户者，亦有官户将阶官及职官及名分为数户者。乡司受痈，得以隐庇。"①可见乡村有力户及官户等大土地所有者之所以能够"诡名挟户"，其关键在于"乡司受痈，得以隐庇"。正如当时臣僚所言："诡名挟户尽作第五等之家，非真第五等之户也。若非乡司导之，则不能为；非乡司庇之，亦不能久。"②此言可谓一语中的。

2.所谓"除附之弊"，是乡司利用推排五等丁产簿的职权需索诛求的恶果。宋代每隔三年一次的推排丁口物力，是负责编造五等丁产簿的乡司分内之事，倘乡司乘机诛求，则无穷祸害由此而生。南宋时有臣僚言："一丁之税，人输绢七尺，此唐租庸调之所自出也。二十岁以上则输，六十则止，残疾者以疾丁而免，二十以下者以幼丁而免，此祖宗之法也。比年乡司为奸，托以三年一推排方始除附，乃使久年系籍与疾病之丁无时销落，新添之丁隐而不籍，皆私纠而窃取之。致令实纳之人无几，而官司所入大有侵弊。兼有十数年不曾推排处。此除附之弊也。"③乡司于丁产簿的推排之际，对辖区内的乡民或老退疾病而不除籍，或添丁而不进籍，乡司则在丁税的两方面舞弊，其丁税"皆私纠而窃取之"，中饱私囊，上亏公赋，为害甚深。至于"十数年不曾推排处"，势必形成税户丁口、田产、物力增减而户等、租税不变，于州县则官赋失陷，于贫下户则虚有抱纳，

---

① 《宋会要》食货六之四二。
② 《宋会要》食货七〇之七六。
③ 《宋会要》食货六九之三一。

然于暗中侵取之乡司，则又平添了一笔收入。

3.所谓"合零就整之弊"，缘起于乡司利用编制税租簿账的职权衷私求利。民户的田产、物业有多有少，其税额势必有零有整，纳税时有零纳零，有整纳整，这本是顺理成章的事。然而，这整数零头，在编制税租簿账的过程中，居然成为乡司手中的数字游戏，成为他们贪污中饱的另一种花样。绍兴年间有臣僚上言："州县自有定额。缘人户有析居异财，以一户分为四户或六七户，绢绵有零至一寸一钱者，亦收一尺一两；米有零至一勺一抄者，亦收一升之类。自大宋有天下垂二百年，民之析居者既多，而合零就整之数若此者不可胜计，往往乡司隐没入己。或受过人户价钱，或揽过催头钱物抱认数目，悉以合零之物充之。官司催科已及正额，遂不复根究，所谓合零就整者，尽入猾胥之家。"①总之，乡司对税户是以零作整，将尾数扩充，再摊派到税户；而对州县衙则纳整剩零，将尾数私吞。这一零一整之间，不知有多少公赋并入私囊。

4.所谓"销簿之弊"，也是乡司利用注销税租钞的职权求贿的花样之一。宋代，民户输官两税完竣，乡司有意不在官司的簿账（县钞）上注销，致重叠追催之事，时有发生。《昼帘绪论》"催科篇第八"载："民户之受害者，莫甚于已纳重追，皆由案吏不相关照，乡胥不与销豁，夫先期乐输，本是畏法，而点追苛扰，与未纳同。又且呈钞缴引，分外费用，人谁肯先输乎。"又有所谓"受纳之弊"，亦是指此。"（绍兴）二十一年五月十五日，前权知舒州李观民言：切见民户纳苗税之类，惟凭朱钞为照，其间专典乡司等人作受纳之弊，有已纳钱物不即时销簿，多端邀阻，致成挂欠重叠追扰，其害甚大"②。农民纳两税，却被乡司多端邀阻，在县钞上不即时注销，非行贿不给完税证明；而无"朱钞"即等于农民未缴税，其后又被二重三重地重复催税。乡司破坏完整的税务程序，不依法在赋税县钞上据实注销，乘机乞觅，不唯使畏法先输税者反受重叠追催之扰，为

---

① 《宋会要》食货六四之九〇，又食货七〇之三六略同。
② 《宋会要》食货七〇之一四三至一四四。

以后的赋税征收留下难以治愈的后遗症；更重要的是破坏了赋税"四钞"的稽核作用与征信功能，致使监钞、住钞丧失凭依，监察机能遂为之落空，所带来的弊端又何可胜言。

5.所谓"推割不实之弊"，是乡司利用推收税租的职权，乘推割赋税之际因缘求利，与买产之家通共作弊而引发的。宋代推割是与田产交易一并起移的，是个别的、随时随地的、不定期的赋税转移。官府虽有诸如"凡质贸田业，印契之际，须执分书或租契，赴官按验亩角税苗分数之实，勒户案人吏并乡书手即时注籍"①之类的立法，但由于对频繁的单个推割缺少有效的监督措施，因而乡司往往不依法办事，由此造成推割不实。就宋代县乡赋税征收体制而言，推割不实则推排失据，推排失据则州县版籍簿书未得精确，公家之税租簿账丧失可靠性。《州县提纲》卷四《整齐簿书》说，在推割中"乡典受赇，随时更改"，致使版籍簿账无可凭信，"是以财赋走失，不可胜言，而差役无凭，习以成风，恬不为怪"。不惟失陷公赋，使征税体制运转失灵，抑且使贫民成为直接的受害者，最终危及政府对基层的统治。南宋时，推割不实已成为税制一大弊害。建炎三年（1129）臣僚奏州县十弊，头一条即为"税赋之弊则推割不尽，故贫民产竭而税赋犹存"②。为此，政府曾屡降赦文，申严推割条法："人户典卖田产，自有推割条限。尚虑得产之家避免物力，计嘱乡司，不即过割，却使出产人户虚有抱纳。可限一月，经官陈首推割。如违限不首，许业主越诉，依法施行。仍限半月，监乡司从实过割。或有未尽之数，勒令代纳。违戾去处，仰监司按劾以闻（自后郊祀明堂赦亦如之）。"③粗略统计一下，类似的赦书仅在南宋孝宗至宁宗五六十年间就有十余次之多，不难看出，乡司推割不实已成为危及乡村基层社会政治安定的头等大事。

乡司舞弄作弊的手段林林总总，不胜枚举。作为受害者的乡村税户，

---

① 《宋会要》食货六一之六二。
② 《宋会要》食货七〇之二九至三〇。
③ 《宋会要》食货七〇之八七。

对乡司的种种劣行，自然是恨之入骨。南宋民间流传有"打杀乡胥手，胜斋一千僧"①的谚语，其乡司之为民所嫉，于此可见。当然，乡司之贪墨刻剥、违法需索，广大税户固然是受害者，其于官府统治基础的稳定，亦大有弊害。从宋政府的角度来看，乡司在实际运作中的色色弊端，远非多拿多占之类的小事那么简单，其影响所至，亦远不止是个别乡司的进退所能解决。长此以往，其流弊日见蔓延，其祸害亦日益加深加剧，遂危及整个乡村社会经济、政治的安定，而其最终结果，必然是社会安宁与秩序被破坏，基层政权的统治功能被削弱甚至被阻断。

三、对宋代乡司职权的探讨

乡司有恃无恐地在各类版籍簿账及课征赋役中营私舞弊，史书所载，触眼皆是，不足为怪。问题在于为什么乡司舞弊的现象屡禁不绝。笔者以为，其关键在于乡司握有县乡赋税征收的实权。宋代，尤其是南宋，乡司恰处于县衙征税与税户纳税的交接点和枢纽。他们既是县司依赖的对象，又是乡村税户不得不屈从甚至依赖的对象。一言以蔽之：乡司已成为宋代县乡赋税征收体制中大权独揽、不可或缺的角色。

从州县政权机制运转的角度来考察，其财税职能的实现全依赖于乡司书手的运作。所谓乡司书手，就其本来含义而言，仅为县乡政权中的书算抄写人员，即俗称书记员而已。但如前所述，宋代乡司的职掌实际上是负责乡村赋税征收的全过程，这就使他们必然熟知其所管辖的每一个乡里的山川、田地、人户、田产纠葛及豪族势力消长、簿账欺隐、税赋弊源等，这也正是乡司书手存在的意义。因此，就实际操作而言，乡司既掌握乡村赋税征收的全过程，又惯熟于乡情里俗，迁转不定的州官县令自然视其为财税之源，"其簿书期会，一切惟胥吏之听"②，版籍簿账，税租赋役，悉以委之。即使明知乡司舞弊营私，弄权求贿，亦以州县财税待其给办而有

①《名公书判清明集》卷十一《治推吏不照例襄被》。
②〔宋〕叶适：《水心先生文集》卷三《吏胥》。

罪不敢罚。《名公书判清明集》卷十一《恣乡胥之奸》《去把握县权之吏》等载有这样的事例：江南西路信州玉山县乡司"周森罪如牛毛，阖县所疾视"，但"州县往往以此县户眼弊悉皆在周森胸中，若行配去，恐向后欲整顿版籍，更无知首末乡胥"，只得听之任之，任其肆行其奸。即便是本路提刑诸司欲根究重治，终以"税赋弊源皆在乡胥之胸中，即与押往原配所，恐知县再欲推究弊源，以纾民力，而无可根究之人，且留付知县自行根究。如再惹词，朝受状，暮加配，决不轻纵"。结果仍是雷声大，雨点小，仅以下不为例予以轻判了事。可以看出，乡司为所欲为，肆无忌惮地恣行其奸，以至于玩令弄权，成为"把握县权之吏"，关键在于他们把持了县乡赋税征收的实权。明乎此，就不难理解为什么宋代会有"吏强官弱"[①]之说了。

而从乡村税户的角度来看，多数乡村税户并不懂得复杂烦琐的纳税细则。"今参详夏税等，各县乡村民户田地、山园等，产色不同，虽有昨来经界，立定高低等则，往往乡民多有不知逐等合输数目多寡，致被乡司走弄作弊。"[②]因此，他们出于成本效益的考虑，也只有按乡司说的去做。《宋会要辑稿》的一段记载，颇能贴切地反映乡村下户无可奈何的心境："诸路县道起催产税，乡司先于民户处私自借过夏税和买入己，并不到官。却将贫乏下户重叠催科，补填上件失限数目。下户畏惮往来，再行送纳。重困下民，无所申诉。"[③]诚然，无所申诉并不表明官府放任乡司作弊或不准税户申诉，宋代条法中有众多关于乡司作弊将"重置于法"，及乡司"如有违戾去处，按劾以闻""如违许告"，甚至"许越诉"之类的法规禁约，只是从操作的角度和乡村税户的现实利益的方面来说，并不可行。因此，"有至下之户，平时略不及于乡胥，则每每乱行飞摊，令被和买，俟其陈理，则其费已数倍于供输，往往甘心出纳而不辞"。很明显，作为乡

---

① 〔宋〕李心传：《建炎以来系年要录》卷六〇"绍兴二年十一月庚午"。

② 《宋会要》食货七〇之七八。

③ 《宋会要》食货七〇之四五。

村下户，他们明知乡司作弊，但从时间经费的成本效益来考虑的话，他们唯有被迫向乡司贿赂，以求幸免，或者照乡司说的去做，除此之外，别无他法。当然，不仅下户为乡司所扼，即便是所谓乡村豪横形势户，对乡司亦不敢不屈身仰事之。"今科敷之数，悉出于乡吏。自一家论之，今岁科五匹，来岁加其半可也，后岁倍之亦可也，又后岁悉蠲之亦可也。额科万匹，虽科万五千匹，民何由而知？神出鬼没，尽由其手，此其被科者之害如是而已。不被科而为诡户者，民岂能自力之耶？不由胥手，则不能为之矣。且如一家一岁因诡户而得免百缗之赋，则常以其十五以酬乡胥，不然，则来岁归并其诡户而重科之矣。虽形势户不敢不与也。"①乡司把持税役，乞觅乡里，上下逢源之面目，至此昭然若揭。显然，专业化的操作知识，独揽县乡征税实权的地位，正是乡司恣行其奸的资本。

乡司既利用其职权把持税役，走弄二税，州县司又往往以其为财赋所倚而纵之容之，长此以往，国家将何以堪？南宋淳熙年间，有臣僚提出，索性将流失的赋税全部摊派到乡司头上，由他们抱认，而政府也顺水推舟。"户部看详：乞令诸路转运司行下所部州县，从今来臣僚奏陈，照应见行条法，将逃亡税赋画时倚阁推割，如有隐占去处，勒令乡司抱认，并不许抑勒保长陪填。从之。"②所谓抱认，也可以说是在税租征收中的揽纳。由乡司抱认赋税，既显露了官府对乡司把持税役无可奈何的心情，又揭示了乡司与揽纳之间有着密切的关系。其实质是将公共权力让渡与私人，将政府的征税权拱手相让给乡司。我们知道，抱认揽纳实际上就是税租承包。据《名公书判清明集》载，南宋时，州县司往往"每岁催科，不过勒乡司代承""所有催科，或勒乡司代承"，而"其乡司者亦乐为之，互相表里，名有代役之苦，实滋舞弄之奸，非惟所催官物诈冒入己，而省簿姓名半入逃亡，此弊相传，已非一日"③。这些记载表明，乡司抱认揽纳

---

① 《宋会要》食货七〇之九〇至九一。
② 《宋会要》食货六九之六七。
③ 《名公书判清明集》卷三《乞用限田免役》《限田论官品》《提举再判下乞照限田免役状》。

税租，实质上也就取得了在乡里自行征税的权力，成为名副其实的征税总管。州县司为完成上赋，抑勒乡司抱认，不但为乡司提供了"滋舞弄之奸"的舞台，而且为乡司在县乡赋税征收体制中职权的进一步扩大提供了现实的基础。

乡司在县府的尾闾末端，是县胥吏的最底层。但在与自己管辖的乡村的直接交涉中，他们却是主导的一方，扮演的是主角。乡司正是以其基层赋税征收的中枢地位，掌握了县乡赋税征收的实权，成为能量巨大的县乡基层实权人物。事实表明，宋代乡村民政之种种弊政，税收事务中的诸般颓风陋习，实肇因于乡司在赋役征收中大权独揽。前文所引南宋民间流传有"打杀乡胥手，胜斋一千僧"的俗语，十分形象地反映了乡村税户对乡司种种劣行深恶痛绝的心情。可见乡司其地位虽低微卑贱，但在乡村，却是比州官县令更为直接的统治者，是与广大乡村税户的切身利益息息相关，乃至决定每个家庭经济命运的实权人物。

宋代县乡之赋税簿籍，全赖乡司书算，县乡财税职能的实现，亦以乡司的运作为依归，而乡司之舞文作弊，有恃无恐，其奥妙也正在于此。所谓"乡司虽至微至贱，而关乎民事有最切。故凡乡司，知广狭之地，人户之虚实，赋役之重轻，皆所以熟讲而精究。往往民间之事，官司所不能知者，惟以所供为是，官司之事，人户所不能名者，惟以乡司所陈为实"①，正反映了乡司职权的特殊性。盖因簿籍之事，非如里正、户长之催驱二税，单靠威逼追逮，刑讯督迫可以了办。其间的具体运作，如书写、计算的能力，对县衙财政、征税等各种相当复杂的簿计工作进行熟练操作的能力，都需要有相当高深的专业化知识。而与此相关的官衙的程序运作，与州县官吏、乡里豪强形势户的周旋，以及如何利用这些来营私自肥等，种种关节、名堂，更绝非"真朴逊厚"的乡户所能胜任，实际上亦只有混迹于官衙乡里多年的投充胥吏——乡司才清楚。尤其是作为一个乡司，对自己所管辖乡里的所有大小事情都要了如指掌，如田里界至、田产买卖、物

① 〔宋〕佚名：《群书会元截江网》卷二八《乡司乞取之弊》。

力升降、人丁增减、科举功名、逃移户绝、诡名挟户等，甚或娶妻、养妾、入赘、私生、析居等有关家产承继之事。所有这些，都使得乡司在县乡间扮演了一个独特的、不可或缺的、上下沟通的角色。因此，从宋代县乡政权的运转来看，乡司存在的合理性不仅在于其负责赋税征收全过程的职权，更在于他们是县衙借以掌握乡情里俗、实现财税职能的关键人物，是州县政权赖以运转的润滑剂。

唐宋之际，是中国古代社会的变革期和古代经济的转型期。两税法实行之后，随着乡村中商品经济进一步发展，土地私有制渐占支配地位，土地买卖日趋频繁，私有财产的转移和继承也随之而加剧。加之人户流徙不定，乡村社会经济生活愈呈多样化，以资产为对象的赋税征收自然也就愈益复杂化和专业化。例如，在唐前期的均田制下，官府掌握着均田土地的分配，实际上也就意味着掌握了基本的税役征收，丁男在取得均田土地的同时也就被官府登记在籍账上，租庸调按丁征收，简单而易行。正如李心传所言："昔陆宣公称租庸调法曰：不校阅而众寡可知，是故一丁授田，决不可令输二丁之赋。非若两税，乡司能开走弄于其间也。"①而在两税法之后，赋税以资产为征收对象，商品经济发达，私有土地买卖盛行，税役转移频繁，虽推排、推割应运而生，仍无法跟上税役转移的速度，赋税征收日趋复杂艰难。何况"田亩物力财可以诡托于交易而走漏""田产日日可以走弄"②，还存在大量并不经过官府"投税请契""对行批凿"的私下土地买卖和税赋转移，更增加了赋税征收的难度。《宋会要辑稿》载："民有常业而贸易之不齐，户无定籍而巧伪之滋起。欺漏隐匿，色色有之。更复因循，不加整治，则亏官害民之弊，殆有甚焉。"③显然，在"惟以资产为宗，不以丁身为本"④的新税制下如何有效地进行赋税征收，是转型期商品经济日益发达形势下产生的新问题，乡司的出现及其在县乡赋税征收

① 〔宋〕李心传：《建炎以来朝野杂记》甲集卷十七"本朝视汉唐户多丁少之弊"。
② 《宋会要》食货七〇之九五、九四。
③ 《宋会要》食货七〇之一三四。
④ 〔唐〕陆贽：《陆宣公集》卷二二《均节赋税恤百姓第一条》。

体制的职权地位，正是以商品经济的日趋繁荣及土地占有关系的剧烈变动为其深刻的经济背景，随着两税法实行之后乡村社会经济生活的多样化及"惟以资产为宗"的新税制的复杂化而逐步形成的。资产、户等、二税的书算、排定，税役的推割、编排、认定和注销等职责，都辐辏于乡司一身，这在无形中增加了乡司的重要性。可以说，经济结构的变化，商品经济的进一步发展，乡村社会经济生活的多样化，据产、据亩征税所导致的赋税征收的复杂化，以及随之而来的赋税征收的专业化，是乡司出现及其职权地位日趋重要的深层次原因。

综观以上，由于两税法之后赋税征收的多样化和复杂化，有关财税稽征的各项程序也日益专业化，使乡司得以利用其专业化的知识及对乡情的熟悉，逐步担当起编制县乡各类簿籍书账的责任，并进而占据了宋代县乡赋税征收体制的枢纽地位，获得了掌握乡村赋役征收全过程的权力，最终成为实现州县财税职能不可替代的关键人物。因此，宋代的乡司，正是两税法之后新的赋税征收模式的产物；乡司取得县乡征税总管的地位，也正是由于他们能够适应宋代赋税征收体制的需要。当然，与此并行，乡司把持县乡税役征收的实权，也给他们在体制内外的营私舞弊提供了舞台，导致宋代基层社会的"吏强官弱"。总之，就宋代县乡赋税征收体制及地方基层管理体制的运转而言，笔者得出以下结论：乡司职权的运作，既是宋代维持县乡赋税征收体制及州县基层政权正常运转的润滑剂，又是导致宋代县乡赋税征收体制奸弊百出和乡村基层政权吏治败坏的腐蚀剂。

（原载《中国经济史研究》1999年第2期）

第三编

等级分布

所谓等级分布，指城乡聚落的规模等级及其在不同地区分布的基本面貌，是从"外观形态"出发来观察它们的时代特征。一方面，从唐到宋，总体而言城市的发展具有一定的跳跃性，同时又呈现出明显的区域不平衡性，伴随着全国经济重心的南移，城市分布重心也从北方向南方转移；另一方面，城市在本质上作为行政中心的特征则并未有任何改变，时人意识中关于不同层级城市人口数量的想象，仍完全依据行政等级。这就是本编所选录的林立平《试论唐宋之际城市分布重心的南移》与包伟民《意象与现实：宋代城市等级刍议》两文所反映的历史事实。此外，更选录了杨果《宋代鄂州城市布局初探》一文，从个案来反映宋代普通州军的城区布局。至于乡村聚落的分布状况，不同区域间差异可能更明显。限于学术史现状，本编选录了傅俊《南宋村落分布的整体轮廓》一文，以飨读者。

意象与现实：宋代城市等级刍议

包伟民

今人讨论中国古代城市发展水平，一个重要的指标是人口数量。城市所聚集的人口达到一定的规模，不仅可以反映它们各自在经济上与政治上独特的地位，综合起来分析，更可以使我们从一个极为重要的侧面观察当时社会的发展水平。

学界讨论两宋时期城市人口数量，历时已久。其间大体上可分为讨论单个城市人口数量与综合观察所有城市居民占总人口比例这样两个研究取向。相对而言，又以讨论单个城市——主要是京城——人口数量者为多。早在20世纪30年代，加藤繁就刊布有《论南宋首府临安的户口》一文，提出了"从南宋末年到元代，临安的户数在三十万左右，人口在一百五十万左右"的意见[1]。此后，不少学者致力于北宋京城开封与南宋行都临安人口数量的探讨。关于开封，由于有天禧五年（1021）城内外九厢人户统计数记载的存世[2]，分析其城市居民的数据相对容易。1984年，吴涛估计至北宋后期的崇宁年间（1102—1106），开封城市人口达到140万[3]，此后不同论著所提出的数据，均与其相去不远。如周宝珠、吴松弟两人都认为

---

① 加藤繁：《论南宋首府临安的户口》，第844页。此文原载《社会经济史学》1933年第3卷第8期，后收入氏著《中国经济史考证》第二卷，吴杰译，商务印书馆1959年版，第839—846页。加藤氏后更撰有《临安户口补论》一文，重申旧说，见《中国经济史考证》第二卷，第847—854页。

② 〔清〕徐松辑：《宋会要辑稿》（以下简称《宋会要》）兵三之三。参见《全宋文》第13册，上海辞书出版社、安徽教育出版社2006年版，第114—115页。

③ 吴涛：《北宋都城东京》，河南人民出版社1984年版，第37页。

开封人口在150万左右[1]，陈振认为在120万左右[2]，久保田和男认为仁宗朝在140万、北宋末年在120万以下[3]，等等。南宋临安城市人口的探讨则比较困难一些，在加藤繁上述意见之后，更有桑原骘藏与池田静夫提出500万的估计数[4]，被多数学者视为失实。林正秋认为至咸淳（1265—1274）末年，临安城区人口当在43万左右[5]。赵冈提出："城厢合计，大临安可能有接近250万居民。"[6]沈冬梅同意加藤繁关于150万的估计[7]，吴松弟则以为到南宋后期，"临安城外约有人口四十余万，城内人口八九十万"，总之在120万上下[8]。但各家的意见，无不根据一些相当含混的记载反复估算而得出，带有明显的试探性。关于两宋时期全部城市人口占总人口比例的讨论，更为困难，虽然也有一些大体的估计[9]，但均未提出详细的文献依据，无法取信于人。

因此，不少学者都改变讨论的方法，将宋代的城市分类，按类提出各自不同的、关于其城市人口数量的大体估计，其中最重要的当属梁庚尧先

---

[1] 周宝珠：《宋代东京研究》，河南大学出版社1992年版，第345—349页；葛剑雄主编、吴松弟著：《中国人口史》第三卷，复旦大学出版社2000年版，第574页。

[2] 陈振：《十一世纪前后的开封》，《中州学刊》1982年第1期。

[3] 久保田和男：「宋都開封の人口数についての一試論——在京禁軍数の推移を手がかりとして」，『東洋學報』2000年第82卷第2期。

[4] 转引自《论南宋首府临安的户口》。

[5] 林正秋：《南宋都城临安人口数考索》，《杭州大学学报（哲学社会科学版）》1979年第1—2期。

[6] 赵冈：《南宋临安人口》，《中国历史地理论丛》1994年第2期，第117—126页。

[7] 沈冬梅：《宋代杭州人口考辨》，漆侠主编：《宋史研究论文集——国际宋史研讨会暨中国宋史研究会第九届年会编刊》，河北大学出版社2002年版，第373—386页。

[8] 《中国人口史》第三卷，第584页。

[9] 如William Skinner（施坚雅），*The City in Late Imperial China*，Stanford：Stanford University Press，1977。中译本作《中华帝国晚期的城市》，叶光庭等译，中华书局2000年版。其中施坚雅《导言：中华帝国的城市发展》第29页有如下论断："相当广泛详尽的证据指明，同一地区十三世纪时的城市化比率至少是百分之十，还可能比这高得多。"斯波义信认为南宋鼎盛时期，"城市化率或许达到了30%"。参见『宋代江南経済史の研究』，汲古書院1988年版，中译本作《宋代江南经济史研究》，方健、何忠礼译，江苏人民出版社2001年版，第329页。又赵冈《从宏观角度看中国的城市史》也提出南宋时城市人口比重达到了22%，文载《历史研究》1993年第1期，第3—16页。

生于20世纪80年代所刊布的《南宋城市的发展》一文①。梁文通过几乎竭泽而渔式的广征博引，分析关于宋代城市人口数量的现存记载，提出了他关于当时城市规模的等级划分意见，认为第一类为五万户以上的大城市，第二类为五千至五万户之间的次级城市，第三类为一千至五千户之间的一般城市，最后是一千户以下的小城市。梁文的分析不仅落实于严格的文献考证，更注意到了城市人口规模与它们的行政地位和经济地位之间的关系。例如，他指出：除都城临安府之外，作为第二类的次级城市，"虽然有沿海和沿江两条比较明显的地带，但是一般讲来，却是分散于全国各路，并非集中于某一地域"②。梁文的研究不仅深化了我们对宋代城市发展水平的认识，更成为近年来一些专书的主要引述来源③。此外，如韩光辉、吴松弟等也提出过类似的意见④。但这些研究在对不同类别城市的居民数提出相应的估计之余，均未得出总的城市人口比例数率。

可见，经过多年的研究，关于两宋时期城市人口问题的探讨虽已取得不少成绩，面临的困难也是显而易见的。学者们对宋代城市人口比例问题所持的审慎态度，说明了由于存世记载的零散、含混，尤其是不少记载信息量不足，无法深入探究它们的统计口径，以致实际上很难利用这些记载⑤。如果

① 梁庚尧：《宋代社会经济史论集》上卷，允晨文化事业股份有限公司1997年版，第481—583页。

② 《宋代社会经济史论集》上卷，第536页。

③ 虽然有相当一部分专书并未注明受惠于梁著的事实。

④ 参见韩光辉：《12至14世纪中国城市的发展》，《中国史研究》1996年第4期，第3—15页；《中国人口史》第三卷，第588—600页。按韩光辉所讨论的有些为元代的城市人口数据，不过集庆、广州、镇江、嘉兴等城市的例证，其所反映的应该属于南宋时期的情形。

⑤ 典型的例证，可举南宋《临汀志》所载人口数据，见《永乐大典》第86册，中华书局1960年影印残本，原书第7890卷，第11页。据其记载，汀州一地的人户，从南宋初期的150331户，增长到宝祐年间（1253—1258）的223433户，其间乡村户增长率不到五成，而坊郭户的增长率竟达到十四倍，也就是说，一百余年间，此地城市人口狂增，相比之下，乡村的增长率差不多可以忽略不计，有违常识。梁庚尧认为这"说明在南宋初年，汀州农村的人口容纳量已经接近饱和，新增的人口不得不转而流入城市"（《宋代社会经济史论集》上卷，第525页）。笔者则以为仍须进一步了解这些统计数据背后所可能隐含的信息，尤其是当年汀州关于乡村户与坊郭户的统计口径，在厘清这些数据的真实内涵之前，不宜直接引为信史。

继续恪守于实证归纳的讨论方法，恐难有进一步的发现。因此本文试图转换视角，从统计宋代城市实际所拥有的人口数量，转向对当时文人士大夫意念中关于城市规模的认识，即本文所说的"意象"的探讨，也许可以在前人研究的基础之上，略作推进。

所谓"意象"，指由存世文献所反映的宋人关于城市规模的描述，一般由人口数量来表示。由于这种描述并非总是依据于不同城市实际的人口规模，而是掺杂了其他对时人来说某种程度上更重要的要素，因此值得讨论，这里主要指的是城市的行政等级。

一、京城

无论在行政地位上，还是在实际人口规模上，中国历代的京城几乎都无例外地处于城市等级序列的顶端，两宋时期也不例外。

宋人对于京城的认识，除了它作为帝都，地位崇高，繁华浩穰，就是它的规模巨大，"都城百万家，漠漠浮云生"[①]。差不多从北宋建国时起，民居达到"百万家"，一直是文人笔下所流露的关于京城的意象。淳化二年（991）六月，宋太宗赵光义（976—997年在位）因汴河决堤，出宫巡视，对宰臣解释自己必须亲临视察的理由，也说："东京养甲兵数十万，居人百万家，天下转漕仰给在此一渠水。"[②]可见京城民户百万，已是当时的一般认识。北宋杨大雅（965—1033）所撰《皇畿赋》，对京师聚人之多提出了自己的解释："皇宋之受命也……平江表，破蜀都，下南越，来东吴，北定并、汾，南取荆湖，是故七国之雄军，诸侯之陪臣，随其王公，与其士民，小者十郡之众，大者百州之人，莫不去其乡党，率彼宗亲，尽徙家于上国，何怀土之不闻。甲第星罗，比屋鳞次，坊无广巷，市不通骑。……"[③]总之是强调京城作为全国政治中心对其人口的特殊影响。同

---

① 〔宋〕刘敞：《彭城集》卷三《雪中退朝与诸同舍登秘阁》，影印文渊阁四库全书本。
② 〔元〕脱脱：《宋史》卷九三《河渠志三》，中华书局1977年版。
③ 〔宋〕吕祖谦辑：《宋文鉴》卷二，中华书局1992年版。

时，文献中偶尔还可见有别样的描述。宋神宗时，程颢（1032—1085）上奏论事，其中提到当时仅"京师浮民"即已"数逾百万"①，合计全部居民，数量当然就更为可观了。元丰元年（1078）九月，刘攽（1023—1089）撰《开封府南司判官题名记》，称"京师至三百万家"②；南宋初庄季裕也说："昔汴都数百万家，尽仰石炭，无一家燃薪者。"③这样的"意象"，夸耀的意味当然就更为显露。

实际上，人们关于"都城百万家"的意象并非初始于北宋开封城，早在唐代，诗人笔下对京城长安已有这样宏大的想象。如韩愈（768—824）就有"长安百万家，出门无所之"④之句。元稹（779—831）心目中的长安，也是"城中百万家，冤哀杂丝管"⑤。稍晚一点的贾岛（779—843），也写出了"长安百万家，家家张屏新"⑥这样的诗句。前人关于宏伟京城的这种文化意象为宋代文人所继承，顺理成章。于是，在宋人的笔下，也仍然是"更将梦逐残红去，遍入长安百万家"⑦。甚至回溯到更早一点的时代，也称："君不见咸阳百万家，长城白骨埋泥沙。"⑧全然不考虑宋代的京兆府（汉、唐长安城），物是人非，已无帝都气象。

与此相应，宋代还有两个城市时常能够激发起人们产生"百万家"的意象。其一是曾为唐代东都、宋代则建为西都的洛阳城，北宋刘敞（1019—1068）说它是"冠盖百万家，车马十二衢"⑨。另一则是南宋的行都临安城了。楼钥（1137—1213）《粮料院葵向亭》一诗，有"涛江渺莽三千顷，烟瓦参差百万家"⑩之句。程公许（？—1251）《游灵隐寺》，也

① 〔宋〕程颢：《河南程氏文集》卷一《论十事札子》，《二程集》第二册，中华书局1981年版。
② 《彭城集》卷十六《开封府南司判官题名记》。
③ 〔宋〕庄绰：《鸡肋编》卷中，中华书局1983年版。
④ 屈守元、常思春主编：《韩愈全集校注》，四川大学出版社1996年版，第914页。
⑤ 〔唐〕元稹：《元氏长庆集》卷三《遣兴》（十首之二），影印文渊阁四库全书本。
⑥ 〔唐〕贾岛原著、李嘉言校点：《长江集新校》卷一《望山》，上海古籍出版社1983年版。
⑦ 〔宋〕张耒：《张右史文集》卷三二《依韵和晁十七落花二首》（之一），四部丛刊本。
⑧ 〔宋〕李吕：《澹轩集》卷一《沧海行》，影印文渊阁四库全书本。
⑨ 〔宋〕刘敞：《公是集》卷九《煌煌京洛行》，影印文渊阁四库全书本。
⑩ 〔宋〕楼钥：《攻媿集》卷七《粮料院葵向亭》，四部丛刊本。

称它是"京华百万家，黬黬瓦迷鳞"①。赵善括还将它比拟于长安："形胜视京兆，警跸驻钱塘……几百万家和气，五十余年创见……"②完全是京华帝都的意象。

有意思的是，在宋代文人的笔下，对洛阳与临安两城之帝都意象似乎偶有歧见。司马光（1019—1086）描述洛阳城春色，称它是"红绿阴中十万家"③，其所反映的城市规模与前述帝都意象就大相径庭。北宋后期的赵鼎臣赋诗称颂"壮哉洛阳都"，也只说它是"城中十万家，古来豪侠窟"④。这显然是因为北宋时期的洛阳城，虽被建为西京，毕竟只是一个区域性中心城市，实际地位已今非昔比了。至于临安城，南宋孙应时（1154—1206）也有"风日都门外，楼台十万家"⑤等诗句，或者可以反映在时人心目中，临安虽为帝都，不免偏安一方之局蹙，难以比肩于中原旧都。待到入元以后，临安沦落，地位下降，偶因淫雨多日，诗人担心"旧畿十万家，大半忧为鱼"⑥，更加可以想象了。

"都城百万家"当然并非实况写真，北宋开封城的人口虽在前期就可能接近百万，后期自然更多，合计户数当不会超过三十万，似可肯定⑦。南宋临安府的人口数量，学者有不同的估算。本人估计即便到南宋后期，其城市人口也不可能超过百万，合计不过近二十万户左右而已⑧。

总之，"都城百万家"作为一种文人意象，反映的是京城至高无上的

---

① 〔宋〕程公许：《沧洲尘缶编》卷三《游灵隐寺》，影印文渊阁四库全书本。
② 〔宋〕赵善括：《应斋杂著》卷六《水调歌头·赵帅生日》，豫章丛书本。
③ 〔宋〕司马光：《温国文正司马公文集》卷十三《看花四绝句》，四部丛刊本。
④ 〔宋〕赵鼎臣：《竹隐畸士集》卷二《乙未寒食前一日陪姚季一吴和甫登崇德寺阁赋诗以驾言出游以写我忧为韵分得我出二字》（之二），影印文渊阁四库全书本。
⑤ 〔宋〕孙应时：《烛湖集》卷二〇《和李季章校书西湖即事三首》，嘉靖静远轩刊本。
⑥ 〔宋〕俞德邻：《佩韦斋集》卷三《连雨独坐旅楼有作》，天禄琳琅丛书本。
⑦ 参见《宋代东京研究》第九章第二节，第345—349页。按周氏估计北宋东京人口最多时达150万左右，户数则仅13.7万。不过这一人口数据是合计在籍民户之外的官宦、军队等人员在内的，若按户均五口计，大致在三十万户之谱。
⑧ 参见拙文《试论宋代城市发展中的新问题》，（韩国）《中国史研究》第40辑，2006年，第235—266页。

行政地位。

二、区域中心城市

宋承唐制，京城而下，推行州、县两级地方行政。与此同时，宋廷还在全国设置了二十余个监察区——路，路一级行政机构称为监司。从北宋到南宋，随着监司行政管辖权的不断强化，路区便越来越行政化了，所以也有学者直接将路视为地方行政区。与此同时，由于历史的沿袭，更由于"山川形便"地理因素的影响，路的辖区不仅具有了区划的意义，往往也相应形成内部具有明显共性、对外相对独立的经济文化区域，以转运司、安抚司治所为代表的路治城市一般都是本区域的中心城市。这一史实，也在宋人关于城市规模的意象中得到了清晰的印证。在"都城百万户"而下，宋代文人笔下还描述了一批居民"十万家"的城市，它们多半是路治城市。当然，由于文献存世的偶然性，记载中涉及的路治中心城市有限，但仍颇能说明问题。

前文提到"城中十万家"的北宋洛阳城，即为京西北路的路治，其在政治与经济上的特殊地位，毋庸置疑。自此向西北，有秦凤路的仪州（今甘肃华亭），梅尧臣（1002—1060）《寄题知仪州太保蒲中书斋》诗云："中条插远近，黄河泻直斜。蒲坂之城在其涯，渠渠碧瓦十万家。官商工农共扰扰，侯独理斋窗照纱。侯方守边听胡笳，满屋蓄书凡几车。"[1]仪州既非路治，亦非经济名郡，城市居民理当有限。梅尧臣从京城遥寄诗篇给友人，却称其"渠渠碧瓦十万家"，当然并非写实。除了恭维友人位处要职，职典名郡，无非是因为仪州处宋夏前线，属军事要地，有其特殊的重要性。所以，梅尧臣对仪州夸张的意象也就合乎情理了。

其他记载多集中在南方地区。北宋中期郑獬（1022—1072）的《荆江大雪》诗，提到荆州（今湖北荆州）"天工斗巧变物境，玉作荆州十万

---

① 〔宋〕梅尧臣：《宛陵先生集》卷五四《寄题知仪州太保蒲中书斋》，四部丛刊本。

家"①。按荆州后改为江陵府，从北宋时起为本路安抚司治所，为荆湖北路要郡，虽时人偶亦有不同的描述②，但它被归为"十万家"的区域中心城市，实至名归。至南宋时期，因重兵在此集结，它的地位就更加重要了。此外如洪州（今江西南昌），为江南西路转运司、安抚司治所，江西地区的中心城市，夏竦（985—1051）《滕王阁》诗描述它"面临漳水势凌霞，却倚重城十万家"③，估计此城实际户口绝不可能达到十万家。此外又有梓州，为梓州潼川府路安抚、提点刑狱司之治所，城市规模估计不大，不过文同（1018—1079）《送冯允南倅梓》诗却说："梓州城中十万家，家家尽喜见君面。"④

同一时期记载比较多的是越州、杭州与苏州。治平元年（1064），毛维瞻为越州撰《新修城记》："越为浙东大府，户口之众寡，无虑十百万。金谷布币，岁入于县官帑庾，数又倍之。……"⑤虽为纪实文体，说到户口，称"十百万"，则属典型的写意语句，难以深究。稍晚一些，程俱（1078—1144）的《越州置酒暮夜乃归作诗一首》，写得就相当明确了："遥岑出西南，杳蔼川原平，城中十万家，烟云隐飞甍。"⑥按越州为两浙路提点刑狱司治所，并在两浙转运司分置两地时期，为浙东路转运司治所⑦，秦汉以来向为"浙东大府"，两宋时期虽被杭州超越，瞠乎其后，但无论在政治上还是经济上，其在浙东的中心地位则不可替代，至南宋不变。

自隋代开通江南运河以后，杭州城市出现跳跃性发展，自唐中期后被称为"东南名郡"⑧，自然成为两浙地区的中心。两宋时期，杭州一直为两浙路转运司治所，南宋更升为行都，成为全国政治、经济中心。嘉祐四

---

① 〔宋〕郑獬：《郧溪集》卷二五《荆江大雪》，湖北先正遗书本。

② 如梅尧臣《宛陵先生集》卷一八《送周谏议知襄阳》："蔼蔼荆州几万家，竟持壶酒望高牙。"

③ 〔宋〕夏竦：《文庄集》卷三四《滕王阁》，影印文渊阁四库全书本。

④ 〔宋〕文同：《丹渊集》卷四《送冯允南倅梓》，四部丛刊本。

⑤ 〔宋〕毛维瞻：《新修城记》，孔延之辑：《会稽掇英总集》卷十九，影印文渊阁四库全书本。

⑥ 〔宋〕程俱：《北山小集》卷五《越州置酒暮夜乃归作诗一首》，四部丛刊本。

⑦ 参见李昌宪：《中国行政区划通史·宋西夏卷》，复旦大学出版社2007年版，第65页。

⑧ 〔唐〕李华：《李遐叔文集》卷四《杭州刺史厅壁记》，影印文渊阁四库全书本。

年（1059），欧阳修（1007—1072）作《有美堂记》，称"钱塘……其俗习工巧，邑屋华丽，盖十余万家"①，当属纪实文字，符合杭州城市人口的实际情况。咸平二年（999），张咏（946—1015）出知杭州，因当地发生饥荒，上奏朝廷，认为"余杭十万户，饥者七八，弗挟盐利，无复生意。若暴禁之，彼将圜视衡击，以扰居者，则为祸大矣"②，可以印证；九十年后，元祐五年（1090），苏轼（1037—1101）出知杭州，又恰逢灾荒，他向朝廷上状投诉转运使分配赈灾款不公，称"窃缘杭州城内生齿不可胜数，约计四五十万人……"③也就是约十万户。这些都印证了北宋杭州城市的实际人口在十万户左右，但时人吟咏之文，却并未见对它的人口数据有更多的夸张。如赵抃（1008—1084）《次韵岁暮有感》诗，有"春元便欲休官去，谁顾杭州十万家"之句④，即如苏轼《病后醉中》诗，也自嘲"堪笑钱塘十万户，官家付与老书生"⑤。北宋末年郭祥正《钱塘行送别签判李太博（献甫）》诗，同样称钱塘城"门前碧瓦十万户，晓色满城烟雨香"⑥。可见对时人来说，像杭州这样的区域中心城市，其城市居民十万户，是一个一般性的、"标准"的意象。因此，甚至到了南宋，杭州（临安）城市人口明显超过了十万户，仍偶见诗人以"十万户"来描述它。

与杭州的情形相类似的有苏州（平江府）。两宋时期，苏州的政治地位虽不若杭州，仍长期为浙西路提点刑狱司与提举常平司的治所，经济地位更与杭州相去不远。据孙觌（1081—1169）的记载："平江自唐白公为刺史时，即事赋诗，已有八门六十坊三百桥十万户，为东南之冠。……自盖长庆讫宣和，更七代三百年，吴人老死不见兵革，复露生养，至四十五

① 〔宋〕欧阳修：《欧阳文忠公文集·居士集》卷四〇《有美堂记》，四部丛刊本。

② 〔宋〕宋祁：《景文集》卷六二《张尚书行状》，湖北先正遗书本。

③ 〔宋〕苏轼：《东坡全集》卷五六《论叶温叟分擘度牒不公状》，四部备要本。

④ 〔宋〕赵抃：《清献集》卷四《次韵岁暮有感》，影印文渊阁四库全书本。

⑤ 〔宋〕苏轼：《苏东坡全集》卷二九《病后醉中》，陶斋仿宋印本。

⑥ 〔宋〕郭祥正：《青山集》卷十五《钱塘行送别签判李太博（献甫）》，道光九年（1829）刊本。

万家。"①若说当时苏州城市人口"至四十五万家",当然过于夸张,但到北宋末年已超过十万户,可以肯定。南宋则更多。②但在时人咏吟的诗文中,苏州城市人口仍不出十万户之谱。如范仲淹(989—1052)《虎丘山》诗:"吴都十万户,烟瓦亘西南。"③稍后一点的王洋(1087—1154)《僧求诗往平江》诗,更明确说"自古吴门十万户,莫疑开口告人难"④。赵蕃(1143—1229)《平江寻吴恭叔不获》诗也称此地"城中十万户,历问无乃劳"⑤。可见这些诗文所表达的,并非城市人口的纪实信息,而是时人对某类城市地位的一般性意象。

此外还有一些例证,主要反映南宋时期的情况,可以引述。

如成都,其作为四川地区中心城市的地位毋庸赘言,无论在政治上还是经济上都是如此。陆游(1125—1210)甚至称它"九衢百万家"⑥,当然是为了强调此城雄居一方的特殊地位,这也是在存世文献中唯一被以"百万家"相称颂的宋代州郡城市。不过,差不多在同一时期,陆游在另一诗篇中,却又称成都"城中繁雄十万户,朱门甲第何峥嵘"⑦,让它回归到了路治中心城市的地位。

如鄂州(今湖北武昌),荆湖北路转运司、安抚司治所,属荆湖地区最重要的城市。南宋姜夔(1155?—1221?)《春日书怀》作"武昌十万家,落日紫烟低"⑧,又戴复古《鄂州南楼》亦称"江渚鳞差十万家,淮楚荆吴一都会"⑨。不过鄂州城的实际人口,估计是与十万户相去颇远的。

---

① 〔宋〕孙觌:《鸿庆居士集》卷二二《平江府枫桥普明禅院兴造记》,常州先哲遗书本。按孙觌所引白居易诗句,见《白氏长庆集》卷二一《九日宴集醉题郡楼兼呈周殷二判官》。
② 参见《宋代社会经济史论集》上卷第三章第七节《宋元时代的苏州》。
③ 〔宋〕范仲淹:《范文正公集》卷四《虎丘山》,四部丛刊本。
④ 〔宋〕王洋:《东牟集》卷六《僧求诗往平江》,影印文渊阁四库全书本。
⑤ 〔宋〕赵蕃:《乾道稿·淳熙稿》卷二《平江寻吴恭叔不获》,影印文渊阁四库全书本。
⑥ 〔宋〕陆游:《新刊剑南诗稿》卷八《登城》,北京图书馆出版社2003年版。
⑦ 《新刊剑南诗稿》卷九《晚登子城》。
⑧ 〔宋〕姜夔:《白石道人诗集》卷上《春日书怀》(四首之四),四部丛刊本。
⑨ 〔宋〕戴复古:《石屏诗集》卷一《鄂州南楼》,四部丛刊本。

如襄阳（今属湖北襄樊），位于荆湖北路北端，邻近京西南路，北宋时期地旷人稀，城市规模自然有限。至南宋，因其北临金国，为边境要郡，重兵集结，因此也就成了诗人心目中"城中十万家，碧瓦生烟雾"①的重要城市。

如潭州（今湖南长沙），荆湖南路转运司、安抚司治所，湖南地区的中心城市。北宋宋祁（998—1061）作《渡湘江》诗，称颂"长沙十万户，游女似京都"②，可见此城作为湖湘间一都会，在时人心目中的地位之高。直至南宋初年，李纲（1083—1140）回忆此城昔年风光，仍无限感慨："昔年假道过长沙，烟雨蒙蒙十万家。栋宇只今皆瓦砾，生灵多少委泥沙。"③潭州城市的实际户口，北宋包拯（999—1062）称"在城数万家"④；南宋时期，据梁庚尧的估计不出两万户⑤，总之与文人诗文中所表述的意象有相当差距。

如镇江府，北宋时期地位并不突出，至南宋，成为江防要地，建炎四年（1130）于此置沿江安抚大使司，并为两浙西路提点刑狱司之治所，实际城市户口在一两万户之间⑥，但时人诗文，仍称其"铁瓮城中十万家，哀弦促管竞繁华"⑦，为心目中的中心城市。

如福州，因地狭城小，偶见文人以"万家城"等句描述此城⑧。但福州既为一方都会，福建路安抚司治所，自然不失"十万家"的地位。黄榦

---

① 〔宋〕王之望：《汉滨集》卷一《赠襄阳帅吴彦猷》，湖北先正遗书本。
② 《景文集》卷十二《渡湘江》。
③ 〔宋〕李纲：《梁溪集》卷二九《初入潭州二首》（第二首），清福建刊本。
④ 〔宋〕包拯原著、杨国宜校注：《包拯集编年校注》卷一《弹王逵》，黄山出版社1989年版，第66页。
⑤ 参见梁庚尧：《南宋城市的发展》，《宋代社会经济史论集》上卷，第511页。
⑥ 参见元代俞希鲁《至顺镇江志》卷三《户口》原注引《嘉定志》："府城厢户一万四千三百，口五万六千八百。江口镇户一千六百，口六千九百。……"中华书局影印宋元方志丛刊本。
⑦ 〔宋〕刘宰：《漫塘文集》卷二《寄范黄中（炎）运管》，嘉业堂丛书本。
⑧ 〔宋〕韩淲：《涧泉集》卷一五《南台》，影印文渊阁四库全书本。

（1152—1221）《游鼓山登大顶峰》就有"城中十万家，嚣杂不到耳"①
之句。

应该指出的是：诗文吟咏，多率性之作，其中诗人关于城市规模的描
述，不可能有严格的类别规定，偶见例外不可避免。如前引陆游称成都城
"九衢百万家"，杨万里（1127—1206）描写他的家乡吉州城"阛阓数十万
家，如在井底"②，又如汪藻（1079—1154）称福州长乐县"重城十万
家"③，均属极度夸张。同时，那些兼具州军与路府两种性质的城市，因
诗人在咏吟时意指的不同，"意象"游离于两个侧面之间，也可以理解。
不过，前引文献所反映具有一般倾向性的意象，是相当清晰的。

三、州县城市

区域中心城市而下，就是一般的州县城市。这是一个城市规模实际情
形最为复杂的层级，因此文人士大夫们的描述也最为多样化。不过，细心
观察，仍可发现某种规律性的现象，也就是：对于一般州军的城市规模，
时人多颂以"万户"。规模略大一些或作"数万户"，稍逊色一些者则有称
"几万户"者，总之在万户上下。

在唐人诗文中，以"万家"规模来描述州邑的，已不少见。如晚唐李
频（818—876）笔下的宣州城，就是"万家闾井俱安寝，千里农桑竞起
耕"④。至两宋，这种意象就更为明确了。大约在熙宁元年（1068）前不
久，刘敞以诗寄上当时在濠州的母舅，称其"贵为千骑长，富有万家
居"⑤。前文引梅尧臣为恭维友人，夸张仪州城规模，几十年后，范纯仁
（1027—1101）作《题河中府名阃堂》诗，就让它回归到一般州军的地位

---

① 〔宋〕黄榦：《勉斋先生黄文肃公文集》卷四十《游鼓山登大顶峰》，北京图书馆古籍珍本丛刊
　　影印元刊本。
② 〔宋〕杨万里：《诚斋集》卷七五《山月亭记》，四部丛刊本。
③ 〔宋〕汪藻：《浮溪集》卷二九《题叶尚书普光明庵》，四部丛刊本。
④ 〔唐〕李频：《黎岳集·宣州献从叔大夫》，影印文渊阁四库全书本。
⑤ 《公是集》卷二六《寄上濠州舅氏》。

上来了："谁擘中条太华开，万家填郭耸楼台。"①南宋初，晁公遡
（1117—？）写给蜀中彭州黎某，因为尚未"瞻奉"尊容，信中就多了一份
客套，特别称颂黎某的才干："剑西盖多才矣，虽未瞻奉，已知其出于名
国万家之城，必非生于三家市者比也。"②着意指出"必非生于三家市者比
也"，无非在强调友人出生于相当规模的名邑，这就与诗文中的意象相近
了。又时人咏吟两浙路的常州："列屋万家当舟车之孔道，环地千里亦辇
毂之辅藩。"③在楼钥笔下的台州，也被描述为"顷年登临赤城里，江绕城
中万家市"④。南宋后期的嘉兴府被誉为"东南方奥区"，就是因为此城
"民物稍蕃庶，烟火万家"⑤。

关于州军城市这种"万家之城""万家市"的意象，似乎在两宋时期
前后并无变化。与此相应的，倒是那些居民不能达到"万家"规模的州
邑，文人的笔触就常常会明确指向它们"小"的特征。如在北宋王禹偁
（954—1001）笔下的商州："居人且艰食，行商不通货。郡小数千家，今
夕唯愁呵。"⑥在王禹偁看来，"数千家"显然就属于小郡了。同样地，南
宋黄榦出知汉阳军，称"其为郡最小，事权最轻"，也是因为"郭内之民
仅千家"⑦。至如位于边地的昌州，文献谓其"郡云云，其民才千百
家"⑧，就属于规模特小的例子。因此只有"云屋万家"的州邑，才有可
能称得上为"乐地"⑨。

与这些小郡不同，时人为了夸耀某个县城地位的重要性，或在时人印
象中某个县城规模比较大，就会用"万家邑"等词句来描述它。北宋神宗

---

① 〔宋〕范纯仁：《范忠宣公全集》卷四《题河中府名闻堂》，清吴县范氏刻本。
② 〔宋〕晁公遡：《嵩山文集》卷三二《小柬·黎彭山·之二》，四部丛刊本。
③ 〔宋〕祝穆：《方舆胜览》卷四《常州》，中华书局2003年版，第一册，第91页。
④ 《攻媿集》卷三《寄题台州倅厅云壑图》。
⑤ 〔元〕徐硕：《至元嘉禾志》卷一《沿革》，中华书局影印宋元方志丛刊本。
⑥ 〔宋〕王禹偁：《小畜集》卷三《七夕》（商州作），四部丛刊本。
⑦ 《勉斋先生黄文肃公文集》卷十《与李侍郎梦闻书》。
⑧ 《方舆胜览》卷六四《昌州》。
⑨ 《清献集》卷四《次韵见寄》。

时，刘敞赠诗贺贾延平知光化县，称其地"曾为都尉治，今亦万家居"①。因其重要，所以友人得以出知此邑，可见才干不凡。同样地，南宋李流谦称颂成都府郫县"子男古所尊，而此万家邑"②，也是为了祝贺友人出知此邑。南宋初王洋作诗咏弋阳城中的真意堂，渲染城中居屋拥挤，"弋阳千万家，比屋接修栋"，自然也就突出了主人于居屋"三间良足用"，却能"积钱宽买园"的高行雅兴③。南宋范浚（1102—1150）致书县官，强调地方政务繁杂，就称"兰溪地虽小，亦万家邑也"④，意在强调地方官致治之不易。又林亦之（1136—1185）描述福清县"螺纹江头乃万家之繁市，龟山塔下有百年之精庐"⑤，刘子翚（1101—1147）称颂东阳县"小箔鸣机几万家，时清犹想旧繁华"⑥，则是在直接夸耀当地经济发达，城市繁华。

由此可知，在时人看来，一般县邑的规模是不足万家的，文献的记载与这个推断可以相互印证。北宋苏辙（1039—1112）吟颂绩溪县城："南看城市北看山，每到令人意豁然。碧瓦千家新过雨，青松万壑正生烟。"⑦其中提到的县城规模是"碧瓦千家"。南宋叶适（1150—1223）作《漳浦县圣祖殿记》，称"漳浦五千户，良山蔽其西南"⑧。看来从千家到数千家，就是宋人意象中县邑的规模。不过县城在各级城市的行政等级中，地位最低，千家之邑也确乎不得不属于小城市了，因此王安石（1021—1086）《寄沈道原》一诗，就称扬州蜀冈县"城郭千家一弹丸"⑨；韩元吉（1118—1187）《送赵任卿芜湖丞》，也将当涂县描述成了"孤城千家

① 《彭城集》卷十六《送贾士彦延平知光化县》。
② 〔宋〕李流谦：《澹斋集》卷一《送宣孺摄邑古郫》，影印文渊阁四库全书本。
③ 《东牟集》卷一《真意堂》。
④ 〔宋〕范浚：《香溪集》卷十九《与林权县书》，四部丛刊本。
⑤ 〔宋〕林亦之：《网山集》卷八《重建龟山塔院》，影印文渊阁四库全书本。
⑥ 〔宋〕刘子翚：《屏山集》卷一七《过东阳》，影印文渊阁四库全书本。
⑦ 〔宋〕苏辙：《栾城集》卷十四《绩溪二咏·豁然亭》，上海古籍出版社1987年点校本。
⑧ 〔宋〕叶适：《水心集》卷十《漳浦县圣祖殿记》，中华书局1961年点校本。
⑨ 〔宋〕王安石：《临川先生文集》卷三一《寄沈道原》，四部丛刊本。

邑"①。总之若非繁华的万家之邑，一般的县城给时人的印象是偏小的。

最后还需要附带讨论一下镇市。两宋时期的镇市并未构成独立的地方行政区划，少数镇市驻有兵卒，置有镇官，因此有其相应的治安或商税等赋税征收的管理范围。多数镇市作为一般农村聚落，其居民仍以务农者占大多数，恐怕不应该归为"城市"。少数镇市商业繁盛，非农业人口已占居民的多数，才有可能将其归入城市的范畴。长期以来学界讨论常忽略这一区别，有所不足②。如南宋后期定海县鲒埼镇，据载"居民环镇者数千家"③。不过直至19世纪后期，这一带镇市聚居的居民，仍"业农者多，经商者少"④。因此笔者曾将其归纳为其人口的乡村属性多于城镇属性的"鄞县类型"，并认为具有一定的普遍意义⑤。早在南宋时期，这类情形理应更为普遍。如福州的海口镇，"居民余二千户"⑥；湖南的桥口镇，"市户二千余户"⑦，看来都属于此类情形。多数镇市，如薛季宣（1134—1173）所记南宋中期之鄂州金牛镇，"人烟近四百户，市井比之本县大段翕集"⑧，数百户人烟，已称商业活动超过县城，所以"墟市数百家"，当属繁盛镇市的一般情形⑨。

不过总的看，两宋时期镇市经济发展达到新的水平，是不容忽视的。表现之一，就是不少商业性镇市的人口规模确乎远远超越了前代，于是在文人的诗文咏吟中，产生了"千家市"这样相当典型的意象。如前述"人

① 〔宋〕韩元吉：《南涧甲乙稿》卷一《送赵任卿芜湖丞》，影印文渊阁四库全书本。
② 如傅宗文《宋代草市镇研究》第三章第三节《市民类型》，即将草市镇居民一概视作"市民"。参见此书第178—197页，福建人民出版社1988年版。又陈国灿《宋代太湖流域农村城市化现象探析》，也如此处理南宋太湖流域市镇人口的属性，并提出了"到南宋时期，太湖流域的农村城市化率已达到10%左右"的看法。此文载《史学月刊》2001年第3期，第132—137页。
③ 〔宋〕吴潜：《许国公奏议》卷三《奏禁私置团场以培植本根消弭盗贼》，续修四库全书本。
④ 陈训正等纂：《鄞县通志·舆地志》辛编《村落》，民国二十四年（1935）铅印本。
⑤ 参见包伟民主编：《江南市镇及其近代命运》第七章，知识出版社1998年版。
⑥ 〔宋〕梁克家：《淳熙三山志》卷十九《松林巡检（今福清）》，中华书局影印宋元方志丛刊本。
⑦ 《宋会要》职官四八之一四〇。
⑧ 〔宋〕薛季宣：《薛常州浪语集》卷二六《上诸司论金牛置尉札子》，永嘉丛书本。
⑨ 〔宋〕洪迈：《夷坚志·三志·壬》卷九《古步王屠》，中华书局1981年版，第四册，第1536页。

烟近四百户"的鄂州金牛镇，在稍晚的地志记载中，就被称作了"民旅翕聚，亦千家市也"①。这里"千家市"概念，显然并非纪实，而是类型化的意象。刘宰吟颂真州沙头市："仪真来往几经秋，风物淮南第一州。山势北来开壮观，大江东下峙危楼。沙头缥缈千家市，舻尾连翩万斛舟。……"②更是明显的夸耀了。又如邵武军邵武县杨坊镇，据谢枋得（1226—1289）所记："杨坊千家市，习俗于市道相尚，以诗书名家者，皆异邦人。"③强调其习俗重市道而轻儒术，"千家市"云云，在于突出它的商业经济发展而已。又荆门军长林县，南宋周紫芝（1082—1155）有云"忽从冈阜间，稍得千家市"④，这个"千家市"，自然也属于写意。

从一般的州军城市到镇市，宋人在写意诗文中对它们的描述尽管各有千秋，其间意象所反映的不同城市类别还是比较清晰的。

四、小结

前文描述的宋人，主要指文人士大夫，相应不同行政层级的城市在其笔下形成了"一般化"的城市意象，这或许可以从观念与现实两个不同层面去解读。

所谓观念的层面，指古代城市长期以来作为行政中心的事实，对人们的观念产生了深刻的烙印，所以尽管因发展步伐快慢不同，同一行政层级城市实际规模相互间已有了相当大的差距，但在时人的意象中，仍习惯将其归为同一类型。如前文提及的杭州、苏州等地的事例，文人写意颂吟，"钱塘十万户""吴门十万户"，有时竟然还要少于它们实际的人口规模，出现明显的"夸张倒挂"，比较典型。另一方面，更多的事例则是视城市相应的行政层级，意象的规模远远超越现实，在诗文中作出颇为夸张的描述。无论是十万户、万户，还是千家市等等这些典型的意象，都是如此。

---

① 〔宋〕佚名：《寿昌乘》，中华书局影印宋元方志丛刊本。

② 《漫塘文集》卷二《送邵监酒兼柬仪真赵法曹呈潘使君二首》之二。

③ 〔宋〕谢枋得：《叠山集》卷三《宁庵记》，四部丛刊本。

④ 〔宋〕周紫芝：《太仓稊米集》卷十三《夜宿长林明日游仙坛宫》，影印文渊阁四库全书本。

所谓现实的层面，我们可以发现，尽管有如杭州、苏州等事例的存在，同时州县城市在同一层级上相互间规模差距也相当明显，但总体看来，不同行政层级的城市，其实际人口规模与时人的意象，至少大体还是相对应的。因此，无论从哪一层面来讨论，我们都可以发现，行政层级仍然是决定城市地位的决定性因素。或者，从另一略有差异的视角来阐述，这表明当时行政城市等级架构与它们的经济地位，在总体上是相吻合的。唐宋间城市的发展，可能在局部地区出现了城市的行政地位与其经济地位相脱节的现象，但这并未改变城市的行政与经济关系的总体格局。

此外，从前述百万户、十万户、万户、千家市的城市人口规模这样类型化概念的形成，我们也可以觉察到在宋人的意象中，城市规模确乎比前代扩大了。这或许在一定程度上就是唐宋间城市发展的客观现实在人们观念中的反映。不过，鉴于学人对前代城市意象的讨论仍属阙如，笔者的这个"感觉"是极为表面的，有待于识者的批评。

（原载《史学月刊》2010年第1期）

试论唐宋之际城市分布重心的南移

林立平

城市的分布是有规律可循的。大致说来，中国城市的分布变迁有两条主线：第一，都城分布是按由西向东、从南到北的线路迁徙，其代表城市是西安—洛阳—开封—杭州—南京—北京；第二，城市分布重心则由北向南移动，即最初的城市规模和密度主要以黄河流域为代表，后来则是长江流域尤其是长江下游最突出了。这是我国城市分布结构变迁的两个基本特征，而这种变迁的关键时期恰在唐宋之际。关于这时期都城分布，我们已有另文撰述①。这里仅就城市分布重心南移的问题略陈管见，以向读者求教。

一、南方城市分布的展开

秦汉以前，我国城市主要分布在黄河流域，列国都城的分布格局足以说明这一点。六朝时期，南方经济有了长足发展，南方城市也相继繁荣起来，建康、江陵、成都等都是当时最发达的城市，杭州、京口、广州也都相当繁华。但是，这不过是北方商品经济相对衰落的暂时现象，就整个南方经济区域而言，当时仍然瞠乎北方之后，因此南方城市尚无坚实的区域经济为基础，隋统一后，一旦政治影响稍有变故，建康、江陵等发达都会也便立刻黯然失色了。所以，唐开元年间以前，城市的分布重心仍在北

---

① 参见拙作《六至十世纪中国都城东渐的经济考察》，《北京师范大学学报（哲社版）》1988年第3期。

方。如《唐六典》卷三、《通典》卷三十三记载，陕、怀、郑、汴、魏、绛为六雄州，虢、汝、汾（《通典》作亳）、晋、宋、许、滑、卫、相、洛为十望州，这六雄十望全部分布在淮水秦岭以北。又有望县八十五个，其中江南道七、剑南道八、山南道二、淮南道一，其余六十七个全在北方。再比如，开元十八年（730）规定，四万户以上为上州，二万五千户为中州，不满二万户的为下州，查新旧唐书《地理志》，天宝元年（742）户数在四万以上的州共七十八个，分别为关内三、河南十八、河东六、河北十八、山南五、陇右无、淮南一、江南十六、剑南十、岭南一。其中河南、河东及河北三道就有四十二个上州，而整个长江流域以南也不过二十几个。据以上雄、望、上州及望县情况，足以窥见唐前期城市分布之一斑。

但是，安史之乱后上述状况逐渐发生了变化，伴随北方人口避兵南下，南方经济迅速发展，在全国户口锐减的情况下，南方许多州县的户口反而增加了，于是原来中、下州有的升为上州，有的上州则升为紧、望、雄州，县城亦如此。据《唐会要》卷七十《州县分望道》试列新升州县紧望表如下：

表1 《唐会要》卷七十《州县分望道》试列新升州县紧望表

府州县	道别									
	关内	河南	河东	河北	山南	陇右	淮南	江南	剑南	岭南
新升都督府	1	1			2	1		1	2	
新升雄州	2	2			1			1		
新升望州	2	1		1	3			4		
新升紧州		2					1	1	1	
新升上州	3	7		3	5		6	8		
新升中州					1	1	1	1		
新升赤县	6	1								
新升次赤县	14		2		2					

续表

府州县	道别									
	关内	河南	河东	河北	山南	陇右	淮南	江南	剑南	岭南
新升望县		26	21	23	5		4	30	13	1
新升紧县	3	11		6	4		12	37	7	2
新升上县	11	8		2	7		7	23	7	
新升中县								1		2
合计	42	59	23	35	30	2	31	107	30	5

表中江南道，苏州于大历三年（768）升为雄州，润、宣、越、常州于会昌五年（845）升为望州，鄂州于会昌四年升为紧州，虔、袁、抚、饶、池、信、建、泉州于元和、会昌年中升为上州。从新升州县总数来看，江南道遥遥领先，远非其他各道可比，这便充分反映出中唐以后南方城市规模日益发展的趋势。

安史之乱后江南州县等级的上升，与当时全国户口分布的变化密切相关。据两唐书《地理志》和《元和郡县志》《太平寰宇记》统计，自唐初至宋初，北方户口大起大落，总的趋势是走下坡路，唯江南、剑南道稳步上升，特别是江南道，其户口总数其他道已无可伦比。其结果，一方面使南方州县等级相次提升，更重要的是我国人口分布比重从此由黄河流域移到长江流域以南。如《太平寰宇记》所记主客户总数超过五万的府州有二十五个，其分布是：

河南道：开封、河南府，亳、宿、青州。

关西道：雍州。

剑南道：益、眉、梓、雅、荣州。

江南道：升、常、杭、福、南剑、建、泉、歙、洪、虔、袁、吉、潭州。

山南道：荆州。

在这二十五个府州中，江南道十三个，占总数的一半。至此，人口比重已基本南移。如果说宋初这种南移迹象尚未十分明显，那么到了元丰年间这种变化就一目了然了。《元丰九域志》所记府州主客户总数超过十万的共四十九个，按唐代十道划分，河南道有开封、河南、密、莱、徐、郓、蔡二府五州；河北道有大名府；关内道有京兆、凤翔府；河东道有太原一府；淮南有亳、宿、寿、蕲、舒五州；山南有江陵一府；岭南有广州；江南道则有二十九府州：杭、越、苏、湖、婺、明、常、温、台、秀、江宁、宣、歙、池、饶、信、洪、吉、袁、抚、建昌军、潭、衡、鄂、福、建、泉、南建州。显而易见，全国人口最多密度最大的府州，已经主要分布在长江流域以南。

问题在于，府州的户口数量是否与该府州的城市规模相一致呢？我认为两者一般情况下是同步发展的，即府州的户口数量越增长，该城市的经济也越繁荣。首先，以人口参数判断城市发展状况，不仅适用于研究古代城市，对研究人口及职业远为复杂的现代城市也同样适用。如现代社会学和地理学为城市下了种种定义，但无论哪一种都离不开人口参数。日本城市地理学著名学者木内信藏，他的研究方法很突出的一点就是从人口规模和职业构成等方面入手分析[1]。这不足为怪，因为每一座城市首先必须是人们集中居住和生活的场所，没有人群也就没有城市，所以人口规模是判断城市发展的一个重要参照系。其次，如果说每一个府州都是一个结节区域，该府州治所的城市就是本区域的结节点，那么，点和区域之间便是相互依存、相互制约的辩证统一关系。区域经济越发展，它所结节的城市也越繁荣；城市越繁荣，它对本区域的凝聚力就越大，从而又促进了区域经济的发展。这种城市和区域的同步关系告诉我们，在区域经济发展的同时，城市也必然随之繁荣起来。从唐中叶到北宋初，人口分布重心的逐渐南迁，也就是经济中心逐渐南移的象征，伴同南方经济的全面发展，南方城市也全面铺开了，因而这一过程同时也是我国城市分布重心的逐渐南移

---

[1] 木内信藏：『都市地理学原理』，古今书院1979年版。

的过程。如果说城市分布重心的南移从中唐到宋初还是一种过渡，我认为到北宋元丰年间这种过渡已基本结束。

二、南方城市的繁荣与江淮城市网的形成

从州县户口的分布固然可以推出城市分布的大体趋势，但州县户口并不等于城市户口，若想进一步认识南方城市，还必须对具有代表性的城市进行具体分析。

首先，看看长江上游的成都。自秦惠王筑城置市开始，成都即是我国西南部政治、经济和文化中心，它的最大特点是始终稳步地向前发展，不同于北方都市盛衰在屈指之间。蜀汉时期，是成都发展的次高潮，至北周隋唐之际，史家仍称之为一都会①。但是，从城市发展的角度考察，唐中叶以后至五代时期，才是成都的迅速发展阶段。成都位于四川盆地之中，物产丰富，四境关山，天然屏障，关中、中原如有兵乱，蜀中即为避难之所。安史之乱，唐玄宗出走成都，关中士庶也相继入蜀，这就为成都发展带来新的促进。如肃宗时彭州刺史高适上言指出："比日关中米贵，而衣冠士庶，颇亦出城，山南剑南，道路相望，村坊市肆，与蜀人杂居，其升合斗储，皆求于蜀人矣。"②关中人口涌入剑南，成都人口因而明显增加。杜甫寓居浣花溪草堂时吟诗曰："城中十万户。"③此后成都女诗人薛涛亦曰："十万人家春日长。"④再后李景逊又有诗云："成都十万户，抛若一鸿毛。"⑤当时僧侣、奴婢、驻军等不入户籍，可知城中人口至少有五十万。

城中人口增加，旧城区越来越显得拥挤，于是居民逐渐附郭定居，商业活动也在城外发展起来。王建《成都曲》云："万里桥边多酒家，游人

---

① 参见〔唐〕令狐德棻等撰：《周书·辛昂传》；〔唐〕魏徵等撰：《隋书·地理志》；〔后晋〕刘昫等撰：《旧唐书·陈子昂传》。
② 《旧唐书》卷一一《高适传》。
③ 〔清〕浦起龙：《读杜心解》三之三《水槛遣心》。
④ 〔清〕彭定求等编：《全唐诗》卷八〇三《上王尚书》。
⑤ 〔宋〕孙光宪：《北梦琐言》卷五。

爱向谁家宿。"①据《元和郡县志》卷三十一，万里桥在成都县南八里，故知近郊已开许多酒家，不特经营酒食，且作为旅店接待游人。唐僖宗时城中拥挤现象更加严重，王徽《创筑罗城记》说："先是蜀城，既卑且隘"，"里闾错杂，邑屋阗委，慢藏诲盗，城而弗罗"②。高骈乾符二年（875）为西川节度使，不久即创筑罗城，每天役工十万，筑城四十三里，城区规模比以前扩大了一倍以上③。至五代后唐天成二年（927），孟知祥镇蜀，又发民丁二十万修成都城，除加固原罗城，又于城外增筑羊马城④。从此以后，成都市区再无大的变化。可见唐末五代是成都城区规模基本定型时期。

中唐后有"扬一益二"之称，然据卢求《成都记序》综合考察扬、益二城，孰伯孰仲尚未可断言，特别是成都人物之众，罗锦之丽，管弦歌舞之多，伎巧百工之富，反映了城市生活的丰富多彩乃至夜市及游乐生活之盛。如《蜀梼杌》卷下广政十三年（950）九月条记载：

> 是时蜀中久安，赋役俱省，斗米三钱；城中之人子弟不识稻麦之苗，以笋芋俱生于林木之上，盖未尝出至郊外也。村落闾巷之间，弦管歌声，合筵社会，昼夜相接，府库之积，无一丝一粒入于中原，所以财币充实。

据引文可见，蜀中财富不入中原，所以府库充积，一派安康，此其一。成都歌舞游乐之盛，不分昼夜，夜生活已相当普及，此其二。故宋初张泳《悼蜀》诗曰："酒肆夜不扃，花市春渐作"，《成都游宴记》亦有"暮登寺门楼望锦江夜市"的记载，说明城市生活在时间上已不再受限制。

其次，谈谈长江中游的荆、鄂二城。荆州在南朝时即与扬州上下相

① 《全唐诗》卷三八三。
② 〔清〕董诰等编：《全唐文》卷七九三。
③ 据《全唐文》卷八七僖宗《奖高骈筑成都罗城诏》。唐代王徽《创筑罗城记》言筑城南北东西二十五里。今从严耕望先生考证，参见《唐五代时期之成都》，《中国文化研究学报》1981年第12期。
④ 〔宋〕司马光：《资治通鉴》卷二七六；〔唐〕李昊：《创筑羊马城记》，《全唐文》卷八九一。

望，皆为重镇，至隋大业五年（609）有五万八千多户。隋末唐初，江陵一度萧条，直至天宝年间才发展到三万三千多户，尚未超过隋朝。但是安史之乱后情况迥然不同，一方面北方藩镇林立，朝廷财政越来越依赖江南，于是漕运线显得格外重要，加上运河线时常受阻，南方财赋便往往要通过荆襄线运往关中，这就为荆鄂等城市发展带来转机。另一方面，北方人口避兵南迁，荆襄线是一重要口道，因此该线城镇人口不仅没有因战乱而减少，相反却明显增加了。如《广异记》载："赵郡李叔霁与其妻，自武关南奔襄阳，妻与二子死于路，叔霁游荆楚。"①《旧唐书·地理志》亦云："自至德后，中原多故，襄阳百姓，两京衣冠，尽投江湘，故荆南井邑，十倍其初，乃置荆南节度使。"按天宝元年（742）荆州有十四万八千多口，若以"十倍其初"计算，安史之乱后似当上百万了。故史称建中年间江陵城已是"都人士女，动亿万计"②。元稹为荆州士曹参军时也有"城中百万家，冤哀杂丝管"的诗句③。至唐僖宗时王仙芝起义军曾焚掠江陵，"江陵城下旧三十万户，至是死者什三四"④。江陵城下达三十万户，一户无论按四口或五口计算，市区人口都在百万以上，参照以上各种记载，我认为这个数字是可信的，它反映了安史之乱后江陵城的突出发展⑤。

鄂州城，即南北朝的夏口，隋平陈后始称鄂州。鄂城也是在安史之乱后襄汉运线日益重要的情况下逐渐繁荣起来的。鄂州地处汉水、长江的汇流处，为"百越、巴蜀、荆、汉之会"⑥，与襄、荆同是"十道之要路"⑦。这种优越的地理位置，使它在安史之乱期间发生了两点明显变化。第一，因关中中原百姓沿襄汉南下，鄂州户口急剧增加。如李白所说，

---

① 〔宋〕李昉等编：《太平广记》卷三三五《李叔霁》。
② 〔宋〕赞宁撰：《宋高僧传》卷十《唐荆州天皇寺道悟传》。
③ 〔唐〕元稹：《元稹集》卷三《遣兴十首》。
④ 《资治通鉴》卷二五三"乾符五年"。
⑤ 参见拙作《唐代荆州经济述论》，《中国社会经济史研究》1988年第3期。
⑥ 《资治通鉴》卷二四四"太和五年八月"。
⑦ 〔唐〕李隅：《徐襄州碑》，《全唐文》卷七二四。

"此邦晏如，襁负云集，居未二载，户口三倍"①。考《元和郡县志》卷二十七，鄂州开元户19190，元和户38618，增加近2万户，正与李白所说相符。当时全国户口大减，只有十几个州有所增加，鄂州就是其中之一，说明安史之乱后鄂州的发展进入了新阶段。第二，鄂州的军事政治地位也日益重要。如赵憬《鄂州新厅记》说："天宝以前，四方无虞，第据编户众寡，等衰州望，鄂是以齿于下。后戎狄乱华，属县沸腾，屯兵阻险，斯称巨防"，遂于广德二年（764）联岳、沔事置三州都团练使②。此后鄂岳观察使治所一直设在鄂州，这是促进鄂城发展的一个重要因素。

基于以上原因，自德宗建中三年（782）至敬宗宝历二年（826）的近半个世纪里，鄂城经历了三次整治和扩建。第一次是建中三年李兼为鄂岳防御使，因当时鄂州已是都团练使治所，旧日的下州府廨益显狭隘，于是立大厦，修长廊，广庭院，列棨戟。如此先修府廨，正反映了鄂州政治地位的上升。第二次是宪宗元和四年（809）郗士美为鄂岳节度使时对鄂城进行的全面修整。据舒元舆《鄂政记》，这一次首先对城区做了整体规划，对不能修建房屋和街巷的丘坡、池沼进行了平整，从而扩大了城内居住区，"居中庐舍先不如法者，皆自我如法"，住房整齐了，街道也南北笔直贯通，两侧种有树木，绿化了城市，减少了瘟疫。其次进一步扩建府廨厅宇，将旧陋房屋拆毁，南面北向建射侯军容佐，西侧东向建牙门料将院，东侧西向建州佐六椽院，"长廊联轩，万门呀呀，中央广除得以讲校戎律，班布等列，霜戟洞启，公堂耽耽"，使鄂州府衙更加规整威严了。第三次是唐敬宗宝历二年，时牛僧孺为鄂岳观察使，其一方面改变了茅苫板筑的办法，赋砖修筑垣墉，从而使城垣建筑更加牢固，免除了每年板筑的劳役费用。另一方面则上奏曰："当道沔州与鄂州隔江相对，才一里余，其州请并省，其汉阳、汉川两县隶鄂州。"这个奏请得到许可，于是废沔州，

---

① 〔唐〕李白：《李太白全集》卷二九《武昌宰韩君去思颂碑》。
② 《全唐文》卷四五五。

汉阳县等入鄂州①。我们知道，现在的武汉市分为武昌、汉口、汉阳三镇，而唐敬宗以前的鄂城仅相当于现在的武昌。宝历二年将沔州汉阳废归鄂州，这就成为现在武汉市三镇格局的滥觞。可见唐代中后期是武汉市发展的重要时期。

再次，从江淮地区城市网的形成看城市分布重心之所在。中唐后南方城市虽有全面发展，但长江上、中、下游等不同区域的发展速度和程度是有明显差别的，其中长江下游的江淮地区发展速度最快，是城市密集度最高的区域。安史之乱后北方人口南迁的主流是涌向江淮区域，史书中泛称的"江淮""江左""江东""江南"，一般均属这一地区。李白说："天下衣冠士庶，避地东吴，永嘉南迁，未盛于此。"②言唐代南迁盛于永嘉，难免有夸张成分，但也反映了当时中原人民大量徙入"东吴"的事实。

江淮地区交通方便，北方人口可沿运河南下，加上六朝的开发和唐前期的发展，开元时期江淮和河南、河北地区的经济水平已不相上下，这便利的交通和富庶的经济，便成为吸引人口南迁的主要原因。而流民大量集中于江淮，江淮地区户口的上升趋势也就最为明显。如梁肃《吴县厅壁记》记载，徙入苏州的民户占当地编户的三分之一。苏州开天之际只有七万多户，但在唐敬宗时做过苏州刺史的白居易曾在五首诗里提到苏州十万户，刘禹锡《白太守行》亦云"苏州十万户"。这说明大历十三年（778）苏州由上州升为雄州并非偶然。此外，杜牧说"杭州户十万"③，顾况说"宣户五十万"、两浙"管郡十五，户百万"④。据《元和郡县志》统计，元和人口按每县平均计算，密度最高的是江南东道，这足以说明安史之乱以后我国人口分布比重确已发生变化，其重心已逐渐移到江淮一带。

江淮区域人口最稠密，社会经济也最发达。权德舆指出："江东诸州，

---

① 《旧唐书》卷十七《德宗纪》，卷一二七《牛僧孺传》。
② 《李太白全集》卷二六《为宋中丞请都金陵表》。
③ 〔唐〕杜牧：《樊川文集》卷一六《上宰相求杭州启》。
④ 〔唐〕顾况：《顾华阳集》下卷《宛陵公署》《韩公行状》。

业在田亩，每一岁善熟，则旁资数道。"①杜牧也说浙东地区"衣食半天下"②。江淮地区在国家经济中的地位，到北宋时期就更加突出了，故宋仁宗时李觏《寄上富枢密书》说："天下无江淮，不能以足用；江淮无天下，自可以为国。"毫无疑问，江淮地区在唐宋之际已是全国最富庶的区域，按照区域经济和城市发展的同步原理，可知江淮区域的城市经济也应是最发达的。事实正是这样，这里不仅有繁华的城市，更重要的是它已形成城市网，城市之间有着频繁的经济往来，特别是商业交往为其他区域所望尘莫及。这些城市以运河为主干，以太湖流域为核心，呈四射状散开，形成了我国分布密度最高的城市群。不妨摭其主要城市简述如下：

扬州，《旧唐书·秦彦传》称："江淮之间，广陵大镇，富甲天下。"同书《苏环传》亦云："扬州地当冲要，多富商大贾。"这两段史料已将扬州的富雄和特点概括无遗。扬州是控扼南北交往的咽喉，属于交通城类型，它的盛衰在很大程度上取决于交通地位，其经济则以商业为主，百货荟萃，万商云集，是各种商业活动的中心，因此市场经济最繁华，夜市生活最热闹，甚至江淮一带的宗教活动也以扬州为核心。这方面的史料俯拾即是，且前贤成果甚丰，无须赘笔。

苏州，白居易《张正甫苏州刺史制》说："浙右列城，吴郡为大。"他在离任苏州刺史时曾重登苏州齐云楼晚望，吟出"人稠过扬府，坊闹半长安"③的诗句。所谓"七堰八门六十坊"，坊数已超过长安之半，苏州城规模于此不难想见。李坤《过吴门》诗云："烟水吴郡郭，阊门架碧流。绿杨深浅巷，青翰往来舟。朱户千家室，丹楹百处楼。"④富豪之多，或为城中居民的一大特点。苏州与扬州不同，它不是交通城，而是区域城，它自己有着极为富裕的城市辅地，如苏州所属嘉兴县，"嘉禾一穰，江淮为之

①《全唐文》卷四六八《论江淮水灾上疏》。
②《樊川文集》卷十一《李讷除浙东观察使制》。
③〔唐〕白居易：《白居易集》卷二四。
④《全唐诗》卷四八一。

康；嘉禾一歉，江淮为之俭"①。有这样富庶的辅地供给城市消费，呈现出来的是一种以小商品交换为主的恬静而安逸的城市生活。所谓"粽香筒竹嫩，炙脆子鹅鲜"②，即是这种生活的写照。

杭州，永泰元年（765）李华《杭州刺史厅壁记》说它"万商所聚，百货所殖"，"骈墙二十里，开肆三万室"③。后来杜牧说："钱塘于江南繁大，雅亚吴郡。"④可知其城区规模和经济水平，已与苏州分庭抗礼，故白居易有"江南名郡数苏杭"的诗句。据《九域志》，隋修杭州城，周回三十六里九十步⑤。唐后期张祜《题杭州灵隐寺》诗曰："五更楼下月，十里郭中烟"，两者大致相符。杭州城的突出发展是在唐末五代之际，吴越钱镠曾于唐昭宗景福二年（893）发民夫二十万新筑罗城，周七十里，一直到南宋定都杭州依然不变⑥。后又筑捍海石塘，大修台馆，史称"由是钱塘富庶盛于东南"⑦。

常、润、湖、越等州也相当繁华。如常州，常衮《授李栖筠浙西观察使制》曰："震泽之北，三吴之会，有盐井铜山，有豪门大贾，利之所聚，奸之所生。"崔祐甫《故常州刺史独孤公神道碑铭》亦曰："常州当全吴之中，据名城沃土，兵兴之后，中华翦覆，吴中州府，此焉称大。"⑧润州，是浙西观察使治所，李观说它"包流山川，控带六州，天下之盛府也"⑨。湖州，顾况说"江表大郡，吴兴为一"，又说"山泽所通，舟车所会，物土所产，雄于楚越，虽临淄之富不若也"⑩。越州，宝应中皇甫政为观察

---

① 〔唐〕李翰：《苏州嘉兴屯田纪绩颂》，《全唐文》卷四〇三。
② 《白居易集·外集》卷上。
③ 《全唐文》卷三一六。
④ 《樊川文集》卷十《杭州新造南亭子记》。
⑤ 〔宋〕周淙：《乾道临安志》卷二《城社》。
⑥ 〔宋〕钱俨：《吴越备史》卷一《武肃王》。
⑦ 《资治通鉴》卷二六七"后梁开平四年八月"。
⑧ 《全唐文》卷四一三、三九〇。
⑨ 〔宋〕李昉等编：《文苑英华》卷八〇三《浙西观察判官厅壁记》。
⑩ 《文苑英华》卷八〇一《湖州刺史厅壁记》。

使，于宝林寺大设伎乐，富商来集，"百万之众，鼎沸惊闹"①。此外，衢州、婺州、宣州、明州等也都相当繁盛，甚至有些县城的发达程度亦非其他地区一般州城所能比拟。如润州句容县，"物产殷积，水陆兼并"②。又如上元县，《玄怪录》卷二"尼妙寂"条说："上元县，舟楫之所交者，四方士大夫多憩焉"。县有瓦官寺，段成式说商人常在寺中设无遮斋，节日里则"士女阗咽"③。至唐僖宗光启三年（887）遂升县城为州城，名升州。

以上不难看出，长江下游的城市分布确已全面铺开，形成了市场经济最为繁荣的城市网络，其分布密度之高亦列全国之首。可以说，我国城市分布重心的南移，主要是移到了江淮区域。唐宪宗刚刚即位时曾在一篇诏文中指出："河汴而东，濒海之右，名都奥壤，疆理连接。"④这是唐人对江淮城市网的最早概括。五代宋初之际，江东城市的发展更加突出，因而朱长文《吴郡图经续记》卷上"城邑"条记载："当此百年之间，井邑之富，过于唐世，郛郭填溢，楼阁相望，飞杠如虹，栉比棋布。"由此说明，现在东南一带城市分布的基本格局，唐宋之际就已大体奠定。

三、南方城市的经济流向

前文已知，成都为长江上游的中心，荆、鄂是中游的重镇，下游则以扬州和苏、杭等城为主形成了城市网。此外，潭州（今长沙）、洪州（今南昌）、广州、福州等地也比较发达。如果用地图表示，这些城市仿佛是分布在南方各地的点，但事实上这些点并不是静止的，它们不但要与周围的农村发生经济联系，而且伴随社会经济的发展，城市之间的经济交往也日益频繁起来，这种交往使它们在一定程度上逐渐交织成有机的联合体，交往越频繁，联合体越牢固，从而对整个社会施放的影响也越强烈。通过

① 《太平广记》卷四一《黑叟》。
② 〔唐〕张景毓：《县令岑君德政碑》，《全唐文》卷四〇五。
③ 〔唐〕段成式：《酉阳杂俎》卷九。
④ 〔宋〕王溥：《唐会要》卷七七《诸使上》。

对这种影响的分析，我们正可以深入一步发现城市分布重心的实质所在。

南方城市之间的经济交往，首先以长江为主干，上自成都，下至扬州，中经荆、鄂，商船往来，络绎不绝。张籍《贾客乐》诗云："金陵向西贾客多，船中生长乐风波。……停杯共说远行期，入蜀经蛮谁别离。金多众中为上客，夜夜算缗眠独迟。"①这是商人沿长江贩运于蜀中和金陵的情景。在长江上、下游的商业往来中，江陵地处其中，往往成为中转商埠。如杜甫《客居》诗曰："蜀麻久不来，吴盐拥荆门。"《柴门》诗亦云："众水为长蛇，风烟渺吴蜀。舟楫通盐麻，今我远游子。"记述的都是吴蜀盐麻经过江陵的流通情况。

长江商运最忙者要属中游至下游。李白《江夏行》描述的是鄂州商人东至扬州；《长干行》则以建业长干里商人溯流而上为背景，吟出了商人妇终年独居的苦楚。《唐国史补》卷下记载："扬子、钱塘二江者，则乘两潮发棹，舟船之盛，尽于江西，编蒲为帆，大者为数十幅"，其中大历、贞元间巨商俞大娘船最大，"操驾之工数百，南至江西，北至淮南，岁一往来，其利甚博"。《潇湘录》记荆州有一商贾，姓赵名偶，多南泛江湖。《博异志》也说洞庭贾客孟乡筠，常以货殖贩江西杂货，逐什一之利。足见长江中下游的商业活动有多么活跃了。

我们之所以认为江淮区域已形成城市网，正是因为该区域城市之间有着密切的经济联系。江淮区域是全国盐、茶、瓷器等大宗商品的最大集散地，且农业发达，布帛丰富，珠宝杂货，胡商巨贾，盛况空前。因此，江淮一带的商船最多，常常击舷挂樯，鱼贯而行。如《太平广记》卷四四"萧洞玄"条记载："至贞元中，洞玄自浙东抵扬州，至廋亭埭，维舟于逆旅主人。于时触舻万艘，隘于河次，堰开争路，上下众船，相轧者移时。"日本和尚圆仁入唐后将至扬州时，也目睹了江中船只衔尾相继的景况，他在《入唐求法巡礼行记》卷一说："江中充满天舫船、积芦船、小船等，不可胜计。"这些船只大都是从事商业贩运的，如苏州常熟县单尊师乘船

---

① 《全唐诗》卷三八二。

前往嘉兴，"遍目舟中客，皆贾贩之徒"①。又如瓜洲附近也往往是"舟楫甚隘"，夜有笛声清发，"舟人贾客，皆怨叹悲泣之声"②。城市之间如此频繁的贸易往来，使区域内的城市经济开始向联合体发展，这种联合越紧密，城市的市场集散力就越大。于是各地商品常常先运到江淮一带，然后才销往其他地区。成都织锦是传统特产，而扬州却是它的主要销售市场之一。杜牧《扬州》诗曰："蜀船红锦重，越橐水沉堆。"反映了蜀锦贩往扬州的事实。唐代江西是木材主要产地之一，因而木材商经常在江淮、江西之间往返求利，如《太平广记》卷三三一"杨溥"条记载："豫章诸县，尽出良材，求利者采之，将至广陵，利则数倍。"诸如此类，等于在空间上扩大了市场职能，从而使江淮城市网的市场经济发展到单座城市无与伦比的程度。

在长江流域城市经济密切交往的同时，岭南、福建、湖南、江西的主要都市也都与之加强了经济联系。如岭南都会广州，"交易之徒，素所奔凑"③。商人如果沿桂湘路北上，一般都要路经桂州、长沙，因而桂林成为"南北行旅"之所集，长沙城也是"一繁会处"④，然后进抵荆、鄂。例如某商人自岭外北还，得龙眼一株千余枚，"至荆南，献高保勉"⑤。《法苑珠林》卷二十一记广州某商船载北上，"不久遂达渚宫"。从广州北越大庾岭沿赣水北上又至洪州，因而洪州也是"辐辏鳞集""舳接舻隘"⑥。唐后期广州同江淮直接交往一般通过海运，福建则是海路的中转站。《太平寰宇记》卷一五八"恩州"条记广陵、会稽有商船循海东南而至，将吴越商品贩于岭南。不难看出，南方各区域之中都有核心性城市，而城市和城市之间的贸易往来便是各区域相互联系的主要途径。

---

① 《太平广记》卷二九《李卫公》。
② 〔唐〕李肇：《唐国史补》卷下。
③ 〔唐〕陆贽：《陆宣公集》卷十八《论岭南请于安南置市舶中使状》。
④ 《桂林风土记》，《太平广记》卷四七〇《赵平原》。
⑤ 〔明〕陶宗仪：《说郛》卷六一引《清异录》。
⑥ 〔唐〕独孤及：《豫章冠盖盛集记》，《全唐文》卷三八九。

由于长江流域以南的主要城市都有经济上的联系，因而我们有可能通过这种联系把整个南方看成一个整体区域，它与关中、河南及河北相对，形成南、北两大阵营。现在，摆在我们面前的只有北方和南方两大区域，这两大区域的城市之间是否也有经济联系，并且这种联系是否也有什么特点呢？这正是本文的关键所在。

事实上南北城市之间不仅有经济联系，而且这种联系越来越密切。首先是成都同关中城市的贸迁有无，史称蜀路剑利之间，虎暴尤甚，"商旅结伴而行"，从未停止①。有的蜀商与长安上层人物来往密切②，有的甚至"行及太原，北上五台山"③。因商人来往频繁，成都与长安之间于是产生了"便换"业务④。然而毕竟蜀路艰险，不易大规模贩运，所以蜀货大都沿江而下，由荆襄线或运河线贩往北方。正如陈子昂所说，蜀中民富粟多，"顺江而下"，可以兼济中国。这样，同北方的经济交往便主要集中在荆襄路和运河沿线了。

荆、鄂城市经济同北方城市的联系，一般取襄汉路过武关进抵两京，有时也沿江而下经由扬州北上。《开元天宝遗事》卷三有一则传书燕故事，描写长安豪民郭行女儿绍兰，嫁与巨商任宗，后任宗到荆湘贾贩，数年不归，绍兰吟诗一首，系于燕足，时任宗正在荆州，见到燕传诗后，于次年回到长安。这段故事将北方商人贸迁于荆湘的事实生动地描绘出来。最典型的是《太平广记》卷四九九所引《南楚新闻》的一段文字：

> 江陵有郭七郎者，其家资产甚殷，乃楚城富民之首，江淮河溯间，悉有贾客仗其货买易往来者。乾符初年，有一贾者在京都，久无音信，郭氏子自往访之。既相遇，尽获所有，仅五六万缗。……

可见郭七郎的商业资本是相当雄厚的，似乎他已组成商帮，江淮、河

① 《太平广记》卷四三二《周雄》，卷四三三《王行言》。
② 《旧唐书》卷九二《韦安石传》。
③ 〔唐〕李蒲：《通泉县灵鹫佛宇记》，《全唐文》卷八一八。
④ 《旧唐书》卷一八七《庾敬休传》。

溯、两京等地都有商人"仗其货买易往来",反映了长江中游商人同北方的密切联系。

长江下游则以运河为交通干线,南北交往尤其活跃,不仅商人多,而且获利大。如河南洛阳大贾王可久,"转货江湖间""常获丰利而归"①。汴州招提院一客僧,其兄"以贾贩江湖之货为业,初一年自江南而返大梁,获利可倍"②。这样,运河沿线的城市也便近水楼台首先发达起来。如楚州淮阴县,虽然只是一个县城,因地处运河与淮水的交汇处而显得异常繁荣。李邕《楚州淮阴县婆罗树碑》记载:"淮阴县者,江海通津,淮楚巨防,弥越走蜀,会闽驿吴,七发枚乘之邱,三杰楚王之窟,胜引飞鹭,商旅接舻。"③像宋州、汴州的商业往来更是毋庸赘言了。

但是,南北贸易并非贸迁有无的均衡交往,而是存在着一种越来越明朗的倾向,即无论是北方商人还是南方商人,他们大都把南方货物贩往北方,从而逐渐形成商业流通的单向运动。如中唐以后除官方漕运外,商旅把南方稻米贩卖于北方的现象已经相当普遍④。茶叶主要产于南方,北方茶叶当然都是来自南方了⑤。又如南方木材集中到扬州后,其主要销路也是北方。《太平广记》卷一一一"成珪"条记曰:"成珪者,唐天宝初为长沙尉,部送河南桥木,始至扬州",说明河南造桥所用木材是产自湖南,中经扬州,然后运往河南的。广州素有海舶之利,两京的奢侈品大部分来自广州,史称"岭表奇货,道途不绝"⑥。元稹《估客乐》中也有"采珠上荆衡"之句。参寥子《阙史》卷下说得更明白:"至于长安宝货药肆,咸丰衍于南方之物。"其他衣帽器物等生活用品,如中唐以后"扬州毡帽"流行于长安,广陵帽师曾奉献给宰相裴度一顶,"裴度戴而早朝,遇藩镇

---

① 《唐国史补》卷下。
② 〔唐〕谷神子:《博异志》"崔无隐"条。
③ 《全唐文》卷二六三。
④ 《唐会要》卷九十《闲杂》"太和二年九月敕"。
⑤ 唐代封演《封氏闻见记》卷六:"其茶自江淮而来,舟车相继,所在山积。"
⑥ 《旧唐书》卷一六三《胡证传》。

刺客，挥刀击帽，落地"，在这种紧急时刻刺客们竟然争抢毡帽，足见扬州毡帽何等受欢迎，难怪诗人们也说长安少年"划戴扬州帽"了[①]。又如洛城卢仲元，偶得百两黄金，"持金鬻于扬州，时遇金贵，两获八千，复市南货入洛"[②]，扬州不仅是金融中心，且成为北人购买南货的重要市场。诸如魏州修渠"以迎江淮之货"，汴州"草市迎江货"等等，更是不胜枚举。由此可见，唐中叶以后南北城市之间的经济交往主要是南方商品流向北方，这就是本文所要阐明的城市经济的基本流向。综合以上城市之间的经济交往及其商品流向，可用图1简示如下：

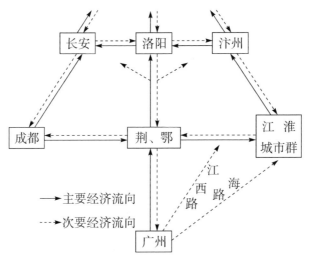

图1　唐中叶以后南北城市之间的经济交往及其商品流向

如图所示，唐中叶以后我国城市之间的经济交往主要在南北之间展开，这种交往并非均衡进行，而是呈现出由南向北为主的商品流通形式，南方城市间经济联系的加强，是南方市场经济能与北方抗衡的基础，城市经济越发展，这种联系越紧密，南方市场经济对北方的影响也越大，自南而北的经济流向也就越明显。这对我们分析城市分布重心的南移有重要意义。如果把城市仅仅看作是坐落在地表上的静止的点，并且根据这些点的

① 《太平广记》卷一五三《裴度》；〔唐〕李廓：《长安少年行》，《全唐诗》卷四七九。
② 〔唐〕赵璘：《因话录》卷三。

大小和多少来判断城市分布的重心，固然可以得出唐宋之际城市分布重心南移的结论，但这不过是只看到了城市分布的表面，只有进一步看到地表上的这些点所辐射的经济力量的大小，才是看到了城市分布重心的实质。因此，我们不仅要分析城市坐落点的大小和多少，更重要的还应看到城市之间的经济流向，正是在这种意义上，我们认为唐宋之际我国城市的分布重心已经基本移到江淮区域。

总之，任何城市都是作为区域发展的经济中心而存在的，一个区域的城市发展水平，是该区域经济发展水平的体现，区域之间的经济差异则又决定着城市分布的基本格局。城市和区域在经济发展上的这种同步关系，是我们考察城市分布结构变迁的理论前提。唐宋之际南方经济的迅速崛起，特别是江淮一带逐渐成为全国的经济重心，说明这时的区域经济已经发生重大变化，这就决定了城市分布结构也必然会来一次变革。中国都城在这个时期已由长安而洛阳而开封，持续向东迁徙，中国城市的分布重心也从黄河流域移到了长江下游的江淮及太湖区域。所以，城市分布重心南移，是唐宋之际城市分布结构发生变革的重要内容之一，它的意义已经不仅仅限于城市自身的分布变迁，它同时还表明全国的经济重心也已移到长江下游地区。从此以后，我国的经济流通基本呈现着南北交往态势，江淮城市网络也就成为市场机制最突出的商品集散地。

（原载《暨南学报（哲学社会科学）》1989年第2期）

宋代鄂州城市布局初探

杨　果

自魏晋以来，鄂州城即是长江流域的重要城镇之一[①]，历经发展，至宋代成为长江中游的最大城市，区域性政治、经济、文化中心。本文试图从城市内部平面布局的角度探讨宋代鄂州城的发展变迁，在对鄂州城市布局进行复原的基础上，分析其所体现出的特点，考察其与地理环境、经济发展、文化心理诸因素的关系，为宋代城市史的研究提供一个实证性的个案。

一、城池规模与城门布局

从三国到宋元，鄂州城的营建经历了两个大的时期，总的趋势是城池规模逐渐增大，自西向东扩展。

第一个时期，"吴孙权赤乌二年修筑旧垒，谓之夏口城"[②]。夏口城，"依山傍江，开势明远，凭墉藉阻，高观枕流，对岸则入沔津，故城以夏口为名"[③]。城池"周围一十二里，高二丈一尺。后又因州治后山增筑左右，为重城，设二门，东曰□州门，西曰碧澜门。宋、齐、梁、陈皆因

---

① 宋时鄂州，明清以降皆称武昌，地当今湖北省武汉市武昌区老城区一带。

② 〔明〕薛刚纂修、吴廷举续修：《嘉靖湖广图经志书》（以下简作《湖广图经志书》）卷一《本司志·城池》，日本藏中国罕见地方志丛刊本，书目文献出版社1990年据日本尊经阁文库藏明嘉靖元年刻本影印。

③ 〔清〕迈柱修：《（雍正）湖广通志》卷七七《古迹志·武昌府·江夏县》，雍正十一年（1733）刻本。

之"①。唐宝历中，牛僧孺"检校礼部尚书、同中书门下平章事、鄂州刺史、武昌军节度、鄂岳蕲黄观察等使。江夏城风土散恶，难立垣墉，每年加板筑，赋青茆以覆之。吏缘为奸，蠹弊绵岁。僧孺至，计茆苫板筑之费，岁十余万，即赋之以砖，以当苫筑之价。凡五年，墉皆甃茸，蠹弊永除"②。牛僧孺筑城提高了城墙质量，但城池的规模没有大的变化。

第二个时期是宋朝，鄂州城得到较大规模的扩建。北宋皇祐三年（1051），知州李尧俞增修城池，此后的鄂州城是原夏口城的两倍，"周围二十四里，高二丈一尺，门有三，东曰清远，南曰望泽，西曰平湖。元因之"③。限于地形，城池扩建向东展开，孙吴时的夏口城变为城内西头的子城。

除了清远、望泽、平湖三门之外，见于宋人记载的鄂州城门还有竹簰门、汉阳门、武昌门。

竹簰门：《舆地纪胜》卷六六《鄂州·景物》"弥节亭"条："在竹簰门外，临江。"

武昌门：《溪堂集》卷五《七言绝句》："武昌门外柳如烟，想见潘侯枕曲眠。欲借一帆春水去，江边皆是楚州船。"《舆地纪胜》卷六六《鄂州·监司军帅沿革》："湖广总领所……今置司在武昌门内。"

汉阳门：《入蜀记》卷三："至鄂州……与（章）冠之出汉阳门，游仙洞……"《石屏诗集》卷一《鄂渚张唐卿周嘉仲送别》："武昌江头人送别，杨柳秋来不敢折。汉阳门外望南楼，昨日不知今日愁。"

以上三门，竹簰门应是西门。鄂州城西面濒临长江，竹簰门既然"临江"，则应是西门。对照明清方志，可知竹簰门确是鄂州西门。《（雍正）湖广通志》卷一五《城池志·武昌府》"府城"条："明洪武四年，江夏侯周德兴增拓修筑……为门九，东曰大东，曰小东，西曰竹簰，曰汉阳，曰

---

① 《湖广图经志书》卷一《本司志·城池》。
② 〔后晋〕刘昫等撰：《旧唐书》卷一七二《牛僧孺传》，中华书局1975年版，第4470页。
③ 《湖广图经志书》卷一《本司志·城池》。

平湖……"

汉阳门也是西门。据陆游记载，他在鄂州与章冠之一道先"登石镜亭，访黄鹤楼故址"，然后"与冠之出汉阳门"。石镜亭在"石城山一隅，正枕大江，其西与汉阳相对，止隔一水，人物草木可数"[1]。前引《石屏诗》亦称"武昌江头人送别……汉阳门外望南楼"，由此可知，汉阳门在城西大江边，与西面的汉阳隔江相对，距离很近，这种地理位置只可能在鄂州城西。宋代以后，汉阳门屡见于史籍，如元朝曹伯启《曹文贞公诗集》卷九《良月既望忆仲通宰公兼寄君平察推》："闲登黄鹤旧矶头，万顷烟波起暮愁。想象故人心似我，汉阳门外望南楼。"《（雍正）湖广通志》卷二五《祀典志·武昌府江夏县》："江汉神祠，在汉阳门楼，宋淳熙中通判刘靖以江汉宜为望祀，即灵竹寺西为坛祭之，后改祀今所。"《（雍正）湖广通志》卷一五《城池志·武昌府》："武昌府城……明洪武四年，江夏侯周德兴增拓修筑……为门九……西曰竹簰，曰汉阳……嘉靖十四年，都御史顾璘重修，门仍九……西易竹簰曰□□，曰汉阳……"直至今日，武汉市武昌区城西仍有汉阳门，是长江边的一个重要渡口。

武昌门，从地理方位上看，应该也在鄂州城西。前引《溪堂集》诗称："武昌门外柳如烟……江边皆是楚州船"，说明武昌门是临江的城门。明清人的诗文中有不少吟咏武昌门的句子，如明人张羽《静庵集》卷四《题画赠长兴杜典史浚》："下若溪头山似戟，武昌门外柳如烟。何如肆射平其去，束带闲耕墓下田。"董纪《西郊笑端集》卷一《次韵沙允恭感怀二首》："行乐有孤灵运屐，笑谈无复庾公楼。武昌门外多官柳，能有几株今尚留。"清人萧广昭《榴花塔》："梅山远对武昌门，霜影迷离孝妇

---

① 〔宋〕陆游：《入蜀记》第五，《陆游集·渭南文集》（以下简作《渭南文集》）卷四七，中华书局1976年版，第2443页。

村。"①朱彝尊《曝书亭集》卷六《送吴二先辈还汉阳》:"汉南归思绕晴川,溢浦西风送客船。莫上武昌门外望,断肠杨柳似当年。"毛奇龄《西河集》卷一三九《送友之崇阳》:"武昌门外新栽柳,何处相思不断肠。"②这些诗句,多与登船、送别相关,说明武昌门应是临江的西门。从南宋时湖广总领所的地位,也可大体推知武昌门的方位。"武昌屯兵数万,仰给六路之饷"③,湖广总领所"总领湖南北、广东西、江西、京西六路财赋,应办鄂州、江陵、襄阳、江州驻扎大军四处,及十九州县分屯兵"④,巨额的粮草经由江汉水道输入鄂州,中转各地,主管其事的总领所理应设在鄂州城西的大江边上较为方便。

如前所述,宋时鄂州城西已有平湖、汉阳、竹簰三门,武昌门是否是城西第四门?笔者以为否。一个基本的依据在于明代武昌府城之西门仅为平湖、汉阳、竹簰,三者的相对方位,据《湖广图经志书》卷二《江夏县图》可见,汉阳门在正西,平湖门在汉阳门以南,竹簰门又在平湖门东南。明代城西三门是洪武四年(1371)周德兴"增拓修筑"、武昌城扩建为九门后的情形,九门的基本格局一直维持到清朝后期,其间经历了"嘉靖十四年都御史顾璘重修""皇清总督祖泽远增修,雍正六年重修"⑤。宋代鄂州城的规模不如明清时期,不可能也没有必要在城西设置四门。进而一步,将武昌门与黄鹤山、黄鹤楼的关系,对照汉阳门与同山、同楼的关

---

① 转引自《(雍正)湖广通志》卷八八《艺文志》。榴花塔、孝妇村,在明代皆是武昌城附近的地名。明代李贤等《大明一统志》卷五九《湖广布政司·古迹》:"石榴花塔,在郡城西北。宋时有妇事姑至孝,一日杀鸡为馔,姑食鸡而死。姑女诉于官,妇坐罪,无以自明,临刑乃折石榴花一枝,插地而祝曰:妾若毒姑,花即枯悴,若属诬枉,花可复生。其后,花果生。时人谓天彰其员冤,遂立塔花侧,以表其事。"三秦出版社1990年影印明天顺刻本。

② 以上数条皆转引自《(雍正)湖广通志》卷八九《艺文志》。

③ 〔宋〕杨万里:《诚斋集》卷一一九《中散大夫广西转运判官赠直秘阁彭公(汉老)行状》,景印文渊阁四库全书本,台湾商务印书馆1986年版。

④ 〔宋〕王象之:《舆地纪胜》卷六六《鄂州·监司军帅沿革》,江苏广陵古籍刻印社影印道光二十九年(1849)惧盈斋本。

⑤ 《(雍正)湖广通志》卷一五《城池志·武昌府·武昌府城》。同卷所绘乾隆五十九年(1794)《江夏县图》上,九门情形清楚可见。

系，不难看到，《舆地纪胜》中的"武昌门"与《入蜀记》中的"汉阳门"基本一致，此二门很可能是一门二名，换言之，明代初年的武昌城西门有三，很可能是沿用的宋代布局。

鄂州城依山傍江，建筑城垣，形成一个不规则的圆形。

城内有子城，由原夏口城而来。《舆地纪胜》卷六六《鄂州·景物》"夏口城"条载："子城本名夏口城……张舜民《南迁录》云：鄂城子城，与润州子城、金城、覆舟山城、武昌吴王城，制作皆一体。皆依山附险，周回不过三二里。乃知古人筑城，欲牢不欲广也。"宋时期，鄂州子城的城垣已"缺坏"[①]，但名称一直保留下来，至明代仍有，《大明一统志》卷五九《湖广布政司·山川》载："黄鹄山，在府城西南，一名黄鹤山，旧因山为城，即今万人敌及子城也。"

二、衙署与楼台亭阁

鄂州城位于长江与汉水交汇之处，"地居形要，控接湘川，边带汉沔"[②]，"通接雍、梁，实为津要"[③]，"历代常为重镇"[④]。入宋以后，随着统治中心的南迁东移，鄂州的地位进一步上升。南宋时期，由于宋金战争的需要，鄂州更加重要，州城不仅是鄂州与江夏县的治所，也成为路级机构所在。绍兴年间，荆湖北路转运司从北宋时的江陵移治鄂州；绍兴五年（1135），在鄂州设立都统制司；不久又增设湖广总领所。三大机构皆置司于鄂州城内。

鄂州城地形特殊：城西以长江为限，城中山丘连绵。从西面长江边向东延伸，依次有黄鹄山和今凤凰山、洪山、珞珈山、桂子山、伏虎山、南望山、磨山、喻家山等，形成一条绵延起伏的山脉。黄鹄山，"在府城西

---

① 《渭南文集》卷四七《入蜀记》第四，第2441页。

② 〔宋〕乐史撰、王文楚等点校：《太平寰宇记》卷一一二《江南西道十·鄂州》，中国古代地理总志丛刊本，中华书局2007年版。

③ 〔元〕脱脱：《宋书》卷六六《何尚之传》，中华书局1974年版，第1737页。

④ 《舆地纪胜》卷六六《鄂州·风俗形胜》。

南，一名黄鹄山"①，"俗呼蛇山"②。两宋时期，黄鹄山"起东九里，至县西北"，横贯全城，"林间甚美"③；山之最高处有矶，"上则回眺山川，下则激浪崎岖，是曰黄鹄矶"④，是一处胜景，著名的黄鹤楼就建在矶头⑤。

城中之山黄鹄山具有控扼全城的优势，各级官府衙署环布山麓，集中于山的西麓、东麓与南麓。转运使司"在州之清远门内，即旧江夏县及县丞厅也"，湖广总领所"置司在武昌门内"；都统制司先"置司于州治"，绍兴十一年（1141）"移司于城东黄鹄山之麓，即冯文简公之旧宅也"⑥。基本上都分布在地势高险的子城之内。

路级衙署之外，江夏县与鄂州同治，衙署坐落在州治东南子城的一座角楼——焦度楼下⑦。

与各级衙署错落交织的是众多的楼台亭阁。

山川形胜历来是官员士大夫、文人墨客登临吟咏的最爱，黄鹄山间建有众多的楼台亭阁，子城路府（州）衙署一带尤为集中。

最有名者为黄鹤楼。"在子城西南隅，黄鹄矶山上。"黄鹤楼"因山得名""自南朝已著"，最初是用作战守的锜望楼，后来引出许多相关的神话传说，成为历代文人墨客吟咏抒怀的对象。唐代是黄鹤楼的极盛时期，"观其耸构巍峨，高标宠炭，上依河汉，下临江流，重檐翼馆，四闼霞敞，

---

① 《大明一统志》卷五九《湖广布政司·山川》。明代杨士奇《东里文集》卷三《武昌十景图诗序·武昌郡》载："起武昌城西，临江有山屹然而高者，为黄鹤山，郡志称黄鹄山。"中华书局1998年版，第39页。

② 《（雍正）湖广通志》卷七《山川志·武昌府·江夏县》。

③ 《舆地纪胜》卷六六《鄂州·景物》"黄鹄山"条。

④ 《（雍正）湖广通志》卷七七《古迹志·武昌府·江夏县》"夏口城"条。

⑤ 唐代李吉甫《元和郡县图志》卷二七《江南道三·鄂州江夏》载："鄂州州城，本夏口城……西临大江，西南角因矶为楼，名黄鹤楼。"中国古代地理总志丛刊本，中华书局1983年版，第644页。

⑥ 以上皆出自《舆地纪胜》卷六六《鄂州·监司军帅沿革》。

⑦ 《舆地纪胜》卷六六《鄂州·县沿革》"江夏"条，同书同卷《鄂州·古迹》"焦度楼"条。

坐窥井邑，俯拍云烟，亦荆吴形胜之最也"①。李白、王维、贾岛、白居易等名家都有佳作传世，崔颢的《黄鹤楼》诗更是千古绝唱。入宋以后，有关黄鹤楼的诗文、碑记仍然不少，并有一幅界画，至今尚存。画面可见，黄鹤楼已成建筑群体，主楼周围有小轩、曲廊、重檐华亭环绕；楼群雄峙在紧连城墙的高地上，俯瞰大江，江面波涛相逐，船桅耸立②。但南宋以后，黄鹤楼"楼已废，故址亦不复存"③。

宋代鄂州城为数众多的楼阁中，声名最高的是南楼。"南楼，在郡治正南黄鹄山顶，中间尝改为白云阁。元祐间知州方泽重建，复旧名。"④南楼"制度闳伟，登望尤胜，鄂州楼观为多，而此独得江山之要会"⑤。宋代文人在鄂州的登楼咏唱之作更多的是有关南楼而不是黄鹤楼的，其中不乏名人名作，如黄庭坚诗《长句久欲寄远因循至今书呈公悦》、范成大诗《鄂州南楼》。黄庭坚诗称："江东湖北行画图，鄂州南楼天下无。高明广深势抱合，表里江山来画阁。"⑥将南楼的恢宏气势描写得淋漓尽致。范成大的《鄂州南楼》："谁将玉笛弄中秋，黄鹤飞来识旧游。汉树有情横北渚，蜀江无语抱南楼。烛天灯火三更市，摇月旌旗万里舟。却笑鲈乡垂钓手，武昌鱼好便淹留。"⑦俨然一幅江山市井风俗画。南楼在黄鹤楼之东偏南，二楼之间有涌月堂，涌月堂以北有西爽亭，"下临岩壁，有唐时及庆历间摩崖题字"⑧。南楼之西是仙枣亭，传说中仙人为宋太宗采摘大枣之处。

黄鹤楼的西边有石照亭，一名石镜亭，因"临崖有石，如镜……每为

---

① 〔唐〕阎伯理：《黄鹤楼记》，引自《文苑英华》卷八一○，中华书局1966年版。

② 参见武汉地方志编纂委员会：《武汉市志·文物志》"古建筑·亭台楼阁"，武汉大学出版社1990年版，第42—43页。

③《渭南文集》卷四七《入蜀记》第五，第2443页。

④《舆地纪胜》卷六六《鄂州·景物》。

⑤《渭南文集》卷四七《入蜀记》第五，第2443页。

⑥〔宋〕黄庭坚著、刘尚荣校点：《黄庭坚诗集注·山谷诗集注》（以下简作《山谷诗集注》）卷一八《古诗五十首》，中华书局2003年版，第632页。

⑦〔宋〕范成大撰、富寿荪点校：《范石湖集·诗集》卷一九，上海古籍出版社1981年版，第274页。

⑧《舆地纪胜》卷六六《鄂州·景物》。

西日所照则炯然发光"而得名①。

楼台亭阁多在官衙附近，隶属于官府。例如：

总领所，"有清景堂、正己亭、应轩、憩轩、跨碧、梅阁等处"②，有楚观楼③、生春楼④、清美楼、曲水亭、乔木亭。又有北榭，"在设厅后，因山为之，与南楼对"。烟波亭"在设厅后、北榭西，外瞰长江"。总领所东北的楚望、黄鹄山顶的楚观，"亦隶本所"⑤。

转运司"有副使，判官"，设东、西二衙。东衙有一览亭、跨鹄亭、乖崖亭⑥。转运司又称漕司，其所在也就称为漕园，据陆游所见，漕园有"依山亭馆十余"，但"不甚葺"⑦。东衙有东圃，"旁有细履亭"，"又有四景亭"。转运司西衙，有广永亭，"在西漕衙黄鹄山之绝顶，西近楚观，下视江汉，故取其义云"，有春阴亭，"旧名绿阴"；又有凝香亭和皆被称作"横舟"的西南二亭。

转运副使的衙署，有江汉亭，"因古城作亭榭，俯瞰江汉，景物最嘉"⑧。张栻曾为此亭作记⑨。又有半山亭、静春台。

---

① 《舆地纪胜》卷六六《鄂州·景物》。

② 《舆地纪胜》卷六六《鄂州·景物》。清景堂又作"景清堂"，同书同卷："景清堂，在总领所。"

③ 《舆地纪胜》卷六六《鄂州·景物》："楚观，在总所，即奇章亭旧址。"同书同卷"奇章亭"条称："在州治东南一里子城上。"奇章亭在北宋时尚是一处佳景，宋代贺铸《庆湖遗老诗集》卷八《五言绝句》"江夏八咏"之一即咏奇章亭，诗称："亭揭奇章榜，斯民孰去思，多惭羊叔子，涕泗岘山碑。"景印文渊阁四库全书本，台湾商务印书馆1986年版。南宋时亭废，《渭南文集》卷四六《入蜀记》第四载："与统、纾同游头陀寺……自方丈西北蹑支径，至绝顶，旧有奇章亭，今已废。四顾江山井邑，靡有遗者。"第2441页。

④ 《舆地纪胜》卷六六《鄂州·景物》："即上酒库也。"

⑤ 《舆地纪胜》卷六六《鄂州·景物》"楚望"条："在总领所东北。又黄鹄山顶有楚观，亦隶本所。"

⑥ 乖崖亭是用来纪念荆湖北路转运使张咏（自号乖崖）的。《舆地纪胜》卷六六《鄂州·古迹》"乖崖亭"条："在漕东衙之后。李焘设张忠定公像于其上，有文记之。"

⑦ 《渭南文集》卷四六《入蜀记》第四，第2441页。

⑧ 《舆地纪胜》卷六六《鄂州·景物》。

⑨ 〔宋〕张栻：《南轩集》卷一八《江汉亭说》，景印文渊阁四库全书本，台湾商务印书馆1986年版。

属都统制司的楼阁，有压云亭、卷雪楼、卷雨楼及会景楼、赏心楼、楚江楼、清风楼等。

楼阁以外，鄂州城内还辟有若干园林，如城北的北园、城东的东圃。北园"在总领所"，东圃"在漕使东衙，旧名老圃，延袤百七十丈"，是一处占地规模较大的园林①。

城区之外的楼阁，主要有楚楼，"在南草市"；压江亭，在城西南隅的长堤之外、万金堤上。城南望泽门外有南湖，"周二十里，旧名赤栏湖，外与江通"②，登高下瞰，湖面"荷叶弥望，中为桥，曰广平。其上皆列肆，两旁有水阁极佳，但以卖酒，不可往"③，这些水阁属于兼有游览观光与商业贩卖性质的亭阁。

城外东边另有东湖，"在城东四里，湖上有东园，为近城登览之胜"④。

三、祠庙寺观与书院、军营

祭祀的最重要内容莫过于祀天地、山川、社稷。鄂州有社稷坛，位于城东偏北处，"始在中军寨"，"其地褊迫洿下，燎瘗无所"，淳熙九年（1182）"度地更置"，"得城东黄鹤山下废营地一区，东西十丈，南北倍差，按政和五礼画为四坛"⑤。

其他各种祠庙寺观不少。城中有开元寺，"在城南一里"，"本梁邵陵王纶舍宅为寺"，南宋时，开元寺中有唐大历八年（773）所铸铜钟，重达1.3万斤，并有天宝三年（744）所铸铁佛。明清以后，寺名改作铁佛寺⑥。城南一里还有灵竹寺，是传说中孝子孟宗哭母泣竹之地，绍兴间（1131—

---

① 《舆地纪胜》卷六六《鄂州·景物》。
② 《舆地纪胜》卷六六《鄂州·景物》。
③ 《渭南文集》卷四七《入蜀记》第五，第2443页。
④ 《舆地纪胜》卷六六《鄂州·景物》。
⑤ 〔宋〕朱熹：《晦庵先生朱文公文集》卷七九《鄂州社稷坛记》，北京图书馆出版社2006年版。
⑥ 《（雍正）湖广通志》卷七八《古迹志·武昌府·江夏县》"铁佛寺"条。

1162）建盂孝感庙①。

多数寺庙建在城东门以外，其中最负盛名的两座，一是头陀寺，一是洪山寺。

头陀寺，"在清远门外黄鹄山上，宋大明五年建，自南齐王中作寺碑，遂为古今名刹"②，吸引了历代文人士子吟咏唱和。如李白《江夏赠韦南陵冰》诗称："头陀云外多僧气"③；黄庭坚《头陀寺》诗云："头陀全盛时，宫殿梯空级。城中望金碧，云外僧濈濈。"④南宋初年，"寺毁于兵火"⑤，"人亡经禅尽，屋破龙象泣"⑥。战争结束后，"汴僧舜广，住持三十年，兴葺略备"。唐开元六年（718）所建著名的南齐王简栖碑，仍置"藏殿后"⑦。头陀寺山顶有磨剑池，寺旁有读书堂⑧。

洪山寺，在城外东面的洪山南麓。"洪山，在江夏县东十里，旧名东山，唐大观中改今名。"⑨洪山寺因而又名"东山寺"。该寺由"唐宝历中善信禅师开山，宋制置使孟珙、都统张顺重修"⑩。岳飞曾长期驻兵鄂州，传说洪山寺的第一株松树便是岳飞亲手植下的，故得名"岳松"。洪山寺后来屡毁屡建，今日仍存，名"宝通禅寺"。

与洪山寺南北对峙的，有兴福寺，"隋文帝建，咸淳六年，僧人净聚

---

① 《舆地纪胜》卷六六《鄂州·古迹》。贺铸《庆湖遗老诗集》卷八《江夏八咏》："灵竹寺，相传孟宗故居也。"罗愿《鄂州小集》附曹宏斋《鄂州太守存斋罗公愿传》："淳熙十一年……鄂人绘像灵竹寺，孟宗泣竹处。"《大明一统志》卷五九《湖广布政使司武昌府·祠庙》："孟孝感庙，在府城东二里，祀吴孝子孟宗，宋绍兴间建，本朝迁武昌卫前。"孟孝感庙或称"孟宗庙"。《湖广图经志书》卷二《武昌府·祠庙·江夏》："孟宗庙，在县东二里，祀□孝子孟宗也。宋绍兴间建。本朝迁武昌卫堂北。弘治初，知府冒政改建于大东门外白鹤山巅。"

② 《舆地纪胜》卷六六《鄂州·景物》。

③ 〔唐〕李白撰、〔清〕王琦注：《李太白全集》卷一一，中华书局1977年版，第584页。

④ 《山谷诗集注》卷一八《古诗五十首》，第632页。

⑤ 《渭南文集》卷四六《入蜀记》第四，第2441页。

⑥ 《山谷诗集注》卷一八《古诗五十首》，第641页。

⑦ 《渭南文集》卷四六《入蜀记》第四，第2441页。

⑧ 《舆地纪胜》卷六六《鄂州·古迹》。

⑨ 《嘉庆重修一统志》卷二五八《武昌府》，中国古代地理总志丛刊本，中华书局1986年版。

⑩ 《（雍正）湖广通志》卷七八《古迹志·武昌府·江夏县》"宝通寺"条。

重修"①。

崇佛、道之外，宋代鄂州民间还建有不少具有地方特色的寺庙。

如祭祀各种与民间生活相关的神灵。宁湖寺，在平湖门内，传说"湖有水怪，唐广德中建寺镇之"②。广惠庙，"在竹簰门外护城矶上，旧名顺济龙王庙，宋淳熙间祷雨灵应，扁今额"③。宋大宪庙，在城东七里，祀"火精"宋无忌，"以禳火灾"。唐牛僧孺立庙时"本为大夫"庙，五代"避杨行密父讳，改作大宪"④，后有毁坏，"宋绍兴中知州王信复立，俗云火星堂"⑤。

最常见的是祭祀水神（江神）。除常见的龙王庙以外，有横江鲁肃庙，在城西南二里，因"肃尝为横江将军，故庙以为名"⑥；三圣公庙（简称"三公庙"，又名"普应庙"⑦），在城东五里，"鄂人中秋日阖郡迎神"，十分虔诚，所迎三神之一即为伏波⑧；江汉神祠，始建于宋咸淳年间（1265—1274），"通判刘靖以江汉在境内，宜为望祀，乃为坎以祭之"⑨，初在灵竹寺西，后改祀汉阳门楼上⑩。

另一些祠庙奉祀与当地有关的人物。陆大宪庙，在城西南三里，祀汉

---

① 《湖广图经志书》卷二《武昌府·祠庙·江夏》。
② 《（雍正）湖广通志》卷七八《古迹志·武昌府·江夏县》。
③ 《湖广图经志书》卷二《武昌府·祠庙·江夏》。
④ 《舆地纪胜》卷六六《鄂州·古迹》。
⑤ 《大明一统志》卷五九《湖广布政使司武昌府·祠庙》。
⑥ 《舆地纪胜》卷六六《鄂州·古迹》。
⑦ 《大明一统志》卷五九《湖广布政使司武昌府·祠庙》："普应庙，在府城东五里，旧云三公庙，自唐有之，宋始赐今额。"
⑧ 《舆地纪胜》卷六六《鄂州·古迹》："三圣公庙，在城东五里，鄂人中秋日阖郡迎神，庄绰辨疑，则以为萧丹、赤山神、葛元也。郭祥正诗云：'三神鼎峙名何谓，子胥范蠡马伏波。'是祥正指伏波为马伏波，而庄绰谓葛仙，亦拜伏波将军故也。绰以为按唐祠记，而祥正亦必有据。当考。"
⑨ 《大明一统志》卷五九《湖广布政使司武昌府·祠庙》。《湖广图经志书》卷二《武昌府·祠庙·江夏》"江汉神祠"条略同。
⑩ 《（雍正）湖广通志》卷二五《祀典志·武昌府·江夏县》。

陆贾①；武安王庙，在头陀寺，祀关羽②；卓刀泉关羽庙，亦祀关羽，在江夏东十里，"世传关羽尝卓刀于此"，遂立庙于泉上③。忠义祠，"在府治，北宋建炎间，金骑渡江，郡守李宜婴城固守，民赖以安。后为贼所房，遁投僧寺，僧疑而杀之，百姓伤感，为建祠祀焉。太守马去疾以闻，赐额忠义"④。鄂州城西南有鹦鹉洲，传说中黄祖在此杀害祢衡，洲上遂有祢衡墓、黄祖墓⑤，后来成为鹦鹉寺。鹦鹉寺南又有岩头寺，系"唐全太岁禅师驻锡处"⑥，陆游乘舟经行此地时，曾远望鹦鹉洲"有茂林神祠"⑦，很可能就是这些祠庙。另外，城东北七里有大圣奄，应该也是祭祀某类人物的⑧。

最值得重视的是南宋前期鄂州民间建造的岳飞庙。初名忠烈庙，《舆地纪胜》卷六六《鄂州·古迹》："忠烈庙，在旌忠坊，州民乾道六年请于朝，岳飞保护上游，有功于国，请立庙，诏赐今额。"后称"忠孝祠"或"岳武穆祠"，地址也从旌忠坊迁移到小东门外将台驿旧址。《湖广图经志书》卷二《武昌府·祠庙·江夏》："岳武穆祠，在县东十里，即将台驿故址。旧名忠烈庙，在旌忠坊。宋岳飞保护上游有功，乾道中建庙于鄂，赐今额。嘉定中，又追封鄂王。……正德十四年，都御史吴廷举奏迁驿于小东门外，布政周季凤、知府沈栋即驿址建为今祠。"旌忠坊的位置不详，在今湖北省武汉市武昌区司马门一带有鄂王府的遗址可考。

明清时迁至东门外的岳王庙旁边植有松柏，称"岳柏"。出于对英雄的崇敬，民间生发出一些有关岳柏的神话。《（雍正）湖广通志》卷七七

---

① 《舆地纪胜》卷六六《鄂州·古迹》。《大明一统志》卷五九《湖广布政使司武昌府·祠庙》："按《汉史》，贾非道死，或因楚产，郡人为立庙尔。"

② 《舆地纪胜》卷六六《鄂州·古迹》。

③ 《舆地纪胜》卷六六《鄂州·景物》。

④ 《大明一统志》卷五九《湖广布政使司武昌府·祠庙》。

⑤ 《舆地纪胜》卷六六《鄂州·古迹》。

⑥ 《（雍正）湖广通志》卷七八《古迹志·寺观·武昌府·江夏县》。

⑦ 《渭南文集》卷四七《入蜀记》第五，第2444页。

⑧ 《舆地纪胜》卷六六《鄂州·景物》"八叠院"条。

《古迹志·武昌府·江夏县》："岳柏，在大东门外鄂王庙墀左，围可三尺，枝干疏老不繁，人号为独柏。每值辰戌丑未年，楚士有掇巍科者，柏预吐一奇枝。"

寺观庙宇多讲求清净、优雅，因而正是读书的好地方，有的书院和寺院其实就是一体的。如头陀寺有读书堂[①]。洪山东岩寺，"唐大观中建，又额曰正心书院，鄂国公尉迟读书处"，这里环境幽静，景色宜人，"山后石刻有'几处稻粱喧鸟雀，数声钟磬起渔樵'句"[②]。南宋庆元年间（1195—1200），"河阳赵淳清老架阁其上，榜曰东岩书院"[③]。

城中的黄鹄山丘陵起伏，林深叶茂，是立书院、建学校之佳处。黄鹄山东麓有东山书院[④]，山中有学宫，直至南宋末年，仍有文士张君寿与诸生"植屋数间于黄鹄山中学宫之后"，聚众读书，因地当"东面日出，君寿于是榜之曰'朝阳书堂'"[⑤]。

鄂州州学，"在府治南半里，宋康定中知州王素徙郡城西"[⑥]，立于黄鹄山前。仁宗庆历年间（1041—1048），开展全国规模的兴学运动，鄂州也"大增学舍"[⑦]，形成一个占地"甚广"的州学，内有"聪明池"等设施[⑧]。由于战争的影响，鄂州州学几度兴废。两宋之交时曾被"夺为营垒"，好在为时不久，"绍兴中，都帅田师中以教官朱栻之请，撤营修学。即而，教授商飞卿请于州重建"[⑨]。重建后的州学比较规整，先后修建了稽古阁、四贤堂等。修建稽古阁的工程由鄂州州学教授许中应主持，许氏"既新其学之大门，而因建阁于其上，椟藏绍兴石经、两朝宸翰，以为宝

① 《舆地纪胜》卷六六《鄂州·古迹》。
② 《（雍正）湖广通志》卷七八《古迹志·武昌府·江夏县》。
③ 《湖广图经志书》卷二《武昌府·寺庙》。
④ 《湖广图经志书》卷二《武昌府·学校》"东山书院"条。
⑤ 〔宋〕刘辰翁：《须溪集》卷二《朝阳书堂记》，景印文渊阁四库全书本，台湾商务印书馆1986年版。
⑥ 《湖广图经志书》卷二《武昌府·寺庙》。
⑦ 《湖广图经志书》卷二《武昌府·寺庙》。
⑧ 《舆地纪胜》卷六六《鄂州·景物》"聪明池"条。
⑨ 《舆地纪胜》卷六六《鄂州·景物》"聪明池"条。

镇，又取板本九经、诸史，百氏之书，列置其旁"，这项工程"始于绍熙辛亥之冬，而讫于明年之夏，其费亡虑三百万"，得到就学诸生与当地官员的积极支持①。四贤堂，"宋嘉定中教授石继谕建，以祀周、程、朱子"②，黄榦为之作《鄂州州学四贤堂记》③。南宋末年，鄂州州学再次遭受"兵燹"，至元朝"延祐中重建"④。

江夏县学，宋朝初年附属于鄂州州学，但在州学中"别为一斋，名务本"，南宋绍兴以后，务本斋也一并"悉附州学"。元朝沿用这种体制，至明朝洪武年间（1368—1398）独立建学⑤。

军营与州县儒学本可谓"风马牛不相及"，但在边事多兴的宋朝，二者之间有着较为密切的关系。前述鄂州州学曾被"夺为营垒"，就是一个典型例子。

南宋时，鄂州是宋朝抗金的重镇，屯驻大批军队，营寨占地甚广，仅城东黄鹤山下一区，便达"东西十丈，南北倍差"⑥。在城东北七里，有游奕军寨⑦。北宋时，鄂州东北有一名为白杨夹口的江边港口，南宋时成为一个具有浓厚军事色彩的集镇，当地"居民及泊舟甚多，然大抵皆军人也"⑧。这种情形与鄂州城驻有大量军队正可互相印证。

四、民居、街市、港口及其他

由于地形的限制和历史上沿袭下来的格局，鄂州城的西头主要是各级官署；沿着黄鹤山自西向东展开的一线，除了官署，主要有学校、寺庙等文化、宗教类建筑；民居、街市等主要分布在城东、城北和城南的一些较

---

① 《晦庵先生朱文公集》卷八〇《鄂州州学稽古阁记》。
② 《湖广图经志书》卷二《武昌府·官室》。
③ 〔宋〕黄榦：《勉斋集》卷二〇，景印文渊阁四库全书本，台湾商务印书馆1986年版。
④ 《湖广图经志书》卷二《武昌府·学校》。
⑤ 《湖广图经志书》卷二《武昌府·学校》。
⑥ 《晦庵先生朱文公集》卷七九《鄂州社稷坛记》。
⑦ 《舆地纪胜》卷六六《鄂州·景物》"八叠院"条。
⑧ 《渭南文集》卷四六《入蜀记》第四，第2440页。

为低平的地区；由于人口增长，老城区难以容纳，民居与街市向城区以外东、南两个方向扩展的态势表现得较为突出；城西的沿江一带也成为交通、贸易繁盛，船只、人口密集的地区。

有关宋代鄂州民居的资料有限，迄今可知的是城内有旌忠坊、太平坊[1]，具体方位不详。随着坊市制的瓦解，这些坊名就成为普通的地名，明清以后，更常见的名称是"里""巷"。

南宋时，鄂州号称"今之巨镇"[2]，城内商业繁盛，出现了富商大贾。乾道年间（1165—1173），"鄂州富商武邦宁，启大肆，货缣帛，交易豪盛，为一郡之甲"[3]。开设了热闹的夜市，号称"烛天灯火三更市，摇月旌旗万里舟"[4]。四方商贾云集，市容相当繁荣，"民居市肆，数里不绝，其间复有巷陌，往来憧憧如织"[5]。鄂州城中人口众多，汉阳知军黄榦说："鄂州人口繁伙，为汉阳三十余倍"[6]，即约十万家。光宗绍熙三年（1192）"十二月甲辰，鄂州火，至于乙巳，燔民居八百家"[7]。人口众多，建筑密集，以致空地难寻，近城之处甚至找不到安葬死者的地方。《夷坚志》乙集卷九"鄂州遗骸"条称：乾道八年（1172），官府收敛无处安葬的遗骸，"一切火化，投余骨于江。其数不可胜计"。

随着人口的不断增长，民居与街市不断地向城外扩展。

城南望泽门外的"长街"，成为一个重要的居民区。《舆地纪胜》卷六六《鄂州・景物》："南湖，在望泽门外，周二十里……外与江通。长堤为

① 旌忠坊已如前述，太平坊见宋代郑獬《郧溪集》卷二二《朱夫人墓志铭》："夫人朱氏……皇祐辛卯二月，以病卒于鄂州太平坊里第。"景印文渊阁四库全书本，台湾商务印书馆1986年版。
② 〔宋〕叶适撰、刘公纯等点校：《叶适集・水心文集》卷九《汉阳军新修学记》，中华书局1961年版，第141页。
③ 〔宋〕洪迈撰、何卓点校：《夷坚志》支庚卷五"武女异疾"条，中华书局1981年版，第1174页。
④ 《范石湖集・诗集》卷一九《鄂州南楼》，第274页。
⑤ 《渭南文集》卷四七《入蜀记》第五，第2444页。
⑥ 《勉斋集》卷三〇《申京湖制置司辨汉阳军籴米事》。
⑦ 〔元〕马端临：《文献通考》卷二九八《物异考四・火灾》，中华书局1986年版。

限，长街贯其中，四旁居民蚁附。"

长堤与长街相伴，或者长堤即是长街，这种情形在沿江城市并不罕见。鄂州城面临大江，经常受到江水泛滥的威胁，修筑江堤是最主要的防灾措施。北宋后期，在鄂州城西的平湖门外，修筑了一道拦江长堤，明清以后的多种志书中，屡次提到过这道江堤。《嘉靖湖广图经志书》卷二《武昌府·山川·江夏》"长堤"条："在平湖门内。旧志云，政和年间，江水泛溢，漂损城垣，知州陈邦光、县令李基筑堤以障水患，至今赖之。"长堤又名"花堤"，今天的武汉市武昌区尚有花堤街，位于长江大桥武昌桥头南，上起紫阳路，下至彭刘杨路，街名即因地当花堤故址而得。花堤街可以说是今天的武昌现存的最古老街道之一，至今仍是店铺与民居密集的街道。

南宋时，在鄂州城西南，长堤之外加筑了一道外堤，名曰"万金堤"①。该堤在明代仍继续发挥作用。

沿江沿湖的堤防，交通方便、地势高爽，随着堤防的增高、加宽以及质量的提高，堤防不仅成为交通要道，甚至是民居所在，沿线聚居了为数众多的普通民众。淳熙十二年（1185）十月，鄂州城火灾，加上"江风暴作"，结果是"燔民居万余家"，那些"结庐于堤、泊舰于岸者，焚溺无遗"②。

鄂州城外江面宽阔，港口繁忙，既供商船来往停泊，也供战船出江演

---

① 关于该堤的修筑时间有两种不同说法，一说在高宗绍兴年间（1131—1162），如清代顾祖禹撰《读史方舆纪要》卷七六《湖广二·武昌府·江夏县》"鹦鹉洲"条引旧志云："城西南平湖门内有长堤，外有万金堤，宋政和、绍兴间所筑也，至今赖之。"贺次君、施和金点校，中华书局2005年版。明末清初顾炎武撰《天下郡国利病书》卷七三《水利·江夏县》称："堤三……万金，在县西南长堤之，宋绍兴中大军筑之，建压江亭。"清道光十一年（1831）敷文阁聚珍版重刊本。一说认为是光宗绍熙年间（1190—1194）的事，如《舆地纪胜》卷六六《鄂州·景物》"万金堤"条称："在城西南隅，长堤之外，绍熙间役大军筑之，仍建压江亭其上。"《大明一统志》卷五九《武昌府·山川》"万金堤"条亦采此说。绍兴与绍熙相隔数十年，二说哪一种较为正确？从《舆地纪胜》和《大明一统志》记载宋朝史实比《读史方舆纪要》《天下郡国利病书》诸书较为原始，也往往较为准确来看，似应以绍熙说为是。
② 《文献通考》卷二九八《物异考四·火灾》。

练。陆游初至鄂州时，泊舟于江边税务亭，只见"贾船客舫，不可胜计，衔尾不绝者数里，自京口以西，皆不及"。数日后，他在江边"观大军教习水战，大舰七百艘，皆长二三十丈，上设城壁楼橹，旗帜精明，金鼓鞈鞳，破巨浪往来，捷如飞翔，观者数万人，实天下之壮观也"①。

城南三里有南浦，"其源出京首山，西入江，春冬涸竭，秋夏泛涨，商旅往来，皆于浦停泊，以其在郭之南，故曰南浦"②，南宋时"谓之新开港"③。

在城西、城南方向与外界交通频繁的地方，有迎来送往的馆舍。城西竹簰门外临江处有弥节亭，"又有皇华馆，在州治东南"，"又南津馆，在望泽门外，迎仙馆，在城南"，"匹练亭，在城东南五里何家洲"，"以上皆舍也"④。

五、南草市的繁荣

宋代鄂州城的布局上最值得注意的变化，是商业区与相应的居民区发生了空间转移，从城区以内转移到城外的南草市。

南草市在城南望泽门外，经广平桥与望泽门相连⑤，地当今武汉市武昌区西南鲇鱼套一带，东南通汤孙湖、清宁湖、纸房湖，水盛时，由三眼桥、孟家河、东湖坝通梁子湖，达樊口，水上交通十分方便。

南宋前中期的鄂州南草市商业兴盛，人口密集，"沿江数万家，廛闬甚盛，列肆如栉，酒垆楼栏尤壮丽，外郡未见其比"⑥。又因中转商贸繁荣，露天堆积大量竹木类货物，以致火灾频发。淳熙四年（1177）"十一月辛酉，鄂州南市火，暴风通夕，燔民舍千余家"，嘉泰四年（1204）"八

① 《渭南文集》卷四六《入蜀记》第四，第2441页。
② 《太平寰宇记》卷一一二《江南西道十·鄂州》"南浦"条。
③ 《舆地纪胜》卷六六《鄂州·景物》。
④ 《舆地纪胜》卷六六《鄂州·景物》。
⑤ 《舆地纪胜》卷六六《鄂州·景物》"广平桥"条。
⑥ 〔宋〕范成大撰、孔凡礼点校：《吴船录》卷下《范成大笔记六种》，中华书局2002年版，第226页。

月壬辰，鄂州外南市火，燔五百余家"①。在另一场大火中，南市"焚万室，客舟皆烬，溺死千计"②。南市聚居人口之多，由此亦可见一斑。而且，接连几场大火引起了官府的警惕，知鄂州赵善俊"驰往视事，辟官舍，出仓粟，以待无所于归之人，弛竹木税，开古沟，创火巷，以绝后患"③。这里的火巷由此开通并得名。

商业之外，其他各行各业、娱乐消遣以及城市病态行业也都兴盛。屠者朱四、鄂渚王媪等都在南草市经商营业，其中王氏是"三世以卖饭为业"④。鄂州都统司医官滑世昌，大约是因为医术较高，又敢于收受，因而"居于南草市，家资积万"⑤。南草市建有楚楼等休闲观光的场所⑥。不仅"酒垆楼栏尤壮丽"，娼妓空间也与集市为伍，占有一定的位置和分量。刘过诗称："黄鹤山前雨乍过，城南草市乐如何。千金估客倡楼醉，一笛牧童牛背歌。"⑦甚至有"赃败失官人王训"，"居于鄂州南草市，卖私酒起家，妻女婢妾皆娼妓……鄂州人呼训家为淫窟，又呼为关节塌坊"⑧。

总的来看，与中国其他城市一样，宋代鄂州城的平面布局蕴含着自然、社会与人文等多重意义，它的形成与演变，受地理环境、政治制度、文化观念、经济发展、时局变化等因素的影响，是多种因素综合作用的结果。其中，江汉交汇、倚山面江的独特地貌是鄂州城市布局的环境基础；以行政权力为中心，突出官衙的地位，重视秩序、形胜、阴阳等复

---

① 《文献通考》卷二九八《物异考四·火灾》。
② 〔宋〕周必大：《周益国文忠公集》卷六三《中大夫秘阁修撰赐紫金鱼袋赵君善俊神道碑》，道光二十八年（1848）瀛塘别墅欧阳棨刊本。
③ 《周益国文忠公集》卷六三《中大夫秘阁修撰赐紫金鱼袋赵君善俊神道碑》。《宋史》卷二四七《赵善俊传》略同。
④ 《夷坚志》甲集卷八，第775页。
⑤ 《（雍正）湖广通志》卷一二〇《杂纪》。
⑥ 《舆地纪胜》卷六六《鄂州·景物》"楚楼"条。
⑦ 〔宋〕刘过：《龙洲集》卷四《七言律·喜雨呈吴按察》之二，上海古籍出版社1978年版，第27页。
⑧ 〔宋〕徐梦莘：《三朝北盟会编》卷二三六《炎兴下帙》一三六"绍兴三十一年十月二十四日"，上海古籍出版社2008年版。

杂的制度、思想与理念，对城市布局的形成有着决定性的影响；两宋的政治、军事局势和经济的发展，则为鄂州城市的布局打下了深刻的烙印。

（原载杨果：《宋辽金史论稿》，商务印书馆2010年版）

南宋村落分布的整体轮廓

傅　俊

综合关于历史时期村落分布的研究成果，目前对于南宋村落分布的初步了解可用两点概括：一是比前代更为广泛与密集，二是草市镇的发展①。但我们的认识显然不会止步于如此笼统的规律性总结。那么，究竟能于文献中寻获怎样的大概印象，这是在深入南宋村落世界前需要先行了解的内容。

一、广泛分布与地域差异

南宋村落分布的广泛与普遍，可于所处环境的多样性上得见。

《永乐大典》卷三五七九、三五八〇、三五八一"村"字韵下，引录了大量有关乡村的诗文②，涉及196个"某村"或"某某村"的用词。有意思的是，这些内容虽然没有明确的归类，但在前后顺序上还是有刻意编排的痕迹，靠前罗列的四十余个词语，几乎都与天地日月、江湖山水等自然环境相关，而这当中有80％源自宋代文献。除"山村""渔村""江村""湖村""溪村"等通称外，亦有诸如大汇村、乐溪村、煠塘村、锦沙村、上塘村、下塘村、碣村、上潦村、水散村、阳湖村、合涧村、荫潭村等具体村名。陈桥驿认为，聚落的命名往往和自然环境及聚落职能有关。他将

---

① 金其铭：《农村聚落地理》，科学出版社1988年版，第55—56页；李贺楠：《中国古代农村聚落区域分布与形态变迁规律研究》，天津大学博士学位论文，2006年，第50—52页；等等。

② 《永乐大典》，中华书局1986年版，第2077—2102页。

绍兴地区历史时期形成的聚落，按地域类型，分为山地聚落、山麓冲积扇聚落、孤丘聚落、沿湖聚落、沿海聚落、平原聚落等，并罗列了各聚落类型的地理环境、职能和常见地名①。

某些聚落名与环境相关的说法，无论从历史文献还是现实经验来看，都有一定道理，而陈桥驿对于聚落的分类理应适用于其他地区。村名不仅是每个村落的代号和相互区别的标志，也反映了人类在聚居时对不同自然和人文地理环境的选择与改造，至少有一部分带有环境的烙印。在这样的认识前提下，《永乐大典》所录村名中，诸如汇、塘、湖、溪、沙、江、山、潀、涧、塌等，大多是取自村落所在的环境，附引的诗文也能反映这一点。可见，南宋村落的所在地是相当纷繁多样的。

如果说《永乐大典》引录的诗文难免存在"田园"情怀式的虚构，那么洪迈（1123—1202）所撰《夷坚志》中涉及的大量村名，可能更为贴近历史事实，也更具普遍意义。尽管文献中存在地名与村名模棱难分的情况，但检视全书，含义明晰、可以确定为乡村居住地的仍有不少。其中属于两浙地区的，就包含村、家、顿、山、坑、谷、荡、湾、沙、塘、江、埭、河、泽、溪、坞、洋、奥、岭、源、浦、塴、湖、泾、汇、桥、滩等不同的村名。《夷坚志》所记多为神仙鬼怪、梦卜谶祥等异闻杂事，其中出现的地名当然颇具偶然性。但这种未经刻意选择的偶然性，更能展现村落名称的五花八门。若将之与陈桥驿的分类相结合，即使不一定完全对应，也足见村落所处环境的多样与复杂。换言之，南宋的地域上，稍稍满足聚居条件的各类地理环境中均已有疏密不一的村落分布。

表1　《夷坚志》所载两浙地区聚落实名抽样举例

类别	聚落或地点	地域	具体情境	出处
村	汤村	钱塘县	钱塘尉巡捕至汤村	甲志卷一六《车四道人》，第138页

① 陈桥驿：《历史时期绍兴地区聚落地形成与发展》，《地理学报》1980年第1期，第17页。

续表

类别	聚落或地点	地域	具体情境	出处
荡	黄天荡	盐官县	黄天荡民余三乙	志补卷三《余三乙》，第1574页
谷	方家谷	临安	至西湖畔方家谷	支乙卷一《马军将田俊》，第802页
江	浙江	临安	临安浙江人舒懋	丁志卷九《舒懋育鳅》，第611页
坑	漾沙坑	临安	谒贵人于漾沙坑	丁志卷六《奢侈报》，第583页
沙	外沙	临安	徙居临安外沙	志补卷三《余三乙》，第1575页
埭	黄埭	平江府	往黄埭柳家买狗	甲志卷七《张屠父》，第56页
泾	泗泾	秀州	秀州之东三四十里，聚落曰泗泾	支乙卷五《顾六耆》，第829页
顿	朱家顿	湖州	朱家顿村民	丙志卷一五《朱家蚕异》，第496页
溪	乌程镇义车溪	湖州	乌程镇义车溪居民	志补卷四《颜氏义犬》，第1582页

　　宋人诗文中俯拾皆是的乡居、田园作品，除却部分寄情"田园"的心境抒发，多少还是有些写实的成分。城市以外散布着大小不一、或聚或散的村居，应是常识，且多数人与村落发生过不同程度的接触。正因为普通的村落触目可见，诗人们也就不会有意识将其付诸文字。只有遇见非同寻常的事物，才会比较感兴趣。就如陆游于蕲州境内见到江上一大木筏，"上有三四十家，妻子、鸡犬、臼碓皆具，中为阡陌相往来，亦有神祠"，因为"素所未睹"，特意记之①。而在城外见到一般的村落，通常不会有这番惊奇。如若久行未见村影，倒可能会留意，这样的例子在文献中也有一些。杨万里（1127—1206）有诗曰："芦荻中间一港深，萎蒿如柱不成簪。

---

① 〔宋〕陆游：《陆放翁全集·渭南文集》卷四六《入蜀记》，中国书店1986年版，第283—284页。

正愁半日无村落，远有人家在树林。"①描绘的是他泛舟鄱阳湖时的情况。半日未见村落，似乎在他意料之外，于是因缺乏准备而犯愁。这或许正从反面透露了村落遍布各地的情形。当然偏僻的山野，居住者就要少一些。即使是在人口分布密集的绍兴府，会稽山地仍给陆游留下了"山鸟啼孤戍，烟芜入废亭"②的印象。南宋项安世（1129—1208）曾有诗名为"二十七日，山行两日始见文丰村"③，也可见山中村落之稀少。尽管如此，南宋村落整体分布的广泛与普遍仍毋庸置疑。

在宋人有关村落分布的概括性描述中，广泛之余，也透露出区域间的不均衡。

叶适（1150—1223）曾说，"民聚而多，莫如浙东西"④。宋代的两浙地区是出了名的人烟稠密，尤其在南宋，人稠地狭的现象更为突出，村落相当密集。吴松弟对当时部分府州军的人口密度做过计算，其中，临安府每平方公里52户，平江府41户，湖州35户，镇江府34户，明州29户，绍兴府34户，台州、温州、严州等丘陵山地为主的州，每平方公里也在十几户至二十余户⑤；再结合各地每户平均田亩数，多者如平江府，有四十余亩，少者如越、明、温、台等地，多在十余亩至二十亩之间⑥。据此二者，我们可以推测，在平江府，几乎每平方公里上即有一个村落，村落—田地—村落，几近相接；而在温、台地区，约每二三平方公里有一村落。《弘治常熟县志》卷一引旧志，称南宋常熟"田畴鳞次，平衍百里，

---

① 〔宋〕杨万里：《诚斋集》卷一四《已至湖尾望见西山》，宋集珍本丛刊影印明汲古阁本，线装书局2004年版，第54册，第128页。

② 《陆放翁全集·剑南诗稿》卷七六《山行》，第1042页。

③ 《永乐大典》卷三五七九，"村"字韵下，第2084页。从元代脱脱撰《宋史》卷三九七《项安世传》所载可见，其活动范围主要在湖广，该诗所述当为湖广之事。

④ 〔宋〕叶适：《叶适集·水心文集》卷一〇《瑞安县重建厅事记》，中华书局2010年版，第162页。

⑤ 葛剑雄主编、吴松弟著：《中国人口史》第三卷，复旦大学出版社2000年版，第480页。

⑥ 梁庚尧：《南宋的农村经济》，新星出版社2006年版，第74—78页。

村市里分，连络四郊"①。方回（1227—1305）在往秀州魏塘的路上，望见"吴侬之野，茅屋炊烟，无穷无极"②。至于绍兴地区，由陈桥驿绘制的聚落分布示意图（见图1）来看，用"星罗棋布"来形容毫不为过。再如温州瑞安县，虽非大邑，"而聚尤多。直杉高竹皆丛产，复厢穹瓦皆赘列。夜行若游其乡，村落若在市廛，肤挠眦决，或赴于令，暮往而朝达也"③，也反映了该县乡间聚落密布的情形。

福建路是另一个常被宋人以地狭人稠当作特点加以强调的地区。《宋史·地理志》称，该地区"土地迫狭，生籍繁伙，虽硗确之地，耕耨殆尽"④。福建除沿海狭长的平原外，全境"重山复岭，绵亘连属"⑤。户口却繁多，绍兴三十二年（1162），有139万余⑥。平原沃野早已无法承载，人们只能把目光转向山间。南宋李纲称："今闽中深山穷谷，人迹所不到，往往有民居、田园、水竹，鸡犬之音相闻。"⑦即使是在本区最偏僻的汀州，"阛阓繁阜，不减江浙中州"，只是"诸邑境旷山辽，聚落星散"⑧。如安溪县，"西北多山岭，民附谷以居，甲乙相失，无复聚落"⑨。

淮南，以"土壤膏沃"⑩著称，水陆交通便利，自然耕作条件良好，在北宋是理想的聚居地之一。靖康之难以后，淮南成为宋金交兵地带，双

---

① 〔明〕桑瑜：《弘治常熟县志》卷一《形胜》引旧志，四库全书存目丛书史部185，齐鲁书社1996年版，第185册，第12页。
② 〔元〕方回：《续古今考》卷一八《附论班固计井田百亩岁入岁出》，景印文渊阁四库全书本，台湾商务印书馆1986年版，第853册，第368页。
③ 《叶适集·水心文集》卷一〇《瑞安县重建厅事记》，第162页。
④ 《宋史》卷八九《地理志五》，第2210页。
⑤ 〔宋〕张元幹：《芦川归来集》卷九《福州连江县潘渡石桥记》，上海古籍出版社1978年版，第157页。
⑥ 《宋史》卷八九《地理志五》，第2207页。
⑦ 〔宋〕李纲：《梁溪先生文集》卷一二《桃源行·并序》，宋集珍本丛刊影印傅增湘校定清道光刻本，第36册，第341页。
⑧ 《永乐大典》卷七八九〇引南宋《临汀志》"坊里墟市"，第3618页。
⑨ 〔清〕庄成修，沈钟、李畴纂：《乾隆安溪县志》卷四引"宋嘉定条例"，厦门大学出版社1985年版，第108—109页。
⑩ 《宋史》卷八八《地理四》，第2185页。

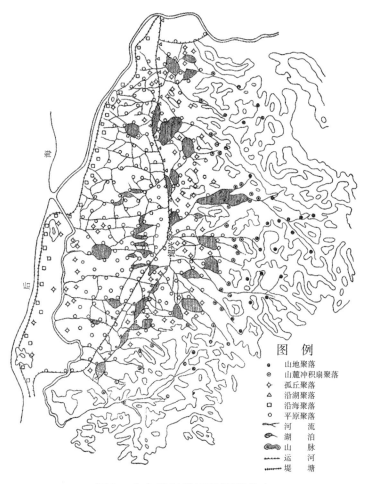

图例

- 山地聚落
- 山麓冲积扇聚落
- 孤丘聚落
- 沿湖聚落
- 沿海聚落
- 平原聚落
- 河　流
- 湖　泊
- 山　脉
- 运　河
- 堤　塘

图1　南宋绍兴地区的聚落分布

资料来源：陈桥驿《历史时期绍兴地区聚落的形成与发展》，《地理学报》1980年第1期，第18页。原仅为示意图，未见注明史料依据。

方时战时和，南宋一百多年，始终在战争阴云的笼罩下。建炎年间的淮南，"民去本业，十室而九，其不耕之田，千里相望，流移之人，非朝夕可还"[1]。虽然官府一直努力推行屯营田政策，招抚流民垦荒，兴修水利，

---

[1] 〔宋〕汪藻：《浮溪集》卷二《论淮南屯田》，四部丛刊初编影印武英殿聚珍本，第173册，卷二，第1页b。

取得一定成效，民生有所恢复，但总体上"地广人稀"①的局面，仍难以改变。乾道年间（1165—1173），仲并笔下的淮南，"田莱之荆榛未尽辟，闾里之创残未尽苏，兵息既久而疮痍或尚存，……市井号为繁富者才一二郡，大概如江浙一中下县，而县邑至为萧条者仅有四五十家，大概如江浙一小小聚落尔"②。虽然缺乏关于村落分布的直接描述，但零星稀疏的情境却自然而然地浮现。孙应时（1154—1206）也感叹泰州如皋一带，原来的"平皋沃壤"，已成了空荒穷僻之处，"荐灌莽榛，率数十里无居人"③。

荆湖地区地形复杂，除中部平原外，南北两端皆以山地、丘陵为主。在宋代，开发程度尚不及上述东南诸路，加之战争影响，整体上地广人稀，但地区内存在差异。北部荆襄一带，"自鄂渚至襄阳七百里，经乱离以后，长途莽莽，杳无居民"④。陆象山（1139—1193）曾说，荆门军"山疃田芜，人踵稀少，户口不能当江浙小县"⑤。再如江陵府的公安县，乾道年间，"县有五乡，然共不及二千户"⑥，地旷民寡可以想见。位于洞庭湖西的常德府龙阳县，却是另一番景象。淳熙年间（1174—1189），"乡村民户无虑万家，比屋连檐，桑麻蔽野，稼穑连云，丁黄数十万"⑦。纵使有过誉的成分，但常德府的确是荆湖北路人口集中、垦田较多的地区⑧，村落也自然稠密。范成大沿大江而下，途经江汉平原腹地沌水两岸，见

① 〔宋〕赵汝愚：《乞选江北监司守臣接纳流民耕种疏》，〔明〕黄淮、杨士奇编：《历代名臣奏议》卷二四七，上海古籍出版社2012年版，第3243页。

② 〔宋〕仲并：《浮山集》卷四《蕲州任满陛对札子》，宋集珍本丛刊所收清乾隆翰林院钞本，第42册，第34页。

③ 〔宋〕孙应时：《烛湖集》卷九《泰州石庄明僧禅院记》，景印文渊阁四库全书本，第1166册，第631页。

④ 〔宋〕洪迈：《夷坚志》支景卷一《阳台虎精》，中国书店2006年版，第880页。

⑤ 〔宋〕陆九渊：《陆九渊集》卷一七《书·与丰叔贾》，中华书局1980年版，第216—217页。

⑥ 《陆游全集·渭南文集》卷四七《入蜀记》，第290页。

⑦ 〔宋〕岳柯编、王曾瑜校注：《鄂国金佗稡编续编校注·续编》卷第二十六，中华书局1989年版，第1580页。

⑧ 淳熙三年（1176），司农卿李椿上奏荆湖北路的垦田情况，"惟常德府已耕垦及九分以上，澧州及七分以上，其余州郡亦五分以上下"。见李椿奏议，《历代名臣奏议》卷二五八，第3382页。

"两岸皆芦荻，时时有人家"①，分布着较多小型聚落和散落型民居，在广阔的水域则偶见一些以船居为标志的活动型聚落（见图2）②。而荆湖境内西部与南部偏僻的山区，情况又有所不同。赵蕃（1143—1229）诗作《自桃川至辰州绝句四十有二》有曰："望极千山不见村，忽逢三两仅崖根。几年生聚才如此，信是荒寒不足论。"③南宋末年的郴州，也是"荒嶂密苇，漫数十里无炊烟"④。鲁西奇据陆游、范成大的行记指出：长江中游地区道路两侧乡村居民，散居情形普遍⑤。

关于川峡四路⑥，除成都平原、汉中盆地外，以丘陵山地为主，夔、利两州山地尤其广大，宋人对该地区的认识也体现出明显的地区差异。南宋汪应辰（1118—1176）曾将四川的自然条件作过分类：成都府路"水田多，山田少，又有渠堰灌溉"，潼川府路"多是山田，又无灌溉之利"，夔州路"最为荒瘠，号为刀耕火种之地"⑦。聚居条件最好的成都平原，北宋时即常有"两川地狭，生齿繁"⑧、"氓庶丰伙"⑨之类的描述，诸如成

---

① 〔宋〕范成大：《吴船录》卷下，〔宋〕范成大撰、孔凡礼点校：《范成大笔记六种》，中华书局2002年版，第225页。

② 参见杨果：《宋元时期江汉—洞庭平原聚落的变迁及其环境因素》，《长江流域资源与环境》2005年第6期，第675—676页。

③ 〔宋〕赵蕃：《章泉稿》卷四《自桃川至辰州绝句四十有二》，景印文渊阁四库全书本，第1155册，第394页。

④ 《永乐大典》卷七二四〇，"堂"字韵下"得初心堂"，引《郴州志》载刘坦淳祐四年（1244）《得初心堂记》，第2995页。

⑤ 鲁西奇：《人群·聚落·地域社会：中古史南方史地初探》，厦门大学出版社2012年版，第99页。

⑥ 即指成都府、潼川、利州、夔州四路，其中利州路南宋初曾分东、西两路，此后时分时合，在此以一路合称之。

⑦ 〔宋〕汪应辰：《文定集》卷四《御札问蜀中旱歉画一回奏》，景印文渊阁四库全书本，第1138册，第615页。

⑧ 〔宋〕张方平撰、郑涵点校：《张方平集》卷三六《宋故龙图阁学士朝散大夫尚书工部侍郎傅公（求）神道碑·并序》，中州古籍出版社1992年版，第614页；《乐全先生文集》宋集珍本丛刊清钞本缺此条。

⑨ 〔宋〕文同：《新刻石室先生丹渊集》卷二三《成都运判厅燕思堂记》，宋集珍本丛刊明万历刻本，第9册，第233页。

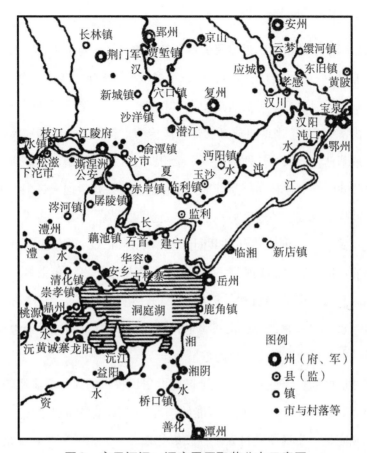

图2　宋元江汉—洞庭平原聚落分布示意图

资料来源：杨果《宋元时期江汉—洞庭平原聚落的变迁及其环境因素》，《长江流域资源与环境》2005年第6期，第676页。

都府灵泉县，"聚落市镇，相为映带"①。反观夔峡之间，则是"大山深谷，土地硗确，民居鲜少"②。魏了翁（1178—1237）也称，"蜀地险隘，多硗少衍，侧耕危获，田事孔难"③，谋生条件差，人口不多，村落的分

---

① 〔明〕曹学佺：《蜀中广记》卷八一引宋代苏恽《灵泉县圣母堂记》，景印文渊阁四库全书本，第595册，第343页。

② 〔宋〕度正：《性善堂稿》卷六《重庆府到任条奏便民五事》，景印文渊阁四库全书本，第1170册，第194页。

③ 〔宋〕魏了翁：《重校鹤山先生大全文集》卷一〇〇《汉州劝农文》，宋集珍本丛刊影印明嘉靖活字印本，第77册，第649页。

布与成都平原相差甚远。

宋人印象中的广南，最显著的特征是烟瘴之乡。范成大说，两广无瘴之地唯有桂林，而"自是而南，皆瘴乡矣"①。瘴毒之严重，令人生畏，整体人口密度不大②。高宗后期曹勋（1098—1174）曾言"自潮州而南，居民鲜少"③。关于当地粗放开发情状流传的史料很多，诸如"岭外平原弥望，茅苇丛生"④，"广西诸州颇多荒田，往往茅苇相望，不事耕垦"⑤。也有局部地区，如桂林、广州等地开发状况相对要好，但未见多少为人口压力所困扰的记载。该地区另一个特点是蛮汉相杂，大量"蛮人"并没有被列入正式编户，但农耕却是共同的基本生计方式，也存在大量的定居点。如静江府的五县，均有大量猺民，"猺人聚落不一，最强者曰罗曼猺人、麻园猺人，其余曰黄沙，曰甲石，曰岭屯，曰褒江，曰赠脚，曰黄村，曰赤水，曰蓝思，……山谷弥远，猺人弥多"⑥。但除了山地外，在滨海地区也有"蛮人"聚居点的零星分布⑦。

某一地区的村落分布，和该地区能向居民提供的谋生资源密切相关。人们建立聚居场所，总是在尽可能的情况下选择那些气候适宜、土地肥沃、水源充足、交通便利且安全性较好的地方，无论哪个时期都是如此。在地理环境、战争、天灾、国家制度等多重因素的影响下，不同的空间又可能具有不同的时间序列，时空差异相互交织，使得村落的地域分布呈现错落繁杂的图景。然综观上述基于宋人记述的概括性掠影，似乎对村落分布只有两种印象：或是稠密，或是稀疏。而居住方式，也无非或是集聚，

---

① 〔宋〕范成大：《桂海虞衡志·杂志》，《范成大笔记六种》，第128页。

② 参见《中国人口史》第三卷，第564—566页。

③ 〔宋〕曹勋：《松隐文集》卷二三《上皇帝书十四事》，宋集珍本丛刊影印傅增湘校嘉业堂丛书本，第41册，第581页。

④ 〔宋〕李曾伯：《可斋续稿后》卷一二《静江劝农文》，宋集珍本丛刊影印清初钞本，第84册，第727页。

⑤ 《可斋续稿后》卷五《条具广南备御事宜奏》，第599页。

⑥ 〔宋〕周去非著、屠友祥校注：《岭外代答》卷三《猺人》，上海远东出版社1996年版，第66页。

⑦ 韩茂莉：《宋代农业地理》，山西古籍出版社1993年版，第173页。

或是星散。很大的原因在于人们记载的兴趣往往会集中在事物情状的两个极端。历史实况，当然不是如此简单而宽泛的两点所能囊括的。但无论是文献基础还是个人能力，都无法将其一一厘清，这亦非本文主旨所在。事实上，关于村落两大基本构成要素——人口与土地——的地域性讨论，已取得相当丰硕且深入的成果①，据此也可推测一二。进一步细致地探讨，只能选取文献记载相对丰富的若干地区，尝试局部的了解。

二、局部地区的具体事例

设想自己身处八九百年前的生活世界，当我们走出家门，会想知道：脚下的路有多长，通往何处；需要过多久才能再见炊烟，可以不必饥肠辘辘；疲累困顿之际，是否总能在不远处见到房舍；在山野深谷，会不会也有幸找到一个世外桃源。诸如此类、林林总总的想象会在脑海浮现。试图贴近历史情境的愿望，使得对村落分布的详细考察成为必要。当然，进行具体的复原式描写并不容易，一方面是因为资料的缺乏、零散，另一方面，文献反映的情况也可能有所偏颇。细致的刻画只有对极少记载较详尽的州县才可能实现。基于此，下文拟选取两个差异明显的地域——平江府常熟县与潼川府路泸州，分作不同程度的尝试。这样个案性质的探讨，主旨并不在以管窥豹、以小见大，也不是因为这两个地区有何典型性，只是希望对我们深入认识某个地域上的村落世界有所助益，它可能是片面的、局部的，但至少可以使我们对南宋村落分布的印象稍稍丰满一些。

（一）太湖平原上的家园：平江府常熟县的聚落分布

太湖平原，一千多年来，一直颇受关注，其地形四周高、中间低，呈浅碟状。南宋常熟县地处两浙西路平江府的北部，南接长洲县，东南部与昆山县相邻，西北、西部接江阴军和常州无锡县，北濒扬子江，与通州隔

---

① 诸如，葛剑雄主编、吴松弟著《中国人口史》第三卷，韩茂莉《宋代农业地理》等。

江相望，所辖范围比今天常熟县略大①。地处长江三角洲的冲积平原，具体位于太湖平原浅碟状地貌的北部边缘。境内地貌高低参半，西部和西北部有顾山、福山等低山；南部和西南部地势低平，湖塘密布，港浦众多，是名副其实的水乡泽国；而北部和东部濒江地带以冈身、沙地为主，地势略高。当我们把目光聚焦于县域内，这种地形上的微差异对于聚落分布的变迁便举足轻重。

尽管影响聚落发展的因素错综复杂，但仍离不开地域开发这条主线。在文献记载中，早期先民定居常熟的渊源，与两位三代时期的名人有关，传说殷商巫咸和西周仲雍死后葬于虞山②。今人在虞山下的钱底巷发掘了西周至春秋时代的遗址③，虞山上还找到了十数座土墩石墓，虽未必与传说有关，但也能反映那个时代人类的活动。先民们对虞山的青睐正与前文所述早期聚落选址的倾向性相吻合。相较易遭洪涝的低湿湖沼，平原上的低丘与近山的坡地依山傍湖，水旱无虞，更是人们建立家园的理想选择。然而面积广大的湖沼盆地，在相当长时期内，给常熟的聚落拓展造成很大的阻碍。自西晋置县以来，常熟陆续兴修了不少水利工程，南朝时期，境内的塘浦系统已初具雏形，"有陂塘以蓄灌溉，有洳沥以泄深涨，故无旱

---

① 〔宋〕孙应时修、鲍廉增补，〔元〕卢镇续修：《琴川志》卷一《叙县》（《宋元方志丛刊》第二册，中华书局1990年版，第1152—1153页。以下涉及《琴川志》均为《宋元方志丛刊》本）载，自西晋设海虞县以后，县境时有变迁，至隋开皇十八年（598），始成宋时所辖范围。同卷《县境》载，宋常熟县"东西九十里，南北一百里"（第1153页）。这一格局至明初未有大变动。又据明《姑苏志》卷七所记，弘治十年（1497）割双凤乡入太仓州。新中国成立后，又划西北一角入沙洲县（今张家港市）。今天常熟县全境东西间最长距离49千米，南北间最长距离37千米，总面积1266平方千米（含长江界属水面），可为参考。

② 巫咸事见《史记》卷三《殷本纪》集解，中华书局1996年版，第100页；仲雍事见《越绝书》卷一，《吴地记》等地志亦有载。而考古资料显示，常熟早期人类活动的历史要早于三代，先后发掘的史前遗址有崧泽文化遗址、良渚文化遗址、马桥文化遗址等，尤以良渚文化遗址为多。因非本文论述旨趣所在，不再详述。可参见：徐湖平《江苏考古工作世纪之初的思考》，《东南文化》2002年第1期，第6—10页；丁金龙《长江下游新石器时代水稻田与稻作农业的起源》，《东南文化》2004年第2期，第19—23页；等文。

③ 钱底巷遗址发现于1988年，参见南京大学历史系考古专业等：《江苏常熟钱底巷遗址发掘报告》，《考古学报》1996年第4期。

干水溢而得常熟之名"①。尽管目前并不清楚当时人们在县城以外的聚居情况，但颇具规模的塘浦系统，没有统一的组织和一定的人力，是无法完成的。另从一批寺观的建立或许也能推测一二。表2所列至少可以说明两点：（1）虽然大部分寺院建于梁武帝兴佛之时，但要兴建并维持如此多的寺观，想必已具备一定的民生基础；（2）这些寺观主要集中在县境西部和北部，而东、南方向较少，这当然有寺观选址方面的原因，但多少反映了当时的聚居情况——东、南方向聚落分布相对较稀疏。东部冈身高阜，农耕条件略差，而南部低湿，密布沼泽，在当时的农业技术和作物结构下，均非适宜的居住地。但对于常熟定居史而言，三国吴至南朝的这段时期，应该是一个重要的发展阶段。

表2　南朝常熟境内之寺观分布

寺观名	建立时间	地理位置	出处
泗洲殿	吴赤乌二年（239）	县东一百一十里下陆河要道中	《琴川志》卷一〇
天宁尼寺	梁天监二年（503）	县西北一里	《吴地记·后集》
齐乐尼寺	梁大同二年（536）	县西二百步	《吴地记·后集》
顶山禅院	梁大同二年（536）	县西北十六里山北岭下	《吴地记·后集》
延福禅院	梁大同三年（537）②	县西十三里虞山南岭下	《吴地记·后集》
兴福寺	梁大同三年（537）③	县西北九里虞山北岭下	《吴地记·后集》
寿圣晏安禅院	陈祯明元年（587）	县东北六十里许浦镇	《吴郡志》卷三六
尊胜禅院	梁大同二年（536）	县西北八十七里庆安镇	《吴郡志》卷三六

---

① 《琴川志》卷五《叙水·水利》，第1201页。《光绪常昭合志稿》卷一亦说明了南朝梁时改海虞为常熟的原因，"高乡濒江有二十四浦通潮汐，资灌溉，而旱无忧；低乡田皆筑圩，足以御水，而涝亦不为患。以故岁常熟，而县以名焉"。

② 《琴川志》卷一〇记为梁大同二年（536），第1249页。

③ 宋代朱长文撰、金菊林校点的《吴郡图经续记》卷中《寺院》记为南齐郴州刺史倪德光舍宅为寺，江苏古籍出版社1999年版，第40页；又据《吴郡志》卷三六《郭外寺》载，寺始建于齐，原名大慈寺，梁大同三年改为兴福寺。

续表

寺观名	建立时间	地理位置	出处
慧日禅院	梁天监初	县稍北九十步	《琴川志》卷一〇
妙清院	陈祯明二年（588）	县东南二十里莫城	《琴川志》卷一〇
大慈寺	梁太清元年（547）	县北四十里福山镇	《琴川志》卷一〇
永庆寺	梁大同二年（536）	县西北四十五里河阳山	《琴川志》卷一〇
乾元观	梁天监五年（506）	县（宋代县治）西一里虞山南岭下	《吴地记·后集》

唐高祖武德七年（624），常熟的治所由北部的南沙移至虞山下的海虞城（即宋代至今的常熟县城）①，此后县邑所在未有变更。这一举措拉近了常熟与环太湖区域的中心——苏州的距离。但至乾元年间（758—760），仍有僧人称，"常熟地偏，僧多阙行"②。元和四年（809），郡守组织开修常熟塘（又称元和塘），将常熟与苏州之间的水系直接打通。西南连运河苏州段，东北通常熟县城外的尚湖，全长九十里。"旁引湖水，下通江潮，支达脉分"③，既可资灌溉，又可通过泾、浦泄水入江，同时也加强了与州城的联系。唐文宗太和年间（827—835）重开盐铁塘，亦称内河，西连江阴、南接昆山，缭绕数百里，是西北—东南方向的重要水系④。至于这一工程究竟取得怎样的实效，今日已经无法确知。这类水利工程的修浚，当然有着行政、军事上的需要，但也离不开这片土地上的居民为改善生存环境、增强与外界的联系所做的努力。新开的塘和既有的泾、浦纵横交错，人们在水网和土地上谋生、居住。据唐后期陆广微所撰《吴地记》载，常熟县时有居民13820户，城外的聚居点在版籍中被分编为二十四

---

① 《琴川志》卷一《叙县》，第1153页。

② 〔唐〕释皎然：《杼山集》卷八《唐洞庭山福愿寺律和尚坟塔铭》，景印文渊阁四库全书本，第1071册，第849页。亦见四部丛刊初编第111册，影印宋钞本《吴兴昼上人集》（《皎然集》）卷八《唐洞庭山福愿寺律和尚塔铭并序》，第13页a。

③ 《琴川志》卷一二《大唐苏州新开常熟塘碑铭并序》，第1271页。

④ 《琴川志》卷五《叙水·水利》，第1204页。

乡①。其具体情况，所见史志中并未发现相关记载，我们却能从唐、五代时的墓志中获取少许零碎的资料。相关信息经整理后如表3，其中涉及22村、2市、10乡、11里，结合墓志出土的地点和同见于《琴川志》村名，可见这些聚落所在地点，除了常熟县城周围，大体在县域北部、西部、西南部，以及西北—东南走向的盐铁塘沿岸，而南部至东南部更广的低湿地带以及濒江一带的情况却未可知。

表3 唐五代墓志中所见之常熟乡村

乡	里	村落	场景	方位	时间	出处
		涂田村	葬地	县东七十里	唐贞元十一年（795）	《唐故制授温州乐城县令龚府君（玄受）墓志铭》（1965年支塘乡长桥村出土）②
		上墅	葬地		唐大中元年（847）	《唐故陈氏夫人墓志铭》③
		孙舍村*	葬地	县西南三十五里	唐咸通七年（866）	《杨氏夫人墓志铭》④
		珍门村	葬地	县东五里	唐长庆元年（821）	《季氏邓夫人墓志铭并序》⑤
		黄村*	葬地		唐太和二年（828）	《唐顾府君墓志铭》（明成化丁未李墓出土）⑥

① 〔唐〕陆广微撰、曹林娣校注：《吴地记》，江苏古籍出版社1999年版，第54页。

② 中国文物研究所、常熟博物馆编：《新中国出土墓志》（江苏1·常熟上），文物出版社2006年版，第1页。

③ 《新中国出土墓志》（江苏1·常熟上），第9页。

④ 〔清〕庞鸿文：《重修常昭金石志稿》，《石刻史料新编》第三辑第五册，台湾新文丰出版公司1986年版，第583页。原《重修常昭合志》卷四五。

⑤ 丁祖荫：《重修常昭金石合志》，《石刻史料新编》第三辑第五册，第606页。原《重修常昭合志》卷一九。

⑥ 〔清〕顾崇善：《里睦小志》卷上《墓域》，《中国地方志集成·乡镇志专辑》第11册，江苏古籍出版社1992年版，第50页。

续表

乡	里	村落	场景	方位	时间	出处
		沪城村	葬地	城北二里官河西二百部	唐咸通四年（863）	《唐处士陶公故夫人羊氏墓志铭》（1991年虞山镇菜园村出土）①
		龚墅义门村	居所		唐咸通十年（869）	《唐故葛府君（巽）墓志铭》（1995年大义镇金星村出土）②
		葛墅村	葬地	东南二里	唐咸通十二年（871）	
		徐墓村	葬地	虞山南麓	唐乾符三年（876）	《唐故河间俞府君（肃）夫人清河张氏（贞媛）墓志》（1963年虞山南麓刘神浜环山路下侧出土）③
		薛村	葬地	县西北虞山东北，去县八里	唐大中五年（851）	《唐故施府君（遂）墓志铭》（2002年虞山镇出土）④
太平乡	江平里		葬地	海虞山北廿五里	唐大中二年（848）	《高府君墓志》（清光绪十七年金村附近高家村北出土）⑤
			葬地			《唐故王府君并夫人蔡氏合祔墓志铭》
			蔡墩		唐咸通十二年（871）	《蔡将军墓志铭》⑥

---

① 《新中国出土墓志》（江苏1·常熟上），第22页。

② 《新中国出土墓志》（江苏1·常熟上），第24页。

③ 《新中国出土墓志》（江苏1·常熟上），第26页。

④ 《新中国出土墓志》（江苏1·常熟上），第13页。

⑤ 《重修常昭金石合志》，第607页。

⑥ 《重修常昭金石合志》，第607页。

续表

乡	里	村落	场景	方位	时间	出处
感化乡		王□村			唐中和二年（882）	《唐故周府君墓志铭》①
	招灵里	冶塘村*（葬处）			后周广顺三年（953）	《大吴越国故鲁郡邹府君夫人吴郡陆氏墓铭》（1977年冶塘乡中东村出土）②
文学乡	永安里	桂村*			唐贞元十六年（800）	《唐故赵府君（珠什）墓志铭》、《唐故赵府君（珠什）妻周氏墓志》（1974年何市乡出土）③
升平乡		高墓村*			唐元和六年（811）	《唐故高府君（沛）墓志铭》（1982年赵市乡圩港村苏家弄出土）④
端委乡	青墩里	杜姥墩		县北卅里	唐会昌四年（844）	《唐故高府君（良）墓志铭》（1982年赵市乡圩港村临盐铁塘塘边出土）⑤
南徐乡		大舍村（释文作"立舍村"）			唐大中元年（847）	《唐故府君（龚祖真）墓志铭》（1965年支塘乡长桥村出土）⑥

---

① 《重修常昭金石合志》，第608页。

② 《新中国出土墓志》（江苏1·常熟上），第32页。

③ 《新中国出土墓志》（江苏1·常熟上），第2—3页。

④ 《新中国出土墓志》（江苏1·常熟上），第4页。

⑤ 《新中国出土墓志》（江苏1·常熟上），第7页。

⑥ 《新中国出土墓志》（江苏1·常熟上），第10页。

续表

乡	里	村落	场景	方位	时间	出处
敦行乡		盐宅村			唐咸通二年（861）	《唐故陈府君（仁允）墓志铭》（梅李乡胜法寺附近出土）①
	习善里	笋村*			唐咸通十五年（874）	《唐故邵府君（峰）妻朱氏墓志铭》（1959年梅李乡龙潭大宅基水利工程出土）②
	崇善里	梅李市北大垄村*		县东北卅六里	后晋天福八年（943）	《吴越国故陇西李府君（章）墓志铭》、《吴越国故（李章妻）彭城金夫人墓志铭》（1979年梅李乡北沙冈杨家墩出土）③
	集善里				唐光启二年（886）	《唐故密州军事衙推试太常寺协律郎李公（让）及夫人钱氏墓志》（1979年大义乡小山村出土）④
思政乡	太平里	占墩村			唐大中三年（849）	《唐故陶府君（待虔）及顾夫人墓志铭》（1973年梅李乡驸马村驸马墩出土）⑤
					唐咸通三年（862）	《唐吴公师雅亡妻严氏墓志铭》（1985年梅李镇梅南村出土）⑥

---

① 《新中国出土墓志》（江苏1·常熟上），第19页。
② 《新中国出土墓志》（江苏1·常熟上），第25页。
③ 《新中国出土墓志》（江苏1·常熟上），第29—30页。
④ 《新中国出土墓志》（江苏1·常熟上），第28页。
⑤ 《新中国出土墓志》（江苏1·常熟上），第14页。
⑥ 《新中国出土墓志》（江苏1·常熟上），第20页。

续表

乡	里	村落	场景	方位	时间	出处
隐仙乡		新安村*		虞山东岭下	唐中和二年（882）	《唐逸人龚雅故夫人徐氏墓志铭》（1958年虞山镇北门大街出土）①
	翔鸾里				后晋开运二年（945）	《彭城钱君义亡妻殷氏夫人墓志铭》（1973年虞山东北麓出土）②
	石城里	朱舍村			北宋建隆元年（960）	《吴越国苏州中吴军彭城故府君钱云修墓铭》（1949年后年虞山北麓出土）③
平原乡		练塘市*（住处）			后周广顺三年（953）	《大吴越国故鲁郡邹府君夫人吴郡陆氏墓铭》（1977年冶塘乡中东村出土）④
	北骨里		住处			《吴越国苏州中吴军彭城故府君钱云修墓铭》（1949年后年虞山北麓出土）⑤

注：带*的村落亦见载于《琴川志》卷二《叙县·乡都》。

对于常熟的定居史而言，五代至北宋是至关重要的时期。在宋人关于太湖平原农田水利的叙述里，吴越国时期非常重视太湖地区的水利，钱氏"尝置都水营田使以主水事，募卒为都，号曰'撩浅'"⑥。朱长文认为，在当时，要"富境御敌"，必以此事为先。军事屯营，不仅维护、拓殖耕

---

① 《新中国出土墓志》（江苏1·常熟上），第27页。
② 《新中国出土墓志》（江苏1·常熟上），第31页。
③ 《新中国出土墓志》（江苏1·常熟上），第33页。
④ 《新中国出土墓志》（江苏1·常熟上），第32页。
⑤ 《新中国出土墓志》（江苏1·常熟上），第33页。
⑥ 《吴郡图经续记》卷中《水》，第50页。

田。耕地的改良和拓展，当然会促使聚落的发展。而吴越国的"开江营""撩浅军"既为"富境"，亦要"御敌"，并非单纯地治水营田。常熟县城东三十六里的梅李，据载，是吴越钱氏派遣梅世忠、李开山戍边，以防江北南唐之兵，而居民依军成市，故称梅李市，宋元丰年间成梅李镇①。梅李的聚落发展，固然有"依军成市"的因素，但恐怕也与其位于盐铁塘与许浦相交之地有关。而在范仲淹、郏亶等宋人议论中多次出现的吴越时期塘浦圩田的理想画面也不会一成不变，因缺乏持续的维护，常熟的市宅、碧宅、五衢、练塘等村，皆成了"积水不耕之田"，只剩下"古岸隐见水中"②。

经五代至宋初，人口自然繁衍，持续的移民迁徙，再加上官府管控能力的恢复与提升，使"逃民"逐渐成"编户"。至治平二年（1065），常熟"民版之数至四万户"，号为大县③。南宋初的战争，虽给定居人口的统计带来很大的影响，但随即恢复。淳熙元年（1174），主客总计达"五万一千三十八"户④。尽管户口增长、聚落拓展并非单一的地域开发可以涵盖，但同一片土地上多出的人口，需要寻求更多的谋生机会，却是万变不离其宗。改善农耕条件、拓展土地仍是其中最重要的手段。

其一，开浚塘浦、置闸防淤。综合考察宋代史志与后世著述，两宋之际常熟地区的水利工事开展得相当频繁：景祐年间（1034—1038），浚白茆浦⑤；天禧年间（1017—1021），开诸塘、浦，以排积水⑥；庆历年间（1041—1048），浚金泾、鹤渎二浦，"溉田千余顷"⑦；崇宁元年（1102），

① 《琴川志》卷一《叙县·镇》，第1166页。
② 〔宋〕范成大撰、陆振岳校点：《吴郡志》卷十九《水利上》，江苏古籍出版社1999年版，第266页。
③ 《琴川志》卷一二《常熟新建顺民仓记》，第1273页。
④ 《琴川志》卷一一《续题名记》，第1256页。
⑤ 〔明〕王鏊：《正德姑苏志》卷一二《水利下》，北京图书馆古籍珍本丛刊，书目文献出版社2000年版，第197—198页。
⑥ 《吴郡图经续记》卷下《治水》，第52页。
⑦ 〔明〕卢熊：《洪武苏州府志》卷三《水利志》，台湾成文出版社有限公司1983年版。

开福山塘；政和三年（1113），浚山塘、小山港①；宣和年间（1119—1125），修浚崔浦、黄泗浦等塘浦，同期，又修钱泾、张墓塘等诸泾②；绍兴二十四年（1154），疏浚白茆浦；绍兴二十八年，浚五浦；绍兴二十九年，疏浚福山塘、丁泾③；隆兴二年（1163）至乾道二年（1166），疏浚许浦、白茆浦、崔浦、黄泗浦；乾道八年至淳熙二年（1175），开浚许浦④；淳祐三年（1243），开支塘；宝祐四年（1256），又开福山塘⑤。在两百多年里，常熟地区的水利整治一直在断断续续地进行，而这些还不包括未留下记载的零星小工程。如此频繁地开展治水工事，一方面出于改善农耕条件的需要，另一方面也与太湖周边三角洲地区的整体开发密切相关。事实上，以上所列工程大多是作为太湖平原水利治理整体措施的一个部分而进行的⑥。大运河的堤坝横断了太湖平原，使吴淞江的排水能力减弱，这一负面影响在宋代表现得更为突出，于是，在常熟、昆山开浚塘浦，借助风向导水入江海的策略逐渐受重视，既可于水盛之时排涝，又能灌溉冈身高田。这些工程往往同时关乎几个县，皆由政府统一筹划组织。这也使得常熟的聚居空间在地理和人文基础上都与周边地区有着密切的联系，处于一个环境相对一致的大型空间网络中。而这些工程的修筑客观上也促进了常熟地域内的水网密集和畅通。南宋常熟大多数的乡村即分布在这样由诸多大大小小塘、浦、泾、湖构成的水网之间。

---

① 〔明〕张国维：《吴中水利全书》卷一〇《治水篇》，景印文渊阁四库全书本，第578册，第332页。

② 《吴郡志》卷十九《水利下》，第292—293页。

③ 《吴中水利全书》卷一〇《治水篇》，第333页。

④ 〔清〕徐松辑：《宋会要辑稿》（以下简称《宋会要》）食货八之一九至二一。

⑤ 《吴中水利全书》卷一〇《治水篇》，第337页。

⑥ 关于宋代太湖平原水利开发的研究成果已相当丰硕，无须赘述。谢湜对11—16世纪太湖平原高低乡的农田水利有相当精彩的论述，详见《高乡与低乡：11—16世纪江南区域历史地理研究》，生活·读书·新知三联书店2015年版。其余可参见：梁庚尧《宋元时代的苏州》，《宋代社会经济史论集》，允晨文化事业股份有限公司1997年版，第335—480页；缪启愉《太湖地区塘浦圩田的形成和发展》，《中国农史》1982年第1期，第12—32页；李伯重《多视角看江南经济史》，生活·读书·新知三联书店2003年版；長瀬守『宋元水利史研究』，国書刊行會1983年版；等等，不胜枚举。

其二，开拓新耕地。塘、浦的陆续浚治，不仅使已有的良田可少遭水患，也把原来部分沼泽、沮洳之地，变成可耕之田。在太湖平原开发新耕地最主要的途径便是于水面或沼泽筑堤岸，排水为田，此类耕地称之为圩田、围田或湖田①。据宋人向往昔日塘浦圩田体系的表述，常熟地区筑堤围田的情况，早已有之，但大规模地疏排湖水、溪水和围堤耕种则在北宋中后期，与太湖平原的整体治水工程相伴随。宣和年间，赵霖兴修浙西水利时，就曾奉诏将常湖修围作田②。宁宗庆元二年（1196），当时的户部尚书称："今浙西乡落，围田相望，皆千百亩陂塘、淹渎，悉为田畴。"③尽管已无法确知宋代常熟究竟有多少围田，但据《琴川志》卷六《叙赋·田》载，端平经界后，常熟县200800亩官田中，有围田54016亩，占官田总数的26.9%，由此臆测，民田之中围田的数量恐怕也很可观。又知元代常熟围田有"一千一百一十一围"④，亦能推想南宋的情况。而在围田之外，又有所谓沙田、积水茭荡田、塘涂田等各色耕地⑤，是可称"膏腴沃衍，无不耕之地"⑥。端平二年（1235），常熟县登记在册的耕田总数为2419892亩。与之相邻的江阴军在绍定年间（1228—1233），户口比常熟多万余，有田1253602亩⑦，仅为常熟的一半左右；庆元府鄞县在宝庆年间（1225—1227），民户虽比常熟略少，但耕地亦只有746029亩⑧；更多的数据可参梁庚尧先生所统计的《南宋郡县每户平均田亩数》⑨。虽然由于地理条件、登记隐漏等诸多因素，这些数据并没有直接的可比性，但常熟地区耕地相对富足，应当可以确定。

---

① 关于圩田、围田、湖田名称的梳理，已有不少讨论，不管存在多少地域或其他方面的差异，但总离不了排水筑堤这一基本技术。
②《吴郡志》卷十九《水利下》，第292—294页。
③《宋会要》食货八之一六。
④《正德姑苏志》卷一五《田地》，第247页。
⑤《琴川志》卷六《叙赋·田》，第1205—1207页。
⑥〔元〕马端临：《文献通考》卷五《田赋考·历代田赋之制》。
⑦〔明〕卓天锡修、孙仁增修、朱昱纂：《成化重修毗陵志》卷七《食货志》"户口""财赋"条。
⑧〔宋〕胡榘修、罗濬纂：《宝庆四明志》卷一三《鄞县志·叙县》"户口""田亩"条。
⑨《南宋的农村经济》，第74—77页。

　　南宋常熟地区的农田水利格局在长期的自然环境和社会历史变迁中逐渐形成，这一地域的聚落分布和发展则与其特定的农田水利格局息息相关。然而，无论是农田水利的开发，还是聚落的拓殖，都充斥着个人和官府现实需要的选择与行动。若从微小处管窥，两者可能未必会循着相互促生、相辅相成的单一线性发展。就如同宋明间的官员学者们在探索太湖农田水利的良策中，总有不少关于时人壅塞水道、占湖为田、挖掘圩岸等等破坏水利设施等的议论。但就如谢湜所言，旧有农田水利的格局失序，恰恰与人们拓展农作聚落的趋势相符①。若从宏大处着眼，无论学者们所议论的农田水利状态有多糟糕，常熟地区的土地开发、聚落发展仍在稳步前行。繁庶的人口和大量肥沃的耕地奠定了人口定居最基本的条件，而密布的水网则是常熟地区村落分布另一颇具特征性的空间基础。南部低湿地带四通八达的港、浦、泾、塘，不仅攸关农田水利，也便于行舟，成本低廉而轻松的交通方式，增加了人口流动的可能性；东部、北部高阜地带，在修浚灌溉工事的同时，也有开辟陆路交通的趋势。这些都无疑会促进村落的快速发展。《琴川志》卷二《叙县·乡都》分乡、都记载了常熟境内诸多村落的名称，并附有每都的田亩总数。虽然只是简单的罗列，却可作为我们构想南宋时期该县村落分布的基本依据。出于此，本文先将相关内容整理如表4：

表4　宋元之际常熟乡村一览表

方位	乡	都	里	村落	田亩（保留至个位数）	每村平均田亩（亩）
县西北	感化乡	第一都	虞山、小山、武昌、新兴	山前湖、小山、宝严寺前、下祁（共4）	民田18481亩，官田897亩	4845
县西北	感化乡	第二都	小山、崇信、日安	塘头、顾庄、野塘、湖庄、东水头、河伯市（共6）	民田24292亩，官田1218亩	4252

———————

① 参见《高乡与低乡：11—16世纪江南区域历史地理研究》，第86—90页。

方位	乡	都	里	村落	田亩（保留至个位数）	每村平均田亩（亩）
县西北	感化乡	第三都	日安、崇信、昭墟、安仁	邹庄、周庄、夹舍、沙堰、城缀、充陂、五林、孙舍、道林、钱市、柴村、东西花林（共12）	民田29020亩，官田694亩	2476
		第四都	昭墟、崇信、栢城、顾山	杜朱堰、白塔堰、宗母宅、西石请、石塘、陈塘、羊庄、杨尖、黄屯、后庄、马市（共11）	民田25221亩，官田255亩	2316
		第五都	小山、遗爱、日安	麻鞋、钟缀、大和、晏庄、陈黄、支市、毛巷、岭村、钱市、晏村、李甜市、东石请（共12）	民田35904亩，官田766亩	3056
		第六都	宣慈、小山、国昌、西阳、通道、山阳	下市、陆市、于塘、中澳、富市、潘塘、童庄、伍市、东于塘（共9）	民田35726亩，官田888亩	4068
		第七都	翔鸾、通道、宣慈	钱庄、蒋祁、塘宅、蒋舍、林庄、顾庄、顶山（共7）	民田26301亩，官田71亩	3767
县西	崇素乡	第八都	山阳、元阳、河阳	陆塘、朱村、徐岸、东徐、西徐、西庄、水北、张市、蔡舍、袁市、怯村、英舍、魏庄、黄村、虎忽、祁村、至塘、东郡市、河阳坊前、西郡市（共20）	民田44651亩，官田311亩	2248

方位	乡	都	里	村落	田亩（保留至个位数）	每村平均田亩（亩）
县西	崇素乡	第九都	元阳、新庄、归仁	湖下、厚村、邵巷、焦宅、中澳、下澳、田庄、河阳桥、河阳山前、陶芦舍（共10）	民田26652亩，官田387亩	2693
		第十都	南金、归仁、修仁	北庄、蔡舍、孔泾、凌庄、蔡村、塘桥、南庄村后（共7）	民田21945亩，官田1289亩	3319
县西北	南沙乡	第十一都	敬真、永定、修真	乌村、徐舍、塘下、金庄、闵庄（一作阇庄）、庆安寺前、东邵舍（共7）	民田28608亩，官田2847亩	4494
		第十二都	修仁、昌阳	沙港、涧江、高市、新产、界泾、东檀祁、西檀祁（共7）	民田25278亩，官田234亩	3645
		第十三都	昌阳、陈致、修仁	陈陆园、新庄、杨澳、黄泗浦、王十二店（共5）	民田15561亩，官田856亩	3283
		第十四都	修仁、陈致、伍相	芦舍、毛巷、戴巷、尹泾、姜村、荣庄、草舍（一作草长）、奚浦桥（共8）	民田22824亩，官田624亩	2931
		第十五都	宫城、开元、永昌、崔明、伍相	孟市、尹市、邵塔、新安、李埭、候村、盆社、西宫城（共8）	民田32842亩，官田618亩	4183
		第十六都	江平、永昌、何墅	东垦、景市、李乌、潘祁、下皋、桑舍、西山、蒲林（共8）	民田36736亩，官田373亩	4639

续表

方位	乡	都	里	村落	田亩（保留至个位数）	每村平均田亩（亩）
县东北	端委乡	第十七都	伍相、宫城、太平、灵芝、言偃	吴泾、孙巷、谢庄、陶舍、稠巷、西山、芦浦、鳗鱼浦、陶山、西杨桥（共10）	民田19393亩，官田711亩	2010
		第十八都	慕善、承化	河瀼、吴泾、崔浦桥、新漕、安乐（共5）	民田30414亩，官田1004亩	6284
		第十九都	承化、永安、崇德	黄莺、耿泾、野儿漕、中沙、崔浦（共5）	民田33424亩，官田300亩	6745
		第二十都	永安、太平、崇德	千步泾、马畅、邹沟、太平寺、瓦浦、黄泥、徐六泾（共7）	民田54049亩，官田3227亩	8182
		第二十一都	崇善、青山、承化	大垄、新庄、高墓、青村、花庄、陶舍、店前（一作杏庄）、东马畅（共8）	民田56825亩，官田1617亩	7305
		第二十二都	承化、慕善	花庄、花社、檀林、陆庄、福山、栅前、水门塘（共7）	民田27725亩，官田451亩	4025
	开元乡	第二十三都	和兴、钦丰、孝义、孝慈、翔鸾	尚舍、河市、付子、后舍、阖闾、陆庄、高市桥、西下市（共8）	民田34991亩，官田526亩	4440

续表

方位	乡	都	里	村落	田亩（保留至个位数）	每村平均田亩（亩）
县东北	开元乡	第二十四都	翔鸾、孝慈、怀逊、兴国、承化	陶庄、叶庄、九折、周市、辛庄、下庄、东下市（共7）	民田46297亩，官田1383亩	6811
		第二十五都	怀逊、怀仁	陈庄、辛舍、黄庄、瞿舍、西顾、宫琏、九里、薛庄、东顾、三村、郑庄、孝塘（一作哮塘）、沙盆段、西曹庄、雉浦桥（共15）	民田112539亩，官田7076亩	7974
		第二十六都	习善、德仁、太平	菰里、笋村、陶泾、李村、马及、胜法寺前、东漕庄（共7）	民田70532亩，官田6917亩	11064
县东南	思政乡	第二十七都	集贤、道义、昭德、永安	杨塘、真门、长亳、北舍、沈塔、施村、均村、徐凤坊前、寺泾（共9）①	民田92722亩，官田6620亩	11038
		第二十八都	昭德	南港、东西李墓、北港、李渭桥（共4）②	民田40788亩，官田2766亩	10889

---

① 《琴川志》载为八村，徐凤坊前寺泾为一村，疑有误，应分作徐凤坊前、寺泾二村。
② 亦可作五村，东、西李墓可分为二村，权依《琴川志》所载，仍作四村。

方位	乡	都	里	村落	田亩（保留至个位数）	每村平均田亩（亩）
县东南	思政乡	第二十九都	昭德、习善	贺衫桥、罗浊、包縻、白荡桥、逆上（共5）	民田32159亩，官田3398亩	7111
		第三十都	新安、昭德	朱堰、翰村、五浦、黄泥、唐浦、徐六泾、新庄、官竹园（共8）	民田44067亩，官田2347亩	5802
		第三十一都	昭德、杨王、高浦、白艾、金泾	高浦、金泾、白艾、海头、宫庄、凌庄、黄沙（共7）	民田48782亩，官田5116亩	7700
	双凤乡	第三十二都	集贤、昭德	西桑林、沙营、海头、高可甲、包桥（共5）	民田54198亩，官田5908亩	12021
		第三十三都	清化	东桑林、六河、西顾庄、下六河（共4）	民田31667亩，官田56亩	7931
		第三十四都	集贤、清化、永宁	上钱泾、东顾庄、黄泾、下钱泾、撑脚浦（共5）	民田40474亩，官田4609亩	9017
		第三十五都	清化、陌庄、严舍、钱泾	甘草、□湖、成村、彭李、堰头、陈穆（共6）	民田39988亩，官田5534亩	7587

方位	乡	都	里	村落	田亩（保留至个位数）	每村平均田亩（亩）
县东南	双凤乡	第三十六都	北浦、严舍、钱泾	高芦、大浦、泊庄、东严舍（共4）	民田50476亩，官田1675亩	13038
		第三十七都	石堰、轮洞、福顺、夫差、保安	穿山、石堰、涂菰（共3）	民田44404亩，官田4185亩	16196
		第三十八都	无愁、集贤、石城	桂村、漕湖、徐凤、芦荻、八赤、南港、北港、东丫泾（共8）	民田53569亩，官田5779亩	7419
		第三十九都	石城、进贤、七浦、杨波、散坵、陈庄	沙头、双凤、曹庄、六庄、西丫泾桥、眉泾桥（共6）	民田71786亩，官田14379亩	14361
		第四十都	吴塘、进贤	直塘、三桥、瞿泾、斗门、朱巷、任阳（共6）	民田59009亩，官田21326亩	13389
		第四十一都	进贤	支塘、坊前、河舍、赤沙（共4）	民田36716亩，官田2198亩	9729

方位	乡	都	里	村落	田亩（保留至个位数）	每村平均田亩（亩）
县东南	双凤乡	第四十二都	集贤、吴塘	周庄、马庄、下庙、罗磨、□舍、秋塔、周泾、黄村、马泾、下庄、宣塘、市宅、张塘（共13）	民田 129622 亩，官田 37683 亩	12870
		第四十三都	进贤、吴塘、莫耶	莫城、潭塘、洋澳、时泽、舍泽、黄泾、朗城、薛泽、毕泽、三家村（共10）	民田 75121 亩，官田 22513 亩	9763
负郭并县南	积善乡	第四十四都	怀仁、东沼、郁泽、青村	五瞿、过庄、祐村、斜桥、青亭、吕舍、张港、於沿、沼头（共9）	民田 105937 亩，官田 9815 亩	12861
		第四十五都	崑城、石城	陈市、瞿市、茆市、钱市、观庄、太步、兴福寺前、塔下、瞿家店（共9）①	民田 21716 亩，官田 89 亩	2423
县西南	归政乡	第四十六都	青村、齐门、孝节、安仁、仪凤	时村、尚湖、南塘、下庄、金市、藕荡、柴泾、斜桥下塘、戈市、惠洞泾（共10）	民田 51386 亩，官田 2823 亩	5421
		第四十七都	孝节、仪凤、义逊	北下庄、练塘市、秦塘桥、邹黄墓、胥塘、诸岸、尚湖村西（共7）	民田 23707 亩，官田 589 亩	3471

---

① 《琴川志》作八村，其中兴福寺前塔下合为一村，疑有误，当分作二村。

续表

方位	乡	都	里	村落	田亩（保留至个位数）	每村平均田亩（亩）
县西南	归政乡	第四十八都	义逊、怀仁	陈埭、朱巷、钱舍、顾泾、吴塔、界程、蒋店、陶舍、蔡姑、荻村、平市、石灰渭、东顾庄（共13）	民田66617亩，官田3579亩	5400
		第四十九都	义逊、三逊、诚信	前周、李祁、鹤窠、东祁、惠舍、韩庄、鸟嘴、西蔡姑、宛山、西顾庄（共10）	民田35342亩，官田59亩	3540
		第五十都	承节、诚信、义逊、三逊	东舍、马渎、惠市、钱塘、浦陂、西舍、杨尖市南、瞿里村（共8）	民田19141亩，官田2亩	2393
合计	九乡	五十都		393个村落①	2403579亩	6116

在《琴川志》卷二《叙县·乡都》部分的记载中，南宋常熟地域内，除县邑以及福山、庆安、许浦、梅李四镇外②，尚有390余个乡村聚落。官府版籍将它们划分为九乡五十都，尽管是人为的区划，但显然是依地域之便而设，每一乡、都的村落数量差距较大。同样显而易见的是，每都耕田数据多少有差。假设同一都内村落的耕作条件基本一致，规模差不多，那么每个村落的平均田亩数可相互参照，亦能由此推知某些倾向性的状况。综观表4中所统计的各村平均田亩数，少的在二三千亩左右，多的则可达万余亩。不难发现，平均田亩数相对较少的村落，基本位于西部、北部以及扬子江沿岸的冈身高地上，而万亩以上的村落大多位于南部、东南

---

① 由于记载本身可能存在的缺误，该数据并非准确村落总数，只作为大致的参考。
② 关于四镇，可见《琴川志》卷一《叙县·镇》，第1166页，后文亦有所述及。

部的低地平原。低丘、冈身，较之平原地带，所能拓展的耕地有限，人口承载能力相应要小，村落的分布自然不如平原集中。此外，高地上的村落规模也多比平原村落小。梁庚尧先生计算常熟地区平均每户耕地在45亩左右①，若以此计之，则高地村落大多不满50户，而平原村落百户以上的较为普遍。这样的分布状况也可以在常熟周边地区得到印证。嘉定县盛桥地区，同样位于长江沿岸的微高地，直到清末，平均每个村落的户数仍只有十余户，散村和小村占绝大多数②，由此或可推想南宋时期当地的状况。日本学者滨岛敦俊也认为近代江南三角洲聚落分布存在这样的趋势：高地乡村一般为小村（疏村）或散村，低地乡村一般是集村③。这种由于微小地势不同带来的村落分布与规模的差异，应该会对村落世界的构成与运作造成一定影响。

此外，繁杂的村名中，涉及浦、泾、港、渎、荡等水系的几近三分之一，可以推想大大小小的村庄与水流关系之密切。或在港、浦、湖、塘的沿岸，或在渡口、桥边，或在塘、浦交汇处，或在河港尽头，即使不直接临水，也与水流相去不远，星星点点散落（见图3）。尽管自然生态不是影响聚落分布的唯一因素，但在常熟这样的地貌上，密布的水网仍是最明显的空间特质，村落依附水流形成、发展，水流亦是村落不可分割的组成部分。位于县邑以南的尚湖、昆承湖，由中部纵向入江的黄泗浦、福山浦、许浦、白茆浦，连接郡城的常熟塘，以及虞山附近的小娘子泾、山塘泾等等，则是当时较为重要的水系。"水行之道，可以通舟楫"④，借助众多的水道，舟船成了最重要的交通工具，以至于"县人行还以舟航为安，而视道路无不劳苦"⑤。即使陆上距离更近，也宁可绕远路行舟。这些港、浦、

---

① 《南宋的农村经济》，第74页。
② 赵同福修、杨逢时纂：《盛桥里志》卷一《舆地志》，《中国地方志集成·乡镇志专辑》第4册，上海书店出版社1992年版，第536—541页。
③ 〔日〕滨岛敦俊：《旧中国江南三角洲农村的聚落和社区》，《历史地理》第十辑，第100页。
④ 〔元〕赵孟頫：《松雪斋集》卷七《南泾道院记》，四部丛刊初编影印元刻本，第229册，卷七，第10页b。
⑤ 《琴川志》卷一三《鳌顶山路记》，第1289页。

泾、塘上，船只往来相当频繁，聚落之间的联系也较为密切。在便于交通和灌溉之外，水系还有着另一方面的意义，即充当了地域间有形的界线。常熟县境与相邻州县之间，皆以水为界，这使得该地域的人们更易产生较为明确的范围意识。一系列疑问又随之产生：这些水流是否同样赋予每个或若干个村落明显的界线，抑或增强聚落间彼此的关联？散布于水网间的大小村落是否会在空间上有"群"的显现？这些问题，使我们的思绪无法止步于自然空间上的分布状态，但此处暂难以在具体讨论中落实。

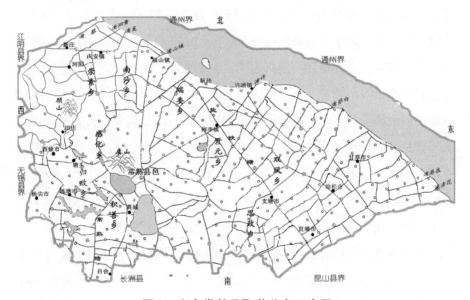

图3　南宋常熟县聚落分布示意图

资料来源：《琴川志》（《宋元方志丛刊》本）无图，该示意图主要参考宛委别藏本九乡简图、《嘉靖常熟县志·九乡新图》、《吴中水利全书·常熟县全境水利图》（景印文渊阁四库全书本，第578册，第36页）及文献记载草绘。

村落中的居民主要以农耕为生，同其他地区的人一样，需要通过市场实现生产所得与生活所需的各种交易。在常熟县，除了县邑、四镇以外，近四百个村落中，官方记载的市场尚有六处：练塘市、支塘市、甘草市、涂菘市、杨尖市、直塘市①，大致位置如图3所示。村落、市、镇、县邑

---

①《琴川志》卷一《叙县·市》，第1167页。

共同构成了一个市场网络，因为水运便利，物产繁庶，这个网络较早地向更大的经济空间扩散。小小的市镇已不只是当地人的物资交流之所，偶尔也有来自远方的客商，如从鄂州来到直塘的盐商，以及来自各地的米商①。而比交易场所更广泛存在的是寺观祠庵。常熟一地，寺观祠庵不少，"山巅水涯捧揭而奉之者尤众焉。乃者梵宇道宫金碧相望，而不耕不蚕之民蟠据其间者，类悠然自得"②。其在乡者，见于文献记载的就有120余所③。有意思的是，从其分布来看，建于宋以前的25所，大半位于虞山及县西北、北部低山上或其附近；而南宋时期所建的，则80%位于南部与东部。除虞山外，镇、市也是寺观祠庵分布较多的地方。如许浦镇见于记载的就有寿圣晏安院、真武道院、崇真道院、栖真道院、福田庵、法解寺六所之多，甘草市也有东禅寺、东祥庵、归云寺、万寿寺四所。虽不能断言当时所有的居民都会与各类宗教场所存在密切联系，但恐怕多数人的生活还是离不开祠庙。据说福山东岳行祠，"每岁季春，岳灵诞日，旁郡人不远数百里，结社火、具舟车、斋香信，谒祠下致礼敬者，吹箫击鼓，揭号华旗，相属于道"④。来自不同村落的人们会在此相遇，会因为祠庙的事务发生某种关联，成就了一个个无形却更为复杂的社会交往空间。

南宋常熟的村居者就在各种有形无形的空间网络下，过着繁杂而有序的日子。但无论是聚落本身，还是居于其间的人，都不会只有静好和诗意。即使没有战争和天灾，也会不时遭遇或大或小、或多或少的冲击。乾道六年（1170），许浦镇因屯驻水军合用寨地，据前往实地踏勘的地方官员申报，水军统制司原抒定寨基涉及地段，"并系人户居止八十余家，约有屋宇数百间，及积年埋葬坟茔三十余所，又有千人坑、焚化院各一所"，

---

① 〔宋〕洪迈：《夷坚志》补卷七《直塘风暴》，中华书局2006年版，第1609页。

② 《琴川志》卷一〇《叙祠》，第1242页。

③ 据《琴川志》卷一〇《叙祠》及《嘉靖常熟县志》《梅李小志》《璜泾志稿》等方志所载统计而得。

④ 《琴川志》卷一〇《叙祠·庙》，第1244页。

七千余亩膏腴之地所种麻麦皆废①。而大规模的围田，有时也改变人们的居所，比如从低湿地逐渐向地势略高且方便行船的圩岸上迁移。自然环境变迁、水旱灾害、国家制度、群体甚至个人行为选择都有可能牵掣聚落的变迁。但在常熟这样的地区，南宋之后类似的变迁，似乎只是零星偶发。由《康熙常熟县志》卷五《乡鄮》的记载来看，还是同样的九乡，只是五十都变成了五十区，各区之下所列乡村，相较《琴川志》所载，变化也极小。自南宋之后的几百年，常熟村落的分布状况总体趋于稳定。

（二）山川岭谷间的家户：潼川府路泸州三县的村落分布

泸州，位于四川盆地东南部边缘，南宋时期属西南边陲之地，从都城临安，沿大江逆流而上，舟行数月可达。境内地势南高北低，岷江、纳溪水等分别呈东西、南北向流经该地。江北为平行岭谷褶皱地形，水流沿岸及干流与支流的交界地多开阔的谷地，伴以低丘；南部则与云贵高原交界，丘陵、山地为主，岭谷纵横。东汉建安中，此地设江阳郡，梁大同年间置泸州，几经沿革②，南宋时，属潼川府路，下辖泸川、江安、合江三县，绍定五年（1232）增置纳溪县③。在泸南众多非汉族聚居地还设有十八个羁縻州，名义上归官府管辖。宋代的泸州乃"夷汉交界"之地，多民族混居杂处。在留下的文本中，少数民族不时与宋王朝爆发冲突，尤其是北宋时期。真宗朝发生"泸蛮之叛"，仁宗朝出现"淯井夷"动乱，神宗朝宴州夷、罗苟夷先后起兵，徽宗朝宴州夷攻围诸堡寨……治平三年（1066），地方官周侯给邓绾的书信中说，"泸为两蜀之藩，当百蛮之冲，夷汉错居，兵多事丛"④。涉及泸州的官方文献中，关于民族冲突及军事活动的记载占比不小。这些带着民族烙印的记述，展示的不仅仅是"冲

---

① 《吴郡志》卷五《营寨·御前许浦水军寨》，第722页。

② 〔宋〕欧阳忞：《舆地广记》卷三一《梓州路》，丛书集成初编本，商务印书馆1939年版，第318页。关于宋以前泸州政区地理沿革，《太平寰宇记》、《舆地纪胜》卷一五三《泸州》等均有记载，但略存偏差。关于宋代泸州政区沿革，骆忠军《宋代泸叙地区研究》（河北大学硕士学位论文，2016年，第13—14页）亦进行了梳理。

③ 《宋史》卷八九《地理五》，第2218页。

④ 〔宋〕邓绾：《泸州谯门记》，《永乐大典》卷三五二五，第2006页。

突",背后还透露出一定地域空间内户口的增长,及随之而来的不同人群在占用资源上的矛盾。而这种矛盾恐怕并不限于民族之间。

综合遗存文献和当前研究,概而言之,泸州地区自唐入宋,尤其自元丰间始,泸州"权任益重",至南宋孝宗乾道六年(1170),潼川府路安抚司移治泸州,泸州成为一路帅司所在。大量民众迁入,政治经济地位日益重要①。登记在册户口数迅速增长,少数民族伴随宋王朝的开边不断汉化,以草市镇为突出表现的经济交流更加频繁,文人笔下出现泸州身影的频率越来越高,受今人瞩目的宋墓石刻则直观地展示了彼时泸州的"世间声色"和"气象风流"②。若从大处着眼,相较宋代其他南方地区尤其是西南地区的开发进程,泸州似乎并无明显的特殊性。然而,在时人的印象里,"泸控西南诸夷,远逮爨蛮,最为边隅重地"③。无论地理环境,还是社会环境,这个地区与前例常熟相去甚远则是毫无疑问的,人们聚居和生活状况也复杂得多。

泸州虽在汉已设县,但直到北宋祥符年间,官府所掌握的户口仍然不多,最繁庶的泸川县亦只设一乡④。据载,元丰年间泸州三县共有35064户⑤。至徽宗崇宁元年(1100),增为44611户⑥。这一系列数据中,出现爆发式增长的阶段,更多的是由于宋王朝对夷汉杂居地区的控制能力增强,将大量夷户纳入王朝的户籍登记与编排体系。除此,当然也与人口的迁入以及自然增长有关。宋代文献记载中的户口数据原本纷繁复杂,学者们长期对数据背后的制度、现象及原因的探讨更是众说纷纭。尽管数据本

---

① 可参见刘复生:《"泸县宋墓"墓主寻踪——从晋到宋:川南社会与民族关系的变化》,《四川大学学报(哲学社科科学版)》2014年第6期,第17—22页。

② 扬之水:《川南宋墓石刻的世间声色》,《艺术史研究》2018年第4期,第120—130页。

③ 〔宋〕王象之:《舆地纪胜》卷一五三引孙羲叟《修城记》,浙江古籍出版社2013年版,第3264页。

④ 《永乐大典》卷二二一七,"泸"字韵,"泸州"引《江阳谱》引《祥符旧经》,第632页;亦见《永乐大典方志辑佚》,中华书局2004年版,第3150页。

⑤ 〔宋〕王存撰,王文楚、魏嵩山点校:《元丰九域志》卷七《梓州路》"泸州"条,中华书局1984年版,第327页。

⑥ 《宋史》卷八九《地理五》,第2218页。

身不是本文关注的焦点，但是汇聚成数字的一个个家户是切切实实地生活在泸州这块土地上的，数据内外的这些家户以怎样的居住样态呈现，我们也只能透过宋人留下的记载描摹一二。

淳熙六年（1179），广西帅张左司奏请施行监察盗事，令泸州诸乡结甲，于是每县各自结甲，置簿籍申诸州①。尽管"结甲"的措施实为具文，但簿籍被曹叔远所纂《江阳谱·乡都》②（以下简称《乡都》）所引录，又因《永乐大典》残本存于世。这部分记载，展示了南宋中期泸州辖下泸川、江安、合江三县的乡村区划，包括三县内各乡里或耆的名称及管下都分，每都还列有村落若干，并分别以小字注明乡里的大致方位、各都的保队甲及家户数。我们无从得知，这里的"徒有其籍"究竟有多少符合历史事实，但这样的簿籍，对于了解宋代的基层社会以及西南地区的社会历史，仍是十分难得的文献，长期以来引起不少学者的关注。就本文的议题而言，这是目前所见西南地区最为系统具体的宋代村落信息。为了更直观地进行粗浅探讨，现将甲队组织以外的内容略加整理，大致如表5至表7所列。

表5　泸川县的村落

地理方位	乡里	都别	村落	家户
倚郭	宜民乡应福里	第一都	杨村、黄村、袁村、水中坝、母市、谭村、赵舜臣市	860
	进德乡四镇里	第二都	先村坝、杨森市、赵化元镇	179③
	忠信乡南岸里	第三都	南田坝、蒲市	622
		第四都	三家店、鬼门关、宝鞍台、白村、耒头陂、杨村、何石头村、文村	737

① 《永乐大典》卷二二一七引《江阳谱》，第632页。
② 《永乐大典》卷二二一七引《江阳谱·乡都》，第632—634页。
③ 原文为"内百七十九家"，疑"内"字有误，该数字相较其他记载，家户偏少，存疑。

续表

地理方位	乡里	都别	村落	家户
县东北，有溪通大江，最富	衣锦乡白芳里	第五都	罗乙卯、梁村、特垅亭、权村	419
		第六都	峰门坎、凤凰台、樱树鼻市	369
		第七都	小市坝、大王村、胡市	352
		第八都	高坝、新溉、赖村	680
		第九都	李市、文村、望市垭	386
		第十都	先市	447
		第十一都	龙摩角①、沙坎、白市	427
		第十二都	任市	328
		第十三都	曹市	639
		第十四都	沙平坎、何家店、何村、白村	552
县东北八十里	安贤乡中下里	第十五都	赵市镇、罗村、石马平	400
		第十六都	大崖尾、旧赵市	534
		第十七都	丁始蓝、樱木亭、王村、李村	478
		第十八都	伊村、母村、又村、何村、赵村	498
		第十九都	丁石坝市、铜鼓坎	695
		第二十都	立石市、杨村	377
		第二十一都	鹿巷镇	587
县北一百二十里	惠民乡三井里	第二十二都	罗李村、文村、佛面村	1258
		第二十三都	吕市镇、炉头坎、彭来	1091
		第二十四都	七里市、范村、王村、张村	1466

---

① 原注"宣和三年，改为摩角村"。

续表

地理方位	乡里	都别	村落	家户
县北一百二十里	惠民乡三井里	第二十五都	嘉明市、小郑市、谭市、古村落谭坎	1332
		第二十六都	白崖村、牢井垭、换鹅市、小牟市、赵王五小市、栀溪市	1156
县西九十里，有溪连大江	清流乡沿江里	第二十七都	怀德镇、蛇鸣	823
		第二十八都	□鲁市、盐井	679
		第二十九都	王滩头、大先村、多村	584
		第三十都	蒲村、刘村、小先村	437
		第三十一都	赵化原镇、栀子市、何村、马市、青山峡	496
县东六十里，本隶江安，绍兴二十五年（1155）拨隶泸川	永安乡小溪里	第三十二都	尹市、罗市、王村、青村	827
		第三十三都	梅子坎、李村、懒姁望坝	1063
		第三十四都	鲁村、曹村	485
合计	八乡八里	三十四都	109个村落	22263

表6 江安县的村落

地理方位	乡耆	都别	村落	家户
县北	罗刀耆	第一都	罗改、梅落平、罗儿、斗安九、梅答、罗迎、罗不哀	312
		第二都	落鸡东、上梅圆、罗东、斗磨良、罗刀	384
		第三都	罗改郎、罗恃容、罗刀岸、梅本	251
		第四都	落斗儿、苟村、水村、梅来、郑村	376
		第五都	黄村、始落哀、落喻、落破碎、落婆郎、麻颐水、落箇章	154

续表

地理方位	乡耆	都别	村落	家户
县北	罗刀耆	第六都	梅吼、前梅田、下婆勇、落特泥、底破碎、梅良、落箇令	177
		第七都	韦刘村、先村、落斗母、后梅由、彭店、王火坝、上婆勇	220
		第八都	落箇姑、罗刑村、赵泥桥、上滩坝、落箇荣、杨高山、浪主	260
	南井耆	第九都	浪胡来、浪娄、梅特西	151
		第十都	落尤宾市、艳坝、赵村、李村、吴杨滩	287
		第十一都	文村、古藏垭、胡村、杨森市、许村、先罗佃	176
		第十二都	南井监市、朱杨村	226
		第十三都	阴村、罗始嵬、旱应坝、罗始偎	172
		第十四都	王村、赵店	326
		第十五都	罗刑、乱石、白沙	183
		第十六都	董坝、斗毛、斗桑浪始菉、母村、瞿村、马村、乌豆庄	811
	大硐耆	第十七都	石人波、李茆山、九亭坡、赵坝、何村、程村、牟村	339
	罗隆耆	第十八都	尹市、慰斗、皂泥坝、杨村、李村、黄村、斗、石村	811
		第十九都	小罗儿、下罗儿、谢村、梅始干、杨村、走马龙、朱村	811
		第二十都	牟村、石硼市、段村、母村、文村、竿箭村	1045
县城外东 县城外西	城外耆，分东西	第二十一都	北村、范村、庞村、夷牢口	209
		第二十二都	水中坝、南门坝	289
	旧江安耆	第二十三都	大硐坝、清溪村、张村、赵村、二保村、牛项村、鳌盘村	807

续表

地理方位	乡耆	都别	村落	家户
	旧江安耆	第二十四都	江安坝、罗勇村、大池头、蒲村、回程村、漏窗村	807
		第二十五都	纳溪寨、燕辏、漏洞、赵市	834
	罗东耆	第二十六都	青山脚村、权村、梁村、曹村、杨村、白米庄	317
		第二十七都	三清堂村、任庄村、猫儿垭、万纳窝、雷大面、梁村、向村	213
		第二十八都	王溪口村、始赖坝、母村、九亭坝、旧市坝、高店、堠子坝	181
	生南耆	第二十九都	大洲堡、立黎村、特眉坝、江门寨、木堰村、周村、红白沙村、候村	113
		第三十都	铜钹坎、大增坝、赤沙朱、板桥堡、黄沙坎、乐共城、水车坝、东村、姚村、蒿杖坝、梅岭堡、冯村、马村、政和堡、落茹村、博望寨、水罗甘村、王李村、镇溪堡、大刘村、赤崖村、大李村	552
		第三十一都	安远寨、罗改、沙水井市、赖显村、来令、任村、董村	157
		第三十二都	罗箇那、低蓬、箐口村、落特红、罗林补、梅特速、周村、高店村、罗始王	
合计	八耆	三十二都	198个村落	11951

表7 合江县的村落

地理方位	乡里	都别	村落	家户
在县	白皓里	第一都	大葛树、史渡溉、王市镇、吉子坎	1160
		第二都	周村、裴村、闭书垭	1160

地理方位	乡里	都别	村落	家户
在县	安溪里	第三都	先市镇、尹市	660
		第四都	赵村、周村、双堆、蔺市、芦村、□村	719
	云翔里	第五都	活垭、罗超村	193
		第六都	箭口、高洞、史马市	1052
	水北里	第七都	白市、丁石坝、书岩	1028
		第八都	白沙市、马村、李樊坝、黄渡溉、先渡溉、重村	244
		第九都	郑村、大文村、翼头坝	686
		第十都	乐岩、李村、路村、金钗埫	437
		第十一都	石皮笼、野茶溪、鲁碛	339
	白马里	第十二都	杨市子、安溪寨市	506
		第十三都	遥坝寨市、上七村、白马坝	396
		第十四都	王巡检坝、伞盖木	324
		第十五都	旧市、梯头、九支寨市	1364
	带滩里	第十六都	石朋坝、橙子坝、田溪	313
	中当里	第十七都	旧州坝、先恼坝、仁怀堡市、绥远寨市	331
		第十八都	月波埫、丁公山、吕村、官坝、何市、独昆	484
		第十九都	马市子、高坎、平泉寨市、四斗坎	770
		第二十都	合口、史君寨市	204
合计	七里	二十都	68个村落	12370

泸川县为州治所在，位于泸州北部，这一区块地势比南部地区略低，主要以低丘、宽谷为主，尤其是沿江谷地，土壤肥沃，耕作条件相对较好，物产丰富。从志书留存的信息看，该县户口较为繁庶，8乡34都共

22263户居民。《乡都》中所列村落共109个，有的在城郊，有的则去城百里开外。如果这些村落与泸川实际聚落大致相符，那么上表所列数据显示，该县每一聚落平均户数在百户以上，三四百户的亦有不少，而如鹿巷镇、曹市甚至达到五六百户的规模。合江县的民户相对少，在12000户左右，若以各都见载聚落分别均计，除第八都每村落少于50户，其余或在百户上下，或超三四百户，状况与泸川接近。江安县家户数与合江相近，记载给人的直观印象却很不同。大部分村落名称很明显是"夷""獠"等非汉族语言的音译，估计多为汉化程度较高的少数民族村落；聚居程度较另两县也相对略低，各都平均聚落规模除少数在百户以上，其余以五六十户居多，二三十户的也有不少。从《乡都》看，泸州三县的村落分布虽不及常熟密集，但人口的聚居程度相当高，即使是聚落规模最低的江安县，也不低于南宋多数地区的村落规模。总体来看，这一边陲之地的聚居状况与南宋中心区域的差异似乎并不那么明显。

然而，诸多史籍中的描述带给我们的印象却并非如此。宋初的《太平寰宇记》之《泸州·风俗》称泸州"地无桑麻，每岁畲田，刀耕火种"，又说生活在这片土地上的"夷獠"，"巢居岩谷，因险凭高"[1]。《宋史》之《蛮夷列传》称泸州地区，"杂种夷獠散居溪谷中"[2]。类似的表述传递给我们的画面是住宅零星散处，三家五户成小聚落，而非大规模集中聚居。当然，这说的都是"夷獠"的情况。人们的居住形态与其周遭的生存资源、生活空间紧密相关。泸州地区自然地理环境已见前述，尽管不排除夷、汉之间因生活习惯以及营生方式所带来的差异，但当时的泸州"夷汉错居"[3]，赖以生存的是同一片土地，在相同的自然生态下，定居状况不至于相差太大。在往东不远的江津县，地理环境与泸州相近，据说宋代

① 〔宋〕乐史撰、王文楚等点校：《太平寰宇记》卷八八《泸州·风俗》，中国古代地理总志丛刊本，中华书局2007年版，第1740页。
② 《宋史》卷四九六《蛮夷列传四》，第14244页。
③ 《泸州谯门记》，第2006页；亦见《永乐大典方志辑佚》，第3180页。

"居民不成村寨，傍山缘溪散处"①。《光绪南部县舆图说·保甲章程》也说那一带"并无村落"，指的是没有成一定聚居规模的村庄，而是屋舍星散分布。直到20世纪初，四川地区零星散居的现象仍相当普遍，农民住在分散的或三五成群的农舍中②。

事实上，关于南宋泸州及其周边地区的村落分布状况，目前并未发现其他翔实可信的文献，零星散见的也多是个别描述，自然无法断言泸州村落究竟散居为主，还是集村居多。只是其他相关记载以及历史发展进程的合理性，提醒我们有必要谨慎解读所见史料。其一，泸州乃"华戎错居"之地③，夷獠内部、夷汉之间大大小小的冲突时有发生，政府的乡村控制能力实际有限，因此不排除簿籍登记不完整的可能。其二，假设泸州地区的自然居民点过于零散，作为征税基础的户口、土地登记，其实没必要一一罗列每个小村落，更何况，有的可能根本没有村名，只能以相对中心的村落概称之。这种"中心"村落或许只是行政村、社村也不一定。元丰元年（1078），梓州路提点刑狱穆珣曾言及，泸州纳溪寨，"罗苟村夷贼在寨之西南，又才五里，八姓五十余村，夷族千户"④，便是以"罗苟村夷"统称周围的五十余村。包伟民认为，《江阳谱》所载泸州三县的"乡村"，应该仅记录了当地那些重要的聚落，并没有将所有自然村包括在内⑤。此说应当是符合历史事实的。

基于上述理由，我们可以推断，南宋时期泸州以及周围与之地貌相似地区的广大乡村，存在相当程度的散居现象，三五十户的小村落应该很常见，村民零星散居于山坳溪谷间的情况也不少。

当然，在地势相对平旷、交通便利的通谷平壤，也间杂有规模较大的

---

① 〔清〕曾受一修、王家驹纂：《乾隆江津志》卷九《风俗志·礼仪》。

② 〔美〕施坚雅：《中国农村的市场和社会结构》，史建云等译，中国社会科学出版社1998年版，第6页。

③ 〔宋〕许裛：《襄陵文集》卷一《张域转官制》，景印文渊阁四库全书本，第1123册，第495页。

④ 《宋会要》蕃夷五之二五。

⑤ 包伟民：《宋代的村》，《文史》2019年第1期，第173页。

聚居型村落。元丰二年（1079），宋兵兴师泸南平乌蛮之乱，探报多言"林箐险阻、道路难进"，然当军队到达江安南面的"落始兜村"，发现竟"有良田万顷，颇多积谷，其林箐乃在数百里外"①。这一方面体现了宋政府对那片土地的陌生；另一方面，大面积的平旷良田，也表明聚居型村庄存在的可能，尽管这种描述性的语言难免有夸张的成分，但在岷江、纳溪两岸的河谷阶地，由于常年的冲刷，土壤肥沃，土层深厚，宋代就盛产荔枝、柑橘等，水路交通又便利，相对比较富庶，村落分布也较为密集。在江安至泸川的岷江沿岸，有诗句称"秾绿连村荔子丹"②。泸川东北部的衣锦乡，地势比南部地区略低，又"有溪通大江，地产荔枝"，号称该县"最富"，户口几乎占了全县八乡总数的四分之一左右，相对集中。其中第十都、第十二都、第十三都，分别只有先市（447户）、任市（328户）、曹市（639户）各一聚落登记在册。当然较大概率是以中心聚落统称周围零星散落的居民点，但也不排除存在大规模村落的可能性。一来，该地域自然条件相对优越；二则，周围社会环境相对复杂，聚居有其现实需求。从诸多相关的文献记载来看，泸州境内汉族与其他少数民族之间的冲突时有发生③。如同治平三年（1066）泸州守臣周侯给邓绾的信中所描述："当百蛮之冲，夷汉错居，兵多事丛"，"夷错蛮惊，备无虚日"④。人们也可能会出于安全的需要尽量聚居，共同设防以应付外来的侵扰。

在这些数据中，另一个引人注目的现象，是"市""镇"的密集分布。傅宗文曾根据《乡都》所记列表整理了泸州三县草市镇及其与聚落、家户的比例。据他统计，泸州市镇有67处，其中：泸川县市镇37处，诸如衣锦乡、惠民乡、清流乡平均一两个聚落即有一处草市镇；江安县市镇12

---

① 《宋会要》蕃夷五之二九。
② 〔宋〕范成大：《范石湖集》卷一九《江安道中》，上海古籍出版社1981年版，第266页。
③ 《宋史》卷四九六《蛮夷列传》、《宋会要》蕃夷中都留有不少关于夷汉冲突的史料。另〔宋〕吕陶《净德集》卷二三《朝请郎新知嘉州家府君墓志铭》（景印文渊阁四库全书本，第1098册，第191页）、〔宋〕秦观《淮海集笺注》卷三三《泸州使君任公墓表》（徐培均笺注，上海古籍出版社1994年版，第1103—1104页）等都有此类记载。
④ 《泸州谯门记》。

处，诸如绵水、生南两耆，约四十余个聚落一处草市镇；合江县有市镇18处，县西南的白马乡，五个聚落均为市镇，其余诸乡，皆十余聚落一处草市镇。这个统计里的草市镇，即《乡都》所记以"市""镇"为名的聚落，而见于《乡都》的聚落也被视同泸州三县实际的自然聚落。然而，我们无从得知以"市""镇"为名的聚落在不同历史阶段的实际状态如何，且除了"×市""×镇"，或许还有其他聚落亦为草市镇。此外，前文也已讨论过，留在簿籍中的这些聚落，并没有囊括泸州所有的自然村。因此，从这两点来看，上述统计的数字比例并不能用于证明泸州地区市场网的密度大小，当然也不可能得出，"泸川县草市镇同周近村庄聚落的比例接近一比一，是一种近于饱和状态"的结论①。但即使如此，透过《乡都》的记载，我们仍然能够感受到，泸州地区，尤其是泸川、合江两县的市镇不在少数。傅宗文曾指出，由于缺乏平原地区四通八达的交通网，长距离的往来非常不容易，因此，小规模近距离的亥市，反会比平原稠地更加星罗棋布于乡间②。这似乎有一定道理。再则，泸州地区夷汉错居，自然环境的多样也造成物产的地域差异，且有盐井之利，这些可能都是该地区市镇密布的原因。

　　总的而言，由于泸州地区地貌特征的复杂性，村落分布状况也更不均衡，散村、集村在不同的地形上交错分布。在山地、丘陵、河谷之间或疏松，或密集，或集村，或散村，都是居住者因地因时作出的合理选择。生活于险峻山岭间的人们"巢居岩谷，因险凭高"③；而定居于岭间溪畔开阔地的人们则守望相助。自然的山川兼人群的选择，造就了或大或小的聚落群。众多的高山深谷，使交通变得相当艰难，对于多数村落而言，通往山外的路遥远而不可知，即使去往县城，也是跋涉费时，负载不易，能行舟的江河溪流是沟通外界最便捷的途径。临靠溪流的聚落，也因为得天独

① 傅宗文：《宋代草市镇研究》，福建人民出版社1989年版，第225—231页。
②《宋代草市镇研究》，第111页。
③《太平寰宇记》卷八八《泸州·风俗》，第1740页。

厚的条件，将村落的生活向外延伸至更广阔的世界。如泸川衣锦乡第七都的胡市，"靠内江，通车船过往"；惠民乡第二十四都的七里市、第二十六都的换鹅市，虽不通舟，但都有溪桥与对岸相连①。想必这些村落已不仅仅是人们聚居的场所，而承担了程度不一的商业职能。

　　2002年，泸县喻寺镇濑溪河附近的南坳村南宋墓中出土了一方墓志。志主为古骥，字德骏，怀安军金堂县（今四川金堂县）人，生于宣和六年（1124），母亲白氏，泸川人。因父亡，古骥随母迁居泸川。绍兴三十二年（1162），白氏亡故，葬于泸川县惠明乡三井里。乾道八年（1172）八月二日，古骥病故，后于淳熙三年（1176）十月十一日葬于母亲白氏墓侧②。据《乡都》所录，泸川县忠信乡南岸里第四都、衣锦乡白芳里第十四都均有"白村"，衣锦乡白芳里第十一都有"白市"，惠明乡三井里第二十六都则有"白崖村"，这些聚落或许与白姓聚居有关。如果古骥与母亲的葬地离生前所居不太远，我们权且想象八百多年前古骥与母亲，以及外家白姓的亲友们就住在白崖村。那里土壤肥沃，地势开阔，间以低丘。村旁有溪流，但不通舟楫，溪流蜿蜒曲折，最终汇入长江。周围有不少人家聚居，有时他们会从白崖村，到邻近的换鹅市、小牟市、赵王五小市、栀溪市采买交易。有时也去泸州城探亲访友。古骥的女儿嫁给了泸川进士冉常。这家人或许常往来于城乡之间。

　　南宋的常熟县和泸州，无论在自然地理环境，还是在社会历史传统上，都存在很大差异，相应的村落分布状况也不同。在此基础上，人与人之间的日常往来、物资交流、信息传递乃至官府的管理制度都会呈现出各自的特征。此外，这两个事例都显示出聚落分布变迁相较社会环境略为稳定的一面，当地域经济开发进程到达某个阶段时，尤其如此。几百年的时光流逝，微观的村落可能物是人非，但宏观上的村落分布，前后差距有时

---

① 《永乐大典》卷二二一七引《江阳谱·乡都》。

② 详见《古君德骏墓志铭》拓片，四川省文物考古研究所编：《泸县宋墓》，文物出版社2004年版，第72页。

并不明显。就常熟而言，到明正德年间，除了双凤乡被划入太仓州，其他的村落名词90%以上都见载于《琴川志》①。这恰恰印证了前述宋代奠定中国传统时期聚落分布基本格局的观点。同样，施坚雅所揭示的20世纪初四川地区聚落分布的状况——零星散居，市场的中心地位突出，似乎也能找到南宋时的影子。

以上探讨南宋的村落分布，只是通过浮光掠影式的浏览，使我们对城市以外的实体空间能有一定的印象，由此构想实体空间底下蕴含的无形空间网络，以助于思考经济联系、社会交往的具体情境。关于聚居空间景观与生存环境，容待来日讨论。

（原载傅俊：《南宋的村落世界》，浙江大学2009年博士学位论文，
转载时经作者补订修改）

① 《正德姑苏志》卷一八《乡都·常熟县》，第281—284页。

第四编

生产交换

　　关于两宋时期社会经济生产的研究，成果相当丰富，举凡农作、经营、交换、市场、组织等，无不已有相当丰厚的积累。本编所选录的漆侠《宋代农业生产的发展及其不平衡性——从农业经营方式、单位面积产量方面考察》与梁太济《两宋租佃的基本形式》两文，聚焦于农作及其经营制度，梁庚尧《南宋的农产市场与价格》专论南宋交换市场中的农产品，斯波义信《商业组织的发达》专论宋代发达的商业经营组织，最后选录虞云国《略论宋代太湖流域的区域性市场》一文，举宋代太湖流域的个案，来对城乡市场作全面观察。

宋代农业生产的发展及其不平衡性

——从农业经营方式、单位面积产量方面考察

漆　侠

宋代社会生产有了极为显著的发展，其中农业生产的发展，推动了整个国民经济的发展。随着社会生产的全面发展，各地区之间的差距更加扩大了，不平衡性更加突出了。研究这个问题，对了解宋代社会经济结构、阶级结构，都有其重要的意义和作用。这个问题比较大，也比较复杂。我在《关于宋代人口的几个问题》《宋代以川峡路为中心的庄园农奴制》等文中①，曾就某个侧面叙述了一下。这篇文章打算从农业经营方式、单位面积产量方面加以考察，请同志们指正。

一、宋代各地区的农业经营方式

在《关于宋代人口的几个问题》中，我曾根据宋代人口的激剧增长和垦田的扩大，说明宋代农业的发展。从960年宋建国到宋徽宗大观四年（1110），人口以44‰的年增长率由三百万增至二千万户，为汉代人口的两倍、唐代人口的将近两倍。垦田也随着劳动人口的激增而大幅度地增加。宋太祖开宝九年（976）为295332060亩，到宋真宗天禧五年（1021）即增至524758432亩，45年中增加了78%。由于地主豪绅的隐田漏税，登录在国家版籍上的田亩到宋仁宗时锐减，以后虽有所回升，宋神宗元丰年间为461655000亩，但依然没有达到宋真宗时的数字。参照明代特别是明

---

① 载《求实集》，天津人民出版社1982年版。

初垦田，北宋垦田至少要有七亿亩，可能为七亿五千万亩，或更高一些。在垦田方面也远远超过了汉唐。同时从人口、垦田增长的速度看，宋代也比汉唐为快。从这里可以看出，宋代经济的发展已远远超过了汉唐。

在宋代社会生产高度发展的同时，各地区发展的不平衡性也充分地表露出来了。从全国范围看，宋代经济发展的总情况是：如果以淮水为界，则淮水以北的北方地区不如淮水以南的南方地区，亦即北不如南。这一点近几十年来已得到学术界的公认，这是一方面。另一方面，如果以峡州（今湖北宜昌）为中心，北至商洛山秦岭，南至海南岛，画一南北直线，在这条线的左侧——宋代西部地区，除成都府路、汉中盆地以及梓州路遂宁等河谷地的农业生产堪与闽浙等路比美外，其余广大地区都比东方诸路落后，亦即西不如东。而且，材料还显示了，北不如南，是量的方面，差距还不算大；而西不如东，则是质的性质了。农业经营方式就充分说明了这一问题。

宋代农业经营方式大致分为三类，即刀耕火种式的原始经营、广种薄收式的粗放经营和精耕细作式的集约经营。大体上，西方诸路采取原始经营和粗放经营，而东方地区则以精耕细作为主，但在程度上又有差别。

先说刀耕火种式的原始经营。

刀耕火种式的原始经营在以峡州为中心的一线西侧还占优势。峡州山区即实行刀耕火种，寇准在一首诗中提道："谁家几点畲田火，疑是残星挂远峰。"①自峡州向北至商洛山区的商州，所属丰阳、上津等县，也流行刀耕火种，著名文学家王禹偁贬官于商州时，写出了《畲田词》以纪其事，并对这种经营方式作了简要的说明②。自峡州而南，即荆湖南路的西部，亦即湘江、资江以西的地区，所谓"沅湘间多山"，"每欲布种时，则先伐其林木，纵火焚之，俟其成灰，即布种其间"，"盖史谓刀耕火种

①〔宋〕寇准：《忠愍诗集》卷中。
②〔宋〕王禹偁：《小畜集》卷八。

也"①。在湘江以西的上下梅山地区，在宋神宗熙宁初年是"人家迤逦见板屋，火烧硗确多畲田"②，直到章惇开梅山之后，建立安化、新化等县，才从刀耕火种转变为牛耕。荆湖南路的西南部，与贵州接壤的靖州一带，也是刀耕火种的，如诗人的描述："靖州风物最五溪，畲田岁入人不饥。"③自沅湘向西南伸展，至广南西路一带，刀耕火种的经营占有重要的位置。任官于邕州的陶弼在《畲田》诗中说："畲田过雨小溪浑"④，可以说明这种情况。在广南东路的许多地区，刀耕火种仍是作为"田农之利"而被记录下来的⑤。

再从峡州溯江而入夔峡，在三峡巫山一带，则是"刀耕火种裁自给"⑥，万州则"村民刀耕火种，所收不多"⑦。而夔州则由于"耕山灰作土，散火满山卜黾雨"⑧，"最为荒瘠，号为刀耕火种之地"⑨，自峡州至夔州，即所谓夔峡地区，广泛地采用了刀耕火种的原始经营的方法。

当然，采用上述原始经营方法的，不限于夔峡一带。宋神宗熙宁三年（1070）陆诜在一道奏疏中说："州（当作'川'）峡四路与内地不同，刀耕火种。"⑩可见川峡四路都存在这种经营。所不同者，夔州路较其他三路更加广泛、普遍："惟夔最崎岖……水耕火种，官苟无忧，亦厪厪足。"⑪当然，梓州的西南部、夔州以西的地区，以及与少数民族错居的地区，如淯井监、沪州一带，也是有名的刀耕火种之区：

---

① 〔宋〕张淏：《云谷杂记》卷四，又许观《东斋记事》"刀耕火种"条与此全同。
② 〔宋〕章惇：《开梅山歌》，〔宋〕王象之：《舆地纪胜》卷五九；《宋诗纪事》所载即引于此。
③ 〔宋〕刘宰：《漫堂文集》卷四《送魏华甫侍郎谪靖州》。
④ 〔宋〕陶弼：《邕州小集》。
⑤ 〔宋〕祖士衡：《向敏中神道碑铭》，〔宋〕祖无择：《龙学文集》卷一五。
⑥ 〔宋〕魏了翁：《鹤山先生大全集》卷八九《吴猎行状》。
⑦ 〔清〕徐松辑：《宋会辑稿》食货一七之一九。
⑧ 〔宋〕李复：《潏水集》卷一六《夔州旱》。
⑨ 〔宋〕汪应辰：《文定集》卷四《御札问蜀中旱歉画一回奏》。
⑩ 〔宋〕李焘：《续资治通鉴长编》卷二一四"熙宁三年八月辛巳"。
⑪ 〔宋〕真德秀：《真文忠公文集》卷四二《通议大夫宝文阁待制李公墓志铭》。

　　君行在巴徼，民俗半夷风。火田租赋薄，盐井岁时丰。①

　　地接松扶绝塞边，星居人户种畲田。②

　　采取刀耕火种的原始经营方法的，多是在自然条件比较差的地区，即一些山区和半山区。在峡州以东的东方诸路的一些山区，也残存着这种耕作方式，如舒州，"火种又见无遗种"③，江南西路的萍乡山区，"耕锄兢畲田，鱼樵喧会市"④，闽西一带尤溪山区，"畲田高下趁春耕，野水涓涓照眼明"⑤，但在这些地区，刀耕火种残存而已，远不如峡州以西路那样还占有重要的位置。其次，这种原始经营方法又广泛地存在于少数民族地区。如荆湖南路的沅湘之间、上下梅山一带的苗、瑶、土、僚诸族，大都实行这种耕作方法，所谓"辰、沅、靖州蛮"，"皆焚山而耕"⑥。广南西路的壮族也使用这种耕作方法。

　　畲田，并不像前引寇莱公的诗句描述的那样轻松而富有诗意，而是一项相当艰苦的生产劳动，虽则这种劳动方法极其落后。畲刀，"安短木柄"上，"并皆著袴"，"川峡山险全用此刀开山种田"⑦，成为刀耕火种的主要工具。每当畲田，先将山岗上的树木用畲刀砍倒，然后将其烧成灰烬，作为肥料。最好是在即将阴雨之前，完成砍伐、焚烧，等灰烬冷却，用手撒下种子，主要种植粟、豆。如立即降下及时雨，就能使稼苗生长，收成有望；否则，天旱不雨，颗粒无收。即使是好收成，所获也不过种子的若干倍而已。种上三五年，土地瘠薄得无法种植的时候，就另选择一个地点畲种，按照上面的程序来上一遍⑧。在丰阳、上津，畲田不是以亩计算，而

---

① 〔宋〕韩缜：《送周知监》，《宋诗纪事补遗》卷一九。

② 〔宋〕冯山：《冯安岳集》卷一二《和子骏郎中文台》。子骏即鲜于侁。

③ 〔宋〕王安石：《临川先生文集》卷二四《舒州七月十一日雨》。

④ 〔宋〕蒋之奇：《萍乡》，《蒋之翰、蒋之奇遗稿》。

⑤ 〔宋〕陈宗：《题拿洋驿》，《宋诗纪事补遗》卷二九。

⑥ 〔宋〕陆游：《老学庵笔记》卷四。

⑦ 《宋会要辑稿》兵二六之二六至二七。

⑧ 以上据〔宋〕王禹偁《畲田词》、〔宋〕张淏《云谷杂记》和〔宋〕范成大《劳畲耕》（《石湖居士诗集》卷一六）写成。

是以丈量的"索"（绳索）作为计算单位，称畲种了若干"索"。《诗经》中所说的"疆以周索""疆以戎索"云云，其中的"索"也当作这种解释。由于畲田产量太低，人们不得不"种芋充饥"[①]，不得不"猎取野兽，至烧黾蛇啖之"[②]；"虽遇丰岁，民间犹不免食草木根实"[③]，"终岁勤动，不得一饱"[④]。山区的居民，特别是西南地区各族人民，就是在这种贫困的生活中而使自己的经济文化的发展远落在时代的后面的。

再说广种薄收式的粗放经营及其分布地区。

峡州以西诸路，有不少的河谷、平原地区也种植水稻。但从其耕作方式来看，依然是落后的。有关记载说明，广南西路典型地表现出这种粗放经营的方式。

先从工具说起。静江府（今广西桂林）是宋代广南西路生产较为先进的地区，可是这里的犁直到宋孝宗年间，还极为"薄小"，"不足以尽地力"[⑤]，既不能深耕，又不能将犁起的土块翻过来。事实上，就是在静江府，这样薄小的田器的使用也并不广泛，而所谓踏犁则成为这个地区的主要耕具。踏犁，完全靠人力，"其耕也，先施人工踏犁，乃以牛平之"，"踏犁形如匙，长六尺许，末施横木一尺余，此两手所捉处"；"踏犁五日，可当牛犁一日，又不若牛之深于土"。这种踏犁，只有在耕牛缺乏或不知牛耕的地区才使用它，春秋时代的"耒"就是这种工具。广南西路并不缺乏耕牛，而是还不知道牛耕。由于"牛自深广来，不耐苦作，桂人养之不得其道，任其放牧，未尝喂饲，夏则放之水中，冬则藏之岩穴，初无栏屋以御风雨"，仅在踏犁起土之后，用牛来平土[⑥]；犁既小，又不牛耕，广南西路就只能以春秋时期的"耒"作为主要耕具，比两浙诸路要落后一千五

---

① 《续资治通鉴长编》卷二一四。
② 《老学庵笔记》卷四。
③ 《文定集》卷四《御札问蜀中旱歉画一回奏》。
④ 〔宋〕洪咨夔：《平斋文集》卷一一《劝农文》。
⑤ 《真文忠公文集》卷四七《詹体仁行状》；又〔宋〕叶适《水心先生文集》卷一五《詹体仁墓志铭》亦同。
⑥ 〔宋〕周去非：《岭外代答》卷四《踏犁》。

六百年。

其次，包括静江府在内的广南西路地区还不懂得水利灌溉，"且无沟畎，何以行水？"①不知道积粪沤肥，也不知道种植秧苗。而且农业生产劳动的主要承担者是妇女。周去非在《岭外代答》中对这个地区的粗放经营方式作了记述，今摘录如下两段文字：

> 深广旷土弥望，田家所耕百之一尔，必水泉冬夏常注之地然后为田，苟肤寸高仰，即弃而不顾。其耕也，仅取破块，不复深易，乃就田点种，更不移秧。既种之后，旱不求水，涝不疏决，既无粪壤，又不籽耘，一任于天。既获，则束手坐食以卒岁，其妻乃负贩以赡之，己则抱子游嬉……

> 钦州田家卤莽，牛种仅能破块，播种之际，就田点谷，更不移秧，其为费种莫甚焉。既种之后，不耘不灌，任之于天地。②

这种卤莽灭裂的粗放经营方法，以及"一任于天"的望天田，指望它能够有多么高的产量，自然是不可能的。产量虽不高，广种薄收，然而由于人少地多，仍能提供一定数量商品粮，商人以"下价"籴买，到广州高价出售，从而获得厚利。

与广南西路紧邻的广南东路，除珠江三角洲的广州、韶州等地区生产相当发展外，其余地区大都是落后的。一些城市，如惠州，"城垒四五尺，闾阎千百家"③，比不上两浙一带的下县。农业上因地旷人稀而显得落后。如"潮之为郡，土旷人稀，地有遗利"④，"惟我南海之民"，"其从事田畴者，又苟且卤莽，故耕耘不以时，荒废不如辟"⑤，到南宋年间，人口不但没有增加，反而同夔州路一样，有所减少。

---

① 《水心先生文集》卷一五《詹体仁墓志铭》亦同。
② 《岭外代答》卷三《惰农》，卷八《月禾》。
③ 〔宋〕彭汝励：《鄱阳集》卷八《惠州》。
④ 〔宋〕许应龙：《东涧集》卷一三《初到潮州劝农文》。
⑤ 〔宋〕洪适：《盘洲文集》卷二九《劝农文》。

与夔州路密迩相接的荆湖北路，在北宋时是东南六路当中最落后的地区，经过两宋之际战乱的影响，人口锐减，更加落后。任官于荆门军的著名哲学家陆九渊，曾将荆湖北路的农业生产与江南东西路进行了比较，他指出：

> 江东西无旷土，此间（指荆门军一带）旷土甚多。江东西田分早晚，早田者种早禾，晚田种晚大禾；此间田不分早晚，但分水陆。陆田者只种麦豆麻粟，或莳蔬栽桑，不复种禾，水田乃种禾。此间陆田，若在江东西十八九为早田矣。水田者，大率仰泉，在两山之间，谓之浴亩；实谷字，俗书从水；江东西谓之源田。潴水处曰堰，仰溪流者亦谓之浴，盖多在低下；其港陵亦谓之堰。江东西水多及高平处，此间则不能，盖其陂不能如江东西之多且善也。[①]

从这个比较来看，荆门军一带（其实大部分荆湖北路亦然）在垦荒、种植、水利诸方面都是落后于江南东西路的。唯其如此，南宋士大夫在评论荆湖北路的农业生产时一再指出它的耕作经营之粗放、灭裂："缘其地广人稀，故耕之不力，种之不时，已种而不耘，已耘而不粪，稊稗苗稼杂然而生，故所艺者广而所收者薄"[②]；"湖北地广人稀，耕种灭裂，种而不莳，俗名漫撒，纵使收成，亦甚微薄"[③]；"州县建置二十五年矣，今犹极目蒿莱，开垦不及十二三"[④]。它虽然比广南西路要好一些，但仍属于广种薄收、粗放经营的地区。

淮南路在北宋分为东西两路，是东南六路经济发达的地区，沿江一带的农业生产堪与两浙江东比美，特别是盐产量居全国首位，使这个地区占重要位置。然而经北宋末年以来战乱几度破坏，终南宋一百五十年一直没有恢复旧观。之所以没有恢复起来，劳动人口太少是一个重要的乃至可以

---

① 〔宋〕陆九渊：《象山先生全集》卷一六《与章德茂第三书》。
② 〔宋〕王炎：《双溪集》卷一《上林鄂州书》。
③ 〔宋〕彭龟年：《止堂集》卷六《乞权住湖北和籴疏》。
④ 〔宋〕胡宏：《五峰集》卷二《与刘信叔书》第一首。信叔，刘锜字。

说是决定性的因素。宋神宗时，两淮户口达一百三十五万户，而南宋仅二十几万户，不到北宋的六分之一。由于劳动人口太少，"田莱之荆榛未尽辟，闾里之创残未尽苏"；"锄耰耘耨皆侨寄之农夫"；"市井号为繁富者才一二郡，大概如江浙一中下县尔！县邑至为萧条者，仅有四五十家，大概如江浙一小聚落尔"①。因之，这个地区就从原来的精耕细作倒退到广种薄收，从集约经营倒退到粗放经营："两淮多旷土，官司往时募人营垦，听其占佃，今已殆遍"；"所占虽多，力实不给，种之卤莽，收亦卤莽，大率淮田百亩所收，不及江浙十亩，况有不及耕种之处"②；"两浙土沃而多旷，土人且耕且种，不待耘籽而其收十倍。浙民每于秋熟以小舟载其家之淮上，为淮民获田，主仅收十五，他皆为浙人得之，以舟载所得而归"③。与广南西路类似，也是因地多人少，粮食才有了敷余。

最后再看一下精耕细作式的集约经营及其分布情况。北方诸路以及江南西路、荆湖南路、江南东路、成都府路、福建路和两浙路，大都采用这种耕作方式。自然，各地情况乃至一路之内也都很复杂。如在河东，它的一些山区既存在刀耕火种，也存在粗放经营，而在汾河河谷就以精耕细作占主导地位了。而且，虽都属于精耕细作，但内部差距也很大。由于现存材料的问题，仅以南方诸路为主，分作三个类别加以说明。

（一）江南西路、荆湖南路

江南西路内部的生产发展也不一样，存在不小差距。有的地区，精耕细作达到相当高的程度。陆九渊所描述的他的家乡抚州金溪地区就是如此。他曾经指出，当地人家"治田"，用"长大镢头"深翻地二尺许，并有一尺的间隔，"方容秧一头"，"久旱时，田肉深，独得不旱"；从产量上看，他处禾穗每穗不过三五十粒、八九十粒，而"此中禾穗数之，每穗少者尚百二十粒，多者至二百余粒"，"每一亩所收，比他处一亩不啻数

---

① 〔宋〕仲并：《浮山集》卷四《蕲州任满陛对札子》。
② 〔宋〕虞涛：《尊白堂集》卷六《使北回上殿札子》。
③ 〔宋〕李心传：《建炎以来朝野杂记》甲集卷八《陈子长筑绍熙堰》。

倍"①。但是，这种精耕细作在江南西路并不普遍；有的地方如南康军，"耕种耘耨，卤莽灭裂，较之他处，大段不同，所以土脉疏浅，草盛苗稀"②，似乎还属于广种薄收、粗放经营方式。同两浙路比，江南西路内精耕细作的差距很大："吴中厥壤沃、厥田肥，稻一岁再熟，蚕一年八育；而豫章则襟江带湖，湖田多，山田少，禾大小一收，蚕早晚二熟而已。吴中之民，开荒垦洼，种粳稻，又种菜麦麻豆，耕无废圩，刈无遗陇；而豫章所种，占米为多，有八十占，有百占，有百二十占，率数日以待获，而自余三时则舍穑不务。"③再以抚州为例，也同两浙大不一样，如在耕种方面，"多有荒野不耕，桑麻菜蔬之属甚少"，在耘田或者说田间管理方面，"勤力者耘得一两遍，懒者全不耘"；在积肥方面，"勤力者斫得些小柴草在田，懒者全然不管"；在收成之后，"田便荒版"，"尽被荒草抽了地力"④，即多种经营、中耕以及田间管理、积肥以及收成之后的耕地，都远不如两浙路，因而江南西路不过是向精耕细作式的集约经营迈出一步而已。

荆湖南路情况复杂，在湘江以西属于刀耕火种范围，多数地区如桂阳军耕作仍然相当粗放，"不待施粪，锄耙亦稀"，仰仗土地肥沃而人力有所不至⑤。在滨湖地区，特别经过钟相、杨幺起义之后，终南宋之世，农业生产逐渐发展起来，同江南西路某些地区一样，向精耕细作式的集约经营方面发展。

（二）成都府路、福建路和江南东路

成都府路属于四川盆地的盆底部分，所谓"天府之国"，指的就是这个平原地区。除较好的自然条件之外，这里也是人多地少的地区，人口密度与两浙路不相上下，可能还要更密一点。劳动者的勤奋和耕作技术等的

---

① 《象山先生全集》卷三四《语录》上。
② 〔宋〕朱熹：《晦庵先生朱文公文集》卷九九《劝农文》。
③ 〔宋〕吴泳：《鹤林集》卷三九《隆兴府劝农文》。
④ 〔宋〕黄震：《黄氏日钞》卷七八《咸淳八年春劝农文》。
⑤ 〔宋〕陈傅良：《止斋先生文集》卷四四《桂阳军劝农文》。

进步，为"天府之国"奠定了坚实的基础。"方春耕将作兴……莫不尽力以布种。四月草生，同阡共陌之人，通力合作，耘而去之，置漏以定其期，击鼓以为之节，怠者有罚，趋者有赏，及至盛夏，烈日如火，田水如汤，薅耨之苦尤甚，农之就功尤力，人事勤尽如此，故其熟也常倍。"①不仅耕作精致，田间管理也周密，而田间管理正是精耕细作过程中的一个重要环节和内容，成都盆地的生产强调了这一方面，是值得注意的。梓州路遂宁府以及一些河谷地、利州路的汉中地区也都属于精耕细作范围。

福建路沿海与山区之间的差距甚大，滨海之"田或两收，号再有秋"②，"濒海之稻岁两获，负山之田岁一收"③。濒海地区精耕细作，次于两浙路，但可同成都府路差肩比美。江南东路的圩田，是宋代的稳产高产田，其精耕细作与两浙路不相上下。福建路和江南东路亦都有山区，在这些山区开展竹木茶漆等多种经营是极为有利的，两路在这方面也都作出了成绩。尤其是福建路又靠海，"其民皆垦山种果菜、渔海造鲑鲐之属以自给"④，是解决当地人多地少这一矛盾的重要途径，更不必说沿海人民围海造田了。

（三）两浙路

这里是两宋三百年农业生产最发达的地区，是我国古代农业上精耕细作、集约经营的一个典型。首先，这里使用的犁，是当时最先进的耕具。陆龟蒙《耒耜经》所记录的，就是这种犁。这种犁运用起来比较灵活，既能够深翻土地，又能够将犁起的土块翻下，从而为深耕细作创造了前提条件，并被宋人称为美器而居全国之冠。这个地区的精耕细作，形成了一套比较完整的经验。真德秀在《福州劝农文》中曾经提道："勤于耕畲，土熟如酥；勤于耘籽，草根尽死；勤于修塍，蓄水必盈；勤于粪壤，苗稼倍长。"这其中的"耕""耘""水""肥"四者，以及"种"，五者具备，而

---

① 〔宋〕高斯得：《耻堂存稿》卷五《宁国府劝农文》。
② 《西山先生真文忠公文集》卷四〇《福州劝农文》。
③ 〔宋〕卫泾：《后乐集》卷一九《福州劝农文》。
④ 〔宋〕刘克庄：《后村先生大全集》卷八八《福清县创大参陈公生祠》。

且作为这五者的纽带——"勤"字贯穿其中，大约是以两浙路为代表的宋代精耕细作式的集约经营的技术和经验，值得重视和研究。先说"耕"，"大凡秋间收成之后，须趁冬月以前，便将户下所有田段一例犁翻，冻令酥脆"①；"秋收后便耕田，春二月再耕，名曰秒田"②。经过两次耕作犁耙，土壤松散，高斯得曾说："浙人治田，比蜀中尤精。土膏既发，地力有余，深耕熟犁，壤细如面，故其种入土坚致而不疏。"③再说"种"，"耕田之后，春间须是拣选肥好田段，多用粪壤拌和种子出秧苗"④；"浸种下秧，深耕浅种"⑤，以利秧苗迅速成长，并在培育壮实之后根据时令，不失农时地进行栽插。再说"耘"，"二遍耘田，次第转折，不曾停歇"⑥，除去田中杂草青苔，以利禾苗的苗壮成长。第四是"水"，秧田"爱往来活水，怕冷浆死水"⑦，因而需要不时换水；至稻田里的水，更是刻不容缓，"才无雨，便车水，全家大小，日夜不停"⑧；"苗既茂矣，大暑之时，决去其水，使日曝之，[以]固其根，名曰靠田；根既固矣，复车水如田，名曰还水，其劳如此。还水之后，苗日以盛，虽遇旱暵，乃除无忧"⑨。至于"肥"，则要"终年备办"，"春间夏间常常浇壅"⑩，而且陈旉在《农书》上还提道，施粪如用药，还要因地制宜；同时，在田边还设置粪窖，既使粪蓄积得以发酵，又能不时地浇灌，王祯认为这是一条好经验，北方也应该仿效。两浙路的精耕细作式的集约经营发展到一个新的阶段，它所积累下来的一些经验，直到今天还具有重要的参考价值。

两浙属于古代九州中的扬州，《禹贡》上说扬州"厥田唯下下"，由此

---

① 《晦庵先生朱文公文集》卷九九《劝农文》。
② 《黄氏日钞》卷七八《咸淳八年春劝农文》。
③ 《耻堂存稿》卷五《宁国府劝农文》。
④ 《晦庵先生朱文公文集》卷九九《劝农文》。
⑤ 《晦庵先生朱文公文集》卷一〇〇《劝农文》。
⑥ 《黄氏日钞》卷七八《咸淳八年春劝农文》。
⑦ 〔宋〕陈旉：《农书》卷上《善其根苗篇》。
⑧ 《黄氏日钞》卷七八《咸淳八年春劝农文》。
⑨ 《耻堂存稿》卷五《宁国府劝农文》。
⑩ 《黄氏日钞》卷七八《咸淳八年春劝农文》。

可见包括两浙路在内的扬州其田土是最劣等的。可是这种卑湿下田，变成当时最为肥沃的土地，原因是什么呢？以"天抹微云"而名噪于世的秦观回答得好：

> 今天下之田称沃衍者为吴越闽蜀，其亩所出视他州辄数倍。彼吴越闽蜀者，古扬州，梁州之地也，按《禹贡》扬州之田第九、梁州之田第七，是二州之田在九州之中最为下，而今乃以沃衍称者何哉？吴越闽蜀地狭人众，培粪灌溉之功至也。①

陈傅良也有类似的评论：

> 闽浙之土，最是瘠薄，必有锄耙数番，加以粪溉，方为良田。②

正是劳动人民的辛勤劳动，对土地耕犁锄耙、培粪灌溉、精心管理，才把劣等地改造成为沃壤的。

二、宋代各地区单位面积产量

在宋代幅员如此广阔的国家里，各个地区的土壤、气温、雨量等自然条件千差万别，究竟采取什么样的办法，才能达到增加产量的目的，解决人们的吃饭问题呢？经过长时期的反复的生产实践，以及无数的经验的积累，人们终于认识到，只有"因地制宜"，才能比较好地解决这个问题。同前朝一样，宋代士大夫对这个问题议论得也不少。其中真德秀的议论是极其突出的。在《劝农文》中，他首先指出："时不可常，天不可恃，必殚人为，以迓厥施"，由此强调了人定胜天的思想和人的主观能动性的重要作用。接着，他提出了"用天之道"和"因地之利"去发展农业生产。所谓的"因地之利"就是"因地制宜"，亦即："高田种早，低田种晚；燥

---

① 〔宋〕秦观：《淮海集》卷一五《财用下》。
② 《止斋先生文集》卷四四《桂阳军劝农文》。

处宜麦，温处宜禾；田硬宜豆，山畲宜粟；随地所宜，无不栽种。"①其实，不仅种植各种农作物要因地制宜，就是开展多种经营如种植甘蔗、经营蚕桑和竹木茶漆，也要因地制宜。因地制宜是以自然条件（土壤、气候、雨量等）为依据，主观上采取正确的做法；是人们的主观能动性与客观实际相结合，用来改造客观自然环境，以适应人类的需要。因而在任何时候，这一条都是不容忽视的。

各地作物因自然条件的差别而不一样，因之，在换茬、复种、轮作等方面亦即种植制度方面也有不小的差别。以太湖流域为中心的两浙地区实行了两作制：一是稻—稻两作制，所谓"吴地海陵之仓，天下莫及，税稻再熟"②；一是麦—稻两作制，这是在南宋以后发展起来的："建炎以后，江浙湖湘闽广西北流寓之人偏满。绍兴初，麦一斛至万二千钱，农获其利，倍于种稻，而佃户输租，只有秋课，而种麦之利，独归客户，至是竞种春稼，极目不减淮北。"③麦—稻两作制不限于两浙，四川诸路也如此："四川田土，无不种麦。"④江东路也如此。福建路滨海地区则是稻—稻两作制，而其山区则是一作制。大体上说，南方以麦—稻两作制或稻—稻两作制占优势，就是说，一年可以两收。淮水以北的北方诸路，由于气候条件，很难实行一年两作制，而是两年三作制，即麦—豆（或粟）—黍（或高粱）三作制。而河东路北部、秦凤路等雁北地区则只能一年一作了。这样看来，在作物种植方面，南方与北方差距也不小，其比数是2（南）：1.5（淮北）：1（雁北）。换句话说，从复种面积看，南方田地1亩，相当于北方的1.33亩或2亩。加上单位面积产量，南北之间的差距还要大些。现将各地亩产量情况，制成表1，以资考察：

① 《西山先生真文忠公文集》卷四〇《再守泉州劝农文》。
② 〔宋〕苏辙：《双溪集》卷九《务农札子》。
③ 〔宋〕庄绰：《鸡肋编》卷上。
④ 《文定集》卷四《御札再问蜀中旱歉》。

表1 两宋时期各地亩产量

年代	地区	单位面积产量	材料来源
宋太宗至道元年（995）	陈、许、邓、寿春等地	约三斛	《长编》卷三七
宋真宗咸平二年（999）	汝州稻田务	约一石[①]	《长编》卷四四，陈均《皇朝编年备要》卷六，《宋史》卷一七六《食货上四》
宋真宗天禧四年（1020）	保州屯田务	约一石八斗（稻）	《宋会要辑稿》食货四之二、六三之四二
宋仁宗庆历元年（1041）	许州	约二石[②]	《宋会要辑稿》职官五八之九
宋仁宗庆历三年（1043）	苏州	二至三石（米）[③]	《范仲淹全集·政府奏议》卷上《答手诏条陈十事》
宋仁宗嘉祐五年（1060）	绛州一带淤田	二至三硕	《宋会要辑稿》食货七之三〇，《长编》卷二七七
宋仁宗嘉祐六年（1061）	芜湖万春圩	六斛	张问《张颙墓志铭》
宋仁宗时	开封府畿	一石（中田）	《乐全集》卷一四《赋税》
宋英宗治平三年（1066）	河北屯田	约一石（谷）	《宋会要辑稿》食货六三之四四，《文献通考》卷七《田赋考七·屯田》
宋神宗熙宁二年（1069）	陕西同州沙苑	二石	《范忠宣公集》卷二《政府奏议下·条列陕西利害疏》
宋神宗熙宁三年（1070）	秦州一带	三硕	《宋会要辑稿》食货一之二九
宋神宗熙宁四年（1071）	济、濮等州	五至七硕左右（菽麦）	《宋会要辑稿》食货一之二九

[①] 汝州稻田务系官田，募民有牛者耕垦，当系采用官四民六分配制。稻田六百顷，共收租二万三千石，亩合四斗，由此折算，当作一石。

[②] 李淑奏称："切缘地土肥瘠不同，设使全然肥沃，仍值大殿丰稔，每亩不过分收一石以来"，据此可知亩产量为二石左右。

[③] 范仲淹称此产量系"中稔之利"。

续表

年代	地区	单位面积产量	材料来源
宋神宗熙宁七年（1074）	熙、河等州	一石（中岁）	《宋会要辑稿》食货二之四，《文献通考》卷七《田赋考七·屯田》
宋哲宗元祐元年（1086）	北方	一石	《范太史集》卷四二《吕希道墓志铭》
宋哲宗时	吴越闽蜀	一亩所收，视他州辄数倍	《淮海集》卷一五《财用下》
宋哲宗绍圣三年（1096）①	太平州	五石	贺铸《庆湖遗老诗集·拾遗》《题皖山东濒江田舍》
宋哲宗元符二年（1099）	麟、石、鄜、延等州	二石	《长编》卷五一七
宋徽宗政和七年（1117）	明州鄞县	六至七硕（谷）	《宋会要辑稿》食货七之四五
宋高宗绍兴七年（1137）	汉中、洋州屯田	约三硕	《建炎以来系年要录》卷一一一，《朝野杂记》甲集卷一六《关外营田》
宋高宗绍兴十五年（1145）	阶、成州营田	一点二石	《建炎以来系年要录》卷一五三
宋高宗绍兴二十九年（1159）	两浙路官庄田	一点一斛	《宋史》卷一七三《食货上一》
宋孝宗乾道九年（1173）	徽州	上田二石（米）	罗愿《新安志》卷二《税则》
宋孝宗淳熙元年（1174）	湖北路营田	一点六硕	《宋会要辑稿》食货六之二六
宋孝宗淳熙年间（1174—1189）	武昌大冶营田	三硕	薛季宣《浪语集》卷一九《论营田》
宋孝宗淳熙年间（1174—1189）	鄂州	上田三斛（谷），下田二斛	王炎《双溪集》卷一《上林鄂州书》
宋孝宗淳熙十三年（1186）	襄阳木渠	六至七斗	《宋会要辑稿》食货六之二八
宋孝宗淳熙十六年（1189）①	闽浙一带	上田三石（米），次田二石	陈傅良《止斋先生文集》卷四四《桂阳军劝农文》

---

① 按贺铸倅太平州时作此诗，丙子年为宋哲宗绍圣三年。

续表

年代	地区	单位面积产量	材料来源
宋孝宗淳熙十六年（1189）	桂阳军	一石	《桂阳军劝农文》
宋孝宗淳熙年间（1174—1189）	衡州	一石	廖行之《省斋集》卷四《石鼓书院田记》
宋孝宗淳熙年间（1174—1189）	福州	二石	梁克家《淳熙三山志》卷一四 《贡赋税则》
宋宁宗嘉定二年（1209）	湖州草荡为田	三石	《宋会要辑稿》食货六之三一
宋宁宗嘉定年间（1208—1224）	江南东路	二至四石（谷）	岳珂《愧郯录》卷一五《祖宗朝田米直》
宋理宗端平年间（1234—1236）		三石	周弼《端平诗隽》卷一《丰年行》②
宋理宗端平年间（1234—1236）	两浙路	上田五至六石	高斯得《耻堂存稿》卷五《宁国府劝农文》
南宋末	吴	田三石（米），山田二石（米）	方回《续古今考》卷一八《附论班固计井田百亩岁入岁出》

本表基本上反映了两宋三百年各地农产量的情况。首先，本表清楚地说明了全国农业生产发展的不平衡性，高产量与低产量之间的差距甚大，其中不包括刀耕火种式的原始经营的亩产量。本表说明了，南方产量普遍高于北方，东方普遍高于西方，水田高于旱地，大约是1∶3，即南方水田一亩相当于北方旱地三亩。因之，在水利条件许可下，北方扩大稻田以增加产量，是一个值得注意的经验。王安石变法期间就是这样做的，当时北方稻田增加得不少，当然这与当时注意水利事业的兴修也是分不开的。

其次，本表说明了两宋三百年间农业生产是逐步发展的。以江浙为例，从宋仁宗时亩产二三石，到南宋初年的三四石，晚年的五六石，显然

---

① 据楼钥所撰陈傅良神道碑、蔡幼学所撰陈傅良行状，陈傅良知桂阳军在宋孝宗淳熙十六年至宋光宗受禅之间，即1189—1190年之间，故系于此。

② 对周弼情况不甚了解，仅据该书名称系于端平年间。

是不断增长的。宋代亩产量一般为二石，最差的也有一石。从单位面积产量看，宋代显然超过了隋唐，更远远超过了秦汉。按宋代一石折今市石6.6斗，合92.4斤。如果宋代最高产量以5石计算，折今460市斤。这样，宋代一亩或一亩多地即可养活一个人。而在战国则要二十亩至三十亩（折今四至六亩）方能养活一个人。唐代最高亩产量，按陆宣公奏议所载，约为二石。宋代农业最发达的两浙地区，单位面积产量，大约为战国时代的四倍、唐代的两倍有余。显而易见，宋代农业劳动生产率有了明显的提高。这是历史的一个进步。

从宋代农业生产的发展中，可以看到我国古代农业在精耕细作、集约经营方面，获得了更进一步的发展。宋代两浙、江东、福建和成都府路，特别是两浙路，即使同明清比，耕作水平也低不了多少。范仲淹曾称：苏、湖、常、秀为"国之仓庾"[①]；高斯得曾记录了当时的这一谚语："苏湖熟，天下足"[②]；《云间志》上说："嘉禾一穰，江淮为之康。"[③]由此说明了两浙路在两宋社会经济生活中占有突出的地位。

这里不妨提出来一个问题，即精耕细作式的集约经营是怎样发展起来的。在宋代，刀耕火种地区姑且不提，即使是在广种薄收式的粗放经营的地区，也总是地旷人稀，劳动力表现出异常的不足；而在精耕细作的地区，如福建、两浙，人口则极为集中，人多地少的矛盾便突出来了。在当时的历史条件下解决这一矛盾的唯一办法是，把人口多亦即劳动力充足这一特点，使用到有限的土地上，极力提高单位面积产量，以解决人们的基本需要。于是，精耕细作、集约经营就进一步地发展起来了。可以说，精耕细作式的集约经营，是封建时代个体生产高度发展的产物，因而它同小农经济有着血肉的联系。即是说，这种耕作方法或耕作制度，是以个体生产劳动为基础的劳动者，用自己的血汗和智慧创造出来的，由此解决社会

---

① 〔宋〕范仲淹：《范文正公全集·政府奏议》卷上《答手诏条陈十事》。
② 《耻堂存稿》卷五《宁国府劝农文》。
③ 〔宋〕杨潜：《云间志》卷上。

生活的需要。这个耕作制度虽然是小农经济的产物，但在人口多、耕地少的国度里，在还不能大规模垦荒和迅速走上机械化道路的时候，采取这项耕作制度，解决人们吃饭穿衣的基本需要，还是一项必要的或不可缺的措施。应把精耕细作、集约经营，作为历史的一份可贵的遗产继承下来，并加以发扬，使之有更进一步的发展。

综合上面的叙述，宋代的农业经营方式、单位面积产量进一步说明了当时社会生产发展的不平衡性。刀耕火种式的原始经营、广种薄收式的粗放经营和精耕细作式的集约经营，从工具到生产技术，其间的差距不是几十年、上百年，而是几百年、上千年。这一方面说明，生产落后的地区还要大力发展生产，才能使生产力提高到先进地区的水平；而另一方面，正是由于生产发展的不平衡性，各地区生产力悬殊。因而可以看到，在宋统治的广大地区内，不仅存在不同的社会发展阶段，如原始公社制、奴隶占有制和封建制等阶段，就是同是封建经济制度，也还表现为封建初始阶段、庄园农奴制阶段、封建租佃制及其高度发展的阶段，这些问题是需要认真研究的。此其一。

其二，宋代农业生产的发展还表现在经济作物、商业性农业诸如甘蔗、蚕桑、茶、蔬菜、果树等业的发展。这一发展是建立在粮食生产的基础上的。如材料所证明的，越是在粮食生产发展的地区，经济作物、商业性农业越发展，城市、商品经济也越发展。反之也是如此，在刀耕火种地区很难看到多种经济的发展的，虽然从自然条件来说开展多种经营应是完全可能的。显而易见，粮食生产与多种经营、营业性农业的发展是相互制约、相互推动和影响的。不注意粮食生产而侈谈经济作物、商业性农业或商品经济的发展，不过是缘木求鱼而已。这一点，也是宋代农业生产发展不平衡留下来的可贵经验，供人们汲取。

（原载《中州学刊》1983年第1期，后收入《漆侠全集》第十一卷，

河北大学出版社2009年版）

两宋租佃的基本形式

梁太济

一、问题的提出

宋代是封建租佃关系长足发展的时期。关于租佃关系中的佃种者一方，论者一般都认为，乡村客户是"对佃农的专称"。如果乡村客户确是"对佃农的专称"，那么从横的方面来说，经济发达地区，亦即租佃关系发达的地区，其客户所占的比例，应当比经济待开发地区高；而从纵的方面来说，随着租佃关系的向前发展和佃农队伍的扩大，客户在总户数中的比例，其总的趋向，也应当是逐步提高的，可是宋代有关客户的资料不仅不能说明这两点，却反而表现出完全不同的趋向。

例如，对《元丰九域志》所载元丰初年全国二十三路各府州军监的主客户数加以统计，可合计出主户10883686，客户5686188，主客户共16569874，客户所占的比例，全国平均为34.3%，其中低于平均比例五个百分点的路有（见表1）：

表1　元丰初年全国二十三路各府州军监低于平均比例

五个百分点的路中主客户数

路分	主户数	客户数	总户数	客户占总户数的百分比
江南东路	926225	201086	1127311	17.8%
河东路	465408	110790	576198	19.2%
两浙路	1418682	360271	1778953	20.3%

续表

路分	主户数	客户数	总户数	客户占总户数 的百分比
广南西路	195144	63238	258382	24.5%
永兴军路	626412	219633	846045	26%
河北西路	417858	146904	564762	26%
成都府路	620523	243880	864403	28.2%
河北东路	473818	194079	667897	29.1%

高于平均比例十个百分点的路有（见表2）[1]：

表2　元丰初年全国二十三路各府州军监高于平均比例

十个百分点的路中主客户数

路分	主户数	客户数	总户数	客户占总户数 的百分比
夔州路	75453	178908	254361	70.3%
荆湖北路	280000	377533	657533	57.4%
京西南路	147871	166709	314580	53%
梓州路	248481	229690	478171	48%
荆湖南路	475677	395537	871214	45.4%
京西北路	331904	270156	602060	44.9%
福建路	580136	463703	1043839	44.4%
利州路	189133	147115	336248	43.8%

在客户比例低于全国平均比例五个百分点的八个路中，除河东路可能自耕农人数较多，广南西路阶级尚未明显分化[2]以外，其他六路都是经济

---

[1] 参考［日］加藤繁：《宋代的主客户统计》，《中国经济史考证》第二卷，商务印书馆1963年版，第284—293页；梁方仲：《中国历代户口、田地、田赋统计》，上海人民出版社1980年版，第141—148页。利州路客户比例高于全国平均比例不到十个百分点，为便于说明，亦予列入。

[2] 若据元代马端临《文献通考》卷一一《户口考》引毕仲衍《中书备对》，客户比例则为32.5%。两者的不同主要当是对一些特殊户口的归类标准有异所致。

发达地区；而客户比例高于全国平均比例十个百分点的八个路中，几乎无一例外，都是经济比较落后的待开发地区。

又如，《续资治通鉴长编》载有仁宗初年至哲宗末年各闰年的全国主客户数，如果择取其中较有代表性的数字予以统计，则客户所占比例的变化情况如下（见表3）[①]：

表3　仁宗初年至哲宗末年各闰年中具有代表性的全国主客户数

年份	主户数	客户数	总户数	客户占总户数的百分比
天圣元年（1023）	6144983	3753138	9898121	37.9%
景祐元年（1034）	6067583	4228982	10296565	41.1%
宝元二年（1039）	6470995	3708994	10179989	36.4%
嘉祐六年（1061）	7209581	3881531	11091112	35%
元丰元年（1078）	10995133	5497498	16492631	33.3%
元祐元年（1086）	11903668	6053424	17957092	33.7%
元符二年（1099）	13276441	6439114	19715555	32.7%

南宋主客户数字比较缺乏，全国范围的主客户统计仅见于《建炎以来系年要录》卷一八三所载绍兴二十九年（1159）的数字："两浙等十六路上户，主户七百六十四万，口一千二百八十万，客户三百四十四万，口三百九十五万，皆有奇。""两浙等十六路"约当南宋全境。据此，主客户合计1108万，客户占总户数的31.05%。而据《元丰九域志》所载元丰初年此十六路户数，主客户合计1121万，客户共402万，占总户数的35.86%。

可见无论在北宋，还是从北宋到南宋，客户在总户数中所占的比例，其总的趋向是随着时间的推移而逐步降低的。

① 参考陈乐素：《主客户对称与北宋户部的户口统计》，《浙江学报》1947年第1卷第2期，收入《求是集》第二集，广东人民出版社1984年版；《中国历代户口、田地、田赋统计》，第126—128页。

如果乡村客户确是"对佃农的专称",那么对以上这两方面的现象就无法作出恰当的解释。论者往往简单地将它归结为"官方统计之绝不可信",并断言:"宋代客户在全部户口中的比例数决不是仅仅百分之三十或者四十,而是至少在半数以上,而其比例数也决不是日益降低,而是日益增大。"①

其实,在宋代,客户固然主要是佃农,但佃农却并不全是客户。作为在宋代得到长足发展的封建租佃关系中佃种者一方的佃农,官府在登录、统计户籍时是将其分别计入客户和主户中的第五等下户的。而宋代的租佃形式也不是单一的,封建租佃关系的发展,并不一定表现为以客户佃农作为佃种者一方的那种租佃形式的发展。关于前者,笔者在《宋代五等下户的经济地位和所占比例》②一文已经作过一些论述,本文拟再就后者略加讨论③。

二、租佃的两种基本形式

北宋思想家张载主张实行井田制。关于他的井田方案,他有过这样的说明:

> 井田亦无他术,但先以天下之地棋布画定,使人受一方,则自是均。前日大有田产之家,虽以田授民,然不得如分种、如租种矣,所得虽差少,然使之为田官以掌其民。使人既喻此意,人亦自从,虽少

---

① 华山:《关于宋代的客户问题》,《历史研究》1960年第1—2期合刊,收入《宋史论集》,齐鲁书社1982年版。引文见《宋史论集》第34—35页。

② 载《杭州大学学报(哲学社会科学版)》1985年第3期。

③ 山东大学等十院校历史系合编的《中国古代史》曾提及"北宋的租佃制有两种形式:即'合种'和'承佃'"(福建人民出版社1980年版,中册,第360页)。李春圃《宋代封建租佃制的几种形式》一文曾就"官私地主对其占有的大量土地,依据当时农业生产力的发展状况和历史传统,采取'合种'和'出租'的经营方式"问题作过论述(《宋史研究论文集》,上海古籍出版社1982年版,第139页)。日本草野靖的专著《中国的地主经济——分种制》(汲古书院1985年版)的第七章《分种制之历史的展开》,亦以主要篇幅论述了宋代的租佃形式。本文乃是笔者于受益之余,拾取诸位先行者的剩义稍加敷衍而成。

不愿，然悦者众而不悦者寡矣，又安能每每恤人情如此。①

于此可见，"大有田产之家"的"田产"，一般不是采用分种形式的租佃，就是采用租种形式的租佃经营的。

《宋会要辑稿·食货·民产杂录》有一则天圣四年（1026）七月关于处理户绝之家财产的规定，即所谓"户绝条贯"，其中提道，户绝之家在既无在室女、出嫁女和出嫁亲姑姊妹侄，又无同居达三年以上的入舍婿、义男、随母男的情况下，财产全部没官，"庄田依令文均与近亲，如无近亲，即均与从来佃莳或分种之人承税为主"（食货六一之五八）。此处"佃莳"乃佃种之意，属于何种租佃形式虽不甚明确，但参照建炎四年（1130）七月的规定，谓两浙路州县被贼驱虏未归之人的田业，先由"佃户租种，每亩认还业户租米……如过三年田户不归，即依户绝法"②。此所谓"依户绝法"，即指依上引"户绝条贯"的规定，给予租种的佃户承税为主。则"户绝条贯"中与"分种"并列的"佃莳"，所指当即是"租种"。"户绝条贯"没有地区限制，是普遍适用的，则分种和租种在全国范围内当也都是租佃的两种基本形式。

民田如此，官田亦相似。据元丰元年（1078）五月九日壬午经制熙河路边防财用司言，谓"准朝旨，以土田分等，近城第一等为官庄，第二等合种，第三等出租，第四等募人耕，五年起税"③。合种与分种同义。从组织耕作着眼谓之合种，从分配收获物着眼谓之分种，所表达的实是同一种租佃形式。可见，即使在熙河路这一新设置的边境地区，分种和租种同样是租佃的两种基本形式。

而在职田这一特殊的官田中，不仅可以看到分种和租种同样是两种基本的租佃形式，而且还可以明显地看到从分种向租种演变的过程，以及在租种形式下实物租课向货币折租演变的过程。

---

① 〔宋〕张载：《张载集·经学理窟·周礼》。
② 〔清〕徐松辑：《宋会要辑稿》（以下简称《宋会要》）食货六九之四八。
③ 〔宋〕李焘：《续资治通鉴长编》（以下简称《长编》）卷二八九。

宋代只有外任官才授予职田。当咸平二年（999）七月开始恢复职田时，曾明确规定，职田"以官庄及远年逃田充"，其"佃户以浮客充，所得课租均分如乡原例"①，采用的是分种形式的租佃。熙宁三年（1070）十二月六日壬戌，开封府界提点司乞"差官视诸县官职田顷亩肥瘠立租课，不得临时制定"②，得到朝廷同意，分种形式开始向租种形式演变。到建中靖国元年（1101）二月，知延安府范纯粹建议："凡职田土地，只许依远年夏秋所种名色租额，令佃户承认送纳，不得半种分收，及差人监视收获。""半种分收"即分种。据此则似乎要只准租种，禁止分种了。可是此后不久制定的《政和令》却又规定："诸职田，县召客户或第四等以下人户租佃，已租佃而升及第三等以上愿依旧租佃者听；或分收。每顷至十户止。"此处"租佃"指租种，"分收"即分种。令文虽仍然允许分种，但分种显然已不再占有重要地位。所以才出现了宣和七年（1125）十一月十九日南郊制中提到的，"比缘臣僚陈请，职田租课并折纳见钱，以利佃户"③的现象。

三、分种及其主要流行区域

从职田来看，分种形式的租佃，职田占有者要"自备牛种""召客户佃莳"，"遇收种"须"差人监视"；收成则"依乡例"分收，并往往事先差人诣地头"制扑合收子斗"④。

从绍兴初年的屯田、营田来看，凡是成片的土地，一般组织为官庄，并采用分种形式经营；而"不成片段闲田"，则"只立租课""召人耕种"，一般采用租种形式。在分种形式下，除提供土地以外，官府还要向庄客提供草屋、耕牛、种子、农器，并借支钱币；耕作所得，"除桩出次年种子

①《长编》卷四五。
②《长编》卷二一八。
③《宋会要》职官五八之一五、一七、二二。
④《宋会要》职官五八之三、四、八、一五、一七。

外，不论多寡厚薄，官中与客户中停均分"①。

从民田来看，欧阳修《原弊》②一文提到从事分种的"客"有三类。一类是"用主牛而出己力者"，一类是"用己牛而事主田以分利者"③，这两类不是"侨居者"，当是土著，在户籍上不一定作为"客户"登记。另一类是"浮客"。浮客是"侨居者"，自无住房，住主人提供的房屋，须出"产租"；种的是"畬田"，也就是自行开垦耕种的生熟荒地。就一家占田百顷的地主而言，在其所养的"数十家"客中，前二者"不过十余户"，其余占多数的，都是"浮客"。而耕种所得，则"出种与税而后分之"，三类"客"无一例外。

一般说来，在分种形式的租佃下，都是由"富民召客为佃户"的，而挺身应募的客户，则"室庐之备，耕稼之资，刍粮之费，百无一有"④，完全仰仗主人为之提供。而主人对他们则"鞭笞驱役，视以奴仆"，生产的全过程都要听从主人"指麾于其间"⑤。客户若要起移，"须每田收田毕日，商量去住……不得非时衷私起移"⑥。

宋代各经济待开发地区都有大量荒闲田地。对于这些荒闲田地，官府多采取减免租役等办法鼓励民户请佃开垦，以充己业。"但穷民下户乍来请佃荒田，如何便得牛具并种粮？"⑦真要请佃开垦却是异常困难的。这些荒闲田地遂主要为富室豪家所"包占"。他们拥有较雄厚的资财，得以购置耕牛、农具、种子、室庐，广行招募客户，从事垦辟耕种。由于土地新垦辟，产量不稳定，主人和客户之间只能按分成办法分享收获物。

例如，南宋时期的淮南地区，地处边境，闲田极多，官府招诱请佃，

---

① 《宋会要》食货二之一五、一六、一九。
② 〔宋〕欧阳修：《欧阳文忠公全集》卷五九。
③ 这两类"客"，或即《宋会要》食货一二之一所载开宝四年（971）七月诏中分别称作"小客"和"牛客"者。
④ 《长编》卷三九七"元祐二年三月"。
⑤ 〔宋〕苏洵：《嘉祐集》卷五《田制》。
⑥ 《宋会要》食货一之二四。
⑦ 《宋会要》食货一之三八。

条件特别优厚："不限顷亩"；"沿边州县与免租课十年，近里次边州县与放免五年"；"候承佃及三年，与充己业，许行典卖"；"官钱买牛具种粮应副佃人，三年之外，每年还纳价直入官，二分入官"①。朝廷曾经专为处理"两淮人户包占未耕荒田"颁发诏令，反映了当地包占情况的普遍。"经官识认田土在户"的安丰军常昇等人，就是这样的包占者。据他们自言，对这些识认在户的田土，已经"假贷种粮，置牛犋开垦"，但"营运未几，因累岁旱伤，客户星散，是致荒废"②。可见识认田土在户、置备种粮牛犋的虽是常昇等人，但直接从事垦辟的却是客户。正因为田土包占者需要依靠客户进行垦辟耕种，而当地环境又比较特殊，"主户常苦无客"，因而对客户也就比较优待："流移至者，争欲得之，借贷种粮与夫室庐牛具之属，其动费百千计，例不取息。"③而佃客对主人进行抗争的条件也较他处优越："往往倒持太阿以陵其主人""主人常姑息而听之"。这是因为，在"闲旷连阡亘陌"的淮南，地主包占的田土面积大多远远超过了他所能招募的客户的垦辟能力，从而在客观上为佃客提供了用广种薄收手段向地主进行"正使所收不偿所种，亦当取其十分之四"④的抗租斗争条件。于此亦可见，当地地主平日是以实物分成办法向佃客掠取地租的。凡此种种情况都表明，南宋时期淮南地区通行的租佃形式，正是分种。

其他经济待开发地区，如川峡诸路，其施、黔等州客户对地主的人身隶属虽特别强烈，但"地旷人稀，其占田多者，须人耕垦，富豪之家争地客，诱说客户，或带领徒众，举室般徙"⑤；其四路乡村，客户对于大姓，亦皆"赖衣食贷借，仰以为生"⑥。如广南东路，其香山岛上的"侨佃户"竟亦分为"主、客"⑦，其朱崖军，则"除旧系黎人地不许请射外，余许

---

① 《宋会要》食货一之三八。
② 《宋会要》食货六一之三八。
③ 〔宋〕薛季宣：《浪语集》卷一七《奉使淮西与虞丞相书》。
④ 〔宋〕王之道：《相山集》卷二四《论增税利害代许敦诗上无为守赵若虚书》。
⑤ 《宋会要》食货六九之六八。
⑥ 〔宋〕韩琦：《安阳集》附《韩琦家传》九。
⑦ 《宋会要》方域一二之一八。

招诱客户，请系官旷土住家耕作"①。如京西南路，其"唐州土旷民寡"，治平元年（1064）"高赋知州，招集流民自便请射"②，及其罢归，"增民万一千三百八十户，给田三万一千三百二十八顷，而山林榛莽之地皆为良田"③。这些地区的基本情况与南宋的淮南地区十分近似，其所通行的租佃形式，当也以分种为主。

此外，即使在经济发达地区，如两浙路、江东路，其濒江临湖去处，宋时正在大力围垦成田。围垦者多是上等户及官户，如"宣州、太平州圩田，并近年所作，多是上等及官户借力假人名籍，请射修围"④。围垦地多在荒僻之乡，所谓"凡围田去处，多在荒僻之乡，必立庄舍，佃户聚居"⑤。从这些情况来看，围田区也是便于分种形式的租佃流行的地区。

总之，经济待开发地区，以及经济发达地区的待开发地带，可耕地成片，为少数人请射包占；当地居民稀少，土地所有者须招募"浮客"，向之提供耕牛、农具、种粮、室庐等生产资料和生活资料，方能垦辟；产量不稳定，主客只能按分成办法分享生产物——是分种形式租佃的主要流行区域。

四、租种的若干基本特征

租种形式下的租佃，不是将客户招募进来耕种，而是将土地租赁出去耕种。租种者主要是第五等税户。《政和令》规定："诸职田，县召客户或第四等以下人户租佃，已租佃而升及第三等以上愿依旧租佃者听；或分收。每顷至十户止。"⑥官田如此，民田当更是这样。

租种形式下的租佃，一般须由"租户自出耕具种粮"⑦。如果租户缺

---

① 《长编》卷三三九"元丰六年九月癸丑"。
② 《宋会要》食货七〇之一五。
③ 〔宋〕范祖禹：《范太史集》卷四三《集贤院学士致仕高公墓志铭》。
④ 《宋会要》食货六三之一九〇。
⑤ 〔宋〕卫泾：《后乐集》卷一三《论围田札子·贴黄》。
⑥ 《宋会要》职官五八之一七。
⑦ 〔宋〕周应合：《景定建康志》卷二三《城阙志·庐院》。

少犁、牛、稼器、种粮，则可向第三者，而不一定向田主租赁。陈舜俞说："奈之何生民之穷乎！千夫之乡，耕人之田者九百夫，犁、牛、稼器，无所不赁于人。匹夫匹妇男女耦耕，力不百亩，以乐岁之收五之，田者取其二，牛者取其一，稼器者取其一，而仅食其一。不幸中岁，则偿且不赡矣。"①范成大亦指出："佃户贫下，至东作时，举质以备粮种。"②毛珝诗："去岁一涝失冬收，逋债于今尚未酬。偶为灼龟逢吉兆，再供租约赁耕牛。"③陈舜俞是北宋湖州乌程人，范成大是南宋平江府吴县人，毛珝讽咏的对象是"吴门田家"，他们的话都反映了当地盛行的租种形式租佃下的情况。

租种形式的租佃，地租形式一般为实物定额租。如建康府慈幼庄，其"本庄田地，立为上中下三等收租。田上等，每亩夏收小麦五斗四升军斗，秋纳米七斗二升军斗；地上等，夏纳小麦五斗四升军斗，秋纳豆五斗四升军斗。……已上各系租户自出耕具种粮，净纳租数，立为定额"④。郏亶《吴门水利书》在分析水田堤防遭到隳坏的种种原因时，曾指出"或因田主只收租课而不修堤岸，或因租户利于易田而故要淹没"亦是原因之一，并说："吴人以一易再易之田，谓之白涂田，所收倍于常稔之田，而所纳租米，亦依旧数，故租户乐于间年淹没也。"⑤可见租米的定额是相对稳定的。偶遇灾年，租户无力按定额缴纳租米，亦有临时分成的。如郑刚中所记："建兴戊辰岁无秋，郑子硗田不数亩，在横溪之阳，旱穗犹可捋也。八月十一日，与租客分取之。是日大热，张小盖坐大田中，无林木可依，左右烘炙，去暍死无几。"⑥隆兴元年（1163）九月二十五日诏："灾伤之田，既放苗税，所有私租，亦合依例放免。若田主依前催理，许租户越

---

① 〔宋〕陈舜俞：《都官集》卷二《太平有为策·厚生一》。
② 〔明〕姚文灏：《浙西水利书》卷一《水利图序》。
③ 〔宋〕毛珝：《吾竹小稿·吴门田家十咏》。
④ 《景定建康志》卷二三《城阙志·庐院》。
⑤ 〔宋〕范成大：《吴郡志》卷一九《水利上》。
⑥ 〔宋〕郑刚中：《北山集》卷五《记旱》。"建兴戊辰"，疑"建炎戊申"之误。又卷二《临刈旱苗》："硗田能几何，旱穗正容摘。岂便得收敛，半属租种客。分争既不贤，烈日乃暴炙。"

诉"①。朝廷在灾荒之年放免赋税的同时，下诏令田主亦依例放免私租，这是见诸记载的最早一次。这类诏令的首次出现，并在此后不时见诸文献一事表明，当时南宋境内，特别是南宋统治的核心地区，定额租已经占主导地位。

租种形式的租佃，租户与田主之间订有"租契"。据《宋会要辑稿·食货·宋量》载，绍兴二十九年（1159）十一月二十四日朝廷曾颁降"指挥"，规定"诸州县应干租斗，止于百合，如过百合以上，并赴所属毁弃。佃户租契，并仰仍旧，不得擅自增加租课"（食货六九之一）。其中即提到"租契"，表明租户缴纳租课的数量是由"租契"载明的。元泰定元年（1324）重刊《新编事文类要启札青钱》外集卷一一"公私必用"载有"当何田地约式"，如下②：

> 厶里厶都姓厶
>
> 右厶今得厶人保委就厶处
>
> 厶人宅当何得田若干段，总计几亩零几步，坐落厶都土名厶处，东至，西至，南至，北至，前去耕作。候到冬收成了毕，备一色干净圆米若干石，送至厶处仓所交纳。即不敢冒称水旱，以熟作荒，故行坐欠。如有此色，且保人自用知当，甘伏代还不词。谨约。
>
> 年　　月　　日　　佃人姓　厶　号　约
>
> 　　　　　　　　　保人姓　厶　号

"当何"当即租种。论者认为此"约式"系沿宋而来③。据此，则"租契"在内容中，除了载明租额以外，尚须载明租种田地的亩步、坐落四至，以

---

① 《宋会要》食货六三之二一。

② 黄时鉴：《元代法律资料辑存》，浙江古籍出版社1988年版，第240页。

③ 参见周藤吉之：「『新編事文類要啓札青銭』の成立年代とその中の契約証書との関係」，『唐宋社會経済史研究』，東京大学出版會1965年版。

及缴纳租米的仓所，并且须有保人具保①。

租种形式的租佃，租户可以"退佃"。例如，限制租斗只许用百合斗一事失败以后，朝廷曾改而规定："各随乡原元立文约租数及久来乡原所用斗器数目交量，更不增减。如租户不伏，许令退佃。"②也可以"搀佃"他人租种的田土。真德秀即曾提道："正是乡曲强梗之徒，初欲搀佃他人田土，遂诣主家约多偿租稻，[主]家既如其言逐去旧客，而其人遽背元约，不肯承当，主家田土，未免芜废。"③

前已言及，在屯田、营田中，"不成片段闲田"是采用租种形式经营的。而依据以上对租种基本特征的描述，似又可推定，在民田中，那些因田产经常买卖和承继分析而不断细分化、大地产的占有只是插花式地不成片段地占有、而农产量又相对稳定的经济发达地区，乃是租种形式的租佃比较流行的区域。

五、结束语

最后，对于本文开头提出的问题，试作简单如下回答：

正是因为客户和第五等税户中的佃农分别成了分种和租种这两种租佃关系下的佃种者一方，所以盛行分种的经济待开发地区客户比例高，而盛行租种的经济发达地区客户比例反而低。甚至出现了像秀州那样，虽然租佃关系异常发达，却无一家客户的极端现象。还出现了像苏州那样，虽然客户所占的比例特低，只占8.7%，而下户所占比例却特高的突出现象。据前揭郏亶《吴门水利书》，谓"苏州五县之民，自五等已上至一等不下十五万户……自三等已上至一等不下五千户"，上户只占主户的3.3%，而

---

① 宋代王之道《相山集》卷二二《乞止取佃客札子》中提到富家巨室"投牒州县，争相攘夺"兵火中"徙乡易主，以就口食"的佃客，亦执有"契券"。此"契券"与"租契"在内容上似无相似之处，当是分种形式租佃关系中的某类契券。

② 《宋会要》食货六九之一三。

③ 〔宋〕真德秀：《西山真文忠公文集》卷八《申户部定断池州人户争沙田事状》。"搀佃"，他处亦作"划佃"，义同。

包括第四、第五等户在内的下户则占了主户总数的96.7%。

在分种和租种这两种形式的租佃中，租种显然比分种进步。随着历史的向前发展，分种的比例必然逐步缩小，而租种的比例则必然不断增大。从北宋至南宋所呈现的客户比例逐渐降低的趋向，是一种完全合乎历史实际的现象。只是由于全国范围的主客户统计材料截至较早的绍兴二十九年（1159），这一趋向在整个宋代似乎体现得不那么显著。而散见于宋元方志中的资料显示，由于各地社会经济发展不平衡，客户的比例虽以下降者为主，但局部地区也有上升的①。赣州的情况也许是比较能够说明问题的（见表4）：

表4　赣州两宋时期主客户情况变化

年份	主户数	客户数	总户数	客户占总户数的百分比
太平兴国中（976—984）	67810	17338	85148	20.4%
元丰中（1078—1085）	81621	16509	98130	16.8%
绍兴中（1131—1162）	71270	49715	120985	41.1%
淳熙中（1174—1189）	258425	34919	293344	11.9%
宝庆中（1225—1227）	287880	33476	321356	10.4%

资料来源：《嘉靖赣州府志》卷四《食货·户口》。

除了绍兴年间由于受宋金战争影响，流移户口大量徙入，因而城乡客户比例显著增高以外，在正常环境下，客户的比例则一直在逐步降低。南宋末年黄震说："衣食稍裕之家，以其田使邻之人佃之，所经（田）[由]不过一二颜情稔熟之奴隶，而邻之人已不胜其田主之苛取、奴隶之奸欺矣。又稍稍积而至于富贵之家，以其田使乡之人佃之，其苛取，其奸欺甚至虐不听支，有举室而逃，或捐性命以相向者矣。"文中佃种"衣食稍裕之家"和"富贵之家"田土的"邻之人""乡之人"，所指当是自有简陋住

① 参考前揭加藤繁文对五个州府的统计。

处，因此尚未抛下祖坟、逃离故土的第五等下户中的佃农，亦即租种形式租佃下的佃农。黄震的话反映出，南宋末年，租种形式中租佃的比重显著增大了。宋代以后，虽然租佃关系仍在向前发展，但"客户"在官府眼中和文献中的地位都已不再显得那么突出，其原因亦在于此。

（原载邓广铭、漆侠主编：《中日宋史研讨会中方论文选编》，
河北大学出版社1991年版，后收入《梁太济文集》（史事探研卷），
上海古籍出版社2018年版）

南宋的农产市场与价格

梁庚尧

一、南宋市场对农产品的需求

南宋农村所生产的农产品，除供农家、地主自家消费及缴纳赋税之外，又供应城市、市镇工商业人口与粮食不足的农村之需，因而形成了农产市场，使各地农村的经济，经由农产品的远销而与城市、市镇及其他农村的经济发生交流，而非处于孤立的状态。由于稻米是南宋最主要的农产品，以及其他农产品受资料运用的限制，本文以南宋的食米市场为主要的讨论对象。这一问题，前辈学者已有若干研究发表[1]，本文专就南宋食米市场的供需关系，再作进一步的分析。

农产品的运销，基于市场对农产品的需求。兹就南宋城市、市镇与农村的食米消费市场，分别加以论述。

城市是南宋的主要食米市场之一。南宋的郡城与县城，聚居了相当数量的商业人口，又有众多的商旅来往停留，因此需要大量粮食供应日常食用，而且城市户口在南宋全国户口中所占的比率，有逐渐上升的趋势[2]，城市消费市场对食米的需求量亦必然有增无已。南宋城市对食米的大量需要，可以临安府和建康府为例。

---

[1] 全汉昇：《南宋稻米的生产与运销》，《中国经济史论丛》第一册，中华书局2012年版；［日］斯波义信：《宋代商业史研究》第三章《宋代全国市场的形成》，庄景辉译，浙江大学出版社2021年版。

[2] 参见拙著《南宋的农村经济》第一章第一节《南宋的农家劳力与农业资本》，新星出版社2006年版。

南宋的都城临安府，是全国的政治中心，同时也是最繁华的商业都市。全府户口在乾道年间（1165—1173）已达20万户有余，淳祐年间（1241—1252）增至38万余户，咸淳年间（1265—1274）又增至39万户①；府城户口比率不详，但从市区伸展至城外东西南北数十里而仍然十分繁盛看来②，临安府城户口在全府户口中所占的比率应该甚高。众多市民所需的粮食，除地主食用租米，官员、吏人食用俸米外，一般市民都必须籴米而食，每日出粜食米的数量，据估计达二千石至四千石。《梦粱录》卷一六"米铺"条：

> 杭州人烟稠密，城内外不下数十万户，百十万口，每日街市食米，除府第、官舍、宅合、富室及诸司有该俸人外，细民所食，每日城内外不下一二千余石，皆需之铺家。

周密《癸辛杂识·续集》上：

> 杭城除有米之家，仰籴而食者几十六七万人，人以二升计之，非三四千石不可以支一日之用，而南北外二厢不与焉，客旅之往来又不与焉。

沈朝宣嘉靖《仁和县志》卷七《坛庙篇·广福庙条·附胡长孺、蒋崇仁传》：

> 胡先生曰："前此四十四年，长孺在虎林，闻故老诵说赵忠惠公为临安尹，会城中见口日食文思院斛米三千石，常借北关天宗水门

---

① 参见拙著《南宋的农村经济》第一章《南宋农村的户口概况》表五引《（咸淳）临安志》卷五八《风土志·民数》。

② 宋代周淙《（乾道）临安志》卷二："城南北两厢〔原注：绍兴十一年（1141）五月七日郡守俞俟奏请：府城之外，南北相距三十里，人烟繁盛，各比一邑，乞于江涨桥、浙江置城南北左右厢，差亲民资序京朝官主管本厢公事。……奉圣旨依。〕"宋代吴自牧《梦粱录》卷一九"榻房"条："杭城之外，城南西东北各数十里，人烟生聚，民物阜蕃，市井坊陌。铺席骈盛，数日经行不尽，各可比外路一州郡，足见杭城繁盛矣。"

入，四千石贱，二千石贵，与日食适相若，价固等，俟之无不中者。……"

以上三条史料，对临安城内外每日销售食米的数量，估计各不相同，若以三千石计算，则临安府城食米市场一年的销售量当在一百万石以上，市场需求量不可谓不大。这大量的食米，都是由外地农村以米船运输而来，先集中于米市，再批发至各铺户零售。按《梦粱录》"米铺"条所载，杭城米市集中于湖州市、米市桥、黑桥及新开门外草桥下南街等处，仅新开门外草桥下南街一处，就开有批发的米市三四十家①。《梦粱录》"米铺"条又说："杭城常愿米船纷纷而来，早夜不绝可也。"临安府城居民对外地食米的输入倚赖甚深由是可知。

建康府则是一个因大军驻扎及位当交通要冲而繁荣的城市②。在承平时期，府城有户籍的居民达十七万余口，而流寓、商旅及游手都没有计算在内③。众多市民所需的粮食，也仰籴于市场，每日出粜食米的数量可达二千石。《西山先生真文忠公文集》卷六《奏乞蠲阁夏税秋苗》：

姑以建康一城言之，居民日食凡二千斛。

景定《建康志》卷二三《城阙志·诸仓篇·平止仓》载平止仓须知：

本府户口繁庶，日食米二千石，民无盖藏，全仰客贩。客舟稀

---

① 《梦粱录》卷一六"米铺"条："然本州所赖苏、湖、常、秀、淮、广等处客米到来，湖州市、米市桥、黑桥俱是米行，接客出粜。……且言城内外诸铺户，每户专凭行头于米市做价，径发米到各铺出粜，铺家约定日子，支打米钱。其米市小牙子，亲到各铺支打发客。又有新开门外草桥下南街，亦开米市三四十家，接客打发，分俵铺家。……"

② 宋代真德秀《西山先生真文忠公文集》卷六《奏乞为江宁县城南厢居民代输和买状》："马军行司移屯之始，连营列戍，军民憧憧，聚彼贸易，市廛日以繁盛，财力足以倍输。"宋代周应合《（景定）建康志》卷一六《疆域志·桥梁》引宋代丘崇《重作镇淮、饮虹桥记》："二桥横跨秦淮，据府要冲，自江淮吴蜀，游民行商，分屯之旅，假道之宾客，杂沓旁午，肩摩毂击，穷日夜不止。"

③ 《（景定）建康志》卷四三《风土志·义冢条·掩骼记》："建康承平时，民之藉于坊郭，以口计者十七万有奇，流寓、商贩、游手、往来不与。"

少，价即踊贵，抑之则米不来，听之则民艰食。

以每日二千石米的销售量计算，建康府城食米市场一年的销售量当在七十万石以上，仅略少于临安府城的销售量，其市场对食米的需求量也相当可观。而这大量食米的来源，也和临安府城相同，仰赖客舟自外地农村输入。

临安府和建康府两大城市消费市场对食米的需求，仅是最明显的两个例子，其他郡城、县城的众多居民，由于不事农业生产，也同样需要市场销售多量的食米来供给消费。较大的城市，如镇江府城居民将近一万六千户，汀州郡县坊市户口达七万余户①；成都府是四川的商业中心②，"城市繁雄十万户"③；鄂州是长江上游的大商港④，"江渚鳞差十万家"⑤；泉州、广州为南宋最主要的对外贸易港⑥，泉州"城内画坊八十，生齿无虑五十万"⑦，广州则在北宋晚期已是"（子）城外蕃汉数万家"⑧；此外如平江府，"当四达之冲，井邑广袤，民物繁伙"⑨，都必然需要市场销售大量的粮食。较小的郡城、县城，食米消费量较少，但其仰赖市场供应则相同。即使位置偏僻的桂阳郡城，居民不过数千，也必须一日有三十担米上市，才能解决市民的需求⑩。总之，南宋各城市消费市场的大量需求，诱

---

① 参见拙著《南宋的农村经济》第一章第一节《南宋的农家劳力与农业资本》。
② 《（万历）温州府志》卷四四《人物志》载，南宋人《上官必克传》叙述成都府为"西蜀之会府，舟车所通，富商巨贾，四方鳞集，征入之伙，独甲他郡"。
③ 〔宋〕陆游：《剑南诗稿》卷九《晚登子城》。
④ 宋代陆游《渭南文集》卷四六《入蜀记第四》叙述鄂州的繁盛："贾船客舫，不可胜计，衔尾不绝者数里，自京口以西皆不及。……市邑雄富，列肆繁错，城外南市亦数里，虽钱塘、建康不能过。"
⑤ 戴复古：《石屏诗集》卷一《鄂州南楼》。
⑥ 参见〔日〕桑原骘藏：《中国阿剌伯海上交通史》，冯攸译，台湾商务印书馆1971年版；全汉昇：《宋代广州的国内外贸易》，《中国经济史研究》中册，香港新亚研究所1976年。
⑦ 〔宋〕王象之：《舆地纪胜》卷一三〇《福建路泉州篇》引陆宇《修城记》。
⑧ 〔宋〕李焘：《续资治通鉴长编》卷二三七《熙宁五年（1072）八月戊子》。
⑨ 〔宋〕崔敦礼：《宫教集》卷五《代平江守臣乞截拨牙契钱修城札子》。
⑩ 《永乐大典》卷七五一三"通惠仓"条载桂阳府创通惠仓省札："阖郡在城之民，何啻数千百口，上市之米，日有三十担，则一日无欠阙，或米相数少，嗷嗷待哺，殊不聊生。"

使农产品自农村向城市运销。

市镇是南宋另一重要的食米市场。宋代由于商业日益发达，在乡村中兴起了一些被称为镇、市的商业区，若干市镇甚至具备了部分坊郭的形态①。这些市镇，虽然仍未完全脱离农业生产，但也聚集了许多工匠、商人以及往来的商旅，他们都必须籴米而食。市镇消费市场对粮食的需求量，首先可以从市镇的数量推测。兹据宋元地方志，统计南宋若干地区的市镇数，如表1，借以与县治数相比较。

表1　南宋郡县县治数与市镇数

地区	县治数	市数	镇数	资料来源
临安府余杭县	1	1	1	《（咸淳）临安志》卷一九《疆域志》、卷二〇《疆域志》
临安府盐官县	1	1	1	《（咸淳）临安志》卷一九《疆域志》、卷二〇《疆域志》
平江府常熟县	1	6	4	《（宝祐）重修琴川志》卷一《叙县》"镇"条、"市"条
嘉兴府	4	10	6	徐硕：《（至元）嘉禾志》卷三《镇市》
湖州	6	0	6	《（嘉泰）吴兴志》卷一〇《管镇》
镇江府	3	1	4	《（嘉定）镇江志》卷四《田赋志·职田》、卷八《僧寺志·寺》、卷一二《宫室志·务》
常州	4	8	7	史能之：《咸淳重修毗陵志》卷三《地理志·坊市》、卷一〇《秩官志·县官》
江阴军	1	0	2	《咸淳重修毗陵志》卷六《官寺志·场务篇·宋》
庆元府	6	21	5	《（宝庆）四明志》卷一三《鄞县志》、卷一五《奉化县志》、卷一七《慈溪县志》、卷一九《定海县志》、卷二〇《昌国县志》

---

① 参见拙著《南宋的农村经济》第一章第一节《南宋的农家劳力与农业资本》。

地区	县治数	市数	镇数	资料来源
绍兴府	8	7	6	《(嘉泰)会稽志》卷四《市》、卷一二《八县》
台州	5	16	3	《(嘉定)赤城志》卷二《地理志·坊市》
建康府	5	25	14	《(景定)建康志》卷一六《疆域志·镇市》
徽州歙县	1	2	1	《(淳熙)新安志》卷三《镇寨》
福州	12	0	12	《(淳熙)三山志》卷九《公廨类·商税篇·诸县镇务》
汀州长汀县	1	1	0	《永乐大典》卷七八九〇"汀州府"条引《临汀志》
真州扬子县	1	3	2	《(隆庆)仪真县志》卷三《建置考》
扬州江都县	1	0	3	《(嘉靖)惟扬志》卷七《公署志附宅里》

注：(1)郡市、县市、城内之市，已纳入坊郭市区之市镇及已废之市镇均不计入。(2)部分方志的镇、市记载可能不完备。

上表中各郡县，分布市镇自数个至三十余个。多者如平江府常熟县，一县中即有六市四镇；如建康府，一府中有二十五市十四镇。少者如福州，一州中有十二镇；如湖州，一州中有六镇；如汀州长汀县，一县中只有一个市。而各郡县的市镇数，除福州、湖州二郡及汀州长汀县的市镇数与县治数相等外，其他均较其县治数多出甚多，亦即各郡县中小的市镇要较城市数目为多。实际上，福州郡治闽、侯官二县，湖州郡治乌程、归安二县，均为二县治共一郡城，所以福州、湖州二郡的市镇同样多于城郭的数目；至于汀州长汀县，据《永乐大典》卷七八九〇"汀州府"条引《临汀志》，原有二市，数量超过城郭，但其中的杉岭市因郡城的发展而被吸收成为坊郭市区的一部分，长汀县市镇数目的减少，应视为城市发展的结果。南宋市镇的分布，并不限于上表所列各州郡，两浙路、江东路、福建路的其他州郡，以及其他各路，也都有众多的市镇分布①。市镇户口虽然也有多至数千家的，如后述的桥口镇，一般却较城市为少，仅自百余家至千余家②，其中又有部分农业人口，但由于市镇数量众多，所能销售的食米量也必然不在少数。

其次可以从若干商业特殊繁荣的市镇，推测市镇消费市场对粮食的需求量。这些市镇，商业繁荣的情形，甚至超过中小型的郡城、县城，其所需要的粮食数量亦必不下于中小型的郡城、县城。兹举例如下：

（1）南浔镇（属湖州乌程县）。汪曰桢《南浔镇志》卷二六《碑刻志·嘉应庙勅牒碑》：

> 宝祐甲寅（1254），狄浦盐寇啸聚，村落多被其害，且垂涎南浔，以为市井繁阜，商贾辐凑之所，意在剽掠。

（2）乌墩镇（属湖州乌程县）、新市镇（属湖州德清县）。《浪语集》卷一八《湖州与镇江守黄侍郎书》：

> 郡有乌墩、新市，虽曰镇务，然其井邑之盛，赋入之多，县道所不及也。

（3）青墩镇（属嘉兴府崇德县）。董世宁《乌青镇志》卷二《形势篇》：

> 青镇与湖郡所辖之乌镇夹溪相对，民物蕃阜，第宅园池盛于他镇，宋南渡后士大夫多卜居其地。

---

① 参见周藤吉之：「宋代の乡村における店、市、步の发展」，『唐宋社會經濟史研究』，東京大学出版會1965年版。

② 宋代洪迈《夷坚丁志》卷五"吴辉妻妾"："绍兴甲子（1144）五月，江、浙、闽所在大水，崇安县黄亭镇百余家尽走。"宋代黎靖德编《朱子语类》卷一三八《杂类》："或传连江镇寇作，烧千余家，时张子直通判云此处人烟极盛。"

按：乌墩镇与青墩镇虽分属二郡，但实为同一聚落，合称乌青镇①。

（4）永乐市（属嘉兴府嘉兴县）。严辰光绪《桐乡县志》卷一《疆域志·市镇篇·濮院镇》：

> 宋建炎（1127—1130）以前，特御儿一草市。……淳熙（1174—1189）后，机杼之利，日生万金，四方商贾云集，至元（1271—1294）、大德（1297—1307）间，有永乐市之名。

按至元《嘉禾志》卷三《镇市》已列有永乐市，其书刊于至元二十五年（1288），上距宋亡不过十二年，实际上南宋时期此处商业已甚繁荣。

（5）青龙镇（属嘉兴府华亭县）。绍熙《云间志》卷上"镇戍"条：

> 青龙镇，去县五十四里，居松江之阴，海商辐辏之所。

（6）澉浦镇（属嘉兴府梅盐县）。《海盐澉水志》卷七《碑记门·德政碑》：

> 澉浦为镇，人物繁阜，不啻汉一大县。

（7）鲒埼镇（属庆元府定海县）。吴潜《许国公奏议》卷三《奏禁私置团场以培植本根消弭盗贼》：

> 照得本府管下鲒埼镇，倚山濒海，居民环镇者数千家，无田可耕，居廛者则懋迁有无，株守店肆，习海者则冲冒波涛，蝇营网罟，生齿厥多，烟火相望，而并海数百里之人，凡有负贩者皆趋焉，图志谓之小江下。

---

① 清代张园真《乌青文献》卷九载张俣《重修土地庙记》："湖、秀之间有镇焉，画河为界，西曰乌镇，东曰青镇，名虽分二，实同一聚落也。"同卷载万珪《青墩镇土地索度明王碑记》："秀之青墩与湖之乌墩，二市相抵为一会镇。"

所谓"小江下"，当是比拟于江阴军城外商贾云集的江下市①。

（8）黄池镇（属太平州当涂县）。周必大《文忠集》卷一七一乾道壬辰（1172）南归录：

> 夜泊黄池镇，……商贾辐凑，市井繁盛，俗谚有云："太平州不如芜湖，芜湖不如黄池也。"

（9）沙市镇（属江陵府江陵县）。《文忠集》卷六五《淮西帅高君神道碑》：

> 距府十里有沙市镇，大商辐凑，居民栉比。

（10）桥口镇（属潭州衡山县、湘阴县）。《宋会要辑稿·职官四八·监当》（《宋会要辑稿》以下简称《宋会要》）"庆元四年（1198）三月十八日"条：

> 诏潭州衡山县赡军酒库官改作监桥口镇。乃湖南封城下流之地，当长沙、益阳、湘阴三县界首，商贾往来，多于此贸易，盗贼出没，亦于此窥伺，市户二千余家，地狭不足以居，则于夹江地名暴家歧者，又为一聚落，亦数百家，缘暴家歧却属湘阴县管。……

（11）储州市（属潭州醴陵县）。《骖鸾录》：

> 宿储州市，又当舍舆溯江，此地既为舟车更易之冲，客旅之所盘泊，故交易甚伙，敌壮县。

（12）景德镇（属饶州浮梁县）。刘坤一等撰《江西通志》卷九十三《经政略·陶政》引元蒋祁《陶记》：

> 景德镇陶昔三百余座。

---

① 宋代史能之《咸淳重修毗陵志》卷二《地理志·坊市篇·江阴》："江下市，在澄江门外，以通黄田港，宋绍熙五年以来，商船倭舶，岁常辐凑，驵侩禽集，故为市，亚于城埤。"

按《夷坚志》载宋代徐州萧县白土镇有白器窑三十余座，用陶匠数百①，景德镇于南宋时有窑三百余座，则所用陶匠可达数千，此外又有陶商、牙侩、肩夫仰赖陶业生活②，无疑是一人口众多的大镇；而所产陶器远销至全国各地，"若夫浙之东西，器尚黄黑，出于湖田之窑者也；江、湖、川、广，器尚青白，出于镇之窑者也。碗之类鱼水高足，碟之发晕海眼雪花，此川、广、荆、湘之所利，盘之马蹄槟榔，盂之莲花耍角，碗碟之绣花银绣蒲唇弄弦之类，此江、浙、福建之所利，必地有择焉者。……两淮所宜，大率江、广、闽、浙澄泽之余，土人货之者谓之黄掉，黄掉云者，以其色泽不美，而在可弃之域也"③，可知景德镇所产陶器种类甚多，行销及于江、浙、闽、广、川、湘、荆、淮，遍及南宋全国，商业自必繁荣。

上列市镇的商业都特别繁荣。例如乌墩镇和新市镇的繁荣超过湖州辖下的县城，黄池镇的繁荣超过芜湖县城和太平州城，储州市的繁荣匹敌壮县，其盛况都可与中型的城市相比。商业愈繁荣，则聚居及往来的人口愈多，对粮食的需求量亦必愈大。南宋嘉兴府魏塘农村所产的稻米，"每一百石，舟运至杭、至秀、至南浔、至姑苏粜钱，复买物货，归售水乡佃户如此"④。可知南浔镇邻近的农业生产已不足供镇中商业人口所需，而与临安、嘉兴、平江等城市相同，必须仰赖外地食米的输入。像沙市镇这一类大镇，米价可以和鄂州州城相等，而高出荆门、襄阳、郢州等郡城一倍。《宋会要·食货四〇·市籴粮草》"乾道二年七月二十五日"条载监行在省仓下界兼户部和籴场郑人杰言：

年来丰熟，米价低平，荆门、襄阳、郢州之米，每硕不过一千，

① 宋代洪迈《夷坚三志巳》卷四"萧县陶匠"条："邹氏，世为兖人，至于师孟，徙居徐州萧县北之白土镇，为白器窑总首，凡三十余窑，陶匠数百。"

② 《江西通志》卷九三《经政略·陶政》引元蒋祁《陶记》："一日二夜，窑火既歇，商争取售，而上者择马，谓之拣窑；交易之际，牙侩主之，同异差互，官则有考，谓之店簿；运器入河，肩夫执券，次第件具，以凭商算，谓之非子。"

③ 《江西通志》卷九三《经政略·陶政》引元蒋祁《陶记》。

④ 〔元〕方回：《续古今考》卷一八《附论班固计井田百亩岁入岁出》。

> 所出亦多；荆门（按：门当为南之误）沙市、鄂州管下舟车辐辏，米
> 价亦不过二千。

米价的高昂，说明沙市镇对于食米的需求量甚大，市场食米的供给却必须仰赖外地输入，米商可以乘机抬高价格，鄂州是南宋时期有数的大商业城市，米价高出一般城市之上是必然的，而沙市镇的米价竟然与鄂州相等，显示出沙市镇社会的特色。

有许多市镇都是在南宋时期才兴起或繁荣的，如上述的永乐市，在淳熙（1174—1189）以后才成为商贾云集的地点；南浔镇原名浔溪，又名南林，初仅为一村落，至淳祐（1241—1252）末年才设镇①；澉浦镇在南宋初年镇境周围只有二里半，至南宋末年已扩展至东西十二里、南北五里②；暴家歧是庆元年间（1195—1200）才从桥口镇衍生出来的市区，至宝祐年间（1253—1258）则已是"商贸辐凑，舳舻相衔者无虚日"③。因此，南宋市镇消费市场对粮食的需求，也与城市相同，必然是有增无已。

粮食不足的农村，也是南宋重要的食米市场。农村粮食不足的情形有二，一是平时生产即感不足，一是春夏及饥荒时粮食不足，兹先讨论前者。粮食平时生产不足的地区，主要由于山多田少或土地瘠薄，地理环境不利于水稻栽培，而又人口众多。这些地区，多从事林业或栽培经济作物，而以其收入向外地购买粮食。淳熙《新安志》卷一《州郡志·风俗》载祁门县的情形：

---

① 清代汪曰祯《（同治）南浔镇志》卷二五《碑刻志》载李心传《安吉州乌程县南林报国寺记》："南林，一聚落耳，而耕桑之富，甲于浙右，土润而物丰，民信而俗阜，行商坐贾之所萃，而官未尝讥征焉。"按此记作于端平元年（1234），则当时南林虽已为商旅聚集之所，但仍未设镇征收商税。同上书，卷二六《碑刻志·嘉应庙敕牒碑》："未创镇以前，特乡村尔，无阶可陈，今创镇几二十载。"按此碑作于咸淳六年（1270），则南浔设镇当在淳祐末年，在此之前，仅为村落。又同上书，卷一《疆域志》："南浔镇，本名浔溪，又名南林，宋理宗淳祐末立为南浔镇，迄今不改。"
② 宋代罗叔韶修、常棠纂《海盐澉水志》卷一《地理门·镇境》："东西一十二里，南北五里〔原注：《武原志》云：'周围二里半。'绍兴（1131—1162）间人民稀少，今烟火阜繁，生齿日聚，故不止此〕。"
③ 《永乐大典》卷五七六九"长沙府"条引《古罗志》载邵庶《暴家歧税务新砌江岸记》。

水入于鄱，民以茗、漆、纸、木行于江西，仰其米以自给。

《严州图经》卷一"风俗"条：

> 州境山谷居多，地瘠且狭，民啬而贫，谷食不足，惟蚕桑是务，
> 更蒸茶割漆，以要商贾贸迁之利。

均说明这种林产或经济作物与粮食交换的状况。此外，如遂宁府小溪县伞山农民多以植蔗为业，兴化军的土地多用于栽植甘蔗、秫糯，徽州休宁县农民种田者少而种杉者多，建宁府农民多以良田来种瓜植蔗，潭州湘潭县昌山居民都以竹为业而不事耕稼①，这些地区生产粮食既少，自然必须向外地购买。这种粮产不足的现象，最严重的是福建，不仅兴化军和建宁府的粮食多仰赖输入，福建全路由于山多田少，都是如此。《历代名臣奏议》卷二四六载知福州张守《乞放两浙米船札子》：

> 臣体问得福建路山田瘠薄，自来全仰两浙、广东客米接济食用，
> 虽大丰稔，而两路客米不至，亦是阙食。

同上书，卷二四七载集英殿修撰帅福建赵汝愚上奏：

> 本路地狭人稠，虽上熟之年，犹仰客舟兴贩二广及浙西米前来
> 出粜。

周必大《文忠集》卷八二《大兄奏札》：

> 福建地狭人稠，虽无水旱，岁收仅了数月之食，专仰舟船往来

---

① 宋代王灼《糖霜谱》第三："伞山在小溪县涪江东二十里，山前后为蔗田者十之四，糖霜户十之三。"宋代方大琮《铁庵集》卷二一《与项乡守书》："今兴化县田耗于秫糯，岁肩入城者不知其几千万；仙游县田耗于蔗糖，岁运入浙、淮者不知其几万亿。"宋代范成大《骖鸾录》："休宁山中宜杉，土人稀作田，多以种杉为业。"宋代韩元吉《南涧甲乙稿》卷一八《建宁府劝农文》："又多费良田以种瓜植蔗。"《夷坚三志辛》卷八《湘潭雷祖》："湘潭境内有昌山，周回四十里，中多篠荡，环而居者千室，寻常于竹取给焉，或捣为纸，或售其筍，或竹簟，或造鞋，其品不一，而不留意耕稼。"

浙、广，般运米斛，以补不足。

可知福建粮食生产不足，平时已仰赖两浙及两广的供应，才能维持全年的需求。福建农民多利用山地栽培果树、茶树等经济作物或从事林业①，所以他们能够有收入来平衡购买粮食的开支。以福建一路人口的众多，而一年中有数月的粮食必须仰赖输入，则其食米市场的需求量也必然相当可观。

春夏及饥荒时的农村，由于农家没有粮食积存，也成为需求食米的市场。在南宋时期，饥荒是一个经常发生的现象，据《宋史》卷六七《五行志》的记载，自建炎元年（1127）至德祐元年（1275）约150年间，有67年有饥荒的记录，而每次饥荒波及的地区，小则一郡，大则数路。由于嘉定十七年（1224）以后的记载过于简略，这一饥荒年数的统计可能并不完备，但已足以说明南宋饥荒发生的频繁。饥荒发生时，农业生产暂时停顿，即使是平时粮产充足地区的农家，粮食也必须仰赖外地输入来供给，所以每当饥荒发生时，地方官都尽力设法招徕外地米商，或派员往外地搜购食米。《晦庵先生朱文公文集·别集》卷九《措置客米到岸民户收籴不尽晓谕》：

> 照对管内田禾多有旱伤，切恐民间阙食，切措置令税务多方招诱客人米船住岸出粜，接济民间收籴食用，与免收纳杂物税钱，今来渐有客旅兴贩米斛到来，如有民户收籴不尽之数，许今牙人并有力之家收籴停顿，准备接济。

这是朱熹在南康军救荒，以免税的优惠待遇吸引运米的米船前来销售。《晦庵先生朱文公文集》卷二一《乞禁止遏粜状》：

> 缘本路两年荐遭水旱，无处收籴，熹今体访得浙西州军极有丰稔去处，与本路水路相通，最为近便，已行差官雇船前去收籴，及印榜

---

① 参见《宋代商业史研究》，第426页。

遣人散于浙西、福建、广东沿海去处，招徕客贩。

这是朱熹在浙东救荒，派员前往浙西搜购食米，又到浙西、福建、广东等地招徕米商。同上书，卷八八《观文殿学士刘公神道碑》：

> 淳熙二年，除知建康府，安抚江南东路，留守行宫。会水且旱，公奏……禁上流税米过籴，即他路有敢违者，请亦得以名闻，抵其罪。诏皆从之。以是得商人米三百万斛散之民间。又贷诸司钱合三万万，遣官籴米上江，得十四万九千斛，籍农民当赈贷，客户当赈济者，户以口数给米有差。

这是刘珙在江东救荒，也是一面招徕米商，一面派员前往外地籴米，而仅商人运来销售的食米就达三百万石，可见农村发生饥荒时，食米销售量之大。这一饥荒时期农村的食米市场，与城市、市镇及平时粮产不足农村的食米市场有所不同，即其时间、地点与所需食米数量都不是固定的，视饥荒发生的时间、地点及程度而转移改变。又农家每年收成的粮食，由于多用于缴纳租课、赋税及偿还债务，至次年春夏时，食用往往不继，因而须向市场购买①，从农家在南宋户口中所占比率之高看来，这一市场需求量也是相当可观的。

总之，南宋的农产市场可以说是很广大的，城市、市镇甚至农村，都需要由市场来供应农产品。由于人口日益增加，商业日益发达，区域之间的经济相互依赖性日深，南宋农产市场的总需求量无疑是一个很大的数目，而且数量日益上升。

二、南宋农产品向市场的供给

南宋农产市场的形成，一方面由于城市、市镇和粮食不足的农村对农产品有大量的需求，另一方面也由于农村有大量的农产品可以供给市场，

---

① 参见拙著《南宋的农村经济》第三章第一节《南宋农家劳力的运用》。

地主和农家是南宋市场的两个农产品供给来源。

南宋市场的主要农产品供给来源之一，是地主所累积的大量租课。南宋时期，土地所有权集中在少数的官户、富家手中，他们拥有大量的土地，放佃给众多的佃户经营，而向佃户收取租课，通常占生产量的四成至五成，高者可达六成以上①。地主向众多佃户收取高额的租课，累积起来就是一个很大的数目，因此南宋有收租六十万石甚至一百万石的大地主，其次也达一二十万石或数万石②。这巨量的租米，除供地主自家消费以及缴纳赋税之外，必定尚有大量的剩余。这种情形，可以从富家在饥荒时放赈米谷的数量得知。《晦庵先生朱文公文集》卷一六《奏为本军劝谕都昌、建昌县税户张世亨、刘师舆、进士张邦献、待补太学生黄澄赈济饥民斗斛》：

> 税户张世亨赈济过米五千石。
>
> 税户刘师舆赈济过米四千石。
>
> 进士张邦献赈济过米五千石。
>
> 待补太学生黄澄赈济过米五千石。

同上书，卷一七《乞推赏献助人状》：

> 婺州金华县进士陈夔献米二千五百石。
>
> 婺州金华县进士郑良裔献米二千石。
>
> 婺州东阳县进士贾大圭献米二千五百石。
>
> 处州缙云县进士詹玠献米二千五百石。

《黄氏日抄》卷七五《乞推赏赈粜上户申省状》：

> 宜黄县谭都仓户待补国学生谭槐，县粜、乡粜、城粜并近城上下粜过米共三万四千六百一十七石。

---

① 参见拙著《南宋的农村经济》第二章第三节《南宋农村的租佃制度》。

② 参见拙著《南宋的农村经济》第二章第二节《南宋农村的土地所有与经营》。

又谭巡辖户待补国学生谭锺，县粜、乡粜并近城上下粜过米共三万一千二百一十七石。乐安县学生黄舆孙以平甫为户，本户并诸庄共粜过米一万三千石。

金溪县危运干本户自粜米八千四百余石，并劝谕诸乡上户粜过米一万七千余石。

临川县甲晏登仕时可粜过谷八千九百余石、米三千八十石。

以上各富家放赈米谷的数量，婺州金华、东阳二县及处州缙云县四户较少，但也达到二千至二千五百石；南康军都昌、建昌二县四户较多，达四五千石；抚州宜黄、乐安、金溪、临川四县各户最多，均在八千石以上，其中两户更高达三万余石。富家所放赈的米谷，必定是家中的剩余，而且只是其剩余中的一部分，可知南康军、婺州、处州及抚州等地的富家，所收租米除用于自家消费及缴纳赋税之外，尚有大量的储积。南康军的土地贫瘠，抚州的农业生产亦非甚盛①，而富家积米已能在数千石、数万石以上，则土地肥沃而农业更为发达的地区，富家积米自然更多。前述放贩米谷的各户，可能都是当地较为富裕之家，其他拥有土地较少的地主，积存的米谷自然也较少，但是如果将各家的储积合计起来，也不是一个很小的数目。例如朱熹在南康军劝赈，劝得郡城及星子、都昌、建昌三县上户二

---

① 宋代朱熹《晦庵先生朱文公文集》卷一一《庚子应诏封事》："臣谨按南康为郡，土地瘠薄，生物不畅，水源干浅，易得枯涸。"宋代黄震《黄氏日抄》卷七八《咸淳八年春劝农文》："今太守是浙间贫士人，生长田里，亲曾种田，备知艰苦，见抚州农民与浙间多有不同，为之惊怪，真诚痛告，实非文具。愿尔农今年亦莫作文具看也。浙间无寸土不耕，田垄之上又种桑种菜，今抚州多有荒野不耕，桑麻菜蔬之属皆少，不知何故？浙间才无雨，便车水，全家大小日夜不歇，去年太守到郊外看水，见百姓有水处亦不车，各人在门前闲坐，甚至到九井祈雨。行大溪边，见溪水拍岸，岸上田皆焦枯坼裂，更无人车水，不知何故？浙间三遍耘田，次第转折，不曾停歇，抚州勤力者耘得一两遍，懒者全不耘，太守曾亲行田间，见苗间野草反多于苗，不知何故？浙间终年备办粪土，春间夏间常常浇壅，抚州勤力者斫些少柴草在田，懒者全然不管，不知何故？浙间秋收后便耕田，春二月又再耕，名曰耕田，抚州收稻了，田便荒版，去年见五月间方有人耕荒，田尽被荒草抽了地力，不知何故？"

百零六名，共认赈粜米达七万三千余石①。因此，农家生产的稻米，除供农家、地主自家消费及纳税外，尚有大量的租课剩余储积在大小地主的家中，成为南宋市场的农产品供给来源。

地主自家消费不尽的粮食，在利润的吸引下，就被运输到市场供给销售。南宋有许多地主，田产置于乡村，自己则居于城市或市镇②，对于市场的需求状况自然十分了解，他们甚至直接供应铺户零售的食米，并控制其价格③，可知部分地主实与农产市场有直接的联系；属于中产之家的地主，所能供给市场的粮食数量较少，与市场没有直接的联系，亦可经由商人的转运，将剩余的粮食销售于市场。地主之家销售食米的情形，如《双溪类稿》卷二一《上赵丞相》：

> 若夫两浙之地，苏、湖、秀三州，号为产米去处，丰年大抵舟车四出，其豪右之家，占田广，收租多，而仓庾富实者，县邑之吏，邻里之民，固能指数其人也。

这是豪右之家备有舟车，直接将余粮运往市场。又《水心集》卷一《上宁宗皇帝札子》：

> 臣采湖南士民之论，以为二十年来，岁虽熟而小歉辄不耐，地之所产米最盛，而中家无储粮。臣尝细察其故矣。江湖连接，无地不

---

① 《晦庵先生朱文公文集·别集》卷九《谕上户承受赈粜米数目》："在城上户二十五名，共认赈粜米一万一千六百三十五硕，每升价钱一十七文足。星子县劝谕到上户三十一名，共认赈粜米一万一千九百三十五硕，每升价钱一十七文足。都昌县劝谕到上户五十九名，共认赈粜米二万八千九百八硕五升，每升价钱一十四文足。建昌县劝谕到上户九十一名，共认赈粜米二万八百硕，每升价钱一十二文足。"

② 《夷坚丁志》卷一八"刘狗獭"："南城人刘生，别业在城南三十里，地名鲤湖，时往其所检视钱谷。"《夷坚志补》卷二〇"梁仆毛公"条："福唐梁绳居城中，曾往其乡永福县视田。"《夷坚支戊》卷六"天台士子"条："士子某居城中，而田在黄岩。"《夷坚支丁》卷三"宝华钟"条："王德全少卿（珏），绍兴十四年待行在粮料院阙，寓居平江横金市，市之西南曰鲁都湾，有田数百亩。"

③ 宋代欧阳守道《巽斋文集》卷四《与王吉州论郡政书》："铺户所以贩粜者，本为利也。彼本浮民；初非家自有米，米所从来盖富家，实主其价，而铺户听命焉。"

通，一舟出门，万里惟意，无有碍隔。民计每岁种食之外，余米尽以贸易，大商则聚小家之所有，小舟亦附大舰而同营，展转贩粜，以规厚利。

这则是商人先将中产地主的余粮聚集，再辗转贩粜。部分地主或其干仆，完全视利润而处理其租米，由于城市的米价一般都较高，因此在许多地区，都有本地大部分农家粮食困难，而租米仍然大量运至外地的情形。《永乐大典》卷七五一四"平籴仓"条引《濡须（和州）志》载王苋《新建平籴仓记》：

收租江北，货粲江南，而故乡之捐瘠不问也。

《黄氏日抄》卷七八《四月十九日劝乐安县税户发粜榜》：

又访闻云盖一乡、田产当本邑三分之一，而半归于永丰湖西罗宅之寄庄。罗，大族也，视利甚轻，本亦未尝不肯平粜，而其远在乐安之庄干，瞒其主人，乘时射利。本邑虽不通舟楫，而有牛田一小溪直通吉之永丰，一棹扁舟，即泄界外，实为尾闾。

以上都说明这种状况。因此，不仅市场所需求的食米，多由地主所累积的租米来供应，而且食米的市价，亦成为决定地主如何销售其租米的指标。南宋的地主家计，实已主动地与市场经济发生密切的关联。

其次，南宋农家在缴纳租课、赋税及偿还债务时，有一部分是要用货币来支付的，农家因此必须出售农产品以换取货币，这也是上市农产品的一个重要供给来源。南宋货币地租的流行以及农家贷借米谷而折价偿还等事实，均已见前述①。此外，货币租税在南宋赋税中的地位，也有逐渐发展的趋势。自唐代中叶起，政府岁入中的货币部分已逐渐增加，至北宋时期则大幅上升，但其源自农家所缴纳的赋税者尚少，主要出于政府专卖收

---

① 参见拙著《南宋的农村经济》第二章第三节《南宋农村的租佃制度》、第三章第二节《南宋农村生产资本的融通》。

入和商税①；至南宋时期，政府岁入的货币数量继续大幅上升②，而农家所缴纳的赋税中，以货币支付的部分也开始大幅增加，甚至使政府两税收入中实物与货币的比例发生明显的变化。南宋货币租税增加的情形，如《诚斋集》卷六九《轮对札子》所论：

> 取于农民者，其目亦不少矣。民之输粟于官者谓之苗，旧以一斛输一斛也，今则以二斛输一斛矣；民之输帛于官者谓之税，旧以正绢为税绢也，今则正绢之外，又有和买矣；民之鬻帛于官者谓之和买，旧之所谓和买者，官给其直，或以钱，或以盐，今则无钱与盐矣，无钱尚可也，无盐尚可也，今又以绢估值，倍其直而折售其钱矣；民之不役于官而输其雇直，谓之免役，旧以税为钱也，税亩一钱者输免役一钱，今则岁增其额而不知其所止矣；民之以军兴而暂佐其师旅征行之费者，因其除军帅谓之经制使也，于是有经制之钱，既而经制使之军已罢，经制钱之名遂为常赋矣；因其除军帅谓之总制使也，于是有总制之钱，既而总制之军已罢，而总制钱又为常赋矣。彼其初也，吾民之赋，止于粟之若干斛，帛之若干匹而已，今既一倍其粟，数倍其帛，粟帛之外，又数倍其钱之名矣。而又有月桩之钱，又有板账之钱。

可知南宋农民所缴纳的赋税中，增加了不少必须以货币支付的税目，即使是沿袭北宋而来的免役钱，其数额亦较北宋大为增加。实际上，南宋农民所缴纳的货币租税并不止于此，南宋各地普遍都有身丁钱，广西、宁国

---

① 参见全汉昇：《唐宋政府岁入与货币经济的关系》，《中国经济史研究》上册。
② 明代黄淮、杨士奇编的《历代名臣奏议》卷二七一载李椿上疏："国家岁入之钱，十倍于唐之最盛时，数倍于祖宗时。"《容斋三笔》卷二"国家府库"条："今之事力与昔者不可同日而语，所谓缗钱之入，殆过十倍。"

府、泉州、福州、临安府均有折苗钱①，四川有绵估钱、布估钱②，广西有折布钱③，漳州有鬻盐钱④，可以说是不一而足，除了这些固定名目的货币租税之外，又常有不合法的折纳⑤。南宋货币租税的收入，数目十分可观，如东南折帛钱岁入高达一千七百余万缗，经制钱、总制钱、月桩钱三项合

---

① 宋代杨万里《诚斋集》卷一六《李侍郎传》："初，广西盐法官自鬻之，后改钞法，漕计大窘，乃尽以一路田租之米二十二万斛，令民折而输钱，至五倍其估。"《西山先生真文忠公文集》卷一二《奏乞将知宁国府张忠恕赐罢黜》："人户输纳去年折苗钱，以一石为率，如纳籼米，通用米二石二斗了纳，如纳粳米，通用米二石了纳。"同上书，卷一五《申尚书省乞拨降度牒添助宗子请给》："本州（泉州）苗额不及江、浙一大县，又自前人轻改税法，下户专纳价钱，米数缘此日减。"宋代梁克家《（淳熙）三山志》卷一七《财赋类·岁收》："秋税苗米，十二县总催一十一万一千二石二升五合。……又例以一万八千四十三石八斗估纳月中价，令下户纳钱。"《宋会要·食货七十·赋税杂录》绍熙二年（1191）十月六日知临安府谢深甫言："於潜、新城、昌化三县，秋苗并折纳时价。"

② 宋代李心传《建炎以来朝野杂记》甲集卷一四"两川绵估钱"条："两川绵估钱者，旧例上三等户皆理正色，而下户每两估钱半千，所以优之也。杨嗣勋总计，始令当输正色者，每两估钱引二分，而旧输钱者如故，是上户反轻，下户反重矣，至今犹然。"宋代魏了翁《鹤山先生大全集》卷三二《上吴宣抚猎论布估》："请以布估一事明之。自天圣四年，密学薛田守蜀，就成都、重庆府、邛、彭、汉州、永康军产麻去处，先支下户本钱，每匹三百文，约麻熟后输官，应副陕西、河东、京东三路纲布，是时布价甚贱，因以利民，故愿请者众，不请者不强也。至熙宁间，布直渐长，民无请者，漕司始增价至四百，敷入衰折等第科买，然亦止是折纳正色，民尚乐输。建炎以来，大兵久驻蜀口，都漕赵开始改理估钱，以济用度，每匹增至二贯，自后累经臣僚奏减，则又除本钱三百，每匹为钱一贯七百，去元买之意愈远。"

③ 《建炎以来朝野杂记》甲集卷一四"广西折布钱"条："广西折布钱旧有之，独桂、昭二州岁产布九万二百匹有奇，每匹折钱五百，绍兴五年，张魏公为都督，每匹增至千五百文；二十年，路彬为广西提刑代还，奏减三之一。"

④ 宋代陈淳《北溪大全集》卷四四《上庄大卿论鬻盐》："漳土瘠薄，民之生理本艰。与上郡不同。主户上等岁粟斛千者万户中未一二，其次斛三五百者千户中未一二，此外大率皆仅收斗斛，不足自给，与无产业同，年间二正税所输升斗，尚不能前，正税之外，所谓二产盐，不过数斤，复不能了，况四季又重叠以鬻盐钱，所谓八百二十及一贯二十足者，夫岂易供哉。其余客户，则全无立锥，惟借佣雇，朝夕奔波，不能营三餐之饱，有镇日只一饭，或达暮不粒食者，岁输身丁一百五十，犹不能办，则四季所谓盐钱六百一十二足者，将于何出之。"

⑤ 《宋会要·食货七十·赋税杂录》绍熙五年（1194）九月十四日敕："民间合纳夏税秋苗，见行条法指挥并已详备，访闻州县不遵三尺，往往大折价钱。"

计亦高达一千八百余万缗①，成为南宋政府赋入的重要来源。南北宋间两税收入中实物与货币比例的变化，清楚地说明了货币租税在南宋赋入中地位的上升。全汉昇《唐宋政府岁入与货币经济的关系》一文中列有北宋岁入两税钱物数量表，兹转引如表2：

表2　北宋岁入两税钱物数量

种类	嘉祐（1056—1063）	熙宁十年（1077）	资料来源
银（两）	60137		
钱（贯）	4932091	5585819	
谷物（石）	18073094	17887252	《文献通考》卷四《田赋考四》
布帛（匹）	2763592	2672323	
丝绵（两）		5850356	
草（束）		16754844	
杂色		3200292	

据上表，可知北宋两税收入中，货币数量远不及实物数量多。南宋时期缺乏全国性的两税收入资料，只能使用地区性的资料来作比较，兹列举临安府、建康府及福州三郡岁入两税钱物数量（含均入两税催纳的其他税目），如表3：

①《建炎以来朝野杂记》甲集卷一四"东南折帛钱"条："（绍兴）十七年（1147），……其淮衣、福衣及天申、大礼与绫、罗、绸总五十二万匹有奇，皆起正色，其他绢、绸二百五十六万余匹，约折钱一千七百余万缗，而绵不与焉。"同上"国初至绍熙（1190—1194）天下岁收数"条："其六百六十余万缗号经制，盖吕元直在户部时复之；七百八十余万缗号总制，盖孟富文秉政时创之；四百余万缗号月桩钱，盖朱藏一当国时取之。"

表3　南宋临安府、建康府、福州岁入两税钱物数量

种类	临安府	建康府	福州	资料来源
钱（贯）	781959	365116	240385	（1）《（咸淳）临安志》卷五九《贡赋志·田税篇·二税元额》。（2）《（景定）建康志》卷四〇《田赋志》"夏料管催"条、"秋料管催"条。（3）《（淳熙）三山志》卷一七《财赋类·岁收》
谷物（石）	132713	210773	100159	
布帛（匹）	146727	88528		
丝绵（两）	54100	343969		
草（束）		165000		
麻皮（斤）		2500		
蔗芒（领）		49543		

据上表，可知咸淳年间（1265—1274）临安府和淳熙年间（1174—1189）福州的两税收入中，货币数量都比实物数量多；景定年间（1260—1264）建康府的两税收入中，货币数量虽较实物总数为少，但亦不如北宋全国收入中二者的悬殊，而且货币收入数量仍比其他任何一项实物收入数量多。可知南北宋间两税收入中实物与货币的比例，发生了明显的变化。这种变化，南宋臣僚已观察出来。《历代名臣奏议》卷二七一载李椿上疏：

> 今谷帛之税，多变而征钱。

《宋会要·食货六八·受纳》嘉定七年（1214）三月二十九日臣僚言：

> 窃惟钱出于官，而责之民输，粟帛出于民，而官或无取。

农家在货币租税大幅增加的情形下，为了缴纳赋税，就必须将农产品出售于市场以换取货币，这成为上市农产品的一个重要供给来源。

由于货币租税盛行的影响，每临赋税缴纳的期限时，就有大量农产品供给于市场。以免役钱而言，北宋熙宁二年（1069）颁行免役法之后，即已造成秋收后农民争售农产品以纳免役钱，因而谷帛充斥于市场，并且成

为当时物价下跌的原因之一①；南宋免役钱的数额较北宋又有增加，农家为纳免役钱而争售农产品的情形，亦必与北宋相同。以四川布估钱而言，《鹤山先生大全集》卷三二《上吴宣抚猎论布估》：

> 科敷益久，民力益困，年丰谷贱，则所收不足以偿所输。

可知四川农家以粜卖米谷所得的货币来缴纳布估钱。至于折帛钱和折苗钱，自然也使农家于缴纳赋税时争售谷帛。郑兴裔《郑忠肃奏议遗集》卷上《请罢取折平粜籴疏》：

> 臣闻古者赋租出于民之所有，不强其所无，如税捐出于蚕，苗米出于耕是也。今一倍折而为钱，再倍折而为银，银愈贵，钱愈难得，谷愈不可售，使民贱粜而责折，则大熟之岁，反为民害。

《宋会要·食货六八·受纳》嘉定十二年（1219）八月二十八日臣僚言：

> 今所至受纳，赢余既多，会计支供，稍可及数，则亟立高价，悉使折钱。富者其力有余，得以及时输送本色，贫者艰于措画，不无稽缓，所纳多折以钱，至有穷居遐僻，登陟险峻，负担而趋，米至城邑，而折纳之令已行，则不免于低价而售，其费滋多，故贫民下之民，受弊尤甚。

均说明农家为输纳折帛钱或折苗钱，而贱价出售农产品。这一现象的出现实是多数农家于同一时间争售农产品，市场供给量骤增所致。南宋政府于

---

① 参见全汉昇：《北宋物价的变动》。

征收折帛钱或折苗钱时，所估绢帛或米谷的价格常较市价高出甚多①，因此农家为缴纳货币租税而必须出售的农产品数量，必然多于所折实物的数量。

此外，农家为了购买日常生活用品，以及应付婚丧等不时之需，需要货币使用，也会出售少量农产品于市场。南宋农家的日常生活必需品，无法完全由自己生产，有许多用品都必须从市场购买。宋代南方的乡村散布有许多定期的虚市，其主顾纯为邻近的乡民，交易额甚小，而其商品则为米、麦、鸡、鹅、鱼、豆、果、蔬、茶、盐、酒等食料，以及布、纸、箕箒、农器等手工业品②，即说明了农家不能完全自给自足这一事实。农家无论于虚市购买日用品，或进入市镇、城市购买，由于南宋时期货币使用的盛行，多必须先将农产品出售以换取货币③。又叶茵《田父吟》："枲谷可酬婚嫁愿，今年好事属柴门。"④可知农家也会为了应付婚嫁费用而出售米谷。

农家为各种需要而出售米谷，其数量自然要较地主所出售者少，多仅以步担搬运至市场粜卖，与地主、米商的舟车四出有所不同。《双溪类稿》卷二〇《上章岳州书》：

> 况其地（按：临湘县）僻陋，井邑萧条，商贾米船，溯江而上则

---

① 《宋会要·食货七十·赋税杂录》乾道元年（1165）七月二十四日臣僚言："诸路州县输纳夏税，令人户纳折帛钱六贯五百，却遣人于出产处收买轻绢，起作上供，支散军兵，实为公私之害。"同上书，淳熙四年（1177）十一月十七日臣僚言："临安府钱塘、仁和两县岁敷和买折帛，下户常受其弊，本色所直不过四五千，折价所输，其费七贯五百。"《历代名臣奏议》卷二七一载广西提刑林光朝《奏广南两路盐事利害状》："有所谓折苗钱，米一石不过四五百钱，纳折苗钱至十倍其数。"宋代徐经孙《宋学士徐文惠公存稿》卷一《又言苗税斛面事》："至于开场未几，便有折纳价钱，则又倍于米价。"

② 参见全汉昇：《宋代南方的虚市》，《中国经济史论丛》第一册；[日]斯波义信：《宋代商业史研究》第四章第二节《宋代江南的村市和庙市》。

③ 《铁庵集》卷一四《与李丞相书》："自浙入闽，行役所见，暨还里门，日与间阎接……市之贸易，例以镪，自乡村持所产，至市博镪。"按：《四库全书》珍本二集本《铁庵集》卷一四残缺，无此篇，转引自《宋代商业史研究》，第370页，其所据当为其他版本。

④ 宋代陈起辑《南宋群贤小集》卷一八载叶茵《顺适堂吟稿》丁集。

聚于鄂渚，沿江而下则先经由华容、巴陵，本县所来者，不过通城步担而已。

《永乐大典》卷七五一三"通惠仓"条引《桂阳府创通惠仓省札》：

桂阳为郡，山多田少，重冈复岭，舟楫不通，地瘠民贫，全仰步担客米以充日粜，往往赪肩负重，运至极艰。

《宋会要·食货六八·赈贷》庆元元年（1195）二月十一日臣僚言：

或有客贩及乡村步担米，则官出钱在场循环收籴。

都是农民以步担搬运米谷至市场的例证。农家担运农产品入市，经由牙侩或牙人的收购①，再销售于市场。步担所能搬运的米谷数量虽少，但由于农民众多，累积起来即成为市场的一个重要供给来源，而如临湘、桂阳等偏僻地区，米船不能抵达，市民的粮食就只有完全仰赖农家步担来供给。此外，农家还有仅持数升或一斗米到商店交易的，其数量更少，但这微量的农产品，亦可累积成一相当的数量，成为城市、市镇的市场供给来源之一②。

综上所述，可知南宋市场所需求的农产品，其供给来源包括地主所累积的租课，以及农家为应付各种需要而出售的农产品。地主和农家出售农产品于市场，其情形显然有很大的不同。第一，地主所出售的农产品，为其自家消费的剩余；而农家每户平均经营的耕地面积既

---

① 《晦庵先生朱文公文集·别集》卷九《约束米牙不得兜揽搬米入市等事》："契勘诸县乡村人户搬米入市出粜，多被米牙人兜揽，拘截在店，入水拌和，增抬价值，用小升斗出粜，赢落厚利。"宋代王炎《双溪类稿》卷二一《上赵帅》："盖临江军市为牙侩者，例皆贫民，虽有百斛求售，亦无钱本可以收蓄，每日止是乡落细民，步担入市，坐于牙侩之门，而市之细民大概携钱分籴升斗而去。"

② 《续古今考》卷一八《附论班固计井田百亩岁入岁出》载秀州魏塘农村的情形："予见佃户携米或一斗，或五七三四升，至其肆，易香烛、纸马、油、盐、酱、醯、浆粉、麸面、椒、姜、药饵之属不一，皆以米准之，整日得数十石，每一百石，舟运至杭、至秀、至南浔、至姑苏粜钱，复买物归售。"

小①，其所出售的农产品，自非消费的剩余，反在出售的过程中因赋税、借贷折价过高而市场粜价过低蒙受损失，必须节约消费。第二，市价是决定地主如何出售其租米的指标，常将租米运至利润最高处出售；而农民为了清偿地租、赋税及债务，无论何种价格，都必须忍痛出售其农产品，其动机与市场利润无关。无论如何，由于有大量的农产品供给市场，南宋时期日增的城市和市镇人口，以及粮食不足地区的农民，才能解决粮食的问题。

三、南宋农产价格的变动

农产价格的变动，是农产市场对南宋地主和农家产生不同影响的主要因素。地主因财力有余，能够利用时机，于米价低廉时囤积米谷，运至价高处出售，或至米价上涨时才售出；而农家则家计困窘，于米价低廉时迫于各种需要而出售米谷，至米价高涨时又因粮食不继而向市场购买。于是在米价涨落之间，地主常可赚取利益，而农家则易蒙受损失。

对南宋农产价格的变动，可以分别从两方面来观察，一是南宋一百五十年间的长期变动趋势，一是季节和丰歉变动，本文所要讨论的主要是后者。但农产价格受季节和丰歉影响而生的差异，必须就不同的物价时期来比较，因此对前者也略作说明。兹先列举南宋时期的食米价格，以见上述两种变动的状况。由于江浙地区的米价资料较为丰富，足以同时反映米价长期变动趋势以及季节和丰歉变动的情形，因此仅列举江浙地区的米价如表4和图1：

---

① 参见拙著《南宋的农村经济》第二章第二节《南宋农村的土地所有与经营》。

表4 南宋江浙米价

平时价格					饥荒价格				
地区	时间	价格（文/升）	资料来源	备考	地区	时间	价格（文/升）	资料来源	备考
平江府	建炎四年（1130）	50	王明清：《挥麈后录》卷十	市价	浙西	绍兴元年（1131）	120	《宋会要·食货四十·市籴粮草》	市价，以下饥荒价格均同
浙西	绍兴元年（1131）七月	60	《宋会要·食货四十·市籴粮草》	市价	两浙	绍兴二年（1132）春	100	《宋史》卷六七《五行志》	
建康府	绍兴二年（1132）十月	30	《建炎以来系年要录》（以下简称《要录》）卷五九	市价	两浙	绍兴五年（1135）四月	70	《要录》卷八八	

续表

平时价格					饥荒价格				
地区	时间	价格（文/升）	资料来源	备考	地区	时间	价格（文/升）	资料来源	备考
江西	绍兴五年（1135）	44	张嵲：《紫薇集》卷二四《论和籴》	(1) 和籴价；(2) 年代据任官时间推定	临安府	绍兴五年（1135）	100	董煟：《救荒活民书》卷二	
					饶州	绍兴五年（1135）	100	《盘洲文集》卷七六《徐府君墓志铭》	
					婺州	绍兴六年（1136）	100	《东莱集》卷七《朝散潘公墓志铭》	
					吉州	绍兴六年（1136）	100	王庭珪：《卢溪文集》卷四六《故保义郎刘君墓志铭》	

续表

平时价格					饥荒价格				
地区	时间	价格（文/升）	资料来源	备考	地区	时间	价格（文/升）	资料来源	备考
江西	绍兴六年（1136）	40—50	李纲：《梁溪先生文集》卷八八《论赈济札子》	(1) 市价；(2) 年代据任官时间推定	江西	绍兴六年（1136）	134	李纲：《梁溪先生文集》卷八八《论赈济札子》	年代据任官时间推定
浙西	绍兴八年（1138）九月	30	《宋会要·食货四十·市籴粮草》	市价	芜湖	绍兴七年（1137）	100	陈长方：《唯室集》卷一《上殿札子》	
					江东西、浙东	绍兴九年（1139）	100	《宋史》卷六七《五行志》	

续表

平时价格					饥荒价格			
地区	时间	价格（文/升）	资料来源	备考	地区	时间	价格（文/升）	资料来源
江浙	绍兴十四年（1144）	40	《文忠集》卷五五《吴康肃公䘏湖山集并奏议序》	市价				
临安府	绍兴二十六年（1156）	20	《要录》卷一七二	市价				
镇江府	隆兴二年（1164）九月	25	《宋会要·食货六八·赈贷》					
					临安府、浙西	乾道三年（1167）	50	《宋会要·食货六八·赈贷》
临安府、浙西	乾道三年（1167）	12—13	《宋会要·食货六八·赈贷》	市价				

续表

平时价格					饥荒价格				
地区	时间	价格（文/升）	资料来源	备考	地区	时间	价格（文/升）	资料来源	备考
江、浙、隆兴府	乾道七年(1171)	15—23	《宋会要·食货六八·赈贷》	赈粜价及市价	温州	乾道六年(1170)	60—70	《止斋先生文集》卷四九《徐武叔墓志铭》	
江西	乾道八年(1172)	14	《宋会要·食货四十·市籴粮草》	市价					
南康军	淳熙六年(1179)	12—17	《晦庵先生朱文公文集·别集》卷九《论上户承受赈粜米数目》	(1) 赈粜价；(2) 年代据任官时间推定	衢州	淳熙九年(1182)	70	《晦庵先生朱文公文集》卷一七《奏衢州官吏擅支常平义仓米状》	年代据任官时间推定

续表

| | 平时价格 | | | | 饥荒价格 | | | |
地区	时间	价格（文/升）	资料来源	备考	地区	时间	价格（文/升）	资料来源	备考
两浙	淳熙（1174—1189）	15—16	《定斋集》卷四《乞平籴札子》	(1)市价；(2)年代据任官时间推定	衢州	淳熙九年（1182）	40	《晦庵先生朱文公文集》卷二一《申知江山县王执中不职状》	年代据任官时间推定
苏、秀、常、润州	绍熙（1190—1194）	25—26	《定斋集》卷五《论时事札子》	(1)市价；(2)年代据奏疏内容推定	常州、镇江府	绍熙五年（1104）	40	《止堂集》卷五《论淮浙旱潦乞通米商仍免总领司籴买状》	

续表

平时价格					饥荒价格				
地区	时间	价格（文/升）	资料来源	备考	地区	时间	价格（文/升）	资料来源	备考
临安府	绍熙（1190—1194）	20—23	《定斋集》卷六《乞赈济札子》	（1）市价及籴价；（2）年代据奏疏内容推定					
					临安府	庆元元年（1195）	100	《诚斋集》卷一二四《余端礼墓志铭》	
					临安府	嘉定元年（1208）	100	《宋会要·食货》六八·赈贷	
					江东	嘉定八年（1215）	100	《真文忠公文集》卷六《奏乞分州措置荒政等事》	
					广德军	嘉定九年（1216）	40	《真文忠公文集》卷七《申尚书省乞再拨广德军赈济米等四状》	

续表

平时价格					饥荒价格				
地区	时间	价格（文/升）	资料来源	备考	地区	时间	价格（文/升）	资料来源	备考
广德军	嘉定九年（1216）	18—24	《真文忠公文集》卷七《申尚书省乞再拨广德军赈济米第四状》	赈粜价					
					临安府	嘉定（1208—1224）	100	《絜斋集》卷一《轮对陈人君宜达民隐札子》	年代据任官时间推定
宁国府	绍定（1228—1233）	90	吴泳：《鹤林集》卷三九《宁国府劝农文》	（1）市价；（2）年代据任官时间推定					
温州	端平（1234—1236）	40	吴泳：《鹤林集》卷二《与马光祖互奏状》	（1）市价；（2）年代据任官时间推定					
湖州	嘉熙三年（1239）	200	谢采伯：《密斋笔记》卷五	市价					

续表

平时价格

地区	时间	价格（文/升）	资料来源	备考
湖州	淳祐七年（1247）	295	《数书九章》卷六上《钱谷·课籴》	(1) 和籴价；(2) 年代据著述时间推定
平江府	淳祐七年（1247）	350	同上	(1) 和籴价；(2) 年代据著述时间推定
吉州	淳祐七年（1247）	258	同上	(1) 和籴价；(2) 年代据著述时间推定

饥荒价格

地区	时间	价格（文/升）	资料来源	备考
临安府	嘉熙四年（1240）	1000	《清献集》卷一○《八月已见札子》	
江东	嘉熙四年（1240）	600—1000	徐鹿卿：《徐清正公存稿》卷一《奏乞科拨籴本赈济饥民状》	

续表

地区	平时价格				饥荒价格				
	时间	价格(文/升)	资料来源	备考	地区	时间	价格(文/升)	资料来源	备考
隆兴府	淳祐七年(1247)	281	《数书九章》卷六上《钱谷·课粜》	(1)和粜价;(2)年代据著述时间推定					
建康府	淳祐十一年(1251)	360	《(景定)建康志》卷二八《儒学志立义庄》	货币地租折价	临安府	淳祐(1241—1252)	1000	李曾伯:《可斋杂稿》卷一七《除淮阃内引奏札》	年代据任官时间推定
庆元府	开庆元年(1259)	480—500	《(开庆)四明续志》卷四《广惠院田租总数》	(1)货币地租折价;(2)年代据著述时间推定					

注：各地使用的斛斗大小可能会有不同。《数书九章》卷九章上《钱谷·课粜》："问：差人五路籴粜，据浙西平江府石价三十五贯文，一百三十五合……安吉州石价二十九贯五百文，一百二十合……江西隆兴府石价二十八贯一百文，一百一十五合……吉州石价二十五贯八百五十文，一百二十合……一百二十七贯三百文，一百二十合……湖南潭州石价二十七贯三百文，一百一十八合……"

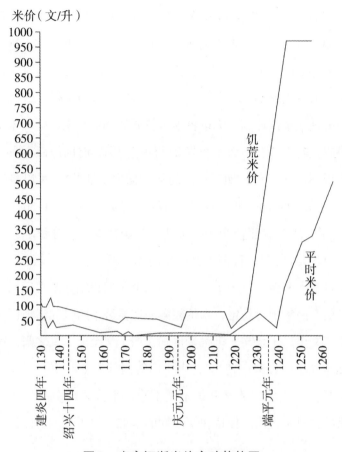

图1 南宋江浙米价变动趋势图

上表资料虽仍未十分完备，但已足以显示南宋江、浙地区米价的大概情形。比较左右各栏，即可明了米价长期变动的趋势；比较上下两栏，即可明了米价随季节和丰歉变动的情形。南宋其他各地的米价，除四川和两广外，当与江浙地区相差不远，以平时价格而言，绍兴二十六年（1156）淮南每升十二三文，绍兴二十七年福建每升二十余文，乾道七年（1171）湖南每升十四文，淳熙（1174—1189）间湖北汀陵府每升自十六文至二十三文①，均与江浙同一时期内米价相似。两广米价似较江浙地区低，孝宗时期（1163—1189）广西米价上熟时每升三文，中下熟时亦不过每升五六文②。又绍兴六年（1136）四川饥荒米价每升自二百文至四百文，乾道五年（1169）成都府平时米价每升为三十五文③，但四川行使铁钱，不便与行使铜钱的其他地区比较。无论各地米价同异如何，南宋全国米价的长期变动趋势应大略一致，丰歉、季节变动的范围则因时因地而不同。

首先说明南宋米价长期变动的趋势。据表4和图1，可以将南宋米价的长期变动分为四个时期，第一个时期自建炎（1127—1130）初至绍兴（1131—1162）中叶，正值南宋抗金战争，国势尚未十分稳定，米价比起北宋末年可说是高涨④，江浙地区的平时米价每升自三十文至六十文，饥荒米价则自七十文至一百三十余文。第二个时期自绍兴末至庆元（1195—1200）以前，南宋国势稳定，米价较第一期显著下跃，江浙地区平时米价每升自十二文至二十余文，饥荒米价则在四十文至七十文之间。第三个时期自庆元至端平（1234—1236），由于南宋内部发生斗争，再加上宋金之间断续的战争，南宋国势又开始呈现不稳，米价再度上涨。在此时期之初，江浙的平时米价还能保持在第二期的水准，但饥荒米价已涨至每升一

---

① 《宋会要·食货六二·义仓》绍兴二十六年（1156）八月十四日条："宰执进呈淮南漕司开具本路诸州县米价，其间最贱处每斗不下一百三十文。"《宋会要·食货七十·赋税杂录》绍兴二十八年（1158）正月二十九日条："上曰：'闽中米价每斗几钱？'陈诚之奏曰：'去年丰熟，糙米只是三百以下钱。'"《宋会要·食货四十·市籴粮草》乾道七年（1171）十二月十三日中书门下省言："……访闻江西、湖南及黄州、汉阳军等处，今岁丰稔，米价每石不过一贯四百文。"《宋会要·食货四一·市籴粮草》淳熙十二年（1185）正月二十八日条载知江陵府赵雄言："……淳熙五年米每升一十九文，淳熙九年米每升二十三文……今秋早晚稻收成……每石价钱不等，自一贯六百文至二贯五十文。"

② 《历代名臣奏议》卷二七一载广西提点刑狱林光朝《奏广南两路盐事利害状》："如梧、藤、柳、象去处，粒米狼戾，岁上熟，米斗三十钱，中熟、下熟以是为差，大率不过五六十钱。"

③ 《宋会要·食货六三·蠲放》绍兴六年（1136）三月二十五日成都潼川府夔州利州路安抚制置大使兼知成都府席益言："去秋西川水潦，东川旱暵，即今粒米昂贵，斗米钱两贯，利路近边去处又增一倍。"《宋会要·食货六八·赈贷》乾道五年（1169）十二月二十四日成都潼川夔州利州路安抚使兼知成都军府晁公武言："仍以广惠仓为名，每斗减价作三百五十文省，专充赈粜。"

④ 北宋米价见全汉昇：《北宋物价的变动》。

百文，达到第一期的程度，在后半期则平时米价也上涨到四十文至八十文，略微超过第一期的平时米价。第四个时期自嘉熙（1237—1240）至宋亡，面对蒙古人的入侵，南宋逐渐崩溃，这时期米价可说是飞涨，江浙地区的平时米价每升自二百文至五百文，饥荒米价则自六百文至一千文。

影响南宋米价长期变动的因素，除前述人口的增长率超过耕地的增长率之外[1]，还有南宋的对外战争或和平。战争时期，粮食的需求增大，而供给则因生产受破坏而减少，所以米价上涨；和平时期，供需关系正好相反，所以米价下跌。至于嘉定（1208—1224）以后米价的上涨，则又和南宋政府为筹措战费而滥发纸币，造成通货膨胀有关。嘉熙（1237—1240）以后通货膨胀的情形日益严重，南宋政府对币值已完全无力控制，米价因此有飞涨的情形[2]。

其次说明南宋米价季节和丰歉变动的情形。无论米价的长期变动趋势如何，每一物价时期内秋成和春夏时的米价，或丰收和歉收时的米价，都会有一明显的差距。据表4，以南宋米价各时期中平时价格的最低价和饥荒价格的最高价相比较，第一期最低价为三十文，最高价为一百三十四文，差距为一百零四文；第二期最低价为十二文，最高价为七十文，差距为五十八文；第三期最低价为十八文，最高价为一百文，差距为八十二文；第四期最低价为二百文，最高价为一千文，差距为八百文。饥荒价格均比平时价格高出甚多。这种情形的发生，实由于秋成或丰收时米谷的供给量骤增而市场的需求量减少，以及春夏或歉收时米谷的供给量减少而市场的需求量骤增。由于南宋地主和农家的家计，都与市场经济有密切的关系，因此米价的季节和丰歉变动，对农村经济实有深刻的影响，兹说明于下。

秋成及丰收时米价的低落，使得农家的收入减少，而地主、商人则乘低价之时大量收购食米储存。南宋农家每年收获的粮食，并非全部储存以

---

① 参见拙著《南宋的农村经济》第二章第二节《南宋农村的土地所有与经营》。
② 参见全汉昇：《南宋初年物价的大变动》《宋末的通货膨胀及其对于物价的影响》。

供一年的食用，有相当多的部分必须出售于市场换取货币，用来缴纳地租、赋税，偿还欠债，以及购买生活必需品。《象山先生全集》卷八《与陈教授》：

> 今农民皆贫，当收获时，多不复能藏，亟须粜易以给他用，以解逋责。

即说明这种状况。由于众多的农民在同一时间出售粮食，市场的供给量因而骤增，市场的需求量则因农家、地主均有新谷食用而减少，米价不得不贱。《定斋集》卷四《乞平籴札子》：

> 粤自去岁江浙大稔，斗米之直百五六十钱，今浙西雨旸时若，高下之田皆有丰登之望，新谷既升，其直愈贱，老农咸谓数十年来所未尝有。……田家作苦，十得一稔，欲以输租偿债，今也负担适市，人莫之顾，不得已而委之，仅得千钱而去，一岁之入，不足以纾目前之急，何暇为后日计，所以粒米狼戾，而不免于冻饿也。

《江湖长翁集》卷二〇《常平札子》：

> 又淮地米麦之外，他无所产，向来丰岁，米麦价贱，农伤已甚。

《方是闲居士小稿》卷上《夏雨叹》：

> 今年六月岁幸丰，十日一雨五日风，市积粟米价不长，有谷无钱人更穷。

都说明丰收时，大量粮食涌向市场销售，粮价因而下跌，农家出售米谷所得无几，难以改善生活。而在此粮价低平时，地主、商人即运用其雄厚的财力，大量收籴，囤积以待粮价高涨，再出售于市场获取厚利。《宋会要·食货六二·义仓》绍兴二十八年（1158）九月十一日权两浙路计度转运使汤沂言：

> 诸路州县，每岁秋稔，谷不胜贱，暨交春夏，米必腾贵，盖缘秋成之时，所在不曾措置籴买，兼并之家乘贱收积，以幸春夏邀求厚利。

李之彦《东谷随笔》"谋利"条：

> 最是不仁之甚者，籴粜一节，聚钱运本，乘粒米狼戾之时，贱价以籴；翘首企足，俟青黄不接之时，贵价以粜。其籴也，多方折挫以取盈；其粜也，杂糠秕而亏斛斗。

均说明富家于秋成米贱时以低价收购米谷，希图至春夏米贵时再以高价售出，从米价季节变动的差距中，赚取厚利。农家由于缺乏现钱而又急需现钱，无力对抗市场价格的变动，只有忍受富家对市场的操纵。

春夏及歉收时米价的上涨，其影响同样不利于农家而利于地主。囤积粮食的富家，等待至米价高涨时，才肯出售，以图厚利；而缺乏粮食的农家，却因必须以高价籴米而支出大增，甚或由于米价过高而无钱可籴。农家每年收获的粮食，无法维持一年的食用，至次年春夏多无粮可食，必须向市场购买，市场的需求量因而大增。若遇水旱灾荒，生产为之锐减，农家仰籴于市场的情形自更严重。此时囤积大量粮食的富家，为求赚取更多的利益，或将粮食运往外地销售，或乘农民急需粜米而闭廪索价，市场的供给量因而减少，米价于是不得不贵。范浚《范香溪文集》卷一五《议钱》：

> 且谷所储积，皆豪民大家，乘时缴利，闭廪索价，价脱不高，廪终不发，则谷不得不甚贵。

《双溪类稿》卷二一《上赵丞相》：

> 大家温户藏粟既多，必待凶歉而后粜，其所求者，亦利也。

《宋会要·食货六八·赈贷》隆兴元年（1163）十月二十一日知绍兴府吴

苛言:

> 本府今年灾伤异常，豪右之家，闭廪索价。

同上书，绍熙五年（1194）十月十二日中书门下省言:

> 两浙州县，米价涌贵，小民艰籴，其巨家富室，积米至多，方且乘时射利，闭籴邀价。

《夷坚志补》卷三《间丘十五》:

> 黄州村民间丘十五者，富于田亩，多积米谷，每幸凶年，即闭廪索价，细民苦之。

《勉斋集》卷二七《申江西提刑辞差兼节干》:

> 去岁旱歉，仅得半收。承积年饥馑之余，无终岁仓箱之积。富商巨室，乐于兴贩，利于高价，多方禁遏，人免艰食。忽闻其将有远行，乡落米价为之顿增。

均说明富家储积粮食，目的在赚取厚利，必俟凶荒饥歉，抬高价格，才肯出粜。而当外地米价高于本乡时，更不顾本乡农民乏粮的困苦，将谷米运至外地销售。地方官对抗富家闭籴的方法之一，是招来外地米商，以增加市场的食米供给量，使米价下跌。但外地运来的食米，有时会被富家尽数收购藏匿，反而收到相反的效果①。富家平时对流通市场所需的食米，虽然有所贡献，但其重视利益高于一切的态度，实为促成春夏季节及灾歉时期米价不断高涨的重要原因。

南宋地主于农家缺乏粮食时闭廪索价的情形，可再用咸淳七年

---

① 《晦庵先生朱文公文集·别集》卷九《禁豪户不许尽行收籴》:"照对本军管下今岁旱伤，访闻目今外郡客人兴贩米谷到星子、都昌、建昌县管下诸处口岸出粜，多是豪强上户拘占，尽数收籴，以待来年谷价腾踊之时，倚收厚利，更不容细民收籴，事属未便。"

（1271）抚州饥荒的事实加以说明。咸淳六年抚州发生旱灾。饥荒延续至次年春夏。黄震自绍兴府奉调往知抚州，从事救灾的工作。自三月二十八日尚在复任途中起，至六月底止，连续发布公文劝谕抚州富家发廪赈粜。从这些公文中，可以窥知富家的态度。黄震在三月二十八日所发出的第一件公札中，表示"决不敢从事一切抑价、劝分、登场、拘数"等强制手段①，希望富家自动赈粜。而当时的实况，据《黄氏日抄》卷七八《四月初一日中途预发劝粜榜》：

> 籴价浸涌，贵官大室固多出粜，乃闻有利在增价，密售客贩，反不恤邻人之告急者；又有尚欲待价，未肯出粜，忍不思取数之已多者。

可知当时米价正在上涨，部分富家已乘价高时出粜取利，部分富家则尚嫌不足，或将米谷售与外地商人，或闭廪不发，冀图能获得更高的价格。黄震在途中，仍然一路听闻"闭籴自若，米价日增"②。可知他所发的劝粜公札没有收到效果。黄震到达抚州，即约见上户面谕，表示"米价低昂，今权在富室也"③，一语道破了米价高涨的原因。随后才继续以不抑价劝谕富家，并约定"十日之内不粜者，轻则差官发廪，重则估籍黥配"④。由于乐安县位置偏僻，联络不易，又特别礼请当地名士分乡提督劝粜，而不以官司督促⑤。施行这许多措施之后，富家仍有闭廪不发或略作敷衍的情形，至四月二十五日，黄震不得已派遣临川知县周滂出郊发廪。《黄氏日抄》卷七八《四月二十五日委临川周知县（滂）出郊发廪榜》：

> 南塘饶宅，位众米多，向来不早粜，论诉者不一。当职到任之

---

① 《黄氏日抄》卷七八《咸淳七年三月二十八日中途先发上户劝粜公札》。

② 《黄氏日抄》卷七八《四月初十日入抚州界再发晓谕贫富升降榜》。

③ 《黄氏日抄》卷七八《四月十三日到州请上户后再谕上户榜》。

④ 《黄氏日抄》卷七八《四月十四日再晓谕发誓榜》。

⑤ 《黄氏日抄》卷七八《四月十九日劝乐安县税户发粜榜》："今来不以公移劝分，而礼请名士宋节干等十员分乡提督劝粜；不以官司督促，而以本心之所同然者往来于文书之间。"

初，欲先以礼劝，未敢轻易遽见施行。今当职到已过十日，开谕再三，明言十日内不粜，轻者发廪，重者估籍矣。饶宅乃方行抄札所居七十七都人户，而延寿之七十六都、七十八都，长寿乡之六十三都，皆是饶宅寄产去处，到处人烟皆是饶宅佃户，又忍于置之不恤。

同上书，《委周知县发廪第二榜》：

> 南塘饶宅，米多粜少，又不恤寄产之邻都，坐视租佃之饥饿，已请委知县躬亲发廪矣。昨本县申到陈孟八官、杨茂五官、陈茂三官三家不粜，本州除已差巡检躬亲前去封仓外，今并请知县就路，与开仓平粜。兼访闻长寿乡六十三都，地名源头、焦陂，陈孟八官人米谷在门首之左右；广西乡六十九都，地名竹山口，张曾十翁米谷在旧屋，其男张绍一郎米谷在闵源新屋；广东乡七十一都，地名上嵩，余靖一官人男及同乡余七三官人各有米在本宅。广西乡五十六都，地名枫塘，杨茂五官人亦各有米在本宅，皆未肯粜。数内张曾十翁至为人镂榜咒骂"落地狱担铁枷"，可想民怨矣。

可知饶、陈、杨、张、余诸富家，虽在不抑米价的保证下，仍然不肯开仓粜米，他们显然是希望米价继续升高。在强行发廪之后，富家才陆续赈粜。而乐安县由于以地方名士提督劝粜，而非以官司督促，至五月下旬，仍有周、康两富家不肯粜米，黄震派遣乐安县丞前往发粜未成[1]，至六月二十日，再派遣乐安知县施亨祖前往发廪。《黄氏日抄》卷七八《六月二十日委乐安施知县（亨祖）发粜周宅康宅米》：

---

[1] 《黄氏日抄》卷七八《五月二十五日委乐安县梁县丞发粜周宅、康宅米》："乐安荒政，赖局官、提督官尽心。已见端绪，数内愧仁周九十官人、龙义康十六官人尚未从劝。"同上书，《六月二十日委乐安施知县（亨祖）发粜周宅康宅米》："就两宅中，又独周宅为尤不可劝。劝粜提督黄省元代之哀痛，至誓天食素者两月，而周宅不恤也，至反申县诬其搔扰，本州遂差本县清官梁县丞前去监米，今又访闻县丞极廉，而两耳目之聪明一旦无以胜吏卒之奸，县丞初欲先到周宅，其见已定，厅司乃硬押轿番，先至康家，遂致周官人先期搬藏米谷，欲以空仓虚历欺瞒县丞，称为已粜。"

　　本州饥民已荷上寓富室次第发粜，小民赖以全活，今新稻亦将熟矣，独乐安县康十六官人、周九十官人两宅米最多而独不粜，为其邻甲火佃者多饿死，就两宅中，又独周宅为尤不可劝。……今青黄不接，民命死活只在此数日间，帖请乐安施知县痛省驺从，即日单车躬亲前去周九十官人藏米处坪上庄、凹背庄、竹围里庄、上巴庄、东坑庄、陈城渡黄细乙家庄、饶辰家庄、南埭庄、焦坑庄、丁陵庄、康材庄等处，根括斛米，疾速应粜。

可知周、康两富家，藏米最多，而对邻近农民饿死竟无动于衷，不肯发粜。这种情形，自然使得高昂的米价难以下跌。抚州米价一直涨至六月底，才"早禾已熟，米价顿平"①。而富家已因这段时间米贵而大获其利。

　　农家在米价日涨的情形下，家计深受影响。由于仰粜而食，支出为之大增，甚或无钱可粜，陷入负债的深渊，及至无力承担这项压力，强者起而劫粮，弱者流离饿死，造成农村的不安。《鲁斋集》卷七《社仓利害书》：

　　农人以终岁服勤之劳，于逋负拟偿之时，则谷贱而倍费；及其不惮经营之艰苦，粜于青黄未接之时，则谷贵而倍费。是谷贵谷贱，俱为民病也。

说明农家因春夏季节米贵而支出倍增。《晦庵先生朱文公文集》卷七七《建宁府崇安县五夫社仓记》：

　　山谷细民，无盖藏之积，新陈未接，虽乐岁不免出倍称之息，贷食豪右。

说明农家于春夏季节无钱粜米，向富家借贷以维持生活。由于借贷利率过高，农家很容易陷于长期负债的困境而不能自拔②。若遇灾荒，富家闭粜，

①《黄氏日抄》卷七八《六月三十日在城粥饭局结局榜》。
② 参见拙著《南宋的农村经济》第三章第二节《南宋农家生产资本的融通》。

米价愈贵,农家无力籴米,而富户又因米贵而不肯借贷①。农民为了生存,于是常有劫粮的事件发生。《勉斋集》卷一《社仓利病书》:

> 大家寡恩而啬施,米以五六升为斗,每斗不过五六十钱,其或旱及逾月,增至百金。大家必闭仓以俟高价,小民亦群起杀人以取其禾,间里为之震骇。

《水心先生文集》卷二六《赵不息行状》:

> 双流米氏客籴,邑民聚而发其廪。

《后村先生大全集》卷一四五《龙学余尚书神通碑》:

> 安仁、浦阳富室闭籴,有啸聚强籴者。

可知农民劫粮,实为富家闭廪邀价所致。安分守己的农民,不敢从事劫粮,只有典卖田地或贩鬻妻儿以维持生存,甚或掘食草根,流离饿死。《夷坚丁志》卷一一"丰城孝妇"条:

> 乾道三年,江西大水,濒江之民多就食他处,丰城有农父挈母、妻并二子,欲往临川,道间过小溪,夫密告妻曰:"方谷贵艰食,吾家五口,难以偕生。"

《勉斋集》卷三〇《申京湖制置司辨汉阳年籴米事》载汉阳军饥荒的情形:

> 本军两县乡村共二万户,且以一家五口计之,共十万口,自今并无一粒之米可以准备籴济,数日以来,已闻有掘草根而食,挈妻子以博米麦矣。

---

① 元代刘应李《新编事文类聚翰墨全书》卷一八《职官门·文类·书》载宋代吕祖谦《与林宰书》:"细民艰食,而富者闭籴愈甚。常岁贫民惟借富家贷米,一石岁以五分息偿之,今以米直之高,人遂不贷。"

《黄氏日抄》卷七八《咸淳七年中秋劝种麦文》载抚州饥荒的情形：

> 饿死者无数，其幸而不死者，亦曾吞饥忍饿，或典田卖地，或生钱做债，或乞历告籴，皆是寒寒冷冷，拖儿带子，奔走道路，立在税家门口，含泪哀告，吃尽万千苦恼，方才救得残命。

均说尽农家在饥荒时无钱籴米的惨状。造成农村这些不安现象的因素自然很复杂，但富家有米而不肯减价出粜，无疑要负重要的责任。

因此，无论米贱或米贵，富家都蒙受其利，而农家则都蒙受其弊。南宋农家从事稻米生产，基本上并非为供给市场，而是以维持自家生计为目的，但由于各种因素的作用，农村经济不能不与市场发生密切的关系，农产价格变动在农村所产生的影响，即是这种关系的最佳说明。

（原载梁庚尧：《南宋的农村经济》，新星出版社2006年版）

商业组织的发达

斯波义信

宋代，随着全国市场的形成，在各区域市场间的交易上起媒介作用的经纪商业也繁荣了起来。在大大小小各种各样的地区市场的中心（农村市场、市场街、州县城市）和州县城市相互联络的街道上的要地，承担外来和土著商品的集散、转运、保管业务的经纪业，以及兼营仓库、旅馆的经纪批发商都得到了发展，并实现了个性化和机能的分化。

各区域市场的分散和孤立性（不同的价格组织、货币和度量衡），使得市场情况复杂、市场关系不透明，因此促进了经纪组织的显著发展。同时，公法上的各种关系，特别是保障贸易、维持公正与和平，虽然得到了官宪直接或间接的保护，但也应考虑到，由于商人承担着缴纳商税、牙税等烦琐的义务，因此对他们来说，有了这样的代理人、经纪人当然是方便的。像揽纳人、邑驵之类的租税承办人的发展，可以说明在缴纳贡租的官民交涉中民间经纪组织已经被充分利用。

关于牙人、牙侩的沿革及其机能，已有稻叶岩吉《驵侩、牙侩及牙行》①、小林高四郎《唐宋牙人考》《唐宋牙人考补正》②、仁井田陞《唐宋法律文书研究》③、山内喜代美《中国商业论》④等研究和著述。这里，

---

① 稻葉岩吉:「駔儈・牙儈及び牙行に就いて：支那税源の歴史的考察」,『東亜経済研究』1921年第5巻第3号。

② 小林高四郎:《唐宋牙人考补正》,《史学》1929年第8巻第3号。

③ 仁井田陞:『唐宋法律文書の研究』,東方文化学院東京研究所1937年版。

④ 山内喜代美:『支那商業論』,巌松堂書店1942年版。

拟将宋代商品流通组织中经纪业的种类和机能分为经纪业、经纪批发商和租税承办人，加以总括地、具体地研究。

一、经纪业的行业种类与机能

（一）牙人的职别

宋代公法称经纪业为"牙人""牙保人""牙行人""牙行"。"牙人"及"牙保人"（牙人兼保人）这一称呼，频出于《宋刑统》卷一三《户婚律·典卖指当论竞物业》等政令、法律文书。"牙行人""牙行"之称，则散见于《五代会要》卷二六《市》"后周广顺二年十二月"条、元《通制条格》卷一八《关市·牙行》、《元典章》卷五七《刑部·诸禁·禁私造斛斗秤尺牙人》等。"牙人"与"牙行"似以同义而用，特别是"牙行"，把它解释为经纪行会看来是没有必要的。仁井田陞指出，中国的贸易法"至少从晋代以来，根据买卖目的物的种类区分为需要履行法律上的特别形式（呈报官司接受税契的手续）和不需要履行上述形式的两种。普通动产的买卖属于后者，而像土地房屋、奴隶、牛马骆驼之类主要动产的买卖则属于前者"①，公法上，牙人、牙保、牙行的主要业务是，当进行土地、房屋、牛马、人身的交易（买卖、雇佣）时，斡旋于买卖双方之间协商价格，经三方合议后，做成合法买卖（雇佣）契约文书，呈报官府，公示、证明如此交易，并征收牙契税、牙税（交易税），收纳牙钱（手续费）（后述）。因此，在如上述的主要动产的交易中起仲买作用的牙人称为"官牙"，而做普通动产仲买的牙人称为"私牙"，以示区别。《五代会要》卷二六《市》"后唐天成元年十一月二十日敕"云：

> 在京市肆，凡是丝绢、斛斗、柴炭，一物以上，皆有牙人。百姓将到物货卖，致时物腾贵，百姓困穷。今后宜令河南府一切禁断。如是产业、人口、畜乘，须凭牙保，此外仍不得辄置。

———————————

① 仁井田陞：『中國法制史』增訂版，岩波書店1963年版。

后唐天成年间（926—930），在河南府，需要官府牙保从中介绍的交易仅限于产业、人口、畜乘。据《元典章》卷五七《刑部·诸禁·禁私造斛斗秤尺牙人》"皇庆元年七月"条规定，大都的"羊牙"以及"随路应立文契买卖人口、头匹、庄宅牙行"可依照前例，每交易十两征收二钱以内的牙钱，此外的"私牙"则不作为订立交易文书和征收牙钱的第三方。同样，《夷坚乙志》卷五《张九冈人田》也有委嘱"官侩"做成田宅断骨契的记载。《庆元条法事类》卷第七十四《刑狱门·老疾犯罪·户婚敕》云：

> 诸老疾应赎人充庄宅牙人者（私牙人同），杖一百。

把庄宅牙人与私牙人区别开来，可推知官牙主要是动产买卖的媒介。经办土地房屋业务的牙人被称为"庄宅牙人"。李元弼《作邑自箴》卷三《处事》云：

> 应镇耆庄宅牙人，根括置籍，各给手把历，遇有典卖田产，即时抄上立契月日钱数，逐旬具典卖数申县，乞催印契。其历半月一次赴县过押。

当时规定，凡隶属于镇（市场街）、耆（行政村落）的庄宅牙人，一律在官府登籍，每当参与田产典卖时，即在手把历上记入立契的日期和钱数，每十天到官府办理一次缴纳税钱的手续，并向官府申请在用官制纸写好的买卖文书上加盖公印，同时每半月手把历须接受一次县官的检查。除了田宅买卖，牙侩也是租赁房屋的中介。在《夷坚支癸》卷七《王司户屋》中便可见到这种实例。

牛马交易有牛马牙人斡旋。《作邑自箴》卷三《处事》载：

> 买卖牛马之类，所在乡仪，过却定钱，便付买主牛畜。口约试水草三两日，方立契券。若有疾病，已过所约日限，卖主不伏，却烦官方与夺。人有已交价钱，未立契券；已立契券，未还价钱。盖不知律

有正条（条在杂律内），须录全条，晓示牛马牙人并诸乡村知委，免兴词讼。

按当时的惯行，做家畜买卖，家畜交给买主以后需试养两三天，看是否患有旧病，然后才立契约。如果过了试养期，卖主就不容易答应解除契约而发展为诉讼。有的已付钱而未立契约，也有虽立了契约却未付钱者。为此，唐宋的杂律①规定，做奴婢、牛马、驼、骡、驴的买卖时，在钱款授受三日以内应立字据，如在立约后三日以内发现旧病，可解除契约，对此务必使牛马牙人及农民周知。另据《夷坚甲志》卷一三《董白额》记载，饶州乐平县白石村村民董白额以侩牛为业，屠牛无数，可见牛侩同时也是干屠宰业的屠户。苏辙《苏黄门龙川略志》卷四《江东诸县括民马》还记述了徽州绩溪县的"马牙人"和"猪牙"之名。又《宋会要辑稿·刑法二·禁约三》"绍兴二十六年五月十六日"条载，钱塘县卖羊官圈的都牙人杨康，因为企图垄断临安府庙享及御膳所用羊只的贩卖和屠宰之利而受到处罚。

人身的买卖和雇佣也需由牙人为媒介。在宋代，只要契约手续完备，便可以买卖奴婢②，但买卖良民是违法的，特别对现任官的此类行为严格禁止。但事实上犯法禁、买卖良民的现象普遍存在。《名公书判清明集》卷九《雇赁》中久轩先生蔡杭判《时官贩生口碍法》载：

> 见任官买贩生口，尤法禁之所不许。黄友押下供女使三名，责付官牙寻买。据黄友供，呈奉台判：为时官而买贩生口，固为碍法，为本县市民之女，于法可平？黄友勘杖一百，押出本路界。其女子三名押下县，请知县唤上亲属分付，逐一取领状申。县尉不守条令，雇买部民之女，合行案奏，先具析，限一日申。仍请本县追上潘牙人、程

① 〔唐〕长孙无忌等撰：《唐律疏议》卷二六《买奴婢牛马立券》；〔宋〕窦仪等撰：《宋刑统》卷二六《校斗秤不平》。
② 仁井田陞：『唐宋法律文書の研究』，東方文化学院東京研究所1937年版，第161—192页；〔宋〕周密：《癸辛杂识前集·郑仙姑》。

牙婆两名，各从杖八十讫，申。

黄友身为现任官，买市民之女三人为女使，因此受罚杖一百，官牙潘牙人、程牙婆两人也受罚杖八十。《淳熙三山志》卷三九《土俗类·戒谕·戒生口牙》也记述了福建、广南地方禁止牙人从事人身买卖。但另一方面，人身的租赁契约和雇佣契约仍由牙人居中斡旋来订立。袁采《袁氏世范》卷下《治家·求乳母令食失恩》云：

> 逼勒牙家诱赚良人之妻，使舍其夫与子而乳我子。

同上书，卷下《治家·雇婢仆要牙保分明》亦云：

> 雇婢仆，须要牙保分明。牙保又不可令我家人为之也。

在雇佣乳母、婢仆时，必经牙人、牙保的介绍，但同一家庭的人不可充当牙保。孟元老《东京梦华录》卷三《雇觅人力》云：

> 凡雇觅人力，干当人、酒食、作匠之类，各有行老供雇。觅女使即有引至牙人。

同样，《梦粱录》卷一九《雇觅人力》亦云：

> 凡雇倩人力及干当人，如解库掌事、贴窗铺席、主管酒肆食店博士、铛头、行菜、过买、外出醫儿、酒家人师公、大伯等人，又有府第宅舍内诸司都知太尉、直殿御药、御带、内监寺厅分、顾觅大夫、书表司厅子、虞候、押番、门子、直头、轿番、小厮儿、厨子、火头、直香灯道人、园丁等人，更有六房院府判提点、五房院承旨太尉、诸内司殿管判司幕士、六部朝奉顾倩私身轿番安童等人，或药铺要当铺郎中、前后作、药生作，下及门面铺席要当铺里主管后作，上门下番当直安童，俱各有行老引领。如有逃闪，将带东西，有元地脚保识人前去跟寻。如府宅官员、豪富人家，欲买宠妾、歌童、舞女、厨娘、针线供过、粗细婢妮，亦有官私牙嫂，及引置等人，但指挥便

行路逐下来。或官员士大夫等人，欲出路、还乡、上官、赴任、游学，亦有出陆行老，雇倩脚夫，欲从承揽在途服役，无有失节。

雇佣解库的掌事、贴窗铺席、主管酒肆食店博士、铛头、行菜、过买、外出髲儿、酒家人的师公、大伯，府第宅舍内诸司的都知太尉、直殿御药、御带、内监寺厅分、顾（雇）觅大夫、书表司厅子、虞候、押番、门子、直头、轿番、小厮儿、厨子、火头、直香灯道人、园丁，六房院府判提点、五房院承旨太尉、诸内司殿管判司幕士、六部朝奉雇倩的私身轿番安童，药铺或要当铺的郎中、前后作、药生作，门面铺席要当铺的主管后作，上门下番当直（值）安童等时，由"行老"从中斡旋，如有逃跑的则由"脚保"寻找，交还给行老；雇佣宠妾、歌童、舞女、厨娘、针线、婢妮时，由官私"牙嫂""引置（至）等人"出面办理；外出旅行则由"出陆行老"来介绍脚夫、脚从；雇人妾、婢、侧室、乳婢等时，由女侩、牙媪从中介绍，订立契约。有关这方面的实例，可见于《夷坚丙志》卷二《罗赤脚》、《夷坚丁志》卷一一《王从事妻》、《夷坚丙志》卷八《耿愚侍婢》、《夷坚丙志》卷一一《施三嫂》、《夷坚志补》卷二二《王千一姐》、《夷坚志补》卷八《真珠族姬》、《夷坚甲志》卷一三《妇人三重齿》，王明清《玉照新志》卷三，《居家必用事类全集》所收《为政九要》等记载。

在官府专卖品茶、盐的买卖中也有牙人参与。《宋会要辑稿·食货三二·茶盐杂录》"绍兴元年五月十七日"条所载法令规定，茶客需持文引到城内合同场接受勘验，请买笼箬，然后往山场园户处买茶，再回城赴合同场秤制封印方可贩卖。实际上经常出现不经合同场秤制，而直接去"茶磨户牙人之家"廉价私贩，再持文引到山场园户那里买茶的违法行为。罗大经《鹤林玉露》甲编卷二《盗贼脱身》载，淳熙年间，江湖上的茶商结伙进行私贩，当时的首领便是荆南的"茶驵"赖文政。徐鹿卿《徐清正公存稿》卷一《上殿奏事第二札》载，盐价昂贵没人买时，官府即将其分给属官，属官再分派牙侩将其分配给市井、乡村的无赖之徒。可见像茶、盐这样的专卖品也是经牙人中介而进行流通的。

　　另一方面，即使是普通动产的买卖，即不需立契的交易，也要按商品的不同种类由专门的牙人进行斡旋。这些人在公法上被称为"私牙"。真德秀《西山先生真文忠公文集》卷七《申御史台并户部照会罢黄池镇行铺状》载，在太平州黄池镇有缣帛、香货、鱼、肉、蔬菜、药材、时令鲜果等牙铺。"牙铺"在《晦庵先生朱文公文集》卷一〇〇《约束榜》中也称"牙铺户"，大概是兼做经纪人的零售商。同样，亦可见《夷坚志丁》卷一五《詹小哥》载，抚州南门黄柏路居民詹六、詹七，以接鬻缣帛为生。《宋会要辑稿·刑法二·禁约》"嘉定八年五月十一日"条载，诸县命牙侩按时价自民间收买绵、绢；《宋会要辑稿·食货一八·商税》"乾道四年九月五日"条载，婺州义乌县将乡村的柜户牙人全部登籍，强制收集以织罗为生的山村之民所织罗帛投税。又《夷坚支癸》卷五《陈泰冤梦》[1]载，抚州城内布商陈泰通过各地的驵（牙人）向抚州崇仁、乐安、金溪诸县以及邻近吉州之属县的织户预支本钱（资本），每年亲自到各驵家收集产品。驵中有一个叫曾小六的，用陈泰出资的五百贯"做屋停货"，集布数千匹；《夷坚乙志》卷七《布张家》载，邢州张牙人本来是资本不足数万钱的小本牙人，原以小商布货的仲买为业，某时接受大客五千匹布的委托出售，一下子成了富翁；《夷坚支丁》卷八《王七六僧伽》载，温州丽水布帛商人王七六，行商于衢、婺州间，在衢州市驵赵十三家，所持金三百贯被诈取并遭杀害；《夷坚支甲》卷三《张鲇鱼》载，鄱阳陶器店驵张廿二因欠税款而自杀；《夷坚支乙》卷七《王牙侩》载，牙侩王三受鄱阳乡贫民之托上市贩卖毡笠换金；《夷坚三志壬》卷九《和州僧瓶》载建康骨董牙侩孙廿二之事；等等。此外，还有米牙人[2]、炭牙人[3]、坟地的牙人[4]、贩香

---

① 《永乐大典》卷一三一三六《梦·梦夫令诉冤》亦有同样记载。参考周藤吉之：『宋代経済史研究』，東京大学出版會1962年版，第355—356页中之详细记录。

② 参见拙著《宋代商业史研究》第三章第一节《自然农业产品的特产化与流通》。

③ 〔宋〕李心传：《建炎以来系年要录》卷一七三"绍兴二十六年七月"。

④ 《湖海新闻夷坚续志前集》卷八《警戒门·占人阴地》。

牙人①等名称的记录。还有像前面提到过的船行、船牙、饭头人等从中联系船的买卖、租赁和客货买卖的船业批发商之类的特殊名称。

（二）牙人的机能

如上所述，牙人行业种类的分化，当然是与市场的广阔相对应的，甚至就像上级市场的交易品种一样细。当时物货流通，是以由府城到县城，再由县城经镇市到乡村这样顺逆对流为途径的。正如《景定建康志》卷四一《田赋志二》引李大东《蠲和买榜》云：

> 据管属句容县市户朱裕等状，本县系山邑，不通舟楫，坊郭之内，多是贫民下户，应于货卖物色，并是入府城打发下县。

又如《永乐大典》卷一三一三六《梦·梦夫令诉冤》所载，均是证明这种流通组织的资料。因此，商品贸易量大的京师以及位于要衝的集散市场，流通组织也一定有明确的分工。前面提到过的《五代会要》卷二六《市》"后唐天成元年十一月二十日敕"云，"在京市肆，凡是丝绢、斛斗、柴炭，一物以上，皆有牙人"，可知在五代后唐首都洛阳的市肆上，按商品类别从事经纪业的专业化程度已很高。《梦粱录》卷一六《米铺》载，在临安府有湖州市米市桥、黑桥之米市和新开门外草桥下南街之米市，这些地方的米市发挥了经纪的机能。湖州市的米市把苏、湖、常、秀、淮、广等外州的客米，按种类推销"接客出粜"，也就是斡旋贩卖给前来买米的客商。而对城内外的各个铺户（零售商），在各米铺所属行会的行头（首长）参与下，协商价格，一旦商谈成功，则由米市的小牙子将商品送到米铺，然后卖给顾客。新开门外的米市，有三四十位经纪人，除接客打发即向客商介绍买卖以外，还向铺家（零售商）以及山乡（严、衢、婺、处、徽、信州）的客商介绍生意。恐怕其他商品的买卖也存在着同样的组织。与此相反，市场规模越小，兼干其他行业的经纪人就越普遍，尤其显眼的是"牙铺"兼营零售业和"店主牙人"兼营旅馆业。与城市的牙人"市

---

① 〔宋〕朱熹：《晦庵先生朱文公文集》卷一八《按唐仲友第三状》。

侩"相比，在农村其机能还没有分化，文献中常常会遇到像客店的"店主"，以及邑驵①、揽户、"停塌揽纳之家"②、牙秤③等于买卖行为外的机能尚未分化的名称。

牙人的组织如此发达，正像前面所说的，恐怕首先是因为在分散的各共同体的相互交换中起媒介作用的远程商业，在质和量上不断扩大，而各地区市场作为地区间交易的基础，却是分散、孤立的，而且一般使用的价格组织、货币、度量衡又各不相同，造成市场情况复杂、地区差价很大。《夷坚甲志》卷一六《碧澜堂》载：

> 南康建昌民家，事紫姑神甚灵，每告以先事之利，或云下江茶贵可贩，或云某处乏米可载以往，必如其言获厚利。

客商的利润源泉，是敏锐地捉住地区间价格的落差，做市场性高的物资的投机买卖。地区间价格的落差不仅仅是由物资需给的偶然性带来的，也会因为市场上度量衡的不统一而产生。例如，宣和六年（1124）前后，湖南、广南地区银的度量衡并存着广等（十钱一两）和潭等（十三钱一两）两种，广等是官府的法秤，潭等是湖南民间的私秤④。又如，浙西平江府、安吉州，江西隆兴府、吉州，湖南潭州，这五个地方和籴所用的斛均不同。平江府是一百三十合斛，安吉州一百一十合斛，隆兴府一百一十五合斛，吉州一百二十合斛，潭州一百一十八合斛，而官斛也就是文思院制造的法定斛为八十三合⑤。北宋苏洵《苏老泉先生文集》卷五《衡论·申法》记述这种情况云：

> 今也庶民之家，刻木比竹、绳丝缒石以为之（度量权衡）。富商豪贾，内以大，出以小。齐人适楚，不知其孰为斗，孰为斛，持东家

① 〔宋〕洪迈：《夷坚志补》卷七《叶三郎》。
② 〔宋〕华镇：《云溪居士集》卷二六《湖南转运司申明茶事札子》。
③ 〔宋〕胡榘修、罗濬纂：《宝庆四明志》卷二《学校·钱粮·昌国县·秀山砂岸》。
④ 〔宋〕胡寅：《斐然集》卷一五《缴湖南勘刘式翻异》。
⑤ 〔宋〕秦九韶：《数书九章》卷一一《课籴贵贱》。

之尺而校之西邻，则若十指然。

《夷坚三志壬》卷三《洞霄龙供乳》载，余杭县市户董七操秤权，以十四两为一斤；《夷坚志补》卷七《直塘风雹》载，平江府常熟县直塘市（去城百里）富民张三八翁之子张五三将仕，用大小不同十三等的斗买卖米，设质库、仓廪和大屋；同书卷七《祝家潭》载，衢州江山县峡口市一个名叫祝大郎的富人，利用大小不等的斛斗权衡发了财，经营质库；《夷坚支丁》卷二《朱巨川》还记载了同样用大小不等的斗秤而致富的余干县团湖朱巨川的事情。此外，各地方货币也不均等[1]，例如舒岳祥《阆风集》卷二的诗赋《退之谓以鸟鸣春往往鸟以夏鸣耳古人麦黄韵鹏庚之句乃真知时山斋静听嘲哳群萃有麦熟之鸣戏集鸟名而赋之》云：

> 麦熟即快活，汝不食麦空饶舌。前时斗粟银百星……

其注中说"钱楮不用，民间一切用银，薄如纸，而碎如金"。浙江台州阆风里的农民在交换时用银片作为货币。金融的钱利有"湖湘乡例"的惯行[2]，金、银、铜钱的通用方面也有地方性的"省陌""短陌"的惯行[3]。

在市场上还有商人内部通用的行话、专门用语，又有商人特有的谎价、减价等讨价还价之事。王君玉《杂纂续》（前三条）和苏轼《杂纂二续》（后三条）对此做了这样的记载：

> 无凭据：牙郎说咒。
>
> 难理会：经纪人市语。
>
> 不识好恶：看斩人说侩子好手。

---

① 参见宫崎市定：『五代宋初の通貨問題』，星野書店 1943 年版，第 83—117 页；加藤繁：「南宋時代に於ける銀の流通並に銀と會子との關係について」，『支那経済史考証』下卷，東洋文庫 1953 年版等。

② 《名公书判清明集》卷九《户婚门·背主赖库本钱》。

③ 加藤繁：『唐宋時代に於ける金銀の研究』，東洋文庫 1926 年版，第 476—478 页；〔宋〕欧阳修：《归田录》卷下；〔宋〕沈括：《梦溪笔谈》卷四《辩证二》；〔宋〕洪迈：《容斋三笔》卷四《省钱百陌》；〔宋〕罗大经：《鹤林玉露》甲编卷一《官省钱》。

未足信：卖物人索价说咒。

谩不得：谙熟行市买卖。

省不得：诸行市语。

《三朝北盟会编》卷二八"靖康元年正月七日"引郑望之《靖康城下奉使录》解释"买卖"云：

譬如有人买绢一匹，索价三贯文，买者酬二贯五六百文，又添一二百文，遂交易，如此谓之买卖。

表明买卖双方讨价还价已为常例。王辟之《渑水燕谈录》卷四《忠孝》亦对"商较"做了说明：

或曰：市井徒例高其价以邀利，非实直也。

即云讨价还价乃是买卖之常道。正是这种情况带来了市场的孤立性、不透明性，使生产者与顾客间的乃至商人彼此间的直接交易变得困难且不安，因此需要经纪商介入其中。《夷坚支丁》卷九《清风桥妇人》载：

王耕字乐道，宿预桃园人。读书不成，流而为驵侩。谙练世故，且长于谋画。乡人或有所款，则就而取法，颇著信闾里间。

牙人需要由比常人精于书算、通于世故、擅于谋划、在近邻中享有厚望的人来承担。牙人从中介绍的对方客商的大小，当然是要由牙人本身资产的多少、交易量的大小来确定的。牙人大部分出身于零细户，其社会信用也不高。但也有以才智和信誉致富，由经纪批发商上升为"大驵"的大商人者。赚了钱而成为贸易商的建康巨商杨二郎[1]；买官而成官僚的平江大侩

---

[1]《夷坚志补》卷二一《鬼国母》。

曹云①；主寿州下蔡县榷场，仲买南北行商之货的大駔吴五郎②；成为茶贼之首领的茶駔赖文政③；做高额金融生意的丹阳大駔④；因行善而获报酬，以几千贯的零散资金受大布商之托做五千匹布货的中介买卖，而且被允许向零售商赊售，只对大布商交契约书而可缓付货款，由于做了这笔优惠的交易一跃致富的邢州张翁⑤——以上均系牙人靠商业谋略和信誉成为大商人的实例。特别是最后一个事例，说明牙人通常只做与资产相应的交易，并按交易的大小分工。而牙人为了能做有利可图的大买卖，必须要有能预付接收批发商物货的足够资本和让批发商认可向零售商赊购的信誉。当然，具备这样的资本、通晓市场情况、富有才略的牙人，是很容易支配市场的。《景定建康志》卷四《平止仓》云：

> 以是数十万之生齿，常寄命于泛泛之舟楫，而米价低昂之权，又倒持于牙侩之手。

《晦庵先生朱文公文集·别集》卷九《约束米牙不得兜揽搬米入市等事》云：

> 契勘，诸县乡村人户搬米入市出粜，多被牙人兜揽拘截在店，入水拌和，增抬价值，用小升斗出粜，赢落厚利。

需求和供给的不平衡状态，造成了牙人的垄断地位。不过，王炎《双溪文集》卷一一《上赵帅书》云：

> 盖临江军市为牙侩者，例皆贫民。虽有百斛求售，亦无钱本可以收蓄。每日止是乡落细民步担入市，坐于牙侩之门而市之，细民大概持钱分籴升斗而去。故米贱之时，负贩者则有不售之忧；米贵之时，

---

① 《建炎以来系年要录》卷一七二"绍兴二十六年四月"。
② 《夷坚志补》卷六《张本头》。
③ 《鹤林玉露》甲编卷二《盗贼脱身》。
④ 《夷坚志补》卷六《徐辉仲》。
⑤ 《夷坚乙志》卷七《布张家》。

计日而籴者则有绝粒之病。

在地方市场上，有的牙人缺乏资本，因此难以发挥中介买卖的机能。

那么，助长牙人存在的第二个理由，恐怕是官宪虽保证了买卖双方的公正交易，但公法上的各种关系使得当事人不得不与官府进行烦琐的交涉。《作邑自箴》卷二《处事》云：

> 交易牙人多是脱漏客旅，须召壮保三两名，及递相结保，籍定姓名，各给木牌子，随身别之。年七十已上者不得充。仍出榜晓示客旅知委。

同上书，卷八《牙人付身牌约束》云：

> 某县某色牙人某人，付身牌，开坐县司约束如后：
>
> 一不得将未经印税物货交易；
>
> 一买卖主当面自成交易者，牙人不得阻障；
>
> 一不得高抬价例，赊卖物货，拖延留滞客旅。如是自来体例赊作限钱者，须分明立约，多召壮保，不管引惹词讼。
>
> 右给付某人，遇有客旅，欲作交易，先将此牌读示。

同上书，卷七《榜客店户》亦云：

> 一客旅出卖物色，仰子细说谕，止可令系籍有牌子牙人交易。若或不曾说谕商旅，只令不系有牌子牙人交易，以致脱漏钱物，及拖延稽滞，其店户当行严断。

以上规定了牙人在公法上的各种义务，即七十岁以上的老人及病人[1]不得经营牙人业务。事前须由二三名壮保以及伙伴组成邻保，然后向县衙申报登记姓名，取得写着"某县某色牙人某人"，下面还记有规定事项和官府

---

[1] 宋代谢深甫《庆元条法事类》卷第七十四《刑狱门·老疾犯罪·户婚敕》："诸老疾应赎人充庄宅牙人者（私牙人同），杖一百，许人告，仍五百里编管。"

署名的木牌（身牌），在交易之前要向客商读示木牌上的条文。如果是需要立契的交易，牙人可请买卖双方加盖官印及缴纳牙契税，但不得阻碍买卖双方的直接商谈。并且，禁止故意抬高价格以及迫使客商同意赊账和故意拖延欠款。如要按例确定支付赊账欠款的日期，必须弄清契约并由壮保出面担保。关于对赊账买卖的警告，《五代会要》卷二六"周广顺二年十二月"条云：

> 开封府奏：商贾及诸色人诉称，被牙人店主引领百姓，赊买财货，违限不还。其亦有将物去后，便与牙人设计，公然隐没。

赊账买卖中经常出现牙人引诱百姓对外来商人或贩卖委托人赖账不还或欺骗的行为。《宋史》卷三五一《林摅传》亦记载了开封大驵某人对客商赖账的行为。之所以要让牙人全部到官府记籍，携带身牌，并规定"不系有牌子牙人"为非法的，其目的主要在于保证买卖的公正、安全和确保立契对象买卖的牙契税收入。

所谓牙契税，指的是在田宅、家畜、人身等立契物的买卖中，请求在契书上盖官印的同时应缴纳的买卖税。在五代后唐时期，每一贯文缴契税二十文①。在宋代，据俞文豹《吹剑录外集》载，每千文规定缴四十文。据程大昌《演繁露续集》卷五《税契》载，从东晋到南朝梁陈间，买卖奴婢、马牛、田宅时，每一万文卖者缴三百，买者缴一百，计四百文，即宋时向官府缴纳的"田宅报券输钱"。建炎时期是券一千税四十，其后每一千缴百余，也就是缴10％以上。牙契税在当时与商税一样，是重要的地方财源②。

牙人在经办立契物件的买卖时，除要向官府纳牙契税外，是否还需担负其他什么课税就不清楚了。只是牙人在买卖经办成功后，会从买卖当事

---

① 据宋代王钦若等编《册府元龟》卷四九四《山泽二》"后唐天成四年赵燕奏"载，在京城（洛阳）庄宅的买卖价格，每一贯文抽契税二十文，市牙人每一贯文收牙钱（手续费）一百文。
② 《宝庆四明志》卷六《叙赋下·牙契》。

人那里收取一二成的手续费，此与课税无关，这大概就是所谓的牙钱①。王之道《相山集》卷二〇《论和籴利害札子》云：

> 百姓寻常入市粜卖，其铺户于粜籴名下，每斗各收牙钱一二十文。

也就是说，当时的米价假如是每斗二百文，则牙钱为半成至一成；如果每斗是一百文，则是一至二成。《数书九章》卷一二《推知籴数》载："问：和籴三百万贯，求米石数。闻每石牙钱三十，籴场量米折支牙人所得，每石出牵钱八百，牙人量米四石六斗八合，折与牵头，欲知米数、石价、牙钱、牙米、牵钱各几何？答曰：籴到米一十二万石，石价二十五贯文，牙钱三千六百贯文，折米一百四十四石，牵钱一百一十五贯二百文。"假设一石米为二百五十文的话，牙钱每石三十文，那么就是一点二成，此外还有折米一百四十四石的收入。因此可以说，虽然牙钱一般是按惯例来收纳的，但牙人手中的征收权已是被公认的权利了。

从上面的叙述可知，促使牙人的商业组织发展的根本原因，大概就是市场的分散孤立性及其不透明性。官宪保护并监督这一组织，而一般民众、商人和牙人本身也不得不从属于这种半官半民的保证制度。由此可以看出其存在的独立性和政治上的寄生性质。

二、经纪批发商——客店、邸店、停塌

前面已经说过，宋代的经纪业不仅被叫作"牙人""牙侩"，而且有很多被称为"店户""客店""停塌"的仓库、旅馆业兼营者。

据加藤繁所述，这种商业仓库在唐以前称为"邸""店"以及"邸阁"

---

① 参考《册府元龟》卷四九四《山泽二》"后唐天成四年赵燕奏"。又《元典章》卷五七《刑部·诸禁·禁私造斛斗秤尺牙人》载："况兼客旅买卖，依例纳税。若更设立诸色牙行，抽分牙钱，刮削市利，侵渔百姓，于民不便。除大都羊牙依上年例收办，及随路应立文契买卖人口、头匹、庄宅牙行，依前存设，验价取要牙钱，每十两不过二钱。其余各色牙人，并行革去。"

"邸店"，专沿城市商业区"市"的内墙而设。唐代市制崩溃后，邸、店开始设于"市"墙外的方便之处，而且出现了叫作"垛场""塌坊"的仓库业。它们虽有官营、私营之别，但其实际经营者都是商人，并征收叫作"堆垛钱""垛地钱""巡廊钱"的仓库保管费。除了独立的仓库业以外，还有"居停"，也就是让人住宿，同时可以寄存货物兼营仓库业的旅馆，经营者称为"居停主人"，负责客商寄托货物的贩卖和受托代购物资等，具有批发商的机能[①]。

加藤繁侧重于批发城市（日文：卸壳都市）的研究，而周藤吉之则论证了地方市场上旅馆业的发达。据周藤的研究，从唐代开始，街道上已有店肆，向旅行者以及商人提供驿马或食品。到了宋代，特别是在华北、华中、四川，这种道路上的店肆（道居）尤为发达，有的发展为聚落、草市，甚至上升为镇市、县市，其中华北地区许多地方以某店镇、某店县而发展起来。这说明了由邸店、道店和旅店发展起来的聚落，由于交通商业的繁荣进一步发展成了小城市[②]。下面让我们从商业史的角度详细地探讨一下加藤、周藤两位先生所关注的城市和农村的仓库、旅馆业的发展情况。

（一）经纪批发业的普及

首先就大城市来看，被称为"塌坊"的仓库业，是经纪批发业中规模最大而且按机能分化了的行业。耐得翁《都城纪胜·坊院》载：

> 而城中北关水门内，有水数十里，曰白洋湖。其富家于水次起迭〔造〕塌坊十数所，每所为屋千余间，小者亦数百间，以寄藏都城店铺及客旅物货。四维皆水，亦可防避风烛，又免盗贼，甚为都城富室之便。其他州郡无此，虽荆南、沙市、太平州、黄池，皆客商所聚，

---

① 加藤繁：「唐宋时代の仓库に就いて」，「居停と停塌」，『支那经济史考証』，東洋文庫1952年版。

② 周藤吉之：「宋代の郷村における店・市・歩の發展」，『唐宋社會経済史研究』，東京大学出版會1965年版。

亦无此等坊院。

《梦粱录》卷一九《塌房》也有类似的记载：

> 且城郭内北关水门里，有水路周回数里，自梅家桥至白洋湖、方家桥直到法物库市舶前，有慈元殿及富豪内侍诸司等人家于水次起造塌房数十所，为屋数千间，专以假货与市郭间铺席宅舍及客旅，寄藏物货并动具等物。四面皆水，不惟可避风烛，亦可免偷盗，极为利便。盖置塌坊家，月月取索假赁者管巡廊钱会、雇养人力，遇夜巡警，不致疏虞。其他州郡，如荆南、沙市、太平州、黄池，皆客商所聚，虽云浩繁，亦恐无此等稳当房屋矣。

从临安府城内的西南墙经东南角的白洋池，沿东墙而流的运河河岸上建有官私富豪所拥有的塌坊十几所（一所坊屋千余间），用来租给城市内的铺户、富民及外来的客商存放货物和舟车器具等工具，给予警卫和保管，每月向租用者征收叫作"巡廊钱会"的仓库保管费。像这样规模的仓库，在内地的荆南、沙市、太平州、黄池等批发城市也是见不到的。成寻《参天台五台山记》卷一"熙宁五年四月十三日壬戌"条亦云：

> 未时，着杭州凑口，津屋皆瓦葺，楼门相交，海面方叠石高一丈许，长十余町许。及江口，河左右同前，大桥亘河，如日本宇治桥。

他目睹了在杭州凑口以及浙江江口、运河左右，并排于水面上的有瓦葺、楼门，铺着石板的津屋（仓库）长达十多町[1]。又《夷坚志丁》卷六《泉州杨客》载，绍兴十年（1140），泉州贸易商杨客至钱塘江下，将沉香、龙脑、珠琲、布、苏木等货物置于抱剑街主人唐翁家的土库和库外，自己投宿柴垛桥西客馆。《续资治通鉴长编》卷四四九"元祐五年十月戊戌"条载，山东青州知州王安礼，在任期间，买生丝令机户织生花白隔布三百

---

[1] 町：旧时距离单位，约合109米。

二十四，命属吏兼牙人张仅，去开封府城内蔡市桥的老友姜殿直处投宿并委托其贩卖。姜遂在城内界南头的孙师颜、郑孝孙、赵良佑三人的铺内，以"城北姜殿直出卖"的名义出售。顺便说一下，姜殿直乃出入于王安礼门下的富商，开有四家正店。《宋会要辑稿·食货三〇·茶法杂录上》"崇宁二年十月三日"条的"京城提举茶场司状"载，茶商一到开封，便堆垛于民间邸店，待卖完或得茶引再贩于外地时，向邸店支付保管费"垛户钱"。这些资料加藤繁已经提过了，当时大城市里有称为塌坊、邸店的仓库业，它们有的替客商及店铺保管商品和护卫动具（车、船），有的供客商住宿并向支店推销货物，有的虽不住客商但代为保管和受托贩卖货物，等等。《五代会要》卷二六"周广顺二年十二月"条云：

> 开封府奏：商贾及诸色人诉称，被牙人店主引领百姓，赊买财货，违限不还。

《旧唐书》卷四八《食货上》"元和四年闰三月"条云：

> 自今已后，有因交关用欠陌钱者，宜但令本行头及居停主人、牙人等，检察送官。如有容隐，兼许卖物领钱人纠告，其行头主人牙人重加科罪。

这里的牙人店主、居停主人牙人等称呼，应认为是公法上对上述经纪批发业的总称。

不仅像上面说的大城市的塌坊、邸店，就是地方的大小市场上相当于经纪批发商的仓库、旅馆业也普及发展起来了。在地方性的交换中心，州县城、驿铺、渡口、榷场等地方都有邸店、客店设施。如《夷坚丁志》卷一五《张客奇遇》载，饶州余干县乡民张客行贩至县城投宿于邸店（即旅馆），而同乡人杨客也在饶州市门开了邸店；《夷坚支庚》卷六《处州客店》载，处州民叶青掌管城外的大店，因便于趋市交易，投宿者甚多；《太平广记》卷二四三《何明远》载，唐定州富豪何明远主官府三驿，在驿边建店以供商人停贮，家中有绫机五百张织布，因而致富；《夷坚支丁》

卷三《廖氏鱼塘》载，绍熙年间，赣州雩都县曲阳铺东居民廖少大开旅店，兼营鱼塘二处二十亩以获利；《夷坚三志己》卷二《姜七家猪》《姜店女鬼》《颜氏店鹅》载，庆元年间，在有榷场的寿春府府市，邀接商旅做牙侩的姜七出租客房，五客负贩南药至，五客又再起程离开寿春榷场到淮北往颜氏店投宿。旅邸也设于县城与县城之间的道路边上。如《夷坚丁志》卷七《荆山客邸》载，洛州人韩洙流寓于信州弋阳县东二十里的荆山，开设了酒肆和客邸；《夷坚乙志》卷一二《王响恶谶》载，在广德军南门外巽岭有梅花店；《夷坚甲志》卷八《金刚灵验》载，在寿春府城外三十里有旅邸；《夷坚三志辛》卷六《胡廿四父子》载，饶州乐平县永丰乡乡民胡廿四，在大梅岭开旅店，受信州弋阳县某客子之托承包买麻子制油；《夷坚丙志》卷六《徐侍郎》载，在吉州吉水县城下三十里有客邸；周必大《南归录》载有池州城外的十八里店，饶州城外的四十里店之名；杨万里《诚斋集》卷三三《四更发青阳县西五里柯家店》有池州青阳县西五里的柯家店，同书卷二六《咏十里塘姜店水亭前竹林》有十里塘姜店，同书卷三四《宿三里店溪声聒睡终夕》有三里店等记载；《三朝北盟会编》卷二四四引张棣《金虏图经》载，"邢州至都城店二十五里，都城至内邱县三十里，内邱至范县店十五里，范县至柏乡县二十五里，柏乡至江店十五里，江店至赵州三十里，赵州至栾城县三十里，栾城至灵店铺三十五里"，以十五至三十里为间隔，州县城与店星罗棋布。《元典章》卷五一《刑部一三·诸盗三·设置巡防弓手》云：

> 州县城子相离窎远去处，其间五七十里，所有村店及二十户以上者，设巡防弓手，合用器仗必须备足，令本县长官提控。若不及二十户者，依数差补。若无村店去处，或五七十里创立聚落店舍，亦须要及二十户数，其巡军另设，不在户数之内。关津渡口，必当设置店舍弓手去处，不在五七十里之限。

元代，州县城相距五七十里者，其间如有以店舍为中心的二十户以上的聚落，则配备弓手以保护商人行旅，应该考虑到这是以每隔二十五至三十五里要有一聚落的布局为前提而公布这一法令的。下面再看一看州县城以下的市场街的情形。《作邑自箴》卷六《劝谕民庶榜》云：

> 镇市中并外镇步逐乡村店舍多处，各张一本，更作小字刊板，遇有耆宿到县，给与令广也。

杨万里《诚斋集》卷二五《小憩玉坊镇新店进退格》和卷三四《宿新市徐公店》《题青山市汪家店》分别载有"玉坊镇新店"和"新市徐公店""青山市汪家店"之名。在华北、四川还经常可见"某店镇"的名称。此外，村落的小定期市也有客店。赵蕃《淳熙稿》卷八《上宠市早饮》云：

> 逢虚旅饭营。

《夷坚支癸》卷四《醴陵店主人》云：

> 次醴陵界，投宿村墟客店。

释道潜《参寥子诗集》卷一《归宗道中》云：

> 数辰竞一墟，邸店如云屯。

一般村落中亦有设客店的记载，如《夷坚甲志》卷二〇《木先生》云：

> 投宿小村邸，唯有一室。

前述《作邑自箴》卷三《处事》云：

> 取责逐耆长，所管乡分图子阔狭、地里、村分、四至，开说某村有某寺观、庙宇、古迹、亭馆、酒坊、河渡、巡铺屋舍、客店等若干，及耆长、壮丁居止，各要至县的确地里，委无漏落，诣实结罪状连申，置簿抄上。内寺观、庙、亭馆、倒塌、酒坊、客店开闭，仰实时申举，以凭于薄内批凿。寺庙等依旧兴修，店坊复有人开赁，亦仰申报。

亭馆、倒塌、酒坊、客店的开闭需以村为单位向县里申报。《宋会要辑稿·食货一四·免役》"乾道五年二月十五日"条载，在农村的资产评定法"家业物力"中，"停塌""店铺""坊廊"均与"质库""租牛""赁船"并列。这可以说是农村中仓库、经纪业、旅馆业普及的一个很好证明。

这里的"倒塌"，大概与《五代会要》卷一五《户部》"周广顺三年正月敕"中所云"其空闲倒塌店宅及空地，又准此指挥"之"倒塌"是同义的。现代汉语里的"倒塌"，有"破了产的店铺"之义。有关"停塌"，据加藤繁的考证[①]，以及《三朝北盟会编》卷二九"靖康元年正月八日"条之记载：

> 缘京师四方客旅买卖多，遂号富庶。人家有钱本，多是停塌解质舟船往来兴贩，岂肯闲着钱，买金在家顿放？

指的是设置仓库囤积贮藏货物，或者存放他人货物，做投机买卖的人或行为。例如，前举宋人郑獬的高祖郑保雍，五代末行商于湖湘之间，而后携资产巨万在安州定居，成了城市地主，同时为他人保存钱物；《夷坚志补》卷七《直塘风雹》载，平江府常熟县去城百里的直塘市住着一位富民张氏，用机械起家，家中设有质库、仓廪、大屋，与米商、盐商等做交易。廖刚《高峰文集》卷二《乞预备赈济札子》云：

> 若（常平）籴本降迟，谷米先为揣家收聚，虽欲增价取之，民间已无米矣。

记述了"揣家"在乡里收买米的情况。《晦庵先生朱文公文集·别集》卷九《禁豪户不许尽行收籴》也记载了地方城市里富豪上户以囤积投机买卖为业的情形：

> 照对本军管下今岁旱伤，访闻目今外郡客人兴贩米谷到星子、都昌、建昌县管下诸处口岸出粜，多是豪强上户拘占，尽数收籴，以待

---

① 加藤繁：「居停と停塌」，『支那経済史考証』上卷，東洋文庫1952年版。

来年谷价腾踊之时，倚收厚利，更不容细民收籴，事属未便。

《水心先生文集》卷二三《竹洲戴君墓志铭》也记录了居住于台州黄严县南塘的戴氏，经营山林、渔业和农业，同时聚族数十累世富裕的事情。

正如以上所述，在地方的州县城、镇市和草市等市场街、村市和虚市等农村市场地，以及村落内，还有州县城之间二三十里的地方，确实都分布有兼营住宿和仓库的客店、邸店或仓库业、停塌家，虽然塌坊、邸店的规模不及大城市的那么大。以下，笔者将研究它们的机能。

（二）经纪批发商的机能

《作邑自箴》卷七《榜客店户》有如下记述：

> 一逐店常切洒扫头房三两处，并新净荐席之类，祗候官员秀才安下。
>
> 一官员秀才到店安下，不得喧闹无礼。
>
> 一客旅安泊多日，颇涉疑虑，又非理使钱不着次第，或行止不明之人，仰密来告官，或就近报知捕盗官员。
>
> 一客旅不安，不得起遣，仰立便告报耆壮，唤就近医人看理，限当日内具病状申县照会，如或耆壮于道路间抬舁病人于店内安泊，亦须如法照顾，不管失所，候较损日，同耆壮将领赴县出头，以凭支给钱物与店户、医人等。
>
> 一客旅出卖物色，仰子细说谕，止可令系籍有牌子牙人交易，若或不曾说谕商旅，只令不系有牌子牙人交易，以致脱漏钱物，及拖延稽滞，其店户当行严断。
>
> 一说谕客旅，凡出卖系税行货，仰先赴务印税讫，方得出卖，以防无图之辈恐吓钱物，况本务饶润所纳税钱。
>
> 一说谕客旅，不得信凭牙人说作高抬价钱、赊卖物色前去，拖坠不还，不若减价见钱交易，如是久例，赊买者须立壮保，分明邀约。

同上书，卷七《榜耆壮》亦云：

一店舍内有官员秀才商旅宿泊，严切指挥邻保夜间巡喝，不管稍有疏虞。

据此所载，当时的店户、客店对官府承担有这样的义务：住宿者中如有官员、举人，须为其留出清洁的荐席和二三间上室；官员、举人、商人住宿时须令邻保夜间警戒；客商贩卖货物时，须代为介绍经官府登记并持有官府所发木牌的牙人，监视是否漏税，在被课物件买卖之前劝其纳税；要保护客商不遭恶劣牙人之害，以防牙人行骗，为避免因赊卖交易而受损失，应动员进行现金买卖；发现住宿人有可疑行为要申报，如住宿人或行路人生病时也要报告并做好护理①。

总之，当时的客店不仅是旅馆业，而且兼有推销货物、斡旋买卖的机能。上面的例子是店户成为斡旋牙人的商人旅店，有的则是店主或其家人兼做牙人。《夷坚三志辛》卷六《胡廿四父子》载饶州乐平县永丰乡的乡民胡廿四在大梅岭开旅店，为信州弋阳县的一客商收买麻子并承包制造麻油；《夷坚三志己》卷三《支友璋鬼狂》载涟水县支氏夫妇在沙家堰开客邸，让能说会道、诡计多端的儿子友璋做牙侩，中介商客之买卖；《夷坚三志己》卷二《姜七家猪》载在寿春府，姜七做牙侩，又经营客房。《事林广记·庚集》卷二《旅行杂记》载在旅途中，如需雇佣人夫时，可委托路旁的"店主"代办，如遇水路需雇佣船只，可就"店主牙家处"做契约，也就是说，客店除经营住宿外，还直接或间接地做客货的委托买卖，为舟船、人力的雇佣等做介绍工作。《作邑自箴》（前揭）有劝说客商做现金交易、尽量避免赊卖的记载，说明通过客店进行了长期的信用买卖，这种行为当然是需要兼营仓库业的。廖行之《省斋集》卷五《论军须禁物商贩透漏乞责场务照验税物申明法禁札子》云：

近巴陵（岳州）道间逆旅，有夕而火者，室庐一空，行商托宿于

---

① 关于店户邸家对病人及行路病者的义务，参考《晦庵先生朱文公文集·别集》卷九《禁旅店不许递传单独》，宋代沈括、苏轼《苏沈良方》卷二《通关散》"治诸中风伤寒"。

其家，负担适遭焚爇。郡疑有奸，檄往究实。乃见煨烬之中，鳔胶狼籍，计火所余，尚数百斤，试询其故，云由鄞浙而来，将趋荆襄。

客商为负担行商将货物寄存在旅店。《夷坚三志己》卷二《姜店女鬼》载寿春府做牙侩的市民姜七，把家对面的空房子出租当作客房并停贮车乘、器仗；临安的塌坊也同样把客商的牛马、车乘、器物等收管于仓库中。还有，前述《夷坚支癸》卷五《陈泰冤梦》载抚州布商陈泰，通过各地的驵向抚州崇仁县、乐安县、金溪县以及吉州诸县的织户预支本钱，每年自往各驵家收布，乐安县的驵曾小六用陈泰的五百贯钱建屋作仓库，存布数千匹。这是一则可以很好地说明以地方特别是以县城为基地的经纪批发商与通过他们集货的州城商客（预贷商人）之间关系的资料。

三、租税承办人

从一般交易中市场的孤立性、不透明性，以及由官宪来保证和维持买卖的进行，但又不得不与官方进行烦琐交涉的这种情况，可以推测人们希望有代理人、委托人的存在。这就是助长牙人组织发达的原因。而在贡租的缴纳、物资的调配这些官民的交涉中，同样存在着这一情况，这就产生了承办租税、代行纳租的特殊牙人。

据《夷坚志补》卷七《叶三郎》载，饶州乐平县的邑驵（县市牙人）叶三郎，以市井之辈俗称的"揽户"为业，两代人均出入于南原富室刘氏家中，受委托代办田亩税赋的纳入事务。而同样出入于刘氏之门的胡锄匠却声称他所熟悉的揽户苏氏产业厚实，紧急时候可以自己的资财代纳，为此刘氏解除了对叶三郎的委托，收回簿籍换上了苏氏，叶氏因被夺了衣食活路而死。袁采《袁氏世范》卷下《治家·税赋宜预办》云：

> 凡有家产，必有税赋，须是先截留输纳之资，却将赢余分给日用。岁入或薄，只得省用，不可侵支输纳之资。临时为官中所迫，则举债认息，或托揽户兑纳，而高价算还，是皆可以耗家。

告诫人们向官府纳贡租时，如不事前留出纳税的一份，就要向他人付利贷款，或让揽户代纳后以高价算还，容易造成破产。程俱《北山小集》卷三七《乞免秀州和买绢奏状》载，苏州、秀州专门种植水稻而无养蚕业，但官府却向苏州和秀州分别课四万匹和二万匹的和买绸绢，为此，两州农民只好委托"行贩之人"在纳期前到杭州、湖州等织布地区的乡村收买并代纳。行贩人在产地低价"僦揽"劣质绢，而向委托人索取高价。袁甫《蒙斋集》卷二《知徽州奏便民五事状》载，揽户在接受税户委托之际抬高价格，而向机户收买绢时则压低价格，收买"纰疏难售"的等外绢，乘官府漕运之急，纳入劣质品。《宋会要辑稿·食货九·赋税杂录》"绍兴二十四年四月十八日"条载，纳绢帛时，公吏与揽子相勾结，接收等外的劣质品，而对一般税户的直接纳入者，则故意将其定为等外品甚至涂抹上柿油墨煤，即使合格品也要倍纳税钱。《续资治通鉴长编》卷四三二"元祐四年八月是月"条"知杭州苏轼言"，在两浙诸州，豪民和揽纳人唆使民众，故意织造"轻疏糊药绸绢"上纳，以此来表示对和买和缴纳夏税的抵抗。《建炎以来系年要录》卷八八"绍兴五年四月庚戌"条载，官府在湖州每月从民间收买军粮四千四百余石，支付的米价每斗不过三百文，而揽户从民间多征收三百文才能缴完①。《宋会要辑稿·食货一二·户口杂录》"绍兴三十二年五月二十一日"条载，湖州提出了以每四五人为一匹的整数来纳身丁税的办法，但对深山农村的农民来说买卖纳整不便，只得委托揽户而从中受其盘剥，因此这一方案遭到了反对。揽户、揽人、邑驵等租税承办人就是这样在缴纳租税、和籴、和买时于官民双方之间斡旋的。揽户一定"非系公人"，而且州县的吏人、乡书手、专斗在揽纳租税时禁止接受财物。《庆元条法事类》卷第四十七《赋役门·揽纳税租·户婚敕》中记载：

> 诸揽纳税租和预买绸绢钱物（谓非系公之人），本限内不纳，杖

---

① 原文为："前政汪藻将本州军粮每月四千四百余石尽抛在民间籴买，人户无得脱者。官给价钱每斗不过三百文，而揽户又于民间每斗取钱三百文方能输纳。近来两浙米价倒长，街市每斗已七百文，民情皇皇，委是无处籴买，乞于上供米内借留万斛以纾目前之急。"——编者注

六十，二十四加一等，罪止徒一年。

诸州县系公人揽纳税租者，杖八十。

诸州县吏人、乡书手、专斗揽纳税租，而受乞财物者，加受乞监临罪三等，杖罪邻州编管，徒以上配本州。

除"揽户"这一名称外，徐鹿卿《徐清正公存稿》卷一《上殿奏事第二札》载有参与官盐贩卖的"牙侩若包卖之家""牙侩领揽之家"的称呼，或略称"牙揽"。又华镇《云溪居士集》卷二六《湖南转运司申明茶事札子》云，有在湖南潭州茶园所有者以外承办缴纳农民的茶的"停塌揽纳之家"；明曹学佺《蜀中广记》卷三一亦有元代从四川江油县买官米起运的店户的记述，并加以说明"领买者为店户，即包揽之别名"。这些大体上都可以认为是同类的租税承办人。

如上所述，在宋代田宅、家畜、人身等主要动产，包括其他普通动产的买卖、租借的交易中，"牙人"所在的经纪业很发达。随之而来出现了兼营仓库、旅馆业的经纪批发商和代理贡租、官物纳入的租税承办人。兹将这种商业组织简单列图如图1和图2。

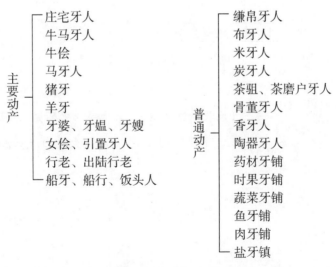

图1　牙人的类别

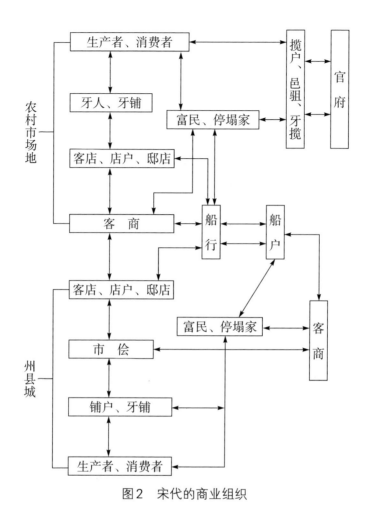

图2　宋代的商业组织

（原载斯波义信：《宋代商业史研究》，庄景辉译，

浙江大学出版社2021年版）

略论宋代太湖流域的区域性市场

虞云国

近年以来，区域性社会经济的研究渐受重视。本文试对太湖流域区域性市场在宋代的发育情况作一探索。

一、众星拱月：环太湖中心城市与小市镇群的崛起

城市的发展是一个地区经济水平的衡量标志之一。而以一个中心大城市为核心，在其周围辐射成不同层次的网络结构的商品流通和交换的市场体系，则是区域性市场形成的必不可少的条件。从大范围来说，宋代以杭州、苏州为中心大城市，形成了东南市场，其覆盖面大体包括今长江中下游地区。从较小的范围看，太湖流域以苏州为核心城市，在东南市场中又有其自身的区域性特点。

隋唐以来，苏州便成为东南经济中心之一。唐末五代，因未受战乱的影响，入宋，苏州"在浙右已为巨镇"；宋室南渡以后，与都城临安近在咫尺，"井赋蕃溢，谈者至与杭等"①。宋人是这样论述苏州城的繁荣及其地位的："厥今天下经用之所资，百货之所植，东南其外府也。度淮而南，济江以东，督府且十，附城且百。而田畴沃衍，生齿繁伙，则吴实巨擘焉。""由是商贾以吴为都会，五方毕至，鬻市杂扰。搢绅以吴为乐土，侨民闾里，几亚京洛。"②宋元之际，马可·波罗是这样描述苏州的："苏州

---

① 〔宋〕王楙：《野客丛书》卷二二《苏州》；〔宋〕范成大：《吴郡志·序》。
② 《吴郡志》卷三七《县记》。

城漂亮得惊人，方圆有32公里。有16个富庶的大城市和城镇，属于苏州的管辖范围。这里商业和工艺十分繁荣兴盛。"[1]苏州成为太湖流域的经济中心，并与杭州共同成为整个东南市场的两大核心城市，是由其历史的发展与现实的地位所决定的。

在核心大城市苏州的周围，其他中小城市也获得了长足的发展。在这些城市中，常州、秀州、湖州以及宋元之际崛起的松江，成为次于苏州的副中心城市，而江阴、无锡、宜兴、常熟、昆山、吴江、嘉定、上海、海盐、崇德、长兴、安吉、武康、德清等，又星罗棋布地拱卫在核心城市苏州以及以上副中心城市的周围。北宋神宗时，即命常州武进、晋陵，湖州归安、乌程、长兴五县各增设县丞，杭州盐官、於潜，湖州德清、武康，秀州崇德五县各增设主簿，因为城市的发展，仅知县已不能应付日益繁剧的政务了。而南宋嘉定十年（1217）从昆山县划出嘉定县，宋元易代不久，至元二十九年（1292）又从华亭县中划出上海县，都是太湖流域城市发展的有力证明。在太湖流域的城市发展趋势中，就宋代而论，平江地区和嘉兴地区发展速度较湖州、常州地区为强劲，例如江阴在宋代三改为军，三改为县，其根本原因就是江阴城市发展规模有限，故而没有必要将其提升为上一级行政区划。而常州晋陵县户2万、丁10万，虽也号为大县，但比起4万户的常熟县就逊色了。

随着城市的发展，各种相应的管理机构也先后在州府级和县级城市内设立，例如都税务、平准务、合同场、楼店务等。宋代在苏州和常州等州府所在地设有楼店务，苏州楼店务一年收入租赁地钱竟达5.42万贯[2]。而各城市税务征收的商税数额也可以作为城市发展规模与商业繁荣水平的主要测定数据。倘据《宋会要辑稿》食货一六之七至九提供的太湖流域各州县的商税，以熙宁十年（1077）商税而论，苏州一城的商税约占太湖流域总商税额的18%，远远超出湖州、常州和秀州在城的税额，但湖州、常

---

① ［意］马可·波罗：《马可波罗游记》，陈开俊等译，福建科学技术出版社1981年版，第174页。
② ［明］王鏊：《正德姑苏志》卷一五《房地赁钱》；［明］朱昱：《成化重修毗陵志》卷六《场务》。

州、秀州的商税确也无愧其环太湖副中心城市的地位；而安吉、江阴、无锡、华亭等县级城市也都突破万贯商税，表现出良好的发展势头。一个以苏州为核心都市的多层次城市网络系统已经形成，太湖流域的区域性市场已经出现。

在这一过程中，小市镇群在太湖地区如雨后春笋似的涌现与崛起，是意义重大的。大体到北宋神宗时期，镇市作为居民商业点的意义已完全确立，并被记入官方的商税清册，而其军事镇戍含义的蜕化也基本完成。从太湖流域各州市镇商税额可知，这一地区设立税场的小市镇有21个，其中万贯以上的市镇仅一个，即秀州的青龙镇（今上海青浦境内），那是仰赖市舶务的对外贸易，其他20个市镇的税额都在三千贯以下，而三千贯至万贯的市镇阙如，这些都是符合市镇在城市网络中的实际地位与作用的。而各州市镇税额在州总税额中的百分比，秀州之所以最高，也是因为青龙镇的关系；而苏州偏低则是因为市镇税场较少，商税流向了县级税务。因此，太湖流域市镇税额在总税额中占15.4%，也与市镇在区域性市场中的辅助地位相吻合。

宋代太湖流域各州府的小市镇增长势头强劲，例如平江府的许市（即浒墅）、练祁市、合路、八尺、平望镇，湖州的南浔镇，常州的潘葑、洛社市，秀州的永乐市、上海镇、石门市、皂林市等，其中尤以秀州地区新增市镇为最多。据傅宗文《宋代草市镇研究》下卷《宋代草市镇》名录统计，两宋太湖地区的镇市计有181个。

镇市形成，原因各异。因商成市无疑是最主要的原因。青龙镇在唐代是军事防御性的戍镇，入宋以后，"海舶辐辏，风樯浪楫，朝夕上下，富商巨贾，豪宗右姓之所会也，人号小杭州"，因"岛夷为市，又设监镇理财"，变为商业性的市镇。唐行镇（今上海青浦境内）也因"大姓唐氏居此贩竹木，因呼为行，遂成大市"[1]。

某种产业的刺激往往也是形成市镇的原因之一。常熟奚浦成市即因为

---

[1] 〔明〕唐锦：《弘治上海志》卷二《镇市》。

"北通大江，饶鱼盐之利"，华亭新场镇（今上海浦东境内）因宋末元初迁盐场于此，"故名场，赋为两浙最，是时北桥税司、杜浦巡司皆徙居焉，贾街繁华，县未过也"，也是制盐业起了催化作用[1]。

因民众聚居而成市镇的情况也很常见。苏州的许市以"民居际水，农贾杂处，为一大镇"；昆山的半山桥也是"民居辐辏，朝夕为市"；崇德的洲钱市，"宋南渡初士大夫来寓者殆二十余家"；松江的泰来桥市"自宋元来人烟阛阓，甲族曹氏居焉"[2]。

从行政级别来说，镇比市高，故宋元方志中颇多升市为镇和废镇为市的记载，镇的坊巷也较市为完整正规。《澉水志》为后世保存了宋代太湖流域镇市的典型材料。作为行政实体，宋代的镇市监官例由朝廷选任。随着镇市经济的发展，监镇官兼主管烟火公事已相当普遍，北宋政和四年（1114），命安吉县梅溪镇监官兼烟火公事，以防出现因"不管辖镇中烟火，居民略无忌惮"的现象[3]。所谓兼管烟火实际上就是兼管一镇的治安，监镇官就不仅仅是税务官了。除此之外，兼管兵、盐、酒、矾、仓、纲运、圩岸的现象，在太湖流域镇官中也时有所见。监镇官兼职现象表明了镇市各种社会职能的扩容，说明它在当地社会经济中发挥着越来越大的作用。有些较大的市，除设税务外，还置市令、市长典市，职掌"贸易物货，以惠民旅"[4]。

太湖地区镇市人口多寡不一，青龙镇城区36坊，估计有户数千家；据《澉水志》卷上《户口》，澉浦镇有5000余户，以五口之家计，应在25000人左右，"主户少而客户多，往来不定，口尤难记"。流动人口增加，无固定田产者增加，正透露出市镇人口流动经商的特点。

宋代太湖流域小市镇的蓬勃发展，对这一地区的社会经济产生了深刻

---

[1]《正德姑苏志》卷一八《乡都》；〔明〕顾清纂：《正德松江府志》卷九《镇市》。

[2]《正德姑苏志》卷一八《乡都》；〔元〕徐硕：《至元嘉禾志》卷三《镇市》；《正德松江府志》卷九《镇市》。

[3]《宋会要辑稿》（以下简称《宋会要》）方域一二之一九。

[4]〔宋〕史能之：《咸淳毗陵志》卷三《城郭》。

的影响。首先，小市镇网络的形成，能动地改变了农民同商品经济联系的空间结构，促成了区域性市场的形成与深化，把原先终老不入城的广大农民也卷入商业交换的潮流中去了。宋元之际，方回目睹秀州一带农民与小市镇店铺的商品交换关系："予见佃户携米或一斗，或五七三四升，至其肆，易香烛、纸马、油盐、酱醯、浆粉、麸面、椒姜、药饵之属不一，皆以米准之。整日得米数十石，每一百石，舟运至杭、至秀、至南浔、至姑苏粜钱，复买物货，归售水乡佃户如此。"①农民正是通过镇市的微循环网络与苏、杭等中心大城市产生了商品交换关系。

其次，小市镇群的勃兴，有力地促成了封建经济结构的变动，使得区域化市场在农业、手工业和商业诸方面完成结构性的重组。农村专业户的大量涌现，正是为了适应这种区域性经济结构性重组的需要。茶业、果木种植业、养花业、蔬菜业、鱼禽养殖业乃至桑蚕植棉业的各类专业户，在宋代太湖地区都已陆续出现。这一趋势标志着传统的以粮食作物为主体的耕织结合的农业结构开始发生变化，与传统农业有着根本区别而与商品市场联系紧密的单一独立的新的农业门类，正向着专业化的方向深化发展。民营手工业领域中专业匠户的兴起与活跃，也是应着区域性经济结构重组的机运而同步发展的。嘉兴府魏塘镇的铁工与永乐市丝织濮家，都是知名一时的。社会消费的需要造就了市镇街上一批批的能工巧匠。农民兼业的盛行，也是对区域性经济结构重组的一种适应。这种兼业，既有以传统农业而兼营专业农业的，也有以农业而兼营技艺、商贩的。

最后，小市镇群的崛起，也是中国封建社会后期城市发展中优胜劣汰的一种途径和方式。一般说来，市镇的形成总有其内在原因，但一旦形成，往往都呈现过繁荣景象。然而，由于社会经济发展的不平衡性，兼之其他因素的作用，原先盛极一时的市镇可能衰微。例如，青龙镇在宋代是这一地区有数的大镇，但其对外贸易的地位逐渐被后来居上的上海镇所代替，元末其市渐徙于太仓，已无复昔日繁华景象了，而上海却由镇升县，

---

① 〔元〕方回：《续古今考》卷一八《附论班固计井田百亩岁入岁出》。

蒸蒸日上。

总之，太湖流域城市网络以星罗棋布的小市镇群作为微循环层面，以县级城市作为上下沟通的中介层面，以各州府城市作为副中心城市，最终以苏州作为核心城市。两宋时期太湖流域已经构成了群星拱月的城市系统，为明清乃至近代这一地区的城市发展奠定了基础和规模，也为太湖流域区域性经济构筑了一个稳定的流通和运转的市场。

二、区域性交通运输网络的形成

交通运输是区域性市场的循环网络，是商品流通和交换的动脉。两宋时期，太湖流域的交通运输是有其地区特色与时代特点的。

宋代这一地区已经形成水路、陆路交通运输系统。南宋嘉定十七年（1224），有人概述太湖流域交通道："处浙水之右，据吴会之雄，自临安至于京口，千里而远，舟车之轻从，邮递之络绎，漕运之转输，军期之传送，未有不由此途者。"①宋朝统治者很重视这一地区交通的建设和管理，曾命"所隶州县，其有道路、堤岸、桥梁摧毁去处，仰日下量给工费，委州县官及本乡保正等公共相视，措置修治"②。

在陆路交通上，"苏为江南要路，凡使传公移、水陆行者，昼夜憧憧不绝"③。宋代陆上交通虽可总名之为驿传，实际可从驿馆和递铺两方面去考察。两者虽都是设在陆路通道上的交通站点，但前者是官民在非紧急状态下的歇脚处，而后者则是紧急公文和军事情报传递的中转站。在个别站点上，两者可能同设一处，但两个递铺之间的间距远较驿馆之间为短，因而极大部分站点两者并不重叠。根据宋元明太湖地区的方志所提供的驿馆与递铺的名称和方位，即可勾画出两宋时期太湖流域的陆上交通网。

比起陆路交通来，水路交通运输是太湖流域更具特色的方式。这里东

---

① 《宋会要》方域一〇之九。
② 《宋会要》方域一〇之一〇。
③ 《正德姑苏志》卷二六《驿递》。

临大海，北瞰长江，太湖居其中央，运河贯穿境内，更兼不计其数的河湖港浦，构筑起比陆上交通更为便利的水上交通网。南宋建炎四年（1130），两浙宣抚司一次就调集太湖舟千艘到吴江防御金兵，反映出当地水上交通运输的发达。对承担水上交通运输的船户，官府都予以控制和管理。南宋初年，曾命"苏、秀等州有海船民户及尝作水手之人，权行籍定五家为保"；内河船户也是如此，庆元中，湖州曾"括责在城应管航船载户，将张二等共一百八十五只置籍在官，遇有差雇，照籍以次轮差"①。

宋代在兴修水利的同时，对河道多次浚治疏通，为内河交通运输创造了良好的环境。由于疏浚，"港浦既已深阔，积水既已通流，则泛海浮江，货船木筏，或遇风作，得以入口住泊；或欲住卖，得以归市出卸"②。这种疏通航道工作，官府和民间都很重视，大大改善了两宋时期太湖流域水路交通运输的条件。大约自北宋庆历以后，这一地区"大筑挽路"，"挽路之成，公私漕运便之，日茸不已"，方便了内河航行时的拉纤挽行③。河道时浚，挽路广筑，遂使内河船只"虽暮夜，犹肆行塘中，如过舟枕席之上，憧憧者身蒙其利"④。浙西内河夜航在两宋时期非常普遍，"旅棹区区暮亦行"，"桥外客舟连夜发"，时人欢快的诗句也印证了这点⑤。而36000顷太湖更是联系苏、常、湖、秀四州的黄金水道，"商帆贾楫，日相上下"⑥。总之，太湖流域的内河航运是相当繁忙发达的。

江南运河是太湖流域内河航运的主航道，并承担着漕运的重要职能。宋代对运河的疏浚和水源的保持十分重视。南宋淳熙七年（1180），孝宗指示，"运河有浅狭处，可令守臣以渐开浚"；嘉泰元年（1201），宁宗又

---

① 〔宋〕李心传：《建炎以来系年要录》卷三六"建炎四年八月壬申"；〔宋〕谈钥：《嘉泰吴兴志》卷一八《事物杂志》。
② 〔宋〕范成大：《吴郡志》卷一九《水利上》。
③ 〔宋〕苏轼：《东坡七集·奏议》卷九《进单锷吴中水利书状》。
④ 〔明〕杨逢春修、方鹏纂：《嘉靖昆山县志》卷一五《集文·新开塘浦记》。
⑤ 〔宋〕苏舜钦：《苏学士文集》卷七《过苏州》；〔宋〕郑刚中：《北山文集》卷一一《离平江》。
⑥ 〔宋〕胡宿：《文恭集》卷七《论太湖登在祀典》。

命转运使、提举常平官和各州长吏浚治漕渠，"固护水源"①。在固护水源中，运河闸门所起的作用相当重要，"使江湖之水皆入于河。以为纲运舟楫之备"②。不同河段的运河闸还起到将不同水位上的航行船只引渡到另一水位上去继续行驶的作用。宋人杨万里以诗描绘这一功能道："春雨未多河未涨，闸官惜水如金样。聚船久住下河湾，等待船齐不教放。忽然三板两板开，惊雷一声飞雪堆。众船过水水不去，船底怒涛跳出来。下河半篙水欲满，上下两平势差缓。一行二十四楼船，相随过闸如鱼贯。"③

江南运河不仅对于太湖地区来说是水上交通运输的主动脉，就全国来说也是至关重要的。北宋时期，它是东南物资漕运都城开封的起运点；南宋时期，建都临安，"纲运粮饷，仰给诸道，所系不轻。水运之程，自大江而下至镇江则入闸，经行运河，如履平地，川广巨舰，直抵都城，盖甚便也"④。平江府在纲运中的地位顿显重要，福建、两浙路纲运输送到这里集中，二广、湖南北纲运凡途经两浙的，也输送平江府中转。宋时太湖流域各州郡到杭州临安府的航程和日限：秀州为198里，计4日2时；平江府为360里，计8日；湖州为378里，计8日2时；常州为578里，计11日4时；江阴军为738里，计16日⑤。内河交通在太湖地区的重要性是显而易见的，《云间志》卷上《道里》指出，《元和郡县图志》和《元丰九域志》所记这一地区的四至八到，"大抵皆水程也"，内河水运网的繁密通达，于此也可推见。

太湖流域的海上交通，宋代也是蓬勃发展时期，其航线分北上和南下两条。两宋因先后与辽、金对峙，故北路航线远不及南路航线繁忙。青龙镇和福山镇是始发港，"青龙镇瞰松江上，据沪渎之口，岛夷闽粤交广之途所自出"，宋代在"濒海皆有巡逻之官，所以戢盗贼，禁私鬻"，因而

---

① 〔元〕脱脱：《宋史》卷九七《河渠七》。

② 《宋会要》食货六一之一四四。

③ 〔宋〕杨万里撰、辛更儒笺校：《杨万里集笺校》卷二九《过奔牛闸》。

④ 《宋史》卷九七《河渠七》。

⑤ 《宋会要》食货四八之一。

"闽粤之贾乘风航海不以为险，故珍货远物毕集于吴之市"①。海舶"欲入华亭者，必放苏州洋"，有时也会由长江口直接沿江而上至常熟许浦、福山和江阴的江下市，"蛮商识吴路，岁入几千艘"，反映出这一地区海上交通和贸易的发达②。太湖流域所拥有的海岸线尽管不长，却是海上运输和中外贸易的黄金海岸。

三、发达繁荣的区域性商品经济

太湖流域的商业贸易自唐以来就很发达，宋朝对这一地区的商品经济的发展也采取促进的政策，因为商业繁荣与国家商税的增长是成正比的。北宋淳化二年（991），针对抵达常州、润州（今江苏镇江）等州的川峡商船须纳到岸钱，属境外征收后又被算取的，朝廷下诏"自今止得一度收税"；天禧元年（1017），宋真宗再次向两浙转运司规定，对泛海客商"只纳一次税钱"；宣和三年（1121），对前往两浙、江东路兴贩及购买蚕种农具耕牛的商人与农民，特发公凭照会，"沿路免税一年"。南宋初年，扬州遭战火焚荡，对江浙到扬州贩运的商人也免税一年，并不抽解③。

两宋时期太湖流域各州县市镇无不在区域性商品经济的贸易交换中崭露出勃勃生机。苏州在北宋时已是"舟航往来，北自京国，南达海徼，衣冠之所萃聚，食货之所丛聚"；吴江县也是"商贾百族，棹传而逐利者，飙帆相摩"；而吴江县属下的平望镇，"宋元间两岸邸肆间列，以便行旅"④。上海在宋元之际从华亭县独立出来，旋即成为商贾百货荟萃之地；而华亭县的青龙镇则在两宋的海外贸易中独领风骚。

太湖流域商品经济的繁荣发达表现在许多方面。其一，商品交换已成

---

① 〔宋〕杨潜修、朱端常等纂：《云间志》卷下《隆平寺经藏记》；〔宋〕朱长文：《吴郡图经续记》卷上《海道》。
② 《至元嘉禾志》卷二八《题咏二·苏州洋》。
③ 《宋会要》食货一七之一二、一七、三一、三五。
④ 《吴郡图经续记》卷上《物产》；《吴郡志》卷三七《县记》；〔清〕陈志和修，倪师孟、沈彤纂：《光绪震泽县志·市镇》。

为相当部分民众赖以生存的不可或缺的手段。苏州洞庭东西山种植柑橘桑麻的专业户，"糊口之物，尽仰商贩"，南宋绍兴二年（1132）冬天大寒，太湖结冰，米船停航，"山中小民多饿死"①。其二，一般市民商业贸易意识十分自觉和强烈。北宋元符元年（1098），吴中大旱，水成了紧缺商品，于是"负贩之民皆舍其业，而以售水自资"；南宋时，士大夫雅好太湖石者增多，山中人就以旱石斧凿出玲珑的造型，又剜石面假作弹窝纹，蒙骗不识货者，"或得善价"；香料在宋代成为走俏的舶来品，华亭黄翁、海盐倪生、嘉兴府周大郎等香商都"货卖假香"，牟取暴利；常熟富民张三八翁"用机械起家"，其子以粜米为业，"常所用斗大小各不同，凡十有三等"，大进小出，见利辄取②。这些乘人之急、欺瞒坑骗的行径是在商品经济日益发展的前提下，商贸意识的畸形表现。其三，经商理财的能力和实力空前提高。南宋时期，盈室藏钱的富商巨贾在苏州、湖州已并不少见。建炎三年（1129），湖州富民王永从一次就献钱5万缗，"以佐国用"③。其四，外出兴贩的吴地客商所在多有，成为宋代行贾的主要力量。宋代"货姜于永嘉"的往往是湖州姜客，而远航海外从事中外贸易的也不乏其人④。其五，由于知县在上缴商税时可将"些小课利余镪尽归私家"，便出现了两县对归属不明的市镇税场争相控制的现象。黄姚税场在北宋熙宁间尚未设立，而南宋嘉定时已是商税大场。其地近嘉定县，却归属昆山县，两县都不肯放弃这块肥肉，最后只能由朝廷裁决："不许嘉定县干预"⑤。

在太湖流域的区域性商品交易中，其方式也是多样的。其一，各州县市镇都形成了自具特色的营业性的行、坊、市、场，固定性的市场经营已成为区域性商品交易的主要形式。例如宋代苏州阊门外通衢，有食肆号

---

① 〔宋〕庄绰：《鸡肋编》卷中。

② 《吴郡志》卷一二《祠庙》，卷二九《土物》；〔宋〕鲁应龙：《闲窗括异志》；〔宋〕洪迈：《夷坚志补》卷七《直塘风雹》。

③ 《建炎以来系年要录》卷二〇"建炎三年二月辛未"。

④ 《夷坚志补》卷五《湖州姜客》。

⑤ 《宋会要》食货一八之二九。

"张手美家"，其店铺"通连七间，水陆南北之物毕具，随需而供，虽坐列十客，人各异品，亦唾手可办。每节则专卖一物，遍京辐辏，以不得为不足，缚木为栏，倾钱其中，至高丈余。先一日开说，来者不拒，号曰浇店"①。其经营规模、品种和招徕顾客的方法，都是引人注目的。当然，作为补充，朝聚日散的墟市与指定期日的集市，在这一地区也是不少的。

其二，肩挑贩卖在村落街巷之中，也是太湖流域区域性商品交易常见形式。这种行商，吴中称为常卖，"方言以微细物博于乡市中自唱曰常卖"，六贼之一的朱勔的父亲朱冲即吴中常卖人②。"鸡飞过篱犬吠窦，知有行商来买茶"，"小楼一夜听春雨，深巷明朝卖杏花"，范成大与陆游的名诗勾勒出当时当地行商的行踪。这种行商往往集收购与贩卖于一身，在商品流通中所起的作用是不容忽视的。

在太湖流域地区性经济中，其商品结构是自具特色的。其一，作为稻米之乡，粮食和粮食制品是这一地区的主要商品。前述常熟富商张三八翁就是米商。平江城北周氏"以货麸面为生业"，以至蓄钱置田；湖州城南许六"货饼饵蓼藿为生，人呼许糖饼，获利日给，稍有宽余"，放起了高利贷③。其二，水产及其制品也是当地商品中的重要门类。王禹偁诗说苏州一带"竹密藏鱼市"，可见水产交易之普遍。鱼类制品有蜜蟹、鱼鲊、庖鳖、水晶鲙等。秀州人喜食鳅干，陈五摸索到一种晒制鳅干的方法，"所货最佳，人竞往市，其徒多端伺其术，不肯言"；而苏州细民也有鬻鳝为业的，"日赢三百钱"④。其三，作为丝绸的主要产地，布帛自然是这一地区商品结构中不可缺少的货物。值得注意的是，有人将本地桑叶"棹舟以北"，贩运到桑叶紧缺州县，"而享厚利"，桑叶也成了奇货可居的商品；而"以商贩缣帛致温裕"的，更不乏其人⑤。宋元之际，马可·波罗见到

① 《正德姑苏志》卷六〇《杂事》。
② 〔宋〕赵彦卫：《云麓漫钞》卷七。
③ 〔宋〕洪迈：《夷坚志·支景》卷五《许六郎》，《夷坚志·三志》卷七《周麸面》。
④ 《夷坚志·甲志》卷四《陈五鳅干》、《夷坚志·三志》卷一六《吴民放鳝》。
⑤ 《夷坚志·甲志》卷五《江阴民》、《夷坚志·三志》卷一〇《陈小八子债》。

常州"盛产生丝，并且用它织成花色品种不同的绸缎"，而苏州、吴江"出产的绸缎质量最优良，行销全省各地"①。其四，水果交易也是这一地区经常性的内容，尤以柑橘为大宗。平江洞庭柑上好初应市者价值20钱一对，其大量上市时完全依赖商人收购运销，商人以每笼100斤上等1500文、下等600至700文的收购价船载而去，"争晒已残皮，趁市商船急"，反映了果农与商人之间的供销合作②。其五，太湖流域由于不是药材的主要产区，因而药市交易多以外来药材为主。宋代苏州城里有药市街，经销出产当地的药物有吴白芷、吴茱萸、薄荷、紫苏、蛇床子、穹术、麦门冬等③。其六，消费的需要也会在地区性商品结构中注入新成分。例如，吴地少野味，平江屠户贾循便"以货獐为业"，常豢养数十头，每夕宰杀一头，次日以一斤千钱的价格在市上出售，"人皆争买，移时而尽。凡二十年，赢得颇多"④。类似这种特殊的商品并不是绝无仅有的。

在太湖流域地域性经济结构中，商品的流向采取向心与发散相结合的流通手段。具体说来，就是农村的农副产品通过乡村—市镇—城市逐级向心集中后，一方面向本地区需要该农副产品的其他城市—市镇—乡村逐级发散销售，另一方面则向其他经济区发散，同样循着城市—市镇—乡村的层面逐级销售。在这种商品大流通中，太湖地区最主要的商品是稻米和纺织品。

首先来看粮食的流通和流向。"苏湖熟，天下足"的时谚，表明太湖流域是宋代最大的粮食产地。然而，当地居民"家无宿春之储，盖十室而九"，"虽富家亦日治米为食，积久者不过两岁而转"⑤，就因为粮食绝大部分被放到市场上去流通了。正如方回宋元之际在魏塘镇所见，当地佃户

---

① 《马可波罗游记》，第173、194页。
② 《建炎以来系年要录》卷一七〇"绍兴二十五年十二月己亥"；〔宋〕陈舜俞：《都官集》卷一四《山中咏橘》。
③ 王謇：《宋平江城坊考》卷一《西南隅·药市街》。
④ 《夷坚志·支庚》卷二《贾屠宰獐》。
⑤ 《东坡七集·续集》卷一一《上吕仆射论浙西灾伤书》、《鸡肋编》卷上。

人家经常以年积十余石余粮赴镇上行铺交换日常用品，而行铺则"每一百石，舟运至杭、至秀、至南浔、至姑苏粜钱"，稻米便流向了区域性市场的中心；而类似魏塘镇这样的向心流通是普遍的，"湖、苏、秀三州号为产米去处，丰年大抵舟车四出"①。太湖流域粮食的集中向心流通完成后，除部分在本地区进入发散流通外，大部分则向其他经济区辐射。北宋时期通过漕运路线向东京开封府运送巨额漕粮与和籴粮，大中祥符初年仅漕粮就岁至700万石，而其中"江南所出过半"，吴中所上又"素甲于江浙"，故宋人称"苏、常、湖、秀，膏腴千里，国之仓痺也"②。此外，杭州也是太湖流域粮食的主要流向地之一。北宋时杭州城内居民用粮即已"全仰苏、湖、常、秀等州搬运斛斗接济"，太湖地区歉收，"杭州虽十分丰稔，亦不免为饥年"。南宋杭州成为都城，人口激增，"细民所食，每日城内不下一二千余石"，主要"赖苏、湖、常、秀、淮、广等处客米到来"。南宋杭谚称"南门柴，北门米"，而北门米正是指运自太湖平原的粮食③。其他如浙东沿海州府、两浙山区州府和福建、淮南、山东等路，也是太湖地区粮食流向地。更令人注目的是，两宋时期太湖流域的稻米已经运销海外，当地沿海县镇，如华亭、海盐、江阴、青龙、顾迳等地都有商人收购米谷，"贩人诸蕃，每一海舟所容不下一二千斛，或南或北，利获数倍"④。

纺织品的流向也是向心与发散并存的。湖州乌青镇的湖丝名闻天下，"蚕毕时，各处商客投行收买；平时则有各处机户零卖，经纬自织。又有贸丝，诣各镇卖于机户，谓之贩子。本镇四乡产丝不少，缘无机户，故价每减于各镇"⑤。丝从各乡向各镇集中，再汇总到有机户的镇市，完成向

① 《续古今考》卷一八《附论班固计井田百亩岁入岁出》；〔宋〕王炎：《双溪文集》卷一一《上赵丞相书》。

② 《宋史》卷二八八《任中正传》；〔宋〕崔敦礼：《宫教集》卷一二《平江劝农文》；〔宋〕范仲淹：《范文正公集》卷九《上吕相并呈中书咨目》。

③ 《东坡七集·奏议》卷六《论叶温叟分擘度牒不公状》；〔宋〕吴自牧：《梦粱录》卷一六《米铺》。

④ 《宋会要》食货三八之四三。

⑤ 〔清〕董世宁：《乌青镇志》卷七。

心流通，而后成品再被发散至本地区各县镇以及其他经济区去，完成发散流通。太湖流域纺织品除在本经济区流通外，主要沿着漕运路线向北与溯长江西上两个方向运销。南宋初，山东粮帛俱贵，"商人多市江、浙米帛，转海而东，一缣有至三十千者"，其中浙帛应有太湖流域的产品在内①。

作为区域性经济，太湖流域也需要其他经济区的货物进入本地区市场作为必要的补充。在这一方面，太湖地区采取了兼收并蓄的较为开放的态度，与某些地区的排外倾向成为对照："吴中则不然，凡越、明、温、台之物至者，置之不问，其相去也远矣。"②

在太湖地区吸纳的物流中舶来品也占一定的比重。高丽和日本是其主要贸易国，其次是东南亚各国。由于宋代对海外贸易实行严格管理和积极鼓励的政策，更因为海外贩易的厚利，有出海之便的太湖地区从事海上贸易者甚多。在对外贸易中，从日本输入的商品主要有砂金、珠子、水银、硫黄、螺头、合簟、鹿茸、茯苓、板材、屏风、扇子、刀剑等，从高丽输入的主要商品是人参、麝香、红花、蜡、螺钿、皮角、虎皮、漆器、铜器以及各种纺织品和野生药材。此外，从南海（今东南亚和西北亚）通过直航或转口贸易输入的则以香药、胡椒为大宗。而太湖地区出口日本、高丽的商品有各色纺织品、茶叶、瓷器、漆器、衣带、铜钱、铅锡、吴竹、书籍、文具以及转口贸易的香料等③。

海上贸易对太湖流域的区域性经济和市场的影响是不容忽视的。青龙镇和澉浦镇在宋代的商税上缴额都是名列前茅的，就得益于海外贸易，上海、华亭、太仓等城镇的迅速发展也都与此有关。中外商品的物流交汇，使当地的物质生活极为丰富多彩。上海县附近的华漕，"宋元间道接青龙江，故多夷贾贸易，漕边富家以奇货相雄"；松江有的地方也因海商往来，"奇货善物，往往充上国"④。至于海外贸易对这一地区商业的刺激和推

---

① 《建炎以来系年要录》卷五二"绍兴二年三月庚子"。
② 〔元〕孔克齐：《至正直记》卷二《学书法》。
③ 参见陈高华、吴泰：《宋元时期的海外贸易》，天津人民出版社1981年版。
④ 《弘治上海志》卷二《山川志》；〔元〕袁桷：《清容居士集》卷一九《乐善堂记》。

动，对某些与外贸有关的手工业部门（例如造船业、手工艺制造业、文具业和纺织业等）的发展和进步，所起的作用更是不言而喻的。

城市系统和交通网络是区域性市场形成的必不可少的外在条件，商品经济的发达程度则标志着区域性市场的实际水平。应该说，两宋时期的太湖流域在这两方面都走在全国的前列，并为这一地区在明清乃至近代的辉煌奠定了初基。然而，在给予充分评价的同时，也必须指出：宋代太湖流域的区域性经济毕竟是封建经济，因而一方面不应过分夸大其中商品经济的比重和作用，自给自足的自然经济仍占主导地位；另一方面也应该认识到封建政府的不少政策严重阻碍了区域性商品经济的长足发展。太湖流域的区域性市场在两宋时期已经成型，但在其后的发育进程中还有步履维艰的漫漫长路需要跋涉。

（原载漆侠、王天顺主编：《宋史研究论文集》，

宁夏人民出版社1999年版）

第五编

文化概况

　　两宋时期由于城市的显著发展，带来了一个新的历史现象，那就是城居者在身份界定等多方面开始与乡村人群相分离，从而孕育出其独有的市井文化。这引起了研究者的极大关注，本编有必要为其专列一个栏目。程民生《汴京文明对南宋杭州的影响》专论宋室南迁所带给南宋行都临安城的、以开封为代表的北方城市文化；龙登高《南宋临安的娱乐市场》一文，则从南宋临安城娱乐业繁荣并开始形成一种专业市场的视角，来反映当时城市文化的发展。这些都值得读者诸君关注。

汴京文明对南宋杭州的影响

程民生

一

1127年，北方女真人的铁骑渡过黄河，闯入开封，踏碎了东京的繁华，一代名都自此败落。以宋高宗赵构为首的宋室狼狈南渡，大批文士武将、庶民百姓涌向南方，聚集杭州①。汴京侨民，模仿着东京故事，再造着大宋王朝，重温着京华美梦。

南方都市杭州的社会风俗随着这一巨大变化为之面目一新。政治、经济、文化、军事地位陡然提高，在社会风俗等方面也承袭了开封传统、汴京气象，增添了大量新内容。

南宋人耐得翁在其《都城纪胜·序》中指出：

> 圣朝祖宗开国，就都于汴，而风俗典礼，四方仰之为师。自高宗皇帝驻跸于杭，而杭山水明秀，民物康阜，视京师其过十倍矣。虽市肆与京师相侔……

早在北宋时，京师开封的"风俗典礼"就对杭州有一定影响，到了耐得翁生活的南宋中后期，杭州作为南宋政府所在地已有百余年之久，宋人仍然坚定不移地视开封为京师。也就是说，杭州风俗仍然仰开封为师。大的方面且不说，即使是市肆也模仿着开封。像南宋地位不如北宋一样，南宋杭

① 杭州于宋高宗建炎三年（1129）升为临安府，但在整个南宋时期，人们仍俗称为杭州，在本文所引用的史料中可看到这点。所以本文为通俗简便起见，概称杭州。

州的政治地位也逊于开封。东京虽然名存实亡，在精神上仍然镇服着杭州。杭州仍然处于昔日东京辉煌的光圈之下，不敢与其平起平坐。其中有政治原因，后文再述。

二

汴京风俗等文明对杭州的影响是多方面的。有看得见的，有看不见的；有直接的，有间接的；有的有明确记载，有的没有明确记载。总之，很难全面论述。大体说来，可分为三个方面。

（一）饮食

饮食为人类社会存在的基本条件，是最重要的物质文明。其地域性特点是，依据一定的地理环境而形成不同风格和口味，同时也随着时代和生活的变化不断接受外来新异或高级的饮食文化。迁移到外地的居民，总是在相当时期内保持着原有的饮食习惯。

靖康南渡之后，杭州居民剧增，北方人口"数倍土著"[1]。原先的饮食店铺已经不能适应新的形势，更不能满足大量北方人士的特殊需求。于是，杭州的饮食业大为发展，掀起一场饮食革命。京师开封等地的北方人流寓他乡，为谋生立业，也多从事饮食业。由于当年的东京"会寰区之异味悉在庖厨"[2]，饮食美学造诣深厚，烹饪技术精妙高超，所以开封人创办的饮食店铺很快主导了杭州的饮食业：

> 都城食店，多是旧京师人开张，如羊饭店兼卖酒……猪胰胡饼，自中兴以来只东京脏三家一分，每夜在太平坊巷口，近来又或有效之者。[3]

可见东京的饮食占据了杭州饮食行业，并不断发展。袁褧《枫窗小牍》卷上也说："旧京工伎，固多奇妙。即烹煮盘案，亦复擅名。"说的是

---

① 〔宋〕李心传：《建炎以来系年要录》卷一七三"绍兴二十六年七月丁巳"。
② 〔宋〕孟元老：《东京梦华录·序》。
③ 〔宋〕耐得翁：《都城纪胜·食店》。

开封手艺人在烹饪上也是著名于世的。南宋时杭州"湖上鱼羹宋五嫂、羊肉李七儿、奶房王家、血肚羹宋小巴家，皆当行不数者也"，都是南渡的汴京人开设的饮食店铺，在当地享有盛名。

像皇家气息覆盖了杭州一样，汴京饮食在杭州很快即成为一种时尚，为其他饮食店所效法：

> 杭城食店，多是效学京师人，开张亦效御厨体式，贵官家品件。①

汴京饮食显然具有其他任何地方都没有的内在政治意蕴和文化含义，那就是京师风格、宫廷色彩，借助皇家神圣尊贵的威望，无形中使人有种精神上的追求，迎合了人们攀龙附凤、猎奇哗众的心理，给人以形而上的满足。宋人常说："吴越俗尚华靡"②，"杭人素轻夸"③。所以京师饮食在杭州很受欢迎和推崇。

汴京饮食店铺室内装潢艺术同样普及于杭州。吴自牧言：

> 汴京熟食店，张挂名画，所以勾引观者，留连食客，今杭城茶肆亦如之，插四时花，挂名人画，装点店面。④

在饮食店铺中示展艺术珍品，伴以鲜花，使世俗的红尘中鲜明地增添了高雅的文化气息。顾客受此吸引，纷纷上门，流连忘返，提高了上座率，还可在大饱口福的同时大饱眼福。这种经营之道在杭州得到发扬光大，不仅在熟食店，连茶肆也是如此。

门面装潢是商店的招牌、广告，起先声夺人的招徕作用。精明而喜好排场的汴京商人早已致力于此。从五代后周开国皇帝郭威游幸汴京潘楼之后，汴京酒店纷纷"门设红把子、绯缘帘、贴金红纱栀子灯之类"，南渡

---

① 〔宋〕吴自牧：《梦粱录》卷一六《分茶酒店》。
② 〔宋〕李焘：《续资治通鉴长编》卷六六"景德四年九月辛巳"。
③ 〔宋〕江少虞：《宋朝事实类苑》卷六〇《风俗杂志》。
④ 《梦粱录》卷一六《茶肆》。参见《都城纪胜·茶坊》。

后自然也传到杭州，据耐得翁说，"至今成俗"①。

饮食业最应讲究卫生，否则会倒人胃口。干净精致的饮食器具，在汴京是十分讲究的，在杭州同样得到继承。

> 杭城风俗，凡百货卖饮食之人，多是装饰车盖担儿，盘合器皿新洁精巧，以炫耀人耳目，盖效学汴京气象。及因高宗南渡后，常宣唤买市，所以不敢苟简，食味亦不敢草率也。②

喜爱汴京饮食的宋高宗，到杭州后经常派人购买市场上的物品。当地商贩们为迎合皇帝，使自己产品打入皇宫，便模仿汴京风格，竭力修饰一应器具，精心烹调饮食物品，从而使杭州的饮食业在服务质量和产品质量上提高了一个层次。即使那些卖零食糖果的走街小贩，也精明地追逐着这一时尚："有标竿十样卖糖，效学京师古本十般糖。"③

在此必须指出这样一个事实：以杭州为中心的宋代两浙地区，素来以讲究饮食著称，《宋史·地理志四》言当地风俗时，特别指出"厚于滋味"。还有一句流传全国的谣谚是"不到两浙辜负口"④，也可证明这点。汴京高品位的饮食文化的传入，正适合其习俗，开辟了更广阔的市场，并进一步提高了杭州饮食业在全国的地位。

代表着北方的开封饮食文化南下，与代表着南方的杭州饮食文化相结合，使南、北方饮食文化在杭州珠联璧合，趋于一致。北宋时开封饮食有"南食面店""川饭分茶"，系为进京的南方官员商旅服务。也就是说，北宋时饮食还不能统一，而"南渡以来，凡二百余年，则水土既惯，饮食混淆无南北之分矣"⑤。汴京饮食文化在杭州为南方所接受和欢迎，意味着北方饮食文化融进了南方饮食文化，丰富了当地的饮食生活。

---

① 《都城纪胜·酒肆》。
② 《梦粱录》卷一八《民俗》。
③ 《梦粱录》卷一三《夜市》。
④ 〔宋〕曾慥辑：《类说》卷五三《谈苑·辜负口眼》。
⑤ 《梦粱录》卷一六《分茶酒店》。

（二）文娱

与物质文明同步传入杭州的是汴京的精神文明。从文艺方面看，以说唱艺术最为典型。吴自牧说：

> 说唱诸宫调，昔汴京有孔三传编成传奇灵怪，入曲说唱。今杭城有女流熊保保及后辈女童皆效此，说唱亦精。①

杭州女艺人熊保保及其女徒们，都是汴京孔三传的遥从后学。

宋仁宗至和、嘉祐年间，京师开封新兴了一种称为"吟叫"的艺术。这是由"叫卖音乐"发展而来的。高承指出："京师凡卖一物，必有声韵，其吟哦俱不同。故市人采其声调，间以词章，以为戏乐也"，后遂盛行于世②。宋代京师开封语音是"京腔""官话"，如同今天以北京音为基础的普通话一样，是全国学习的标准语音。在外地，讲开封话是受人敬重的。随着南宋杭州城内开封人的剧增，官方语音（如皇家语音）仍是开封话，如此则开封话在杭州更是时髦。不但"今街市与宅院，往往效京师叫声"，而且更继承了艺术化的开封话——吟叫艺术，"以市井诸色歌叫卖物之声，采合宫商成其词"③。开封吟叫响彻杭州城，为其说唱艺术增加了一个新品种。

到了明代，开封说唱艺术对杭州的影响仍为世人所公认。明人田汝成言：

> 杭州男女瞽者，多学琵琶，唱古今小说、平话，以觅衣食，谓之陶真。大抵说宋时事，盖汴京遗俗也。瞿宗吉《过汴梁》诗云："歌舞楼台事可夸，昔年曾此擅豪华。尚未艮岳排苍昊，那得神霄隔紫霞？废苑草荒堪牧马，长沟柳老不藏鸦。陌头盲女无愁恨，能拨琵琶说赵家。"其俗殆与杭无异。④

---

① 《梦粱录》卷二〇《妓乐》。

② 〔宋〕高承：《事物纪原》卷九《吟叫》。

③ 《梦粱录》卷一《八日祠山圣诞》。

④ 〔明〕田汝成：《西湖游览志余》卷二〇。

杭州说唱艺术从内容到形式、从业人员，都深受开封的影响。

杭州的一些游艺活动也打上了汴京的烙印。如敬神活动时，"各以彩旗、鼓吹、妓乐、舞队等社，奇花异木、珍禽水族、精巧百作、诸色镟石、车驾迎引、歌叫卖声，效京师故体。风流锦体，他处所无"①。这等热烈场面，原来只有京师开封才有，后来只有杭州才能效仿。

宋代著名的游乐场所"瓦子"，又叫"瓦舍""瓦肆"，北宋时在东京开封曾最为发达。"顷者京师甚为士庶放荡不羁之所，亦为子弟流连破坏之门"，乃是典型的封建京城的产物。宋室南渡后，杭州很快就创建了瓦子："杭城绍兴间驻跸于此，殿岩杨和王因军士多西北人，是以城内外创立瓦舍，招集妓乐，以为军卒暇日娱戏之地。今贵家子弟郎君，因此荡游，破坏尤甚于汴都也。"②瓦子作为专门的游乐场所，本身无可厚非，但由于它是封建性质的，便成为剥削阶级寻欢作乐之地。宋室不但带着因循守旧、妥协苟安的传统来到杭州，一并带来了腐败堕落等消极因素。

宋孝宗淳熙年间，杭州人在西湖常能欣喜地看到这样新奇盛大的场面：湖面龙舟荡漾，鼓乐喧天，宫女嫔妃云集花簇，帝王将相毕集，观赏着竞舟活动，"往往修旧京金明池故事"，原来又是模仿汴京金明池竞舟夺标等活动，意在安慰在开封长大的太上皇帝——宋高宗③。而杭州人则由此进一步领略了东京盛世风采。

（三）节日习俗

节日习俗通常是经过长期的历史形成的，具有传承性和地方特色。但在南宋杭州的特殊历史环境中，汴京的节日习俗易地流传开来。显然，这是由皇室和南渡的开封人民带动推广的。

在除夕，皇宫仍按在开封时的习俗举行隆重的傩仪："呈女童驱傩，装六丁、六甲、六神之类，大率如《梦华》所载。"其规模、形式，与孟

---

① 《梦粱录》卷一九《瓦舍》。
② 〔宋〕周密：《武林旧事》卷三《西湖游幸》。
③ 《武林旧事》卷三《岁晚节物》。

元老《东京梦华录》中所记载的傩仪相同。当晚的节日饮食，"如饮屠苏、百事吉、胶牙饧、烧术、卖懵等等，率多东都之遗风焉"①。

初一夜晚，照例有诸多节日装饰、道具，"大率效宣和盛际，愈加精妙"，仍然效法着宣和年间汴京的规矩和样式，区别是更加精致奇妙了。到夜深人静时，还有一些人出来活动，"有持小灯照路拾遗者，谓之扫街"，往往有所收获，捡到些遗钿坠珥。这一行为，"亦东都遗风也"②。

其他节日，不免也受到汴京的影响。如七月七日的"七夕节"，着新衣、设酒筵、置摆设、馈赠物品等活动，乃"东都流传，至今不改"③。当晚的主要活动是乞巧，即女子通过对月穿针，或将小蜘蛛装入盒内，看其结网疏密，来验证乞得多少巧，"大抵皆中原旧俗也"④。《东京梦华录》卷八《七夕》所载东京开封七夕节诸活动，与此相同，即其本事。

三

纵观历史，东周、东汉、东晋、晚唐以及明永乐年间的迁都之后，并没有拖着一条长长的尾巴，将旧都的独特社会文明带入新都。唯有开封文明大量地融汇杭州，似乎是新旧京交接之后，开封将杭州扶上马再送一程。现在要问：为什么宋代东京文明对南宋杭州能产生如此广泛而深远的巨大影响呢？

首要的一点是，南宋杭州并不是真正的或正式的首都。南宋人认为，杭州只是皇帝的临时驻跸之地，在当时的官私文献中，其正式名号为"行在所"，或简称"行在"，顶多称之为"行都"。国家的首都，仍然是东京开封，这是一个政治原则，一个很敏感的问题。一旦正式宣称杭州为都城，就标志着放弃了东京，就意味着不愿光复北方国土，这是南宋政府不愿做也不敢做的事，更是南宋人民所不答应的。"东京"称号的存在，是

---

① 《武林旧事》卷二《元夕》。
② 《武林旧事》卷二《元夕》。
③ 《梦粱录》卷四《七夕》。
④ 《武林旧事》卷三《乞巧》。

南宋人的精神支柱，是一面旗帜，维系着朝野上下和北方汉人，振奋着人们的斗志。这面旗帜，插在北方开封，却飘扬在南宋人的心中。

一部《东京梦华录》，写的尽是回忆京师开封的繁华，名实相符；而一部《梦粱录》，仿前照书，却名不符实，写的尽是当时杭州的事物。他们身在杭州，情思仍徘徊在开封。东京使他们梦绕魂牵，于是事事处处与东京相比，以模拟东京为荣，极力在生活上、精神上接近东京，创造着东京的氛围，重塑着成为行在的杭州。

在正常情况下，尽管京师开封的风俗典礼为四方表率，但绝不会在远隔千里的杭州产生如此深刻的影响。正常的迁都也不会出现如此情况。只有在开封沦陷、国家支离破碎的背景下，北宋遗民才会有如此强烈的意愿和怀念之情。这是一种心态，这种心态不仅仅是怀旧，而且包含着政治上的向心性，包含着爱国主义情怀。竭力效仿、再现东京旧俗，显示着不忘根本，标榜着与北宋王朝一脉相承的正统，保持着与北宋盛世精神上的一致，以此得到些安慰，增强自尊，维持心理平衡。

再作具体分析，别有一番意味。从官方说，宋人崇尚"祖宗家法"，以祖宗之事为法，以祖宗习俗、祖宗盛世为荣。因循守旧的思维和行为方式，使南宋朝廷固守旧习，不愿屈尊接受"南方下国"的新事物。对人民来说，尤其是对以开封为代表的北方侨民来说，在国破家亡、背井离乡的处境下，维持原有习俗，本质上又是对太平盛世的怀念，暗含着今不如昔、杭州不如东京的情绪，潜伏着对宋政府腐败无能的不满。

一个地方城市升格为都城之后，必然要在各方面改造自身，建立原来没有的政治、经济、文化体系，以适应历史的需要。但是，杭州所接受东京的上述东西，许多并不是作为京城所必须具备的。杭州对东京文明的认同，意味着对北宋朝廷的认同；杭州对东京文明的效仿，则又反映了其善于学习、吸收的精神。从五代开始，建都二百余年的东京开封，富丽繁华甲天下，经济文化高度发展，人文荟萃，乃是当时整个世界上最伟大的都会，其文明代表着当时的最高水平。杭州城市文明虽然称雄东南，毕竟在北宋时是地方性的，与东京不可同日而语。到了南宋，虽然情况大变，但并没有真正取代东京开封，在心理上仿佛还是在东京的卵翼之下，各方面都视东京者为高雅、为榜样。吴自牧说，在杭州市场上，商贩们"吟叫百端，如汴京气象，殊可人意"①。在杭州人听来，连开封语音的叫卖声也是泠泠入耳，适人心意的。总之，东京文明在杭州的传播与发扬，既反映了杭州虚怀若谷的开放意识，也证明了杭州热衷学习，通过大量接受更高级的文明而努力提高自身。

东京开封被金人占领后，一派残破。但东京的作用并没有消失，仍是一个长期的诱惑。其灵魂不死，其文明延绵于杭州，丰富提高了当地的精神文明和物质文明。这是东京开封对东南地区的贡献，也是对历史的贡献。南宋杭州的繁荣，融汇了多少开封的新鲜血液！同时，也充分显示了东京开封文明强大的生命力、传播力和统帅力。

如果说以宋室南渡为代表，中国的文化中心由北移向东南的话，那么，上述事实说明，这一转折不仅是东南文化自身发展的结果，北方文化的传播也是一个因素。前者当然是主要的，后者的作用也不可抹杀。

诚如南宋诗人林升《题临安邸》诗谓："山外青山楼外楼，西湖歌舞几时休？暖风熏得游人醉，直把杭州作汴州。"在江山半壁、外患严重的历史环境下，没有能保住汴京的宋统治者，便在虚拟的汴京中过起盛世时的奢侈生活，依然醉生梦死。两城的重叠不仅是时代的错位，也实在是因为杭州从汴京承袭了太多的东西。政治制度等且不论，从饮食到语音，都是"汴京气象"，几乎全盘"汴化"，恍惚之中，还真以为杭州就是汴京了！

要之，南宋杭州是北宋汴京的延续或支脉。杭州承袭汴京文明，无疑是历史的进步，但统治者若把杭州当作汴京，粉饰太平，居危思安，则属政治的倒退。

（原载《河南大学学报（社会科学版）》1992年第4期）

---

① 《梦粱录》卷一三《天晓诸人出市》。

南宋临安的娱乐市场

龙登高

古代社会早期的各种文化与娱乐活动，通常主要是作为特权享受，而不是通过市场来开展的，一般不发生交易行为。中晚唐以后，娱乐作为一种消费服务，开始在市场上出现。在南宋临安，以谋生和营利为目的的文化娱乐活动已相当普遍，娱乐市场发育趋于成熟，这在经济史和文化史上都具有阶段性的意义。但以往人们所关注的只是宋代市民文化或大众娱乐及其时代的新异性，没有从市场发育与发展的角度进行考察；另一方面，传统市场的研究则集中于商品市场及要素市场，基本上未涉及服务市场，从而使得这一重大的历史现象及其影响迟迟未曾揭示出来。娱乐市场具有怎样的存在形态与特征，其兴起对市场体系的演进有何作用与影响，文化娱乐活动在市场上展开后呈现了怎样不同的走势，本文试图对这些重要问题做初步研究，侧重娱乐活动的经济内涵与意义，将娱乐市场作为城市市场的一个组成部分，以南宋临安为对象进行考察，以期对宋代城市市场有更为全面的把握，从而更深刻地认识中国传统市场的发展脉络与特征。

一、市民娱乐的市场形态与商业化经营

宋代临安娱乐市场活动丰富多样，形态各异，与商品市场相对应，大体具有如下四种表现形态：货郎式流动市场、娱乐集市、娱乐常市、专业市场。

货郎式流动市场是商品交易的原始形态之一。宋代的"路岐（歧）人"可称为文化货郎，走街串巷，虽然不兜售商品，却提供大众所需的娱

乐服务，或杂技，或说书，或歌舞①。路岐人卖艺，多选择能够吸引和会聚观众之处"作场"表演。"每会聚之冲，阗咽之市，官府讼听之旁，画为场，资旁观者笑之，每一钱以上皆取之。"②南宋临安，路岐人活跃于街头巷尾，随时寻找文化服务的机会，作场卖艺，随处可见。路岐人作场卖艺是娱乐市场的最初形态之一，在唐代是娱乐市场的主要形式，受到官府压制③，至宋代则作为娱乐市场的必要补充而广泛存在。流动娱乐市场主要是由娱乐需求的细碎性、间隙性所致，以满足消费能力有限的市井细民的不时之需。

货郎的周期性流转满足农户不时的细碎交换的需要，进一步发展就会出现周期性集市，娱乐市场也一样。西欧中古盛期（the High Medieval Ages）的市集（fair）、中国古代的集会贸易，都是以一年为周期，交易日达数天或一个月的大型集市贸易。文化娱乐活动的群众性，使娱乐集市大多与此相类，多表现为节庆、庙会等公共活动。节庆、庙会都是一年一次，其间多举行大规模的娱乐活动，形成一种娱乐"集市"。宋代70余个大大小小的时序性节日、宗教性节日、政治性节日，莫不以赏心乐事的娱乐为主线④。每逢岁时节庆、迎神赛会，各社各村组织舞队在游行中表演诸般技艺。盛大者达数十百队，连绵十多里。如清明节热闹非凡，各种表演"纷然丛集"，都人不论贫富，倾城而出。"公子王孙，富室骄民，踏青游赏城西，店舍经纪，辐凑湖上，开张赶趁。"⑤庙会亦然，如二月八日霍山行宫朝拜，三月三日殿司真武会，三月二十八日东岳生辰社会，都是"百戏竞集"，由各民间文艺社团组织。此外，一些私家园苑也竞相择期开

---

① 宋代王铚《默记》卷下：颍州"一日有路岐人献杂手艺者，作踏索之伎"。宋代洪迈《夷坚支庚》卷七"双港富民子"记：鄱阳有女自称"路岐散乐子弟"。

② 〔宋〕周南：《山房集》卷四《刘先生传》。

③ 唐以前的优戏技艺，基本上是画地为场，就地演出。参见黄竹三：《戏曲文物研究散论》，文化艺术出版社1998年版，第33页。

④ 伊永文：《宋代市民生活》，中国社会出版社1999年版，第260页。

⑤ 〔宋〕佚名：《西湖老人繁盛录》。"纪"字为笔者所校，涵芬楼秘笈本原作"营"，夹注云"营，原误绝"。皆误。"经纪"一词，在宋代是指代小生意者的流行语言。

放，以娱游客①。艺人追逐集市与集会，称为"赶趁"。就像商贩在各地轮流赶集一样，街市艺人与乐队在城市各娱乐点"赶趁"，临安频密的节日庙会，各种形式的集会，各种场所的娱乐活动，使得"赶趁"者可以随之流动，逐日表演，甚至一天可以在多处表演②。与货郎式市场相比，集市型市场已经摆脱了偶发性的原始形态，而成为定期的、持续的、有组织的市场了。

定期集市的集日间隔越来越小，集期越来越密，逐渐变成每天都进行交易的常市。杭州的茶肆、酒楼、妓院，以至于整个西湖及其中的游船，就是固定的文化娱乐常市。茶肆酒楼通常也是娱乐活动场所。临安著名大茶坊中，清乐茶坊、黄尖嘴蹴球茶坊以音乐欣赏、体育活动吸引顾客；王妈妈家茶肆号"一窟鬼茶坊"，当以说话表演得名，"朱骷髅茶坊"亦然。茶肆酒楼大造文化气氛，插花挂画，竹木掩映，装点店面。或鼓乐吹弹，或延艺人卖唱，还有"花茶坊"之类提供妓女服务，花样百出。茶肆成为人们聚会娱乐的场所，市民的庆典宴席，多在酒店举办，"歌管欢笑之声，每夕达旦"③。西湖是游乐的理想去处，"西湖天下景，朝昏晴雨，四序总宜，杭人亦无时不游"，娱乐活动四季不断④，可以说西湖就是临安最大的娱乐市场。除了节日热闹非凡外，居民平时也常泛舟游乐，游船画舫成为流动的娱乐常市。

专业市场是文化娱乐市场的最高形态，这就是瓦舍勾栏。瓦市是固定的专门娱乐场所，专业艺人会聚，不间断地进行各种文化娱乐活动。勾栏

① 如蒋苑使小圃，春时开放，"立标竿射垛，及秋千、梭门、斗鸡、蹴鞠诸戏事，以娱游客"。参见〔宋〕周密：《武林旧事》卷三《放春》。亦见〔宋〕吴自牧：《梦粱录》卷一《元宵》，卷一九《园圃》。
② 如"街市有乐人三五为队，擎一二女童舞旋，唱小词，专沿街赶趁。元夕放灯、三春园馆赏玩及游湖看潮之时，或于酒楼，或花衢柳巷妓馆家祗应。但犒钱亦不多"。《梦粱录》卷二○《妓乐》。当是在宋代耐得翁《都城纪胜》所述之上扩展而来。
③ 《梦粱录》卷一六《分茶酒店》。《武林旧事》卷六《酒楼》亦述之。
④ "都人凡缔姻、赛社、会亲、送葬、经会、献神，仕宦恩赏之经营，禁省台府之嘱托，贵珰要地，大贾豪民，买笑千金，呼卢百万，以至痴儿呆子，密约幽期，无不在焉。日糜金钱，靡有纪极。"《武林旧事》卷三《西湖游幸（都人游赏）》的这类描述可以找出很多。

则是戏院、舞台或看场。宋代的勾栏有围墙，有门收费入场，还有戏台（乐棚或帐幕高台）、戏房（后房）、观众席（看席）。观众席有"神楼"和"腰棚"等所设雅座，可供观众安坐欣赏节目，其间则是平地供观众站立观看。临安盛时，城内有5个瓦市，城外更多，合计达17个，南宋末更达23个。城内瓦市以北瓦为大，这里勾栏多至13座，各种文艺形式趋于专业化，如两座勾栏专说史书，甚至有的勾栏还因名艺人长期固定表演而得名①。临安北瓦可以说是一个规模宏大的专业文化娱乐市场。专门市场的出现，表演性的时空艺术与一般生活内容的分离，使竞争加剧，艺人必须迎合市民需求，努力提高技艺，创新艺术表演，否则就会被淘汰到路岐人的行列。技高一筹者则能长期占据勾栏，如小张四郎；甚至名扬四海，如汴京的丁都赛。众多艺人会聚，各种技艺杂陈，艺人之间相互交流、观摩和学习，专业性、艺术性得到提升，各种初兴的曲艺形式，或在取长补短的过程中逐渐定型和发展，或产生新的表演形式。

南宋临安不仅形成了具有相当水平的娱乐专业市场，还有各种固定娱乐场所，并有流动市场与集市等形式相配合，来满足不同层次的娱乐消费需求，形形色色的艺人活跃其中。娱乐需求的旺盛，娱乐市场的发育，促进了娱乐活动的丰富多彩。娱乐业有利可图，同时竞争激烈，使得商业化、市场化经营不断深入，形式多样，推陈出新，形成前所未见的发展态势。

一些竞技体育的资金筹集已形成市场化模式。如相扑，通过打擂台的形式，以其激烈竞技吸引观众，以丰厚的奖金吸引相扑高手，竞技水平越高，观众就越多，获利也越多。组织者预先挑选好高水平的选手，同时精心设计，如让女相扑手先表演，制造气氛，吸引观众。护国寺南高台露台相扑，选手都是来自全国各地的高手，其奖金也最高。《梦粱录·角抵》所述这种情形，在杭州以外，在其他体育、武术项目中亦可见到类似的

---

① 如"小张四郎一世只在北瓦占一座勾栏说话，不曾去别瓦作场，人叫做小张四郎勾栏"。参见《西湖老人繁胜录》"瓦市"。

景象①。

大型群众娱乐活动，得到社会捐资而持续不衰。会社、庙会、大型娱乐活动中，富豪之家大街铺席进行捐献、犒赏，在两宋杭州已成风气。观潮是杭州盛事，弄潮儿技艺高超，数百健儿手执彩旗，踏浪翻涛，腾跃百变，彩旗不湿。市民尽情欣赏之余，犒赏弄潮健儿，费用多由富民显宦承担。弄潮儿往往出没于生死之间，官府自北宋以来就多次颁布禁令②，但不能遏止。弄潮儿不顾劝告，不畏生死苦学弄潮本领，原因之一在于"豪民贵宦，争赏银彩"，犒赏丰富。西湖龙舟竞渡，更是先将炫目的奖品挂在湖中标竿上，以此激励竞赛者。

临安盛行宠物豢养和宠物竞斗，时称"教虫蚁"，飞禽走兽，昆虫鳞龟，都在其中。驯鸽、擎鹰、架鹞、调鹁鸽、养鹌鹑、斗鸡、鹦鹉念诗等，无所不有。种类之多，花样之繁，令人惊讶。如斗蟋蟀之风大盛，蟋蟀迷贾似道编辑了专书《秋虫谱》，市面上蟋蟀笼式样繁多，争奇斗艳。由于市场需求量大，因此有不少人专门捕捉、豢养宠物供应市场，画眉、白鼠、鹰鹘，都可见记载③。有被称为"五放家"的喂养和教习宠物的专业户④，有专门训练宠物斗技者，甚至有专门传授此种技艺者。

与娱乐的商业化相对应，一些商业行为也增加了娱乐形式，以促销商品；或者在一些商业行为中产生出新的娱乐艺术形式。茶坊、酒肆、食

---

① 话本《杨温拦路虎传》讲述"使棒擂台"，由东岳仙居市的"社"（可能是乡社）组织，在岳帝生辰日进行，"利物"有一千贯。本文引用了不少宋元白话小说（主要是以临安为内容的小说）的材料。小说可以作为史料之参证，尤其是其细致描述有助于理解史书中语焉不详的史实。这些话本多是元明刻本，在流传的过程中不少有所改动，但基本上反映了宋元历史实际。

② 宋代施锷撰《（淳祐）临安志》卷十"浙江"载有戒潮文与奏折。话本《乐小舍拼生觅偶》也说临安府尹"累次出榜禁谕，不能革其俗"。

③《西湖老人繁盛录》载："每日早晨，多于官巷南北作市，常有三五十伙斗者。乡民争捉入城货卖，斗赢三两个，便望卖一两贯钱。若生得大，更会斗，便有一两银卖。"话本《沈小官一鸟害七命》中，北宋时的沈秀养画眉过日，通过斗画眉"成百十贯赢得"，湖州墅客店有客人时要买虫蚁，有一只画眉几次易手，从杭州辗转到了汴京市场。《夷坚乙志》卷一一"涌金门白鼠"记，有人发现白鼠，马上就想到捕捉"得而货于禽戏者，必直数百钱"。

④ 宋元说话人讲述唐故事的《崔衙内白鹞招妖》谓："借得新罗白鹞，令一个五放家架着。"

店，都特别讲究娱乐化经营，以吸引顾客，已如前述。就连各官营酒库每年开沽呈祥，也大张旗鼓，差雇社队鼓乐，揽官私伎女，游行前往州府教场一试高低。通过各种娱乐活动大造声势，旨在扩大知名度，宣传品牌。扑卖之风大盛，扑卖又称关扑，是宋代流行的通过赌博买卖物品的商业行为，含有很浓厚的娱乐游戏色彩，宋代文献与话本中随处可见①。扑卖的商品不过是一种"利物"，或是一个赌博道具，不同之处则是道具兼具使用价值。小额的赌博，有可能赢取丰厚的物品，充满诱惑，市民在商品买卖的同时，获得愉悦和满足。"预行扑卖，以为赏心乐事之需耳"。扑卖的商品多是供人观赏玩耍或新奇的物品②，名目繁多，四季花样翻新，日夜不绝。

一些文化娱乐活动，直接源于商业行为，如吟叫、嘌唱、耍令等表演形式。吟叫流行于东京，南宋杭州继承下来，又称叫声，"以市井诸色歌叫卖物之声，采合宫调成其词也"③，并发展出嘌唱、耍令等新的形式。商业行为通过由俗到雅的加工，形成新的艺术形式。非商业的行业也出现娱乐化的现象。讲经布道，本来是严肃庄重的行为，唐代出现"俗讲"，而宋代的讲经由寺院到市井，进而走入专业勾栏，佛经教义通俗化，甚至庸俗化（如"说诨经"），成为瓦舍表演的重要内容。

娱乐业的发展，从业者的增多，尤其是各门文艺活动的专门化，使艺人的行业性组织自北宋开始应运而生。蹴球普遍开展，出现了专门研究和传授这种踢球技术的社团组织"圆社"，或"齐云社"。说话、戏剧等曲艺的专业化与规模化，使脚本的创作人员相对独立出来，形成专业组织书会，创作话本、戏文、商谜、歌词，今日可考的有古杭书会、九山书会、

---

① "京师老郎流传"的话本《史弘肇龙虎君臣会》有一段具体翔实的记叙：扑鱼者"买这鱼来扑，指望赢几个钱去养老娘"。权贵李霸遇叫人酒店里去扑，李"扑不过，输了几文钱"。

② 《西湖老人繁胜录》"关扑"条列举了43种，包括：实物30种（如螺钿类玩物就有几种，杂彩旗儿之类，以及合色凉伞等文化用品和实用品），现场制作的制品10种，游戏3种（打马图、闹竹竿、赶趁船）等。《梦粱录·夜市》亦有所列。

③ 〔宋〕高承：《事物纪原》卷九；《梦粱录》卷二〇《妓乐》。

武林书会、玉京书会等①。《东京梦华录》的作者孟元老，南渡至临安，不仕，参加了才人书会。说话人同行之间称"郎"，资深者谓"老郎"，宋元话本中，时有"老郎们传说""京师老郎流传"等说法。

娱乐业的组织，多称为"社"，与工匠行会之"作"、商业行会之"行""市""团"相别。临安的"社"名类繁多，如：杂剧——绯绿社，影戏——绘革社，说话——雄辩社，清乐——清乐社，唱赚——遏云社，耍词——同文社，吟叫——律华社，撮弄——云机社，弩——锦标社，使棒——英略社，相扑——角抵社，傀儡戏——傀儡社，蹴球——圆社，此外还有香药社、川弩社、同声社、翠锦社、古童清音社、锦体社、台阁社、穷富赌钱社、打球社、射水弩社等。这些民间文艺社团，相当于工商业行会，主要具备如下功能：（1）行内协调。出现了"社条"行规，制定行业规范，约束成员遵守职业道德。也有社首、班首等行会头领②。（2）应付官府科差与和雇，为宫廷、官府、驻军提供娱乐服务。（3）参与和组织大型社会娱乐活动，如杭州经常举行的大型歌舞活动，由这些社团各自组织舞队③。这些行会与社团组织的舞队与鼓乐，平时也应召提供娱乐服务，如前述酒库开沽就"差雇社队鼓乐"，招摇过市。一般行会对公共活动、庙会等，往往是献送财物，文艺社团则献送自己所长的服务。"社"具有行会的一些特征，但可能没有工商业的"作""行"等行会组织那样严密和持久。由于有大量游走不定的路岐人存在，加之娱乐业本身更具有不确定性，服务业较之工商业的非实物性，使行内规范与协调的约束

---

① 宋代戏文《张协状元》题为"九山书会编"；《宦门子弟错立身》，题署"古杭才人新编"。皆收入《永乐大典》。参见幺书仪：《元人杂剧与元代社会》，北京大学出版社1997年版，第105页。

② 如唱赚的社条规定："如对圣案，但唱乐道、山居、水居、清雅之词，切不可风情花柳、艳冶之曲；如此则为渎圣，社条不赛。"参见宋代陈元靓编《事林广记》续集卷七，《文艺类》所载《遏云要诀》，中华书局1963年影印元至顺刊本，第5册，第6页B。

③ 《梦粱录·元宵》记元宵节时舞队，"如清音、遏云、掉刀鲍老、胡女、刘衮、乔三教、乔迎酒、乔亲事、焦锤架儿、仕女、杵歌、诸国朝、竹马儿、村田乐、神鬼、十斋郎各社，不下数十。更有乔宅眷、汗龙舟、踢灯鲍老、驼象社"。

力相对有限。有的社很可能只是向"会"献送时的临时组合，或献送的一种具体形式。此外，有的"社"可能并非行会组织，而只是一种松散的或临时的同好合伙①。

由于民间艺人队伍的壮大，技艺水平的提高，宫廷、官府、军队使用乐舞的手段逐渐改变，渐趋于市场化，这和两宋政府干预经济手段的市场化趋势是一致的②。文化娱乐服务主要通过以下三种途径获得：（1）营制：教坊（高宗改称教乐所）、诸军乐、官伎等，专为官方提供服务。（2）役制：在官府专门的乐籍注册的民间乐工、官籍注册的伎女，每年必须义务为官府服役，相当于普通户籍中的上户服衙前役，因此乐籍乐工又被称为衙前乐。（3）雇制：官府出钱雇募民间艺人、伎人表演。

这三种途径在南宋发生了较明显的变化：（1）坊几度废置，军乐少见记载，规模逐渐减小，官营制度日趋废弛。（2）作为官营乐工的替代，衙前乐与和雇艺人逐渐居于主导地位。民间歌伎中有部分系名官籍，须随时应付宫廷、官府和军队之召③。也有相当数量的艺人，被征发奉献给金朝④。但即使教坊的成员，也大量由衙前与和雇组成⑤。（3）衙前与和雇两种手段中，和雇越来越多，这与免役替代差役的趋势相适应⑥。在文化娱乐市场中谋生的艺人，自然不如官府艺人那样纯粹，但人数众多，种类丰富，减轻了官府组织娱乐活动的压力。市场化的趋势，使得政府与民间实

---

① 话本《郑节使立功神臂弓》述，开封府富豪张俊卿等"约十个朋友起社"。"团了社"后，同去东岳烧香还愿。此社人数少，功能少，延续性弱，但有"团书"。应该说明，"社"并非宋代文化娱乐业组织的专称，在中国民间具有悠久的传统。

② 龙登高：《国家控制在宋代的市场手段化倾向》，漆侠、李埏主编：《宋史研究论文集》，云南民族出版社1997年版。

③ 元代徐大焯《烬余录》载"军妓以勾栏妓轮值之，岁各入值一月"。话本《单符郎全州佳偶》插话云："原来宋朝有这个规矩：凡在籍娼户，谓之官妓；官府有公私筵宴，听凭点名，唤来祇应。"

④ 〔宋〕徐梦莘：《三朝北盟会编》卷七七、卷七八。

⑤ 《武林旧事》卷四"乾淳教坊乐部"中，明确指称衙前、和雇的艺人，已占教坊乐部的大多数。

⑥ 元代脱脱撰《宋史》卷一四二"乐"第十七载，孝宗时"今虽有教坊之名，隶属修内司教乐所。然遇大宴等，每差衙前乐权充之，不足，则又和雇市人。近年衙前乐已无……"。

现了文化娱乐的资源共享，并在官府优先的条件下由市场配置。

南宋庞大的文化娱乐队伍，仰赖市场为生，一旦市场受到干扰，他们就会无以为继，甚至铤而走险。元代关于民间娱乐的禁令，剥夺了许多民间艺人谋生的途径，以致杭州原"说话"艺人胡仲彬兄妹能聚众千人举义[①]。这反映了杭州娱乐市场具有相当的规模，市场发育达到相当的水平，一旦受到超经济强制的干扰，就会引发社会动荡。

丰富多样、层次各异的娱乐市场形态，满足不同层次的娱乐消费需求，并相互配合，娱乐市场在成长之初就得以迅速发育。商业化、市场化的娱乐经营不断发展，其经营手段进而渗入其他商业活动中，有力地促进了城市市场的发展。娱乐业的行业性组织也开始形成，规范行业经营，整合市场力量，显示出前所未有的发展趋势。

二、市民文化的成长促进娱乐市场的发育

处于成长初期的娱乐市场在南宋临安迅速发展，最重要的原因之一，就在于市民文化为娱乐市场提供了丰厚的土壤与广阔的舞台。市民文化的成长及其对娱乐市场的推动是南宋临安特定历史背景之下的产物，这主要表现于社会流动中市民社会的形成与扩大，市民文化在商品经济的浪潮中以其自身的特征作用于娱乐市场，都城临安所独有的移民特性则为这种发展态势注入了生机与活力。

市民阶层[②]大体由上层、中层、下层三个部分组成。上层市民主要由富豪、食利阶层等组成。一般官吏也应属于市民，在临安，如果职衔达不到相当的层次，大体与市民是相融的。上层市民富有资财，消费能力强，

---

① 元代陶宗仪《南村辍耕录》卷二七载："胡仲彬，乃杭州勾阑中演说野史者，其妹亦能之。"
② 市民，在本文的含义和近代西欧市民的概念不同，严格而言，独立发展、自主管理的市民社会在传统中国不曾存在。但宋代国家控制与经济干预远弱于唐代以前，因此，从某种程度而言，称之为"市民社会"在传统中国仍具有一定的意义。本文主要着眼于市民的经济文化生活与城市市场息息相关的方面，实际上只有皇室、贵族、高官、军队等基本上可以主要不依赖城市市场，所以他们不在"市民"之列，但他们并非与市民社会和城市娱乐市场毫无关联。

消费水平高；他们往往不具备高贵的身份，也因此就没有了身份的限制，较少受传统束缚。他们与达官显贵一起形成杭州的高消费群体，虽然人数不多，但购买力旺盛，穷奢极侈，带动了崇尚奢华的风气。中层市民多为工商业主，包括娱乐业主，构成市民社会的中坚与主导。他们积极进取，辛勤业作，生活稳定富足，不愁生计，闲暇时追求赏心乐事①。下层市民人数最多，包括店员伙计、小本经营者、游民闲人、入城谋生的农民等，绝大多数伎艺人亦在其中②。南宋临安劳动力市场充沛而价廉，因而劳动力密集型的服务业发达。同时，下层市民也不乏娱乐消费，在中上层市民所掀起的游乐之风的影响下，尤其是节庆期间"虽贫乏之人亦且对时行乐"，甚至不惜债台高筑，借贷抵押，也要游乐一番③。

宋朝单列坊郭户对市民进行户籍管理，与以往曾有过的作为身份管制的"市籍"迥然不同。适应市民社会成长的这一制度创新，在中国历史上是第一次，具有重要的标志性意义。市民社会在南宋临安的成长，给传统社会注入了新的异质因素，它以迥异于传统社会的特征，改变了城市居民的构成，促进了市民文化的成长，使娱乐市场具备了迅速发展的条件。临安市民社会的稳定和财富的积累，使他们具有一定的消费能力，能够支付娱乐服务，也有相应的社会闲暇来消化社会剩余，这种有利因素远非其他城市所能比拟。尤其是辇毂之下，获得了官府种种优惠待遇和较好的社会福利与社会保障④。市民掌握了足够多的社会剩余，才有可能投资于或投身于文化娱乐业。市民社会不同层次的需求，形成临安不同层次、不同形

---

① 话本《裴秀娘夜游西湖记》讲道："这临安府城内开铺店坊之人，日间无工夫去游西湖，每遇佳节之日……雇倩画舫或小划船，呼朋唤友，携子提孙……俱去夜游。"宋代苏轼《东坡志林》载王彭尝语云："涂巷小儿薄劣，其家所厌苦。辄与钱，令聚坐听说古话。"

② 梁庚尧：《宋代伎艺人的社会地位》，《宋代社会经济史论集》下卷，允晨文化事业股份有限公司1997年版。

③ "至如贫者，亦解质借兑，带妻挟子，竟日嬉游，不醉不归。"参见《梦粱录》卷三《五月》。白话小说中还有更夸张的事，《卖油郎独占花魁》中的主人公，爱慕一个名妓，为了一亲芳泽，竟积三年挑担卖油的血汗钱来实现梦想。

④ 参见《武林旧事》卷六《骄民》。《梦粱录》卷一八《恩霈军民》介绍得更详细。

式的娱乐市场。如中秋节的娱乐活动，市民上、中、下各层的娱乐消费各有所宜，差异分明①。

中国传统社会各阶层的升降变动，至宋代渐趋频繁，社会阶层的更替加快，等级界限松动②，社会流动加强。市民的社会流动，主要是指因财富拥有量的改变而导致的社会地位、社会评价的改变，也包括通过科举渠道实现身份的改变。加之社会剩余的增多，导致传统的士、农、工、商四民中，分离出专门的技艺人员。在文化娱乐市场中，既有落第士人，也有工商业者涉入娱乐业，还有农民进城以技艺谋生者。社会流动对文化娱乐市场的繁荣具有促进作用。在一个固定的封闭的社会中，人们的身份被固定，活动的空间与时间被固定而不能自由流动和相互交流，消费需求也就被人为地分隔为各不相通、彼此绝缘的部分，文化娱乐市场所必需的要素流动将受到阻碍。

市民阶层的成长壮大，为文化娱乐市场的发展提供了肥沃的土壤。上流社会（包括上层市民与达官贵族）对文化娱乐高消费的带动，中层市民稳定的消费需求，人数众多的下层市民的不时之需，构成临安娱乐市场庞大的消费需求。中下层市民在娱乐市场的投资与服务，充沛的劳动力资源，使临安服务市场能以低成本扩张。市民既是娱乐市场的主体，又是娱乐活动的客体。娱乐市场的本质特征就在于其市民特性，它既是由市民创造的，也是为市民服务的，同时艺术形式又以市民生活为内容。因此，这种市场的形成与演进，以市民社会的成长为背景，以市民社会为舞台，随市民社会的发展而发展。

市民与市井生活构成娱乐市场的主题。市场中的娱乐活动以市民及其生活为内容，娱乐作品以市民生活为原型加工创作而成。作为市民成员的民间艺人，文艺创作来源于市民生活，反映市民的心态与性情，反映市井

---

① "王孙公子，富豪巨室，莫不登危楼，临轩玩月，或开广榭，玳筵罗列，琴瑟铿锵，酌酒高歌，以卜竟夕之欢。至如铺席之家，亦登小小月台，安排家宴，团圞子女，以酬佳节。虽陋巷贫窭之人，解衣市酒，勉强迎欢，不肯虚度。"参见《梦粱录》卷四《中秋》。

② 龙登高：《略论宋社会各阶层的演变趋势》，《中州学刊》1998年第3期。

之世态炎凉。白话小说兴起于宋代，多反映平民生活，有学者径称为市民小说，与唐代流行的文言传奇小说以文人墨客、才子佳人生活为内容迥异。在反映杭州城市生活的白话小说中，中下层市民多成为主人公①；说话人对市井人物非常熟悉，富有感情；语言来自大众，平实自然，质朴无华，通俗易懂，朗朗上口。因而深受市民的喜爱，故能流传久远。杂剧也是一门植根于社会下层、拥有最广大观众的民间艺术②。

为迎合市民趣味，文娱活动丰富多彩，娱乐形式也层出不穷。《武林旧事》卷六列举的"诸色伎艺人"共53种，除3种"御前"服务外，其他说书、演唱、杂剧、杂技、体育、宠物游戏的表演者多是活跃于娱乐市场的艺人与市民。这与市民阶层的欣赏趣味相关，是市场需求刺激下的产物。如相扑，除了竞技之外，还有小儿相扑、女子相扑，也有引人发笑的"庆家相扑"，一人表演两偶相扑的"乔相扑"等，搞笑逗乐，花样翻新，迎合市民欣赏所需。临安的"学乡谈"，学各地方言以取乐，如学萧山、绍兴、宁波及苏北等地方言。甚至出现取悦市民的低级趣味现象，如取笑生理残障者，取笑农民，反映了市民文化轻浮与庸俗的一面。市民文化具有的离经叛道倾向，也反映在娱乐活动之中。如不守妇道的女性，不遵儒家教条的士人，奋力抗争的下人，都是话本中的主人公。济颠和尚尤为代表，他不守清规教律，自由自在，玩世不恭；他不阿权贵，同情百姓，扶危济困。话本《济颠语录》中济公的形象，实际上也是不满束缚、渴望自由的市民心态的折射，因此南宋后流传不衰。有的优人旁征博引，滑稽谐戏，把佛陀、老子、孔子都解说成女流之辈③。

① 工商业店主和被称为员外、官人的中层市民是白话小说中分量最重的人物群体，店员、经纪等下层市民是小说中人数最多的人物。此外，还有其他形形色色的人物，落第秀才、妓女为数众多，媒婆、胥吏也不少，还有杭州金老大是七代丐户团头，余如算命人、小偷、和尚之类，无奇不有。

② 出土的宋金戏曲文物上表现的角色，多是市井细民，如两幅宋杂剧绢画、荥阳杂剧线刻图、稷山县杂剧砖雕等。参见景李虎：《宋金杂剧概论》，广东高等教育出版社1996年版，第108—109页。

③〔清〕余叟辑《宋人小说类编》卷三之五引《避暑漫钞》"如来是妇人"。

　　新兴的市民文化具有活力，并与上流文化交融渗透，不同阶层的消费者能够得到有机的整合，从而有力地推动了娱乐市场的整合。临安娱乐市场的初兴，是宋代社会经济与文化变迁的产物。人类文化变迁史大体经历了巫术化—贵族化（宗教化）—平民化几次大的变迁。宋代正处于从特权（贵族）文化向大众（平民）文化过渡的初始阶段。有学者指出，宋代文化最为明显的特征，莫过于相对普及①。教育的平民化与知识的传播，知识阶层人数不断增多，使越来越多的读书人在激烈的科举竞争中被排斥到士大夫阶层、官宦集团之外，成为新兴的市民阶层成员。他们所掌握的知识也随之融入市民文化市场之中。他们或开学堂，或入市作文卖字，或参加书会编写文艺作品，或浪荡于茶坊妓院②。临安的讲史艺人有解元、贡生、书生、宣教等当时流行的知识分子称谓，甚至还有进士。这极可能是真实身份，因为他们是潦倒失意而"下海"的文人；纵或只是艺名，也是因为他们达到了相当的水平。通俗文化从业人员的素养提高，娱乐市场的水平也随之提高。一些技艺人具备较高的才学，如罗烨《新编醉翁谈录·小说开录篇》对说话表演者的知识水平评价甚高。即使路岐人，也能使文弄墨，并杂以讥讽幽默③。知识和文人溢出旧制度的管道，走向城镇民间文化市场，为市民文化提供了源源不断的养分。大众文化的新兴及其向上流社会的渗透，成为宋代文化娱乐活动发展的强大动力。上流人士是瓦舍勾栏的常客，民间艺人与社团向宫廷、官府、贵人献艺，既有市场化手段④，也具制度化的渠道。这就可能使文化娱乐进一步摆脱贵族化倾向，使贵族文化与民间文化趋近，虽然还不是合流。如嘌唱，本来是街头叫卖

---

① 张邦炜：《宋代文化的相对普及》，北京大学古文献研究所、四川大学古籍整理研究所编：《国际宋代文化研讨会论文集》，四川大学出版社1991年版。

② 话本《赵伯升茶肆遇仁宗》的主人公西川落第秀才赵旭，在东京每日上街与人作文写字，店小二道："你今如此穷窘，何不去街市上茶坊酒店中吹笛，觅讨些钱物，也可度日。"

③ "江浙间路岐伶女，有慧黠知文墨，能于席上指物题咏应命辄成者，谓之合生。其滑稽含玩讽者，谓之乔合生。"参见《夷坚支志》乙集卷六《合生诗词》。

④ 如"乘肩小女、鼓吹舞绾者数十队，以供贵邸豪家幕次之玩"。参见《武林旧事》卷二《元夕》。乘肩小女当即女童舞旋，参见《梦粱录》卷二〇《妓乐》。

声加工而成的歌曲形式，后来也由街市扩及士人宅院。甚至妓女所创服饰也在上流社会流行开来①。

与此相应，上流文化也突破等级界限，向下层市民文化靠近，而成为大众文化。如服饰、车马、住宅、用乐等方面的等级规定屡受冲击，一些高消费活动从贵族扩及平民；宫廷的缠足之风也流向民间；达官显宦的花园不时向游人开放；南宋教坊几度兴废，废止时教坊乐人便拨差勾栏，流入娱乐市场②。

社会流动消融等级阻隔，促进各阶层的融合，各阶层的价值取向趋近，社会风尚趋近，文化娱乐趋近。几乎所有文化艺术形式，在宋代都出现了上层文化与下层文化交融的趋势，走向大众化和世俗化。宋诗从语言到题材都出现了"以俗为雅"的文化景观，这是宋代士人文化性格的时代特色所致，士人的生活态度世俗化，审美态度世俗化③。文言小说与通俗小说亦然，部分通俗小说汲取了文人文化，水平得以提高；而文言小说也汲取了市民文化的某些成分，产生了新的小说形式。传奇小说原本以上层人士为服务对象，作为晋见达官贵人的"行卷"，转向为主要服务于普通市民，进行劝惩的一种文学形式④。画院画家创作了反映市民生活的画卷，除了《清明上河图》这一空前绝后的伟大作品之外，《踏歌图》《货郎图》《卖浆图》《沽酒图》《骷髅幻戏图》《婴儿斗蟋蟀》《钱塘观潮图》《西湖柳艇图》等都以市民生活与娱乐为题材。

在临安市民文化与娱乐市场的成长进程中，移民是一个独特的因素。移民作为其他历史时期与其他城市所不曾具备的重要力量，推动了临安娱乐市场异军突起，并形成独有的特色。

临安的北方移民为数之巨在历史上是少有的，有人估计移民在总户口

---

① 妇人"制裙必前后开胯，以便乘驴。其风始于都下妓女，而士大夫家反慕之"。参见〔宋〕江休复：《醴泉笔录》卷上。
② 临安讲史书者有一位叫王六大夫的，原系御前供话。参见《梦粱录》卷二〇《小说讲经史》。
③ 莫砺锋：《论宋诗的"以俗为雅"及其文化背景》，《国际宋代文化研讨会论文集》。
④ 程毅中：《宋代文言小说论纲》，《国际宋代文化研讨会论文集》。

中的比例甚至高达六七成①。更重要的是，与历史上建都或迁都的移民现象有所不同，临安移民的迁入不是一次性的，而是源源不断的，而且既不是政府强制性的统一安排，也不是如东晋移民一样举族而迁。这使得临安移民的制度安排与政府强制色彩较弱，家族共同体在移民中的作用也不强。此外，来自其他地区的商业移民、谋生移民为数也很可观。因此，移民迁入临安后没有形成家族或政府控制下自我封闭的社群，数量之巨使移民没有边缘化，没有形成与原住民相对隔绝或相对独立的发展状态，而是迅速融入杭州市民社会，并且绝大多数都仰赖市场为生。这使得临安市民社会进一步成长，城市市场进一步发育，而且南北习俗与文化相互融会，共同发展。还值得指出的是，移民容易突破旧有的框框，生存的压力使他们更具开拓意识与创新精神。这种形式的移民，脱离了原居地的人际氛围与文化环境，脱离了在一定程度上受制于这种环境的观念约束与人际约束，因而有可能更自由开放一些，更有可能突破传统的制约而形成开拓创新意识②。另一方面，侨居的移民背井离乡，更渴求文化娱乐生活，其旺盛的需求促进了杭州文化娱乐市场的发展。除了富豪显宦外，一大批工商业主（店主）和经纪人（小生意人），为临安市场的繁荣提供了资金、技艺和从业人口，丰富了娱乐市场的消费需求与服务供给。

大量的北方移民使得北方尤其是东京的文化娱乐成果南传，开封文化对杭州文化产生全面影响③，街头吆喝、小贩叫卖、勾栏表演，汴京话声声入耳。杭州杂剧以中原音韵为主，杂以杭州土语④。临安东岳庙就有3处，东岳诞辰节庆热闹非凡；二郎祠就是东京的清源真君祠；城中4所惠

---

① 何忠礼、徐吉军：《南宋史稿》第九章，杭州大学出版社1999年版；葛剑雄主编、吴松弟著：《中国人口史》第三卷，复旦大学出版社2000年版，第577页。

② 话本《计押番金鳗产祸》有一则事例，庆奴和张彬逃亡至镇江，无以为生，庆奴道："我会有一身本事，唱得好曲，到这里不怕羞，何不买个锣儿，出去诸处酒店内卖唱，趁百十文，把来使用。"

③ 程民生：《宋代地域文化》第八章，河南大学出版社1997年版。

④ 杭州官话，明代时与开封话仍多相近，至今一些用语还是北方话。参见《南宋史稿》，第567页。

应庙，即东京显仁坊皮场土地神祠①。这些庙宇祭神都是北方移民传来的。

不仅北方风俗南传，而且移民在杭州兴起一些新的文化习俗。如杭州中元节有接祖之举，就是因为移民无从到祖宗坟茔祭祀而兴，逐渐相沿成习。南宋白话小说中不少主人公都从汴京迁来，历尽艰辛，辗转来到临安谋生创业，他们的悲欢离合、喜怒哀乐，成为南宋白话小说中说不完道不尽的话题，尤其吸引众多的移民成为忠实的听众。

北方移民之外，周围地区的农民、其他地区的工商业者与流民都涌向这个大市场来谋生。宋代城市化进程，就是一个农村人口迁居城市的过程，所谓"自村疃而迁于邑，自邑而迁于郡者亦多矣"②。作为发达的江南经济中心，杭州吸引的周边城乡居民当为数可观。短期流动人口，包括迁转官员、游走商贩，以至行僧道士等，数量不小。三年一次的会试尤为壮观③，一般都是各地的富有家庭人士，从中下城镇以至乡村来到繁华的杭州，文化娱乐的消费是必不可少的。《夷坚志》与话本中记录着不少应考秀才的趣闻韵事。

商业移民十分突出，临安凤凰山因客商云集，习称"客山"。富商们附庸风雅，购买力旺盛，刺激市场需求；他们的习俗与文娱活动也被带到杭州，丰富了杭州的娱乐文化活动。仰山二王庙，祀神出自江西袁州，它是随着江西至杭州的木材贸易传播而来的。显佑庙，其神原出常州。徽州商人、福建商人是杭州人数最多的两大外地客商帮。徽州婺源灵祠，在杭州有7个行祠。福建自南宋开始流行的天后信仰很快传到杭州，并设有顺济圣妃庙及其行祠④。这位外来的海洋女神林氏，后来似乎超过了本地的海洋（男）神冯氏，这一男一女两个海神在宋代杭州都分别建有顺济庙祭

---

① 〔宋〕潜说友纂：《（咸淳）临安志》卷七三《外郡行祠》。东岳诞辰节庆还见于周密、吴自牧诸书。

② 〔清〕徐松辑：《宋会要辑稿》食货七〇之一〇六。

③ "到省士人，不下万余人，骈集都城。铺席买卖如市，俗语云'赶试官生活'，应一时之需耳"。混补年更多，据称达十万之众，还不包括几乎同等数量的随从。参见《梦粱录》卷二《诸州府得解士人赴省闱》。

④ 《（咸淳）临安志》卷七三《外郡行祠》。《梦粱录》卷一四亦录之。

祀。后来，本地男神不敌外来女神，反映了外来的福建商人在临安尤其是在海洋运输贸易中的影响之大①。深受杭州市民喜爱的济公和尚，也是一名来自天台山的外来和尚②。同时，地方曲艺汇聚临安，如福建鲍老达300人，四川鲍老亦有100人。源自温州等地的南戏，也在临安流传。杭州成为各地文化之集大成者，南北混杂，斑斓多姿，异彩纷呈，使娱乐市场富有生机。

三、娱乐市场的特征及其影响

新兴的娱乐市场具有自身的特征。从市场构成来看，迥异于商品市场；从娱乐内容来看，不同于传统的娱乐活动。它在南宋临安特殊的环境中成长发育，对临安城市市场体系产生了独特的作用，也对文化娱乐业的发展产生了影响。

与商品市场相比较，娱乐市场具有如下突出特征：

其一，文化娱乐是一种服务，买卖双方交换的是一种效用，而不是货物实体。服务交易的效用与一般商品的使用价值不同：商品交易中，经过使用价值的让渡，卖方不再拥有使用价值；而服务交易中，不发生有形实体的让渡。这种差异，丰富了临安市场体系的多样性。娱乐业的商业化经营与市场化运作走向深入，传统商业也借鉴其方式，引入娱乐化经营，二者相互渗透，促进了市场经营方式的丰富多样与不断创新。

其二，文化服务的消费需求弹性大，文化娱乐需要位居生存需要之后，只有当生存需要基本满足后，才可能出现文化娱乐的需要。因此，必须具备较高的稳定的消费需求，这种服务市场才能维持和发展。城市文化娱乐市场的发展，在于其集中的消费需求与服务供给。作为江南市场中心的杭州，在北宋时高消费就已形成规模。由于行在驻地的高消费转化为娱乐市场的有效需求，由于对汴京文化成果的直接继承与发展，以及大量的

---

① 祭祀冯氏的顺济庙，事见《（咸淳）临安志》卷七一《山川诸神》。
② 许尚枢：《济公生平考略》，《东南文化》1997年第3期。

移民所带动的各地文化的交融，南宋临安具有北宋杭州和南宋其他城市所缺少的有利条件；加之市民社会的进一步发展，从而使其娱乐市场吸纳了这些消费需求与文化成果，远非其他城市所能相比，并达到前所未有的水平。当这种消费需求提高到一定水平并趋于稳定时，作为生活服务的娱乐业就成为独立化的行业，娱乐市场成为城市市场的有机构成。原来与市场隔绝的服务活动被纳入市场之中，扩大了消费需求，加之在娱乐活动不断创新与延伸过程中娱乐市场的扩张，从而促进了城市市场的发展。

其三，服务与货物相比有一个重要的特点，这就是它的生产和消费是处于同一过程之中。服务在买方不能贮存，而且一般来说，已经购买的服务不能再出售。服务的消费是一次性的，而服务的生产则具有重复性，更具有创新性。如果没有不断的创新，娱乐服务的特性会使这种市场难以持续发展。宋朝实行宽松的知识分子政策和公开公平的人才选拔制度，宋代文化的特点是自由的思想与怀疑、创新的开拓精神，独立精神、自由思想成为宋学的主旋律①。这样的文化背景促进了文化娱乐市场发展所特别需要的创新活动，激发了人们的创造性。

娱乐市场与商品市场相互影响，彼此促进。商品市场是市场体系的基础，没有商品市场的繁荣，不可能形成娱乐市场的持续发展；同时娱乐市场也带动和刺激了商品消费。娱乐业从业人口的衣食住行都取给于商品市场；在西湖、画舫和瓦市中，娱乐消费者能随时获得饮食等相关商品②，这既是娱乐消费的物质支撑，也反映了娱乐消费所带动的相关商品消费。繁华的瓦市以其大规模的消费需求，促进了周围的商品市场，"市肆名家驰誉者"大多就位于城内五大瓦子附近。临安的二十来处瓦市，几乎全位于商业繁华街市或商道要冲。

娱乐活动的增加，使市场出现了专门供应娱乐市场的文娱类商品，名

---

① 缪钺：《宋代文化浅议》，《国际宋代文化研讨会论文集》；李裕民：《论宋学精神及相关问题》，张其凡、陆勇强主编：《宋代历史文化研究》，人民出版社2000年版。

② 《都城纪胜》云：画舫"无论四时，常有游玩人赁假。舟中所须器物，一一毕备。但朝出登舟而饮，暮至径归，不劳余力，唯支费钱耳"。

类繁多，别出心裁。《梦粱录》卷一三《诸色杂货》列有：仿戏剧人物角色物件（行娇惜、宜娘子等），杂技玩具（线天戏耍孩儿、影戏线索、傀儡儿等），鼓乐玩具（鼓儿、板儿、锣儿、刀儿、枪儿、旗儿、马儿、闹竿儿、花篮、龙船等），仿生糖果（秋千稠糖、葫芦、火斋糖果子、吹糖麻婆子孩儿、糕粉孩儿、鸟兽象生、花朵等）。"文具物件"如砚子、笔墨、书架、书攀、簿子、连纸等，各式各样的花卉等，都"沿街市吟叫扑卖"。又如，杂剧深受大众欢迎，成为宋代社会时尚，人们不仅欣赏艺人鲜活的表演，还把这种表演用雕刻等形式固定下来①。一些地区出土的宋代文物中，戏雕、戏俑等数量极多，相当一部分形制相同，可知是专业的批量生产。戏雕、戏俑、舞台、戏剧壁画等也被用来装饰墓室，或作为随葬品，表明文娱表演是多么的受欢迎。

　　服务业是劳动密集型行业，劳动力市场为娱乐服务业创造了前提。源源不断的移民，都城与周边地区的经济发展落差尤其是城乡差别所导致的农村大量剩余人口涌入，为娱乐服务业提供了廉价而丰富的劳动力，娱乐业因此能降低经营成本，提高经营效率，从而得以持续发展。娱乐业对劳动力的广泛需求，反过来也促进了劳动力市场的扩大和发育。娱乐市场吸纳了大量就业人口。除了路岐人、瓦舍勾栏中的文艺表演者等外，被称为"闲人"的大量人口是仰赖娱乐市场谋生的群体。他们有点特殊，既不是专门的艺人，又不是专门的消费者，而是通过作为富人文化活动与娱乐消费的中介谋取维生之资。《都城纪胜》列举的"闲人"，主要是以落第秀才为代表的群体，他们不能通过传统的渠道安身立命，转而进入文娱市场谋生。凭借棋、琴、书、画、乐等知识和技艺，"专陪涉富贵家子弟游宴，及相伴外方官员到都干事"，以觅薄酬②。像这种专事服侍富人游乐，或者在娱乐场所服务者人数众多。值得注意的是，文化娱乐市场的谋生机会有

---

① 如东京勾栏明星丁都赛，其表演雕像砖在河南偃师等地出土发现。
② 话本《木绵庵郑虎臣报冤》说，贾似道到临安，行囊一空，"只在西湖帮闲趁食"。

可能引导人们以此为目标而进行专门技艺的培训①。娱乐从业人员买卖已形成一定的渠道，如歌童舞女，在杭州都有专门的官私牙嫂作为中介雇买。这是娱乐市场在人力资源配置中作用的具体表现。

娱乐市场的兴起，促进了临安城市市场体系的发展。南宋临安已形成三级市场圈与周边及全国各地沟通联系，完成作为经济中心的辐射与吸纳功能。城内的批发—零售网络有效地组织商品的销售，完整的城市市场体系满足了百万人口的消费需求②。城市娱乐服务与商品交流一道在街头巷尾扩散开来。或者毋宁说，市民文化构成新兴的市场。隋唐长安、洛阳，专门的商品市场才两三个"市"，在一百多个坊、市中比重极小，而南宋临安专门的娱乐服务市场数量就远过此数。可见宋代城市市场特别是娱乐市场的发展，是隋唐时期无法比拟的。应该指出，南宋临安娱乐市场是唐代以前中国城市中所未曾出现的现象，虽然处于发展初期，但在特殊的背景下达到了相当的水平，开启了此后城市文化娱乐市场的先河。南宋杭州娱乐市场形态多样，成为城市市场体系的有机组成部分。这个市场体系在商品市场之外，也存在劳动力市场、资本市场的蛛丝马迹，服务市场在此时兴起，从而使市场构成更为完善，市场体系更为健全。尽管临安的娱乐活动基本上还属于消费者服务（也有迹象表明生产者服务在南宋临安已经出现），但娱乐服务市场在临安城市市场中仍具有一定地位和作用。还应该指出，南宋临安具有一定的特殊性，其娱乐市场仍处于自然发展的历史脉络之中，这种势头与方向在北宋已经显示出来，元代仍延续着南宋的趋势，明清杭州与苏州更臻于极盛。

南宋临安娱乐市场在中国市民文化演进史上也产生了重要的影响。娱乐活动古已有之，但局限于宫廷贵族的享受或平民的自娱自乐，因而其发展受到较大限制。娱乐活动的市场化则为之提供了富有生机的运行机制，

---

① 宋代洪巽《旸谷漫录》、宋代廖莹中《江行杂录》卷中都说，京都中下之户，生女教艺，长大卖人。宋代廉布撰《清尊录》载，兴元甚至有民培养人妖（男扮女）售成都。据此或可类推临安。

② ［日］斯波义信：《宋代江南经济史研究》，方健、何忠礼译，江苏人民出版社2012年版。

开辟了广阔的发展空间。第一，市场化的娱乐活动，使得广大的市民参与其中，庞大的市民社会为娱乐活动提供了肥沃的土壤，素材取之不竭，形式丰富多样。第二，临安娱乐市场具有广大的消费者基础，市场化经营不仅能够获得民间资本的注入，而且形成源源不断的利润积累与自我扩张，娱乐产业得以扩大再生产，持续发展，具有旺盛的生命力。第三，市场化的娱乐活动，形成激烈竞争，刺激着娱乐活动的不断创新，在竞争中还形成行业性组织，不仅实现行业自律与行为规范，而且促进从业者的合作与交流，产生规模效用，从而推动各行业的发展。第四，在服务市场中，等级与阶层的界限大大削弱，消费者群体得以整合，甚至宫廷和官府的娱乐活动也取给于市场，文化娱乐活动突破等级壁垒而实现基于市场的资源共享，获得前所未有的发展空间，并汇入市民文化这一新的历史潮流之中。

宋代社会变迁广泛而深刻，大众文化与娱乐市场的初兴是其必然产物。娱乐市场不是临安一地独有的现象，只不过南宋临安文化娱乐市场代表了当时的最高形态。南宋临安在中国文化娱乐和服务市场发展史上具有重要的地位，民间文化中流传久远的杭州市民人物群体可资为证。许仙与白娘子、牛郎织女、济公和尚、十五贯等脍炙人口的故事，其中的主人公都出自两宋杭州，绝不是偶然的。《三国演义》《水浒传》《西游记》等也是由宋元话本奠定基础，元、明文人加工定型的。元代禁治"说话"，于是口头表演转为文字表现，文人们埋头整理宋代市民娱乐市场的遗产与成果，形成元代通俗小说的繁荣。一个朝代、一个城市产生出这么多广为流传的市民形象，似乎很难在其他朝代、其他城市中找到类似的案例。究其原因，可归根于杭州的市民社会及其娱乐市场，本质上是杭州市民文化成长所引发的历史冲击波，形式上也是娱乐市场中"说话"等表演形式的传播之功。

娱乐市场的发展丰富了宋代大众文化，在初兴的市民社会与市民文化的成长进程中打下了独特的烙印。新的大众化传播手段产生了有异于传统的文化传播渠道与社会效应。市井"说话人"在传播儒家学说与思想上，起到了经书示范与士人宣讲无法替代的作用。绿天馆主人《古今小说序》

发出慨叹："试今（令）说话人当场描写，可喜可愕，可悲可泣，可歌可舞；再欲捉刀，再欲下拜，再欲决脰，再欲捐金；怯者勇，淫者贞，薄者敦，顽钝者汗下。虽日诵《孝经》《论语》，其感人未必如是者之捷且深也。噫，不通俗而能之乎！"娱乐市场自身的特征，也使市民文化形成一些有趣的现象。张仲文《白獭髓》的一段记载耐人寻味："绍兴间，行都有三市井人好谈今古，谓戚彦、樊屠、尹昌也。戚彦乃皇城司快行，樊屠乃市肉，尹昌乃佣书。有无名人赋诗曰：'戚快樊屠尹彦时，三人共坐说兵机，欲问此书出何典，昔时曾看王与之。'"（原注："与之"，乃说书史人）王与之的讲史表演，可能与历史的真实有一定的出入，它与士人和学者的历史研究不同，反映了市民对历史的理解与解释，具有不同于其他时代的现实特征。历史观念与历史真实是两个不同的范畴，尤其是大众心中的历史与历史真实存在相当的差异，这是由大众的不断演绎与解释而形成的。例如关羽、诸葛亮等历史人物的形象，在民间观念中，在大众心中，都与历史真实差距甚大，而这些人物在民众观念中的形象影响更为深远。实际上，历史就是不同时代、不同群体的复原与解释，或者说，各个时代有各个时代的历史，不同社会群体有自己心中的历史。讲史人对历史的演绎与解释，影响了受众的历史观，影响了社会生活与文化。从这个意义上来说，南宋临安娱乐市场，推动了市民参与文化创造与历史解释的进程。

（原载《历史研究》2002年第5期）

后　记

　　"宋代研究文萃"的选编工作实在是一个取舍难定的过程，不过选编者也因此得以又梳理了一遍关于宋代城市与乡村研究的学术史，认识相关领域讨论的优长与不足，颇有收获。限于篇幅以及获取转载版权的可能性等多方面的技术性因素，以及选编者的学术水平，本卷的选目必然留有许多遗憾，有待于读者的批评指正。最后，我们对各位作者慷慨允许转载其研究成果，表示衷心的感谢。

　　　　　　　　　　　　　　　　　　　　　　　　　包伟民

　　　　　　　　　　　　　　　　　　　　　　　2024 年 1 月 20 日